人生铭语考疏

李耀臻　著

中国海洋大学出版社
·青岛·

图书在版编目(CIP)数据

人生铭语考疏/李耀臻著. —青岛:中国海洋大学
出版社,2014.9
ISBN 978-7-5670-0760-4

Ⅰ.①人…　Ⅱ.①李…　Ⅲ.①格言－汇编－世界
Ⅳ.①H033

中国版本图书馆 CIP 数据核字(2014)第 224441 号

出版发行	中国海洋大学出版社
社　　址	青岛市香港东路 23 号　　邮政编码　266071
出 版 人	杨立敏
网　　址	http://www.ouc-press.com
电子信箱	coupljz@126.com
订购电话	0532－82032573(传真)
责任编辑	于德荣　　　　　电　　话　0532－85902505
印　　制	招远市新华彩印有限公司
版　　次	2014 年 10 月第 1 版
印　　次	2014 年 10 月第 1 次印刷
成品尺寸	170 mm×240 mm
印　　张	46.5
字　　数	780 千
定　　价	128.00 元

作者简介

李耀臻,博士,教授,字韵水,号善之,笔名旭翔。

1953年11月出生,山东招远人。1973年参加工作,任招远县罗山公社党委组织干事。1974年在山东海洋学院海洋物理系水声专业学习。1977年毕业留校工作,任海洋物理系团总支书记,1982年任院党委委员、团委副书记(主持工作)、团委书记。1991年任青岛海洋大学分部党委副书记兼党委办公室主任(期间,1992年3月至1992年12月在省委高校工委学习,1992年12月至1993年1月在国家教育行政学院"铁映班"学习)。1993年2月起,任青岛海洋大学党委副书记(2002年更名为中国海洋大学)(期间,兼学校文科领导小组组长、学校文科委员会主任、崂山校区管理委员会主任、分部第二任党委书记、法学院第一任院长、海洋发展研究院第一任院长、2003年至2011年任《中国海洋大学学报》(社科版)主编。担任学校70周年校庆、80周年校庆、学校更名及本科教学评估总指挥。）1997年大连理工大学研究生毕业，获工商管理硕士（MBA）。2005年华中科技大学研究生毕业，获教育学博士学位。兼任中国德育研究会副会长（山东省唯一）、中国高等教育管理学会常务理事、全国党的建设研究会高校党建研究专业委员会委员、全国高等学校思想政治教育研究会常务理事。先后完成山东省教育厅人文社会科学规划课题"当代中国高等教育环境问题分析及其对策研究"、山东省社会科学规划办课题"教育国际化背景下的高等教育环境研究"、山东省社会科学规划办课题"高校网络德育研究"、教育部社政司规划课题"现代大学教育环境研究"、教育部重大委托项目"新时期高校学生党员先进性教育工作体系及机制研究"等重大课题。出版7部学术著作：《大学生必读》（青岛海洋大学出版社）、《新时代　新理念　新起点　新成果》（中国海洋大学出版社）、《中国著名高校丛书——中国海洋大学》（浙江大学出版社）、《中国海洋大学大事记》（中国海洋大学出版社）、《经济全球化环境中的高校德育创新研究》（中国海洋大学出版社）、《军事海洋学教程》（中国海洋大学出版社）及《中国历代应用文章名篇赏析》（中国海洋大学出版社）。在《光明日报》、《中国教育报》、《中国高教研究》、《中国高等教育》、《思想政治教育》、《国家教育行政学院学报》、《山东社会科学》等发表学术论文50余篇。先后获得2003年度山东省社会科学优秀成果奖二等奖、2003年度山东省高校思想政治教育优秀成果奖一等奖、2004年度第19次青岛市社会科学优秀成果二等奖、2005年青岛市第二届社会科学优秀成果一等奖及山东省思想政治教育创新奖、山东省思想政治教育先进个人、山东省第三届思想政治教育优秀成果奖，获"山东省新长征突击手"称号。

序

山 河

人的一生应该怎样度过？怎样才能使生命更有意义，使工作、生活得和谐、康乐、幸福而有价值？李耀臻先生的新著《人生铭语考疏》回答了这个严肃而重大的问题。

这部书教导青年人怎样励志，怎样学习与研究学问，怎样提高文明素质，怎样修养品德，怎样交友，怎样对待自己的优点和缺点，怎样恋爱，怎样珍惜时间，怎样树立远大理想，中年人怎样工作与创业，怎样对待成功与失败，怎样做好领导，怎样廉洁自律，怎样对待群众，怎样调研，怎样兼听，怎样决策，怎样用才、育才、聚才，怎样用好奖励条例，怎样齐家，怎样孝敬长辈，怎样教子等等。这些是每个人一生必然面对和必须解决的问题。回答这些问题的专题篇章结构设置和篇章中精选汇集中外古今卓有成就人士的人生感悟的每句名言睿语，都凝聚着从事教育工作40多年的李耀臻先生多年的精力与心血。李耀臻先生朝气蓬勃，奋发向上，勤奋学习，努力工作，为了报效祖国对他的培育和学校对他的培养，在努力做好校领导分管工作的前提下，抓住零星时间，博览群书，在专业前沿求索，在实践过程中创新，著书立说，先后出版了多部专著，受到社会好评，并多次获奖。他的这部新作，你无论是日常性一般翻阅，还是有针对性地选择相应篇章条目阅读，都会使你心情豁然开朗，矛盾苦恼顿时释解，思想升华，心胸开阔，精神振奋，力量倍增，策励你沿着正确的方向昂首奋进。可以说，这是一部使人走好人生之路的指南，是点拨迷津的金箴，是事业有成、家庭幸福的宝典。

优秀的作品都能给人以启迪、诫勉、知识和力量，都有其显著特色，《人生铭语考疏》的特色主要表现在以下三个方面：

一、哲言睿语,启悟警世

人人都希望过上康乐、幸福的生活,革命的目的也是为了让广大人民群众都过上和谐、安康、幸福的生活,然而幸福生活不是坐等来的,是由艰苦奋斗、学识技能、创造拼搏营造出来的。有的人不肯持恒地勤奋学习,不能下苦功学习技能,不愿到艰苦地方做脏累的工作,不肯脚踏实地苦干,只想挣大钱出小力,天天梦想荣华富贵,这种人一般是不会有好结果的。这部书中的“勤苦篇”、“立业篇”、“拼搏篇”、“胸怀篇”、“警世篇”等等,全方位、多角度阐述说明了这个问题,比如第二部“处世卷”的“警世篇”第39条,作者在对明朝教育家、哲学家黄绾在《明道篇》中的名言“死于安乐者,因安乐而不知思、不知慎、不知节、不知畏、不知谨、不知保、不知修,而至于死也”作了准确译析后,又将“死于安乐”的真谛分析得十分透彻明确,警世育人,从而对人们应树立正确的人生观、价值观,振奋精神,自强不息,走好人生之路富有启示作用。

二、译析简明,恰切补充

《人生铭语考疏》对我国先秦、两汉、三国、两晋、南北朝、隋、唐直至清代、近代著名的哲学家、政治家、教育家、史学家、宗教家的名言以及《诗经》、《尚书》、《周易》、《左传》、《国语》、《晏子春秋》、《吕氏春秋》、《大戴礼记》、《礼记》、《论语》、《孟子》等经、史、子、集中的名言睿语,都作了注释、译析,对一些论述简括的名言作了恰切的简述分析或用理论或事实论据补充。比如,第二部“处世卷”中“制怒篇”第3条所选隋朝教育家、哲学家王通在《中说》中的名言:“小不忍,致大灾。”作者对名言原文用现代汉语进行翻译后,又进一步从5个视角进行层层深入的阐述分析:“这句名言睿语儆戒人们在遇到不公正事时,切勿动怒发火,贸然做出一些出格的事,否则会引起严重的灾祸,这是生活中许多血的教训证明了的事实。那么,在怒火就要爆发时,怎样才能克制自己的冲动情绪呢? 根据人的心理特征和人们亲身经历的感悟,归纳五种克制激动情绪的方法。(一)道德规范:就是要明了忍耐是大德大勇的表现,古人云:在愤怒升腾到就要爆发时,能用道德力量使激动情绪溶化,冷静下来,不具有大德大勇的人是做不到的。(二)意识控制:就是愤怒情绪将要爆发时,想想类似王通的制怒箴言和一些因片刻不能忍耐造成严重后果的事实,警示自己不能发火,发火不但解决不了问题,还会带来严重灾祸和伤害自己的身体。(三)冷静对待:就是受到不公正对待时,不能不假思索马上以牙还牙进行回击,这是用对方的错误惩罚自己,是没有理性的行为。(四)换位思考:就是要想公道,打个颠倒,站在对方的位置,从对方的角度想想,避免看问题不全面,错怪了对方。(五)宽容大量:就是处世待人须胸怀宽阔,切勿小肚鸡肠,斤斤计较,遇事一触即发是心胸狭窄的表现,是恶习,这样办事常常是失败的。"由于有了作者这样深邃的阐发,不仅使读者对这句名言加深了理解,更能提高认识水平,进一步增强了这则名言的警世性、策励性和社会意义。至于书中随处可见的用事实论证增强名言的生动性和感召力的例子,读者看后,自然心领神会。

三、紧扣主旨,条语精警

明末清初的哲学家、史学家、文学评论家王夫之在《夕堂永日绪论》中说:"无论诗歌与长行文字,俱以意为主。意犹帅也;无帅之兵,谓之乌合。李、杜所以称大家者,无意之诗,十不得一二也。烟云泉石,花鸟苔林,金铺锦帐,寓意则灵。"清代文论家刘熙载在《艺概》中说:"古人意在笔先,故得举止闲暇;后人意在笔后,故至手脚毛乱。"这里提出的"以意为主"、"意在笔先",其实是写好文章的经验之谈。《人生铭语考疏》这部书的部部、篇篇、条条都紧扣"怎样才能走好人生之路"这一主旨。第一部"素质卷"的二十篇 602 条,均是阐述走好人生之路必须具有的思想、品德、素质。第二部"处世卷"的十六篇 492 条,主要阐述处世待物应有的态度、方法和必须注意的问题。第三部"治国卷"的十九篇 407 条,皆是阐述为官执政之德及方法和应注意的问题。第四部"教育卷"的九篇 287 条,主要是论述重教之要及师德、师资、尊师、教学等问题。第五部"为学卷"的十二篇 344 条,主要论述学态、勤学和研究学问的方法。第六部"事业卷"的九篇 219 条,主要论述立业、敬业、诚信、实干等问题。第七部"人才卷"的六篇 172 条,主要论述贵才、识才、举才、用才等应有的态度、方法及应注意的问题。第八部"家政卷"的六篇 175 条,主要论述齐家、理财、敬老、教子等问题和方法。本书篇篇条条虽形散而神聚,更如众星拱月、百川归海,使字字句句,不但紧扣主旨,更能从理论的高度和现实生活紧密结合的基础上精辟地阐明论证怎样才能走好人生之路之理。

　　总之,《人生铭语考疏》这部书中那些凝练简明,生动有力,令人警醒、振奋的名言睿语,是每位古今中外作者身经酸、甜、苦、辣、悲、愤、感、叹的深切感悟,是思想总结的升华,是汗水、智慧、心血的结晶,具有哲理性、启悟性、警世性、策励性和传承性。相信读者阅过这部精神补养珍品的著作后,定会对书中古今中外成功人士的哲理名言终生难忘,并以此为座右铭,指引自己在光明的人生大道上,昂首阔步地奋勇前进!

2014 年 8 月 10 日

目　录

第三部　治国卷(共十九篇)

第四部　教育卷(共九篇)

第五部　为学卷(共十二篇)

第六部　事业卷(共九篇)

第 一 部
素 质 卷

（共二十篇）

一、爱国篇

(1)惟党人之偷乐兮,
路幽昧以险隘。
岂余身之惮殃兮?
恐皇舆之败绩!

(战国)屈原:《离骚》

注:①惟:语助词,无实义。 ②党人:指结党营私、朋比为奸、把持朝政的楚国旧贵族集团。 ③偷乐:指苟且偷安。 ④幽昧:昏暗。 ⑤险隘:危险狭隘。 ⑥惮(dàn 但):怕,畏惧。 ⑦殃:灾祸。 ⑧皇舆:君王所乘之车,比喻国家。 ⑨败绩:本指军队大崩,兵车倾覆,比喻国家覆灭。

译析:那些结党营私把持朝政的小人们苟且偷安啊,把国家引到了昏暗危险的小路上,我哪是惧怕自己遭受灾祸啊?而是惧怕国家遭到覆灭之灾。这四句诗充分表现出爱国诗人屈原热爱祖国的忧国忧民之深情。

(2)长太息以掩涕兮,哀民生之多艰。

(战国)屈原:《离骚》

注:①长:长久。 ②太息:深深地叹气。 ③掩涕:掩面垂泪。 ④哀:悲伤。

译析:我长久掩面垂泪深深地叹气,老百姓的生活苦难之多使我悲伤。这两句诗进一步表现出诗人屈原对遭受苦难民众的深切同情和忧国忧民之心。

屈原雕像

(3)志士仁人,无求生以害仁,有杀身以成仁。

《论语·卫灵公》

注:成仁:成就仁德,后指为正义事业献出生命。

译析:有远大志向和高尚品德的人,没有贪生怕死损害仁德的,只有牺牲生命成全仁德的。

(4)臣鞠躬尽瘁,死而后已。

(三国·蜀)诸葛亮:《诸葛亮集·后出师表》

注:①鞠躬:表示恭敬谨慎。 ②尽瘁(cuì脆):竭尽劳苦。 ③已:停止,完毕。

译析:我一定小心谨慎,为国事竭尽劳苦,直到死为止。

(5)烈士之爱国也如家。

(东晋)葛洪:《抱朴子·广譬》

注:烈士:有气节有壮志的人。

译析:有气节有壮志的人热爱祖国像热爱自己的家一样。

(6)白头惟有赤心存。

(唐)杜甫:《承闻河北诸道节度入朝欢喜口号绝句十二首》

注:①赤心:忠诚的心。 ②存:存在。

译析:白发已满头,但忠诚于国家的心永远存在。

(7)以国家之务为己任。

(唐)韩愈:《送许郢州序》

译析:把国家的事务当作自己的任务。

(8)忠臣体国,知无不为。

(北宋)苏轼:《答李琮书》

注:体国:体念国事。

译析:忠诚的大臣体念国事,知道为了国家没有不能做的事情。

(9)为国者终不顾家。

(北宋)苏轼:《陈公弼传》

注:终:总是。

译析:为国献身的人总是顾不了家。

(10)报国之心,死而后已。

(北宋)苏轼:《杭州召还乞郡状》

译析:报答国家的思想感情,直到死后才停止。

(11)生当做人杰,死亦为鬼雄。

(南宋)李清照:《夏日绝句》

注:①人杰:人中的豪杰。　②鬼雄:鬼中的英雄(迷信的说法,认为人死后变为鬼)。

译析:活要活得光明磊落,应当做人中豪杰;死也应死得悲壮激烈,做鬼中的英雄。意思是活着应该襟怀坦荡,竭尽全力为国、为民谋幸福,死亡应为正义而壮烈牺牲。

(12)王师北定中原日,家祭无忘告乃翁。

(南宋)陆游:《剑南诗稿·示儿》

注:①王师:指南宋的军队。 ②乃翁:你的父亲。

陆游雕像

译析:南宋军队恢复中原的日子,祭祖时不要忘记告诉你父亲一声。这句名言表现出陆游的爱国热情,强烈持久,直到弥留之际,还在谆谆嘱告儿子。全诗共四句,前两句是:"死后原知万事空,但悲不见九州同。"

(13)人生富贵岂有极,男儿要在能死国。

(明)李梦阳:《奉送大司马刘公归东山草堂歌》

注:①极:穷尽。 ②死国:为国而死。

译析:人生追求富贵哪有尽头?男子汉死也要为国而死。

(14)君子虽在他乡,不忘父母之国。

(明)冯梦龙等:《东周列国志》

译析:君子即使在异国他乡,也会念念不忘父母的国家,自己的国家。

(15)天下兴亡,匹夫有责。

(清)顾炎武:《顾亭林诗文集》

注:①天下:国家。 ②匹夫:普通百姓。

译析:国家的兴盛和衰亡,每一个人都是有责任的。这句名言告诉我们一个深刻的道理:热爱祖国,为祖国献身,这是每一个人应具有的品质。因为国家的兴亡,关系到每个家庭、每个人的命运。

(16)吾国人果知天下兴亡,匹夫有责,则人人当自奋矣。

（近代）孙中山:《孙文学说——行易知难》

注:自奋:自觉地奋发图强。

译析:我国人民果真知道国家的兴盛或衰亡,每个普通百姓都有责任,那么人人都应当自觉地去奋发图强。

(17)各出所学,各尽所知,使国家富强不受外侮,足以自立于地球之上。

詹天佑之言,引自《詹天佑和中国铁路》。

(18)人民不仅有权爱国,而且爱国是个义务,是一种光荣。

徐特立:《怎样实施爱国主义教育》

(19)沉默,沉默,沉默是你的性格。
你平生只说一句话,
从不顾粉身碎骨,
在惊天动地的爆炸中,
诞生了幸福的新国。

陶行知:《炸弹》

简析:这首《炸弹》名诗,为教育家、诗人陶行知先生于1941年创作的。那时,中国正遭受日本的侵略,广大人民深受苦难,战火、屠杀、饥饿、奸淫弥漫中国大地,有志气的中华儿女,在祖国生死存亡的攸关时刻,英勇奋起,抗击侵略者。诗人在诗中用"炸弹"这富有抗击性的寓意深刻而生动的意象,赞颂那些为了创建"幸福的新国"而不怕流血牺牲的中华儿女的爱国主义精神,同时也深刻表现出诗人对"幸福的新国"的渴求。今天,英烈们用鲜血和生命建造的"幸福的新国"正一日千里地高歌猛进。中华的优秀儿女,继承先烈遗志,用自己的睿智和先进的高科技,把曾遭受过苦难的祖国建设得更幸福、更强盛,为世界永久和平、幸福而奋斗。

(20)满国中外邦的旗帜乱飞扬,满国中外人的气焰好猖狂! 旅顺大连不是中国人的土地么? 可是久已做了外国人的军港; 法国花园不是中国人的土地么? 可是不准穿中服的人们游逛。 哎哟,中国人是奴隶啊! 为什么这般自甘屈服? 为什么这般萎靡颓唐?

满国中到处起烽烟,满国中景象好凄惨! 恶魔的军阀只是互相攻打啊,可怜的小百姓的身家性命不值钱! 卑贱的政客只是图谋私利啊,哪管什么葬送了这锦绣的河山? 朋友们,提起来我的心头寒,——我的悲哀的中国啊,你几时才跳出这黑暗之深渊?

蒋光慈:《哀中国》

简析:这首诗是现代作家、诗人蒋光慈于1924年11月创作的。那时中国遭受帝国主义猖狂侵略,军阀混战厮杀,政治腐败黑暗,老百姓生活痛苦不堪,诗人面对这一切,发出了这样痛苦的呐喊。我们由这幅不堪回首的悲惨画面,回到现在的欣欣向荣、日新月异、蒸蒸日上的祖国伟大复兴的新景象,能不由衷地振臂高呼伟大的祖国万岁! 中国共产党万岁! 为祖国而献身的英烈们永垂不朽! 我们又怎能不为祖国美好的明天而更加积极勤奋地学习、工作、研究、创新啊!

(21)英雄非无泪,不洒敌人前。男儿七尺躯,愿为祖国捐。

陈辉之言,引自《革命烈士诗抄》

(22)一个具有高尚道德的人,必然怀有一颗赤诚的爱国之心,为了祖国的安全、尊严和富强,能够竭尽心血,即便吃大苦、耐大劳、受煎熬、遭磨难,直至献出自己的宝贵生命,都在所不惜。

山河之言,引自《中华当代美德格言诗文选》

(23)要在全社会大力弘扬爱国主义、集体主义、社会主义思想,倡导社会主义基本道德规范,扶正祛邪,扬善惩恶,促进良好社会风气的形成和发展。

胡锦涛:《牢固树立社会主义荣辱观》

（新华社北京 2006 年 4 月 27 日电）

（24）我无论做什么，始终在想着，只要我的精力允许我的话，我首先为我的祖国服务。

（前苏联）巴甫洛夫:《巴甫洛夫选集》

（25）爱国主义就是千百年巩固起来的对祖国的一种深厚感情。

（前苏联）列宁:《列宁全集》

（26）爱国主义也和其他道德情感与信念一样，使人趋于高尚，使他愈来愈能了解并爱好真正美丽的东西，从对于美丽东西的知觉中体验到快乐，并且用尽一切方法使美丽的东西体现在行动中。

（前苏联）凯洛夫:《教育学》

（27）我们波兰人，当国家遭到奴役的时候，是无权离开自己祖国的。

（法籍波兰人）居里夫人之言,引自《居里夫人的故事》

（28）纵使世界给我珍宝和荣誉，
　　　我也不愿离开我的祖国，
　　　因为纵使我的祖国在耻辱中，
　　　我还是喜欢、热爱、祝福我的祖国！

（匈牙利）裴多菲:《裴多菲诗选》

《裴多菲诗歌精选》

二、品德篇

(1)高山仰止,景行行止。

《诗经·小雅·东辈》

注:①高山:比喻道德高尚的人。 ②仰:敬仰。 ③止:句尾语气助词,无意义。 ④景行(háng杭):大道,比喻行为正大光明。第二个"行"(xìng形):从事某种活动,这里作"效法"讲。 ⑤辖(xiá辖):同"辖",古代车轴两头的金属键。

译析:品德高尚的人,人们敬仰他;行为正大光明的人,人们效法他。

(2)常厥德,保厥位。

《尚书·咸有一德》

注:①厥:第一个"厥"为句中助词,第二个"厥"为代词"他的"。②保:安定。

译析:人如果能经常不懈地修德,就能使他的地位安定。

(3)德无常师,主善为师。

《尚书·咸有一德》

注:①常:固定不变。 ②师:榜样。 ③主:注重。

译析:修养品德没有固定不变的榜样,注重行善的人就可以做榜样。

(4)德日新,万邦惟怀。

《尚书·仲虺之诰》

注:①万邦:所有的诸侯国,后引申为天下,全国。　②惟:听从;随从。怀:归来到。　③仲虺(huǐ悔):人名,殷商君主成汤的左相。

译析:品德一天天达到新的境界,万国都会来归顺。

(5)作德心逸日休,作伪心劳日拙。

《尚书·周容》

注:①逸:安逸。　②休:美善。　③作伪:意为言行虚伪或弄虚作假。

译析:依德做事,天天心情都会安宁美善;弄虚作假,天天用尽坏心眼,处境会一天比一天糟。成语"心劳日拙"即出于此。

(6)毋以物乱官,毋以官乱心,此之谓内德。

《管子·心术(下)》

淄博管仲纪念馆

注:①谓:是。　②内德:自身固有的道德。

译析:不要因为物质利益扰乱了感官,不要因为感官扰乱了思想,这就是人自身固有的道德。

(7)不义而彊,其毙必速。

《左转·昭公元年》

注:①义:道德。　②彊:同"强",强暴,强横。　③毙:失败,灭亡。

译析：不讲道德而又强暴的人，他灭亡得必然很快。

(8)外宁必有内忧。

《左传·成公十六年》

译析：外部安宁了，一定会有内部的忧患。这句名言说明事物永远处于矛盾运动之中，外部矛盾解决了，内部矛盾又突出了，旧的矛盾解决了，新的矛盾又产生了，人生就是不断地面临矛盾，不断地解决矛盾。因此，遇到矛盾不能怕，而要努力解决好，要解决好，就需要不断提高思想认识水平和品德修养。

(9)出乎尔者，反乎尔者也。

(战国)孟轲:《孟子·梁惠王(下)》

注：乎:于。尔:你。反:返回。

译析：你怎样对待别人，别人就会怎样对待你。这句名言是孟子在《梁惠王(下)》篇中回答邹国国君邹穆公问话时引用孔子学生曾子的一句话。邹穆公问孟子说："我的将领被打死有33人之多(指邹国与鲁国作战中)，可是老百姓却没有一个人为他们战死的，要杀死这些人罢，又不可能杀尽;不杀死他们罢，又痛恨他们眼看着自己的长官被敌人杀死而不肯去援救，你说我该怎么办才好?"孟子回答说："眼下正是灾荒年月，您治下的老百姓，有许多老年多病的人死后也没有埋，年轻力壮的没法生活只好向四面八方逃奔，都快有1000多人了;可是你粮仓里的粮食却很充足，国库里的钱财也很丰富，有关官员却没有把这些情况向上报告，这是上面的人漠视人民，残害人民啊。"孟子接着引用了曾子的这句话，劝诫邹穆公不要责怪人民，要实行仁德之政。这是从国家方面说的。我们以此推而广之，从家庭和个人角度来看，不是也应如此吗? 对邻居、对他人不是也须要以仁德之心待之吗?

(10)富贵不能淫，贫贱不能移，威武不能屈。

(战国)孟轲:《孟子·滕文公(下)》

注:淫:放纵。

译析: 富足不能放纵享乐,贫贱不能改变志向,面对威武的压力不能卑躬屈膝。这句名言是孟子推崇的高尚的人应具有的品德。

(11)荣辱之来,必象其德。

（战国)荀况:《荀子·劝学》

注:①荣辱:光荣和耻辱,指地位的高低、名誉的好坏。　②象:依照。

译析: 一个人的地位高低与名誉好坏,完全依照他个人德性好坏而定。

(12)不知则问,不能则学,虽能不让,然后为德。

（战国)荀况:《荀子·非十二子》

注:①能:才能。　②让:推辞,拒绝。

译析: 不懂就向懂的人请教,没有才能就向有才能的人学习,即使有了些才能,也不要拒绝新的知识,这样才能养成优秀的品德。

(13)邪秽在身,怨之所构。

（战国)荀况:《荀子·劝学》

注:①邪:邪恶。　②秽(huì 汇):肮脏。　③构:集结。

译析: 人有邪恶肮脏的行为,仇怨自然会集结到他的身上。

(14)君子易知而难狎,易惧而难胁,畏患而不避死,欲利而不为所非。

（战国)荀况:《荀子·不苟》

注:①知:结交。　②狎(xiá 侠):亲近而不庄重。　③非:邪恶。

译析:君子容易结交,但难以与他进行不庄重的交往;容易惧怕忧患,但难以用威胁的手段使他屈服;畏惧祸患,但不逃避为正义而牺牲;想得到利益,但不做邪恶的事。

(15)劳苦之事则争先,饶乐之事则能让,端悫诚信,拘守而详。

(战国)荀况:《荀子·修身》

注:①饶:富足,多。 ②让:谦让。 ③端:正直。 ④悫(què 确):恭谨。 ⑤详:同"祥",吉祥。

译析:遇到劳苦的事就争着去做,遇到享乐的事就谦让给别人,正直、恭谨、诚实、守信,时时约束自己,保持廉洁正直的品德就能吉祥如意。

(16)谄谀我者,吾贼也。

(战国)荀况:《荀子·修身》

注:①谄(chǎn 产)谀(yú 余):巴结奉承,讨好人。 ②贼:害。

译析:阿谀、奉承、讨好我的人,是害我的人。

(17)岁寒,然后知松柏之后凋也。

《论语·子罕》

注:①岁寒:一年最寒冷的时节。 ②凋:凋零,零落。

译析:年末天气最寒冷的时候,这才知道松柏是最后凋零的。这句名言是孔子用松柏的风格比喻君子在最恶劣环境里具有经得住严峻考验的节操。

(18)贫而无谄,富而无骄。

《论语·学而》

注:谄(chǎn 产):巴结,奉承。

译析:贫穷不巴结奉承人;富贵不骄傲欺负人。

(19)见义不为,无勇也。

《论语·为政》

注:义:合宜的道德、行为或道理。

译析:看到正义的事情不去做,这是没有勇气。

(20)道听而涂说,德之弃也。

《论语·阳货》

注:①道:路。 ②涂:通"途",路。 ③说:传播,告诉。

译析:在道路上听说的流言就到处传播,这是有德行的人应该抛弃的作风。成语"道听途说"即出于此。

(21)临大节而不可夺也。

《论语·泰伯》

注:①临:面临。 ②大节:关系存亡安危的大事。 ③夺:由于强力而动摇、改变。

译析:面临存亡安危紧要关头而不屈服。这句名言是孔子的学生曾子认为君子应具有的节操。

(22)君子固穷,小人穷斯滥矣。

《论语·卫灵公》

注:①固:安守。 ②斯滥:不自检束,胡作非为。

译析:君子虽然穷困,但能坚持着,小人穷困就不能检点、约束而胡作非为了。

(23)博学而笃志,切问而近思,仁在其中矣。

《论语·子张》

注:①笃(dǔ 睹):坚定。 ②切:恳切。

译析:广泛地学习并且能坚定自己的志向,请教别人恳切,多想当前的事情,仁德就在这中间了。

(24)君子周而不比,小人比而不周。

《论语·为政》

注:①周:团结。 ②比:勾结。

译析:君子讲团结而不互相勾结,小人互相勾结而不讲团结。

(25)德不孤,必有邻。

《论语·里仁》

注:①德:道德。 ②孤:孤单。 ③邻:亲近。

译析:有道德的人不会孤单,一定会有人来与他亲近的。这句名言是孔子阐述道德的凝聚力是强大的,是人人仰慕的。

(26)乡原,德之贼也。

《论语·阳货》

注:①乡原(yuàn 愿):指乡里貌似谨厚,而实与流俗合污的伪善者;原,同“愿”,谨厚貌,即现在说的“老好人”,“好好先生”。 ②贼:败坏。

译析:乡里不讲是非曲直貌似谨慎老实的老好人,是道德的败坏者。

(27)树德莫如滋,除害莫如尽。

《战国策·秦策三》

注:①树:培养。 ②莫如:不如。

译析:培养美德不如慢慢培养,清除祸害不如彻底根除。

(28)怀德者应以福,挟恶者报以凶。

(西汉)陆贾:《新语·术事》

注:①怀德:怀有德行。 ②应:应合。 ③挟恶:心怀罪恶。 ④报:报应。 ⑤凶:祸殃。

译析:心怀高尚德行的人应合他的是幸福,心怀凶险罪恶的人报应他的是灾祸。

(29)妖不胜德。

(东汉)王符:《潜夫论·巫列》

注:①妖:邪恶。 ②胜:胜过。

译析:邪恶永远是不能胜过正直的。

(30)心一朝不思善,则邪恶入之。

(东汉)蔡邕之言,引自2001年5月4日《青岛日报》

注:①朝:日;天。 ②邪恶:不正而凶恶。

译析:心中一天不考虑着做好事,那么,不正而凶恶的念头就会进入脑中。

(31)勿以恶小而为之,勿以善小而不为。惟贤惟德,能服于人。

(三国·蜀)刘备之言,引自《三国志·蜀书·先生传》

清人绘刘备像

注:①以:因为。 ②为:做。

译析:不要因为是小的坏事就去做,不要因为是小的好事就不去做。只要是做贤德的好事,就能被人信服。这句名言告诫人们:一个人只有从点点滴滴的小事着眼,时时处处都能为人民群众做好事,将来才能为人民作出较大的贡献。那种不屑于为"小善"而在小事上放松约束自己,不但不能为"大善",而且渐渐会干出大坏事。"邪生于无禁,欲生于无度"。生活中促使一些人以身试法的一个重要原因,就是由于为之"小恶"而逐渐陷于道德沦丧、良心泯灭的地步。因此,要积"小善"而为"大善",戒"小恶"以避"大恶",做一个道德高尚的人。

(32)行成于思,毁于随。

(唐)韩愈:《进学解》

注:①行:品行,德行。 ②随:马虎,随便。

译析:德行的养成在于思考,德行的毁坏由于马虎随便。

(33)有德则人所慕仰,居不孤特,必有相求与之为邻也。

(北宋)邢昺(bǐng 丙):《论语正义》

注:①慕:思慕。 ②居:处在某种地位。 ③孤特:孤单;孤立。④相:先后。 ⑤邻:亲近。

译析:具有高尚品德的人,人人思慕敬仰,不论处在某种地位也不会孤立,必定先后有人寻求同他亲近的。

(34)出淤泥而不染,濯清涟而不妖。

(北宋)周敦颐:《周元公集·爱莲说》

注：①淤（yū迂）泥：河沟或池塘里积存的污泥。　②濯（zhuó琢）：洗。　③清涟：水清而有微波的样子。　④妖：美丽而不端重。

译析：从污泥里长出来却不被沾染，经清水洗涤后却不显得妖艳。这句名言的作者是通过描述莲花的可爱，借花喻人，赞颂君子那种超然出世、不同流俗、不卑不亢、不媚不阿的高尚品格。

(35)时穷节乃见。

（南宋）文天祥：《文山先生全集·正气歌》

注：①时穷：处境困难、危险时。　②见：通"现"，显现。

译析：处境艰险困苦的时候，人的气节就显现出来。这是文天祥被俘后，在狱中写的《正气歌》中的一句名言。

(36)黍可以成寸，积善可以成德。故小善可以成大善，小恶必至成大恶。积善如积土，久而不已，则可以成山，积恶如防川，微而不塞，必至于滔天。

（明）朱元璋：《明实录·九六卷》

注：①不已：不停止，不断。　②滔天：比喻罪恶、灾祸极大。

译析：一粒粒米积攒起来，可以堆成几寸厚，积累善行可以养成美德。所以小的善行可以积成大的美德，小的恶行可以积成大的邪恶。积累善行如同积土，坚持长久不懈，就可以堆积成山，而恶行的积累就如防川，微小的漏洞不去堵塞，必然成为滔天大祸。

(37)行一件好事，心中泰然；行一件歹事，衾影抱愧。

（清）申涵光：《荆园小语》

注：①泰然：安然，形容心情安定。　②衾（qīn钦）影：指独自。

译析：做一件好事，心中安然；做一件坏事，心中有愧。

(38)人之相知,贵在知心;人之相悉,贵在悉品;人之相敬,贵在敬德;人之相尊,贵在尊义。

曲波:《山呼海啸》

(39)有德才之人,每天都分秒必惜,寸阴必争,抓住零星的时间,学习、思考、工作,这除了为当时安身立命、造福人民外,也为自己储备了一份尊严。因为在年富力强、精力充沛的青年时期,有了足够的学识储备、体质储备、德行储备、业绩储备、物质储备,毫无疑问,到了年迈体弱时,也必然会有足够的尊严。

山河之言,引自《中外哲理名言》

(40)"教养"应当是:为社会为人民竭尽全力工作,作为它的结果,在自然界与生命之间渗透出高尚的情操来。

(日本)池田大作:《青春寄语》

(41)把"德性"教给你们的孩子;使人幸福的是德性而非金钱。这是我的经验之谈。在患难中支持我的是道德,使我不曾自杀的,除了艺术之外,也是道德。

(德国)贝多芬之言,引自《贝多芬传》

(42)如果道德败坏了,趣味也必然会堕落。

(法国)狄德罗:《论戏剧艺术》

贝多芬像

(43)没有伟大的品格,就没有伟大的人,甚至也没有伟大的艺术家,伟大的行动者。

(法国)罗曼·罗兰之言,引自《贝多芬传》

(44)一个人有学问而摒弃道德,正像金戒指穿在猪鼻子上。

(捷克)夸美纽斯之言,引自《夸美纽斯的生平和教育学说》

(45)桃李不言,下自成蹊。

(中国古谚)

注:蹊(xī 吸):小路。

译析:桃树、李树不会自我吹嘘,可是因为它们的花朵芬芳,果实甜美,人们自然会在树底下来来去去,以至于走成了一条小路。这句名言是西汉文学家、史学家司马迁为李广立传时,用这句古谚赞美他人品的伟大。

三、价值篇

(1)人之有道,饱食、暖衣、逸居而无教,则近于禽兽。

(战国)孟轲:《孟子·滕文公(上)》

注:①道:道理,处世原则。 ②逸:安逸。 ③近:近似。

译析:人应该懂得这个道理,只知吃饱了、穿暖了、住得舒服了,而没有教育教养,那就跟禽兽差不多了。这句名言是孟子告诫人们必须通过教育修身,完善自我,使自己成为济世为民的有用之才。只懂得生理需求,那是动物的本能。

(2)君子志于泽天下,小人志于荣其身。

(北宋)刘炎:《迩言》

注:①泽:施恩泽。 ②荣:富贵。

译析:君子的志向是为天下人谋求幸福生活,小人的志向是为个人图谋富贵荣华。

(3)人生应当如蜡烛一样,从顶燃到底,一直都是光明的。

萧楚女之言,引自《历史人物集》

(4)本来,生命只有一次,对于谁都是宝贵的。但是,假使他的生命溶化在大众的里面,假使他天天在为这个世界干些什么,那么,他总在生长,虽然衰老病死仍旧是逃避不了,然而他的事业——大众的事业是不死的,他会领略到"永久的青年"。

瞿秋白:《瞿秋白文集》

(5)人生的价值,即以其人对于当代所做的工作为尺度。

徐玮之言,引自《革命烈士书信》

(6)有的人活着他已经死了,有的人死了,他还活着。

臧克家:《有的人》

简析:据诗人自己介绍,1949 年 1 月为纪念鲁迅先生,写了《有的人》这首诗。全诗用强烈的对比手法歌颂、赞美"有的人死了,他还活着"的正面人物鲁迅先生,以及其他一切为正义事业而献身的革命者。开头的这两句,作者抓住"人生"这一重大课题,用"活"与"死"进行鲜明对比,摆出了对两种人生观的评价:有的人"活着",他奸诈、欺人、作威作福,坏事干尽,给人民群众造成痛苦,人民群众恨他、唾弃他,纵有活着的躯壳,也不过是行尸走肉,所以说是"死了";有的人"死了",生前甘做孺子牛,做人民的公仆,为人民利益奋斗一生,鞠躬尽瘁,死而后已,做了许多好事,给社会创造许许多多物质和精神财富,给人民群众带来欢乐、温暖、幸福,"人民永远记住他"、"群众把他抬举得很高、很高",虽死犹生,所以说"活着",而且活得非常有价值。

(7)即使我们是一支蜡烛
    也应该"蜡炬成灰泪始干"

即使我们只是一根火柴

也要在关键时刻有一次闪耀

即使我们死后尸骨都腐败了

也要变成磷火在荒野中燃烧

艾青:《光的赞歌》

(8)但愿每次回忆,对生活都不感到负疚。

郭小川:《郭小川诗选》

(9)人的一生虽然有各种各样的活法,但无论那种活法,都必须解决好两大问题——生存与价值。生存是一切动物的本能,人是能制造和使用工具并能用语言思维表达思想感情的高级动物,这就促使你知道必须努力学习掌握谋生的高才智、高技能,懂得应对家庭、社会、国家,乃至人类做出有益的贡献,体现出你的生存价值。如果人生只解决好了生存,没有解决好价值,生存就会感到空虚、不充实,就会失去意义,失去光彩,甚至走向歧途,被人们唾弃。

山河之言,引自《中华名人格言》

(10)人的生命是有限的,可是,为人民服务是无限的,我要把有限的生命,投入到无限的为人民服务之中去。

雷锋:《雷锋日记》

(11)要想有地位,必须有作为。

李济生之言,引自中央电视台
2001 年 5 月 28 日"新闻联播"

(12)至于我,生来就为公众利益而劳动,从来不想去表明自己的功绩,唯一的慰藉,就是希望在我们蜂巢里,能

毛泽东题词
"向雷锋同志学习"

够看到我自己的一滴蜜。

（俄国）克雷洛夫之言，引自《克雷洛夫评传》

（13）人生的价值，并不是用时间，而是用深度去衡量的。

（俄国）列夫·托尔斯泰：《初期回忆》

（14）人的一生应当这样度过：当回忆往事的时候，他不至于因为虚度年华而痛悔，也不至于因为过去的碌碌无为而羞愧；在临死的时候，他能够说："我的整个生命和全部精力，都已经献给世界上最壮丽的事业——为人类的解放而斗争。"

（前苏联）奥斯特洛夫斯基：《钢铁是怎样炼成的》

（15）人最美好的，就是在你停止生存时，也还能以你所创造的一切为人们服务。

（前苏联）奥斯特洛夫斯基：《奥斯特洛夫斯基两卷集》

（16）人的价值并不取决于是否掌握真理或者自认为真理在握，决定人的价值的是追求真理的孜孜不倦的精神。

（德国）莱辛之言，引自《人生就是奋斗》

（17）你若要喜爱你自己的价值，你就给世界创造价值。

（德国）歌德：《格言诗》

（18）我们为祖国服务，也不能都采用同一方式，每个人应该按照资禀，各尽所能。

（德国）歌德：《歌德谈话录》

注：资禀：天资，禀赋。

（19）人生不是一支短短的蜡烛，而是一支由我们暂时拿着的火炬，我们一定要把它燃得十分光明灿烂，交给下一代的人们。

（英国）萧伯纳之言，引自《解放军报》1980 年 6 月 16 日

(20)能将自己的生命寄托在他人的记忆中,生命仿佛就加长了一些;光荣是我们获得的新生命,其可珍可贵,实不下于天赋的生命。

(伊朗)孟德斯鸠:《波斯人信札》

(21)真正的学者真正了不起的地方,是暗暗做了许多伟大的工作而生前并不因此出名。

(法国)巴尔扎克:《赛赛·皮罗多盛衰记》

(22)我的人生哲学是工作,我要揭示大自然的奥秘,并以此为人类造福。我们在世的短暂一生中,我不知道还有什么比这种服务更好的了。

(美国)爱迪生之言,引自《光明日报》1979年4月1日

(23)如果我曾经或多或少地激励了一些人的努力,我们的工作,曾经或多或少地扩展了人类的理解范围,因而给这个世界增添了一分欢乐,那我也就感到满足了。

(美国)爱迪生之言,引自《北京日报》1980年7月16日

(24)一个人的价值,应当看他贡献什么,而不应当看他取得什么。

(美籍德国人)爱因斯坦:《论教育》

(25)人只有献身于社会,才能找出那短暂而有风险的生命的意义。

(美籍德国人)爱因斯坦之言,引自《爱因斯坦》

(26)一个人对社会的价值首先取决于他的感情、思想和行动对增进人类利益有多大作用。

(美籍德国人)爱因斯坦:《社会和个人》

四、修身篇

(1)功崇惟志,业广惟勤,惟克果断,乃罔后艰。

《尚书·周官》

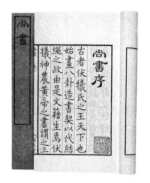

《尚书》

注:①崇:高。 ②惟:第一、二个"惟"作介词"在于、由于"讲,第三个"惟"作"只要"讲。③志:立志。 ④克:能够。 ⑤罔:无,没有。

译析:功德崇高在于立志,事业宏大由于勤勉,只要治理能够果敢决断,就不会有后来的艰难。这句名言,宋代经学家蔡沈在《书经集传》云:"勤由志而生,志待勤而遂,虽有二者,当几而不能果断,则志与勤虚用,而终蹈后艰矣。"这说明了"志"、"勤"、"断"三者之间的辩证关系,既相互为用,又互相辅助,密切相关,缺一不可。

(2)夙夜罔或不勤,不矜细行,终累大德。

《尚书·旅獒》

注:①夙(sù 速,早)夜:从早到晚。 ②罔(wǎng 往):无,没有。③或:有。 ④矜:谨慎。 ⑤细行:小节;小事。 ⑥累(lěi 磊):妨害。

译析:从早到晚没有不勤勉的时候,在小事小节上不谨慎,最终必然妨害大德。

(3)善不可失,恶不可长。

《左传·隐公六年》

注:①失:放过。 ②长(zhǎng 掌):滋长。

译析:行善的好事不能错过机会,作恶的坏事不能让它滋生滋长,应坚决改正。

(4)谚曰:"从善如登,从恶如崩。"

《国语·周语》

注:①谚:谚语,为长期流传下来的寓意丰富,文词固定简练的古训、俗语。 ②登:喻难。 ③崩:喻易。

译析:古代谚语说:"做好事就像登山那样艰难,做恶事就像山崩那样容易。"

(5)古之人,得志,泽加于民;不得志,修身见于世。

(战国)孟轲:《孟子·尽心(上)》

注:①泽:恩惠。 ②修身:修养品德。 ③世:人世。

译析:古代贤德的人,得志时,把恩惠施加给人民;不得志时,就修养品德给世人作表率。

(6)圣人自知不自见,自爱不自贵。

《道德经·七十二章》

注:①自知:认识自己;自己明了。 ②自见:"见"通"现",显露自己。 ③自爱:自己爱护自己;自重。 ④自贵:贵重自己,自以为了不起。

译析:圣人认识自己却不显露自己,尊重自己却不以为自己贵重得了不起。这句名言说明有智慧有道德的人,了解自己的知识水平、才干能力,但不骄傲不张扬,能正确地运用自己的知识和能力,在周围环境中摆正关系,找准位置。

(7)我有三宝,持之保之:一曰慈,二曰俭,三曰不敢为天下先。慈,故能勇;俭,故能广;不敢为天下先,故能成器长。

《道德经·六十七章》

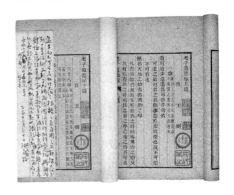

老子《道德经》

注:① 慈:仁爱。 ② 广:宽裕。 ③ 器长(zhǎng 掌):首领。

译析:我有三件法宝,掌握并永远保持它们:一是仁爱,二是节俭,三是不敢事事争先。因为有仁爱之心,所以勇敢;因为生活节俭,所以能积累财物而宽裕;因为不为天下先,所以能成为首领。这句名言表明老子的以退为进的思想。有仁爱之心,对人便能宽容,宽容看上去是让步,但实际上是最宽广的胸怀,是大勇;节俭,绝不是吝啬,而是一种坚忍的精神力量,能节俭是强者;不为天下先,是看透了先后,识破了"利害",是后发制人。这"三宝",一是讲处世待人,二是讲生活理财,三是讲严于律己,加强自身修养。这三点中的前两点对修养品德确有启迪作用,而第三点,只要对国家、人民有益的事,以及从创新方面讲,都应"敢为天下先"。

(8)圣人,其穷也使家人忘其贫,其达也使王公忘爵禄而化卑。

《庄子·则阳》

注:①达:显贵;显达。 ②卑:谦恭。

译析:有智慧有道德的人在穷困潦倒的时候能够教育家人忘掉贫困,在显贵的时候能够使王公显贵忘掉自己的高官厚禄而变得谦恭,礼贤下士。

(9)君子博学而日参省乎己,则知明而行无过矣。

(战国)荀况:《荀子·劝学》

注:①博学:广泛地学习。 ②日:每天。 ③参(cān 餐):验,检查。 ④省:省察,反省。 ⑤乎:相当"于"。 ⑥则:表因果,因此,所以。 ⑦知:同"智",智慧。 ⑧明:明察。

译析:有学问有修养的人能广泛地学习知识而且天天对照检查自己,因此有智慧能明察秋毫行为不至于有过错。

(10)见善,修然,必以自存也;见不善,愀然,必以自省也;善在身,介然,必以自好也;不善在身,菑然,必以自恶也。故非我而当者,吾师也;是我而当者,吾友也;谄谀我者,吾贼也。故君子隆师而亲友以致恶其贼。

（战国）荀况:《荀子·修身》

注:①修然:整饬的样子;严正的样子。 ②自存:自察。 ③愀(qiǎo 巧)然:忧愁的样子。 ④自省(xǐng 醒):自行检查;自我反省。 ⑤介然:坚定不移。 ⑥自好:自爱,自重。 ⑦菑(zī 资)然:祸害,灾难。 ⑧非:指责,批评。 ⑨是:肯定,赞扬。 ⑩当:得当 ⑪隆:尊敬。 ⑫贼:对敌人的蔑称。

译析:看到好的品德,就应显出严正认真的样子,定要对比自察学习它;看到不好的东西,就应现出忧愁的样子,定要反省改正它;自己有了美德,应坚定不移,定要自爱自重保持它;自身存有不好的东西,就会带来灾难,定要自己厌恶它改掉它。因此,指出我错误的人,他是我的老师;对我赞扬得当的人,他是我的朋友;奉承阿谀我的人,他是我的敌人。所以君子尊敬老师,亲近朋友,憎恨阿谀奉承的人。

(11)宫有垩器,有涤则洁矣。行身亦然,无涤垩之地则寡非矣。

（战国）韩非:《韩非子·说林(下)》

注:①宫:古代对房屋、居室的通称。 ②垩(è 恶):泛指泥土。 ③涤(dí 敌):洗。 ④行身:立身处世。 ⑤地:地步。 ⑥寡:使减少。

译析:房屋中有盛过泥土的器具,只要清洗一下就干净了。人的立身处世也是这样,到了没有清洗的泥土地步,就是错误减少或没有了。

(12)木之折也必通蠹,墙之坏也必通隙。

(战国)韩非:《韩非子·亡征》

注:①蠹(dù 杜):蛀虫。　②坏:倒塌。　③隙:缝隙,破洞。

译析:树木的折断一定是先有了蛀虫,土墙的倒塌一定是先有了裂缝。这句名言告诫人们日常应加强修养,提高思想品德、培养严谨负责的工作态度,这样才能具有抗击蠹虫侵蚀的抵抗力和防止出现致使土墙倒塌裂缝的可能性。

(13)行而自衒,人莫之取也。

《墨子·公孟》

注:①行:做。　②衒(xuàn 炫):炫耀,自夸,卖弄。

译析:做了事就自夸炫耀,这对于人来说是不可取的。

(14)欲修其身者,先正其心;欲正其心者,先诚其意。

《礼记·大学》

注:①心:思想。　②诚:诚挚。　③意:意念。

译析:想要加强自身的修养,先要端正自己的思想;想要端正自己的思想,先要确立诚挚而坚定的意念。

(15)知耻者近乎勇。

《礼记·中庸》

注:①近:接近。　②乎:介词,相当"于"。

译析:知道羞耻,就接近勇敢了。

(16)矜者不立,奢者不长,强梁者死,满日者亡。

《文子·守弱》

注:①立:立身,立足。 ②强梁:强横凶暴。 ③满日者亡:意为日满则缺。

译析:骄傲的人不能立身,奢侈的人不能长久,强暴的人必然早死,自满的人必然有失。

(17)德之不修,学之不讲,闻义不能徙,不善不能改,是吾忧也。

《论语·述而》

注:①讲:研究,商讨。 ②徙:去做。

译析:品德不去修养,学问不去研究,听到正义的事不能去做,有错误不能改正,这都是我忧虑的。这是孔子告诫学生修身进步的四个要点:即修养品德,研究学问,做正义的事,有错就改。

(18)仁者先难而后获,可谓仁矣。

《论语·雍也》

注:仁:仁德,仁爱。

译析:有仁德的人,比别人先吃苦,享受却居人后,这可以称得上有仁德了。这句名言是孔子教导樊迟怎样去追求仁德。

(19)不迁怒,不贰过。

《论语·雍也》

注:①迁:转移。 ②贰:重复。 ③过:过错。

译析:不把怒气发泄到别人身上,不重犯同样的错误。这是孔子向鲁哀公赞扬弟子颜回的话。

(20)非礼勿视,非礼勿听,非礼勿言,非礼勿动。

《论语·颜渊》

注:①非礼:不合礼仪制度。 ②动:做。

译析:不合礼仪制度的不看,不合礼仪制度的不听,不合礼仪制度的不说,不合礼仪制度的不做。这是孔子回答弟子颜渊的问话。2000 年 6 月美国总统克林顿访俄,在克里姆林宫俄美首脑会上,他以奥尔布赖特胸前别着的三枚猴子胸针——一只猴子捂着眼睛,另一只捂着耳朵,第三只捂着自己的嘴——解释道:三只猴子代表一句古老的俗言"非礼勿视,非礼勿听,非礼勿言"。这代表了奥卿的全部外交政策。一向面无表情的普京总统笑逐颜开。克林顿所说的这句"古老的俗言",即是我国 2500 多年前的思想家、教育家孔子所说的话,足见我国古代文化是多么光辉灿烂、博大精深,对世界影响多么深远。

(21)见利思义,见危授命,久要不忘平生之言,亦可以为成人矣。

《论语·宪问》

注:①见利思义:看到利益,应想到道义,谓以道义为重。 ②授命:献出生命。 ③言:诺言。

译析:看到利益能想到道义,看到危险能献出生命,长期处在穷困中却不忘记平生的诺言,也可以称得上是完美的人了。

(22)弟子入则孝,出则弟,谨而信,汎爱众,而亲仁。行有余力,则以学文。

《论语·学而》

注:①弟子:年轻人。 ②入:入门,在家。 ③出:外出。 ④弟(tì 替):同"悌",弟弟顺从兄长,即尊长。 ⑤汎(tàn 范):同"泛",广泛;普遍。 ⑥行:做到。

译析:年轻人在家应该孝敬父母,在外应该尊敬长者,办事要谨慎,讲话要守信,广泛爱护民众,并亲近有仁德的人。做到这些还有精力,就用来学习文化知识。

(23)见善如不及,见不善如探汤。

《论语·季氏》

注:①及:达到。 ②探:把手伸进去取东西。 ③汤:开水。

译析:看见好的行为就像怕赶不上似的去达到,看见邪恶行为就像怕将手伸进开水里取东西一样不去做。

(24)文质彬彬,然后君子。

《论语·雍也》

注:①文:才华,才干。 ②质:质地,质朴,指"道德"。 ③彬彬(bīn宾)文质兼备的样子;文质彬彬:现在多被人理解为文雅有礼貌。 ④然后:这样……才。

译析:有才干又品德高尚的人,这样才算是个君子。

(25)贫而乐,富而好礼。

《论语·学而》

注:①乐:快乐。 ②好(hào 浩):爱好。 ③礼:礼义。

译析:虽然贫困却快乐,虽然富贵但谦虚讲礼义。

(26)夫仁者,己欲立而立人,己欲达而达人。能近取譬,可谓仁之方也已。

《论语·雍也》

注:①立:站得住。 ②达:到达,达到。 ③近:自己。 ④方:方法。

译析:所谓仁德的人,应该自己站得住也使别人站得住,自己希望达到的也帮助别人达到。凡事能推己及人,可以说是实行仁的方法了吧。这句名言是孔子教导子贡就近取仁德的方法。

(27)建大功于天下者,必先修行与闺门之内;垂大名于万世者,必先行于纤微之事。

(西汉)陆贾《新语·慎微》

注:①闺门:官苑、内室的门,借指宫廷、家庭。　②万世:很多世代,形容年代久远。　③行:做。

译析:对社会建立大功的人,必然是在家中就修养好了自己的品德;流芳万世的人,必然是先做好了那些细小的事情。

(28)正其行而不苟合于世。

(西汉)陆贾:《新语·辨惑》

注:①正:端正。　②世:世俗。

译析:端正自己的行为,不苟且地附和那些不好的世俗。

(29)欲人勿闻,莫若勿言;欲人勿知,莫若勿为。

(西汉)枚乘:《谏吴王书》

注:①莫若:莫如,不如。　②为(wéi 唯):做。

译析:要想不让人听到你说的话,不如不说;要想让人家不知道你的行为,不如不做。这句名言是枚乘上书劝吴王刘濞(bì 必)不要暗中谋反的话。东汉班固的《汉书·枚乘传》中也有这句话。

(30)救寒莫如重裘,止谤莫如自脩。

(东晋)陈寿:《三国志·魏书·王昶传》

注:①莫如:不如。　②重(chóng 虫):重新。　③裘(qiú 求):皮袍。
④止谤:止息谤言。　⑤俻:通"修"。

译析:抵御寒冷,不如重新加一件皮袍;止息谤言,不如加强自我修养。

(31)治身养性,务谨其细,不可以小益为不平而不修,不可以小损为无伤而不防。凡聚小所以就大,积一所以至亿也。

(东晋)葛洪:《抱朴子·内篇·极言》

注:①治:修养。　②身:品德。　③以:因为。　④凡:凡是,表示概括。　⑤亿:古代或以十万为亿,或以万万为亿,这里是说数量极多。

译析:修养品德培养性格,对一些细小的问题也必须谨慎,不可因补益微小不值得称道就不加强自身修养,不可因损害微小对大体没有伤害就不去戒备。凡是积聚起的小问题就成了大问题,一点点聚积起来就能达到数量极多的地步。

(32)贪欲以伤生,谗慝而致死,此君子之所惜哉。

(北朝·北周)颜之推:《颜氏家训·养生》

注:①贪欲:无休止地求取。　②生:生命。　③谗慝(tè 特):邪恶奸佞。　④致死:导致死亡。

译析:无休止地求取会伤害生命,邪恶奸佞能导致死亡,这是有德有才的人所痛惜的啊。

(33)念己之短,好人之长,近仁也。

(唐)马总:《意林·法训》

注:好(hào 号):喜爱。

译析:不忘自己的缺点,学习他人的优点,这才算是接近高尚的品德啊。

(34)尽小者大,慎微者著。

(北宋)司马光:《资治通鉴·卷十七》

司马光《资治通鉴》

注:①尽:尽量。　②著:显明,显出。

译析:能够尽量做好每件小事的人,就能建立大的功业;对每个细微的言行都能谨慎的人,就能著称于世。

(35)气忌盛,心忌满,才忌露。

(明)吕坤:《呻吟语》

注:①忌:禁忌。　②盛:盛大。　③满:骄傲自满。

译析:怒气禁忌盛大,思想上禁忌自满,才能禁忌显露。

(36)舟必漏也而后水入焉,土必湿也而后苔生焉。

(明)刘基:《郁离子·自讳自矜》

注:①必:一定。　②焉:语气词。　③苔:苔藓。

译析:船一定是有了漏洞,水才流进来了;土一定是很潮湿,苔藓才会长出来。这句名言是用比喻说明人自身有弱点,才能受到邪恶的侵袭,所以一个人日常应加强修养,克服一些不良的思想行为。

(37)横逆困穷,是锻炼豪杰的一副炉锤,能受其锻炼者,则身心交益,不受其锻炼者,则身心交损。

(明)洪应明:《菜根谭》

注:①横逆:横祸、厄运。　②困穷:艰难窘迫。　③身心:身体和精神。　④交:俱,皆。

译析:横祸厄运艰难窘迫是锻炼才能的一副炉锤,能够受得了这种煎熬锻炼的人,那么身体和精神都会得到裨益,受不了这种煎熬锻炼的,那么身体和精神都会遭受损害。

(38)世路风霜,吾人炼心之境也;世情冷暖,吾人忍性之地也;世事颠倒,吾人修行之资也。大丈夫处世,不可少此磨炼。

(清)石成全:《传家宝》

注:①风霜:比喻艰难辛苦。　②炼心:修炼思想。　③世态:世态人情。　④忍性:坚忍其性;使其性坚忍。

译析:人生路途遇到的艰难辛苦,这是锤炼自己思想的处境;世态人情的炎凉,这是锤炼自己坚忍性情的地方;世界上的事情有时是非颠倒,这是修养德行的凭借。男子汉大丈夫生活在人世间,不可缺少这些磨炼。

(39)专责己者,兼可成人之善;专责人者,适以长己之恶。

(清)李惺:《西沤外集·药言剩稿》

注:①兼:同时做几件事。　②成:成为。　③适:恰好。　④恶:坏。

译析:专门责备自己,同时可以成为人们学习的好榜样;专门责备别人,恰好助长了自己的坏习气。

(40)人之视小过愧怍悔恨如犯大恶,夫然后能改过;"无伤"二字,修己之大戒也。

(清)李惺:《西沤外集·药言剩稿》

注:①愧怍(zuò 坐):惭愧。　②恶:罪。　③伤:损害。　④戒:警戒。

译析:有的人看待自己的小错误惭愧悔恨得像犯了大罪似的,这样以后就能下决心痛改错误。"无伤"二字,是培养自己思想品德最要警戒的。

(41)人如果不能自省自律,失去主动控制的心理力量,没有管住自己的志气,不能按照正确要求规范自己言行,而一意孤行,下场都不会好,而且给亲人、家庭带来的不是自豪感和荣耀

感,而是愧疚和伤痛。

山河之言,引自《人生铭语》

(42)一切利己的生活,都是非理性的、动物的生活。

(俄国)列夫·托尔斯泰:《最后的日记》

(43)在缺乏教养的人身上,勇敢就会成为粗暴,学识就会成为迂腐,机智就会成为逗趣,质朴就会成为粗鲁,温厚就会成为谄媚。

(英)洛克:《教育漫话》

五、理想篇

(1)饮食之人,则人贱之矣,为其养小以失大也。

《孟子·告子(上)》

注:①饮食:喝酒吃肉。　②贱:鄙视。

译析:只讲究喝酒吃肉的人,人们都鄙视他,因为他保养了小的方面,而丧失了大的方面。这句名言告诫人们:人生在世应该怀有伟大理想。有的人说:人若是没有理想,这就是"偷生"。

(2)一个人有了远大的理想,就是在最艰苦困难的时候,也会感到幸福。

徐特立:《徐特立教育文集》

(3)希望是附丽于存在的,有存在,便有希望,有希望,便是光明。

鲁迅:《鲁迅全集·第 3 卷》

注:附丽:依附。

(4)理想是需要的,它可以为我们指出前进的方向,但是理想必须从现实的努力奋斗中才能实现。

周恩来:《周恩来教育文选》

(5)生活的理想,就是为了理想的生活。

张闻天之言,引自《人民日报》
1979 年 8 月 25 日

(6)我们如果没有理想,我们的头脑将陷于昏沉;我们如果不从事劳动,我们的理想又怎样实现?

陈毅:《赠郭沫若同志》

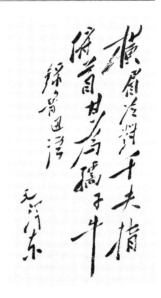

毛泽东书鲁迅诗

(7)我们这么大一个国家,怎样才能团结起来、组织起来呢?一靠理想,二靠纪律。

邓小平:《邓小平文选·第三卷》

(8)青年应当有远大的理想,又要十分重视任何细小的工作。要有远大的理想,才能永远保持前进的勇气和方法。而达到理想的道路是由无数细小的日常工作积累起来的。

邓小平:《在全国青年社会主义建设积极分子大会上的讲话》

(9)人,只要有一种信念,有所追求,什么艰苦都能忍受,什么环境也都能适应。

丁玲之言,引自《文学报》1981 年 7 月 16 日

(10)一个精神生活很充实的人,一定是个很有理想的人,一定是一个很高尚的人,一定是一个只做物质的主人而不做物质

的奴隶的人。

陶铸:《理想·情操·精神生活》

（11）一个人有了崇高的伟大的理想，还一定要有高尚的情操。没有高尚的情操，再崇高、再伟大的理想也是不能达到的。

陶铸:《理想·情操·精神生活》

（12）一个人在十几、二十几岁的时候，如果就毫无抱负、愿意庸庸碌碌、得过且过地过一辈子，这是没有出息的，这不是青年人应有的态度。

聂荣臻之言，引自《中国青年》1961 年第 18 期

（13）人是要靠着理想才能生活的，没有理想，就会失去生活的力量。饥饿里盼的是丰收，战争里盼的是和平，灾难里盼的是幸福，夜晚里盼的是天明。正是对未来抱着理想，我们的人民才能有那么饱满的战斗力量。

杨朔:《杨朔散文选》

（14）理想，即对未来合理的设想和希望，是人生追求的美好目标。人活在世上，应具有与国家、民族、社会需要相一致的理想，而要实现理想，就必须求真务实、自强不息，一门心思脚踏实地去实践，三年、五年、十年、二十年后，你再看看自己，会惊讶时间对你的造就。

山河之言，引自《中国当代名人格言》

（15）每个人都应怀有美好的梦想，这是人生追求的目标、生命的价值和前进的动力，而要把美好梦想变成现实，必须脚踏实地地苦干、拼搏、自强不息，凭空想是不行的。人如果没有美好的梦想，每天浑浑蒙蒙，得过且过，怎么舒服怎么来，那是苟且偷生的懒惰行为。

山河之言，引自《人生铭语》

(16)人在没有受到伟大观点所鼓舞的时候,他的活动既然是毫无结果的、卑微的,那么观念要在现实中得到价值,就只有在这个时候——当一个献身为崇高观念而服务的人的心中,拥有充沛的力量促使它圆满地实现时才有可能。

(俄国)车尔尼雪夫斯基:《车尔尼雪夫斯基论文集》

(17)生活只有在平淡无味的人看来是空虚而平淡无味的。

(俄国)车尔尼雪夫斯基:《生活与美学》

(18)我常常重复这样一句话:一个人追求的目标越高,他的才力就会发展得越快,对社会就越有益;我确信这也是一个真理。这个真理是由我的全部生活经验,即我的观察、阅读、比较和深思熟虑过的一切确定下来的。

(前苏联)高尔基:《论文学》

(19)青年人的特点就在于他们抱有理想事业上的宏大志愿。

(前苏联)加里宁:《正确地教育和培养青年一代》

(20)无论哪个时代,青年的特点总是怀抱着各种理想和幻想。这并不是什么毛病,而是一种宝贵品质。凡是意志坚定和思想健全的人,决不能没有幻想。

(前苏联)加里宁:《论共产主义教育》

《钢铁是怎样炼成的》

(21)我在自己的一生里也曾经历过被遗弃和背叛的痛苦。可是有一种东西却救了我:我的生活永远是有目的、有意义的,这就是为社会主义而奋斗。

(前苏联)奥斯特洛夫斯基:
《奥斯特洛夫斯基文集》

(22)防止内心空虚,防止精神兴趣贫乏,这不是别人的事,而是你们每个青年自己的事。

(前苏联)苏霍姆林斯基:《给儿子的信》

(23)使人生具有意义的不是权威和表面的显赫,而是寻求那种不仅满足一己私利、且能保证全人类幸福的完美理想。

(德国)马克思之言,引自(前苏联)
伽·谢列布里雅柯娃的《马克思的青年时代》

(24)人类最可宝贵的财富是希望,希望减轻了我们的苦恼,为我们在享受当前的乐趣中描绘出将来乐趣的远景。如果人类不幸到目光只限于考虑当前,那么人就会不再去播种,不再去种植,人对什么也不准备了:从而在这尘世的享受中,人就会缺少一切。

(法国)伏尔泰:《哲学通信集》

(25)我相信我们应该在一种理想主义中去找精神上的力量,这种理想主义要能够不使我们骄傲,而又能够使我们把我们的希望和梦想放得很高。

(法国籍波兰人)居里夫人之言,引自《居里夫人传》

(26)我从来不把安逸看做是生活目的本身。

(美籍德国人)爱因斯坦之言,引自《爱因斯坦》

(27)志在山顶,就不会在半坡停下。

(英国谚语)

(28)每个人都有理想和追求,都有自己的梦想。现在,大家都在讨论中国梦,我以为,实现中华民族伟大复兴,就是中华民族近代以来最伟大的梦想。这个梦想凝聚了几代中国人的夙愿,体现了中华民族和中国人民整体利益,是每一个中华儿女的共同期盼。

习近平之言,引自《人民日报·海外版》2012年11月30日

(29)生活在我们伟大祖国和伟大时代的中国人民,共同享有人生出彩的机会,共同享有梦想成真的机会,共同享有同祖国和时代一起成长与进步的机会。有梦想,有机会,有奋斗,一切美好的东西都能够创造出来。

习近平之言,引自《十二届全国人大一次会议闭幕时的讲话》

六、志向篇

(1)志意修则骄富贵,道义重则轻王公。

《荀子·修身》

注:①修:善,美好。 ②重:深。 ③王公:泛指高官贵人。

译析:志向美好就可以傲视富贵,道义高深就能藐视权贵。

(2)虎豹之驹未成文,而有食牛之气,鸿鹄之鷇羽翼未全,而有四海之心。

(战国)尸佼:《尸子》

注:①驹(jū 拘):小马,少壮的马。 ②文:花纹,纹理。 ③鷇(kòu 叩):由母哺食的幼鸟。

译析:虎豹的幼子全身还未长成花纹,可是它有吃牛的气概,天鹅的幼鸟翅膀未长全,可是它有飞向广阔天空的心志。这句名言是用比喻人自小应怀有远大志向。

(3)知止而后定,定而后能静,静而后能安,安而后能虑,虑而后能得。

《礼记·大学》

注：止：所达之处，这里指最高境界。

译析：知道应达到的最高境界才能有确定的志向，有了确定的志向才能心静不乱，心静后才能神思安稳，神思安稳后才能思虑恰切，思虑恰切后才会有所收获。

(4)三军可以夺帅也，匹夫不可夺志也。

《论语·子罕》

《尚书 礼记》

注：①三军：周制，诸侯大国三军，中军最尊，上军次之，下军又次之。一军12500人，三军合37500人。这里可作为军队的通称。　②夺：第一个"夺"当"夺去"讲，第二个"夺"作"改变"讲。

译析：三军的统帅可以被夺去，一个人的志向决不可以被迫改变。这句名言是孔子勉励学生应胸怀坚定的远大志向。

(5)鸿鹄高飞，一举千里。

刘邦：《鸿鹄歌》

注：①鸿鹄(hú 胡)：天鹅，因为飞得很高，所以常用来比喻志向远大的人。　②举：举动，飞起。

译析：鸿鹄能在高空飞翔，它一飞起就有千里之遥。这里比喻人应有远大志向。

(6)人无善志，虽勇必伤。

（西汉）刘安：《淮南子·主术》

注：善：良好。

译析:人没有良好的志向,即使很勇敢,也必然会受到挫伤。

(7)嗟乎! 燕雀安知鸿鹄之志哉!

(西汉)司马迁:《史记·陈涉世家》

注:①嗟(jié 皆)乎:感叹词,相当于"唉"。　②燕雀:即家雀,比喻见识短浅的人。　③鸿鹄(hú 胡):天鹅,比喻有远大抱负的人。

译析:唉! 燕雀这种小鸟,怎么能知道鸿鹄的高远志向哪! 这句名言是司马迁在《史记·陈涉世家》中引用陈涉的话。陈涉是我国历史上第一次大规模的农民起义领袖,他认为:人生在世,应该像鸿鹄那样高翔蓝天,不要像燕雀在屋檐下栖止苟安。今天的青年人立身处世要有"鸿鹄"的伟大志向,为国家为社会作出重大贡献。

(8)不以隐约而弗务,不以康乐而加思。

(三国·魏)曹丕《典论·论文》

注:①以:因为。　②隐约:困厄。　③务:事业。　④康乐:安乐。⑤加:增加、改变。

译析:不因为处境艰难窘迫就放弃自己的事业,不因为富贵安乐就改变自己的志向。

(9)志当存高远。

(三国·蜀)诸葛亮:《诸葛亮集·诫外甥书》

注:①志:志向。　②存:怀抱。　③高远:高尚远大。

译析:应当胸怀高尚远大的志向。这是诸葛亮在告诫外甥的信中说的话。

(10)人患志之不立,何忧令名不彰邪?

(南朝·宋)刘义庆:《世说新语·自新》

注:①患:怕。 ②忧:忧虑。 ③彰:表彰,表扬。

译析:人最怕的是不能建立远大的志向,怎么能忧虑自己好的名声不传扬呢? 这是西晋文学家陆云鼓励横行乡里后想弃恶从善的周处说的话。

(11)居不隐者,思不远也;身不危者,志不广也。

(北朝·北齐)刘昼:《刘子·激通》

注:①居:处境。 ②隐:穷困。 ③危:艰危,危难。 ④广:远大。

译析:处境不穷困的人,思虑不会很远;自身不危难的人,志向不会远大。这句名言说明越是地位低下、处境困难的人,越能够深谋远虑,重视困难,激发自己奋发图强。

(12)少年心事当挐云,谁念幽寒坐呜呃?

(唐)李贺:《致酒行》

注:①少年:古称青年男子。 ②心事:志向。 ③挐(ná 拿)云:高举入云,指远大。 ④念:想,惦念。 ⑤幽寒:指处境困难。 ⑥呜呃(è 恶):悲哀叹息。

译析:青年男子应该有远大的志向,哪能总是想着处境困难坐着伤心悲叹呢?

(13)丈夫志,当景盛,耻疏闲。

(北宋)苏舜钦:《水调歌头》

注:①景盛:光明盛大。 ②疏闲:懒散。

译析:男子汉大丈夫的志向,应当光明盛大,最可耻的是懒散无大志。

(14)志大则才大、事业大;志久则气久、德性久。

(北宋)张载:《张载集·正蒙·至当》

注:①志:第一个"志"作"志向"讲,第二个"志"作"意志"讲。　②气:气节。

译析:志向远大则才能必然大,事业也必然大;意志持久则气节必然持久,高尚品德也必然持久。

(15)正志先立,则邪说不能移,异端不能惑。

(北宋)程颢:《论王霸札子》

注:①邪说:荒谬有害的言论。　②异端:和正统思想不同的主张和教义。

译析:正确的志向确立了,那么荒谬有害的言论就不能使你改变方向,不正确的主张和教义也不能使你迷惑。

(16)天下有大勇者,卒然临之而不惊,无故加之而不怒;此其所扶持者甚大,而其志甚远也。

(北宋)苏轼:《留侯论》

张良庙

注:①卒(cù促):通"猝",突然,出乎意料。　②加:施加。③扶持:抱持(志向、才能等)。④志:志向,目标。

译析:世界上真正勇敢的人,意外事故突然来临而不惊慌,无故给他施加屈辱也不发怒;这是因为他抱持着远大志向和所希望达到的目标是很深远的啊。

(17)所见所期,不可不远且大。

(南宋)朱熹:《近思录·为学类》

注:①见:见识。　②期:期许。

译析:一个人的见识不可不深远,期许不可不宏大。这句名言是勉励人们应该努力学习更多的知识和具有高远弘大的志向。

(18)书不记,熟读可记;义不精,细思可精。唯有志不立,直是无著力处。

(南宋)朱熹:《又谕学者》

注:①唯:只,独。　②直:真,实在。　③著:介词,用。

译析:书中内容记不住,反复熟读就可以记住;书中的意义不精通,仔细地思考就可以精通。唯独没有树立起远大志向,实在是有力气无处使。

(19)若甘心于自暴自弃,便是不能立志。

(南宋)陈淳:《北溪字义·卷上》

注:便:就。

译析:如果自甘堕落不求进取,就是因为没有树立远大的志向。

(20)立志要定,不要杂,要坚,不要缓。

(南宋)陈淳:《北溪字义·卷上》

注:缓:延缓,松懈。

译析:立志要专一有明确目标,不可多而杂乱;要坚定不移,不要迟延、松懈。

(21)其无志,甘于自暴自弃,过孰大焉。

(南宋)黎靖德编:《朱子语类》

注:①自暴自弃:谓自甘堕落,不求进取。　②孰大:比什么都大。

译析:他没有志向,自甘堕落,不求进取,这种错误比什么都大。

(22)志不立,如无舵之舟,无衔之马,漂荡奔逸,终亦何所底乎?

(明)王阳明:《教条示龙场诸生·立志》

注:①衔:马嚼子。 ②奔逸:奔驰放纵。

译析:志向不确立,犹如没有舵的船,没有嚼子缰绳的马,横冲疾驰,放纵不已,最终又能到达什么地方呢?

(23)千锤万凿出深山,烈火焚烧若等闲。粉身碎骨浑不怕,要留清白在人间。

(明)于谦:《石灰吟》

注:①等闲:平常。 ②浑不怕:全不怕。

沙孟海书于谦《石灰吟》诗

译析:这是明代廉洁忧民、忠贞高节的民族英雄于谦17岁时写的一首托物言志、通俗易懂的七言绝句。全诗虽然歌颂石灰的优秀品质和坚贞不屈的精神,但实际上是作者以石灰自比,表达自己无比高尚的情操和远大的志向。正因为于谦从青少年就有这样崇高的志向,所以他一生为官清正廉洁、为国忧民、反对奸邪。据《名人传记》杂志载,于谦一次巡视山西,路经太行时,突然拥出一伙强人拦路,声言要杀贪官。于谦正颜厉色道:"我自任职以来,莫非办事有不公之处吗? 莫非有贪赃枉法行为吗? 莫非有横征暴敛之举吗? 莫非有坐视贫民而不顾吗? 莫非有错判案件逼你等为盗吗? 你们若举出一例,我甘受惩治。若举不出,你等不可为非作歹,立即改邪归正,作善民百姓。若不听劝告,国法难容!"众强人见此官气宇轩昂,言之有理,遂窃窃私语。一人问道:"你是何人?""我于谦也。"众强人急忙跪拜在地,道:"原来是于大清官,今晤君面,三生有幸,我等将遵言散去。"从这则于谦遇盗的绘声绘色的"传记"中,我们可以看到从古迄今人人都说的"官德从善、伪者从真"的感召力量之大。

(24)青年啊！你们临开始活动以前,应该定定方向。比如航海远行的人,必先定个目的地,中途的指针,总是指着这个方向走,才能有达到那目的地的一天。若是方向不定,随风漂转,恐怕永远无达到的日子。

李大钊:《李大钊选集》

(25)察觉别人的错误志向并不难,难在察觉自己的错误志向,这需要很大的神志清醒。

(德国)歌德:《歌德谈话录》

(26)立志是一件很重要的事情。工作随着志向走,成功随着工作来,这是一定的规律。立志,工作,成功,是人类活动的三大要素。立志是事业的大门,工作是登堂入室的旅程。这旅程的尽头就有一个成功在等待,来庆祝你的努力结果吧!

(法国)巴斯德之言,引自《科学家成功的奥秘》

(27)人往高处走,水往低处流。

(中国谚语)

七、志气篇

(1)亦余心之所善兮,虽九死其犹未悔。

(战国)屈原:《离骚》

注:①亦:已经。　②余:我。　③九死:万死;九,数之极也。

译析:已经是我心里所喜爱的,即使逼我死几回也不悔恨。

(2)饱食终日,无所用心,难矣哉。

《论语·阳货》

注:终日:整天。

译析:每天吃饱了,什么心思也不用,一点正经事也不干,这样很难有什么作为啊。这句名言是孔子规劝那些一天到晚只知寻求安逸,不肯用心思的人,应有点志气,干一些对国家、社会、家庭有意义的事情。

(3)跌而不振,则悔之亡及也。

(西汉)晁错:《言兵事疏》

注:①跌:跌倒,常用来比喻受挫折。　②振:奋起。　③亡及:来不及。

译析:受到挫折不能奋起前进,而消沉颓丧,将来一事无成懊悔可就来不及了。

(4)文王拘而演《周易》;仲尼厄而作《春秋》;屈原放逐,乃赋《离骚》;左丘失明,厥有《国语》;孙子膑脚,兵法修列;不韦迁蜀,世传《吕览》;韩非囚秦,《说难》、《孤愤》;《诗》三百篇,大底圣贤发愤之所为作也。

(西汉)司马迁:《报任少卿书》

注:①拘:被囚。　②演:推演。　③厄:困厄;孔子周游列国,到处碰壁,受到围攻、绝粮等困厄,回到鲁国,因鲁史而作《春秋》。　④失明:视力坏了。　⑤厥:乃。　⑥膑脚:挖出膝盖骨以致足残。　⑦不韦:吕不韦,秦始皇的相国;《吕览》,即《吕氏春秋》,为吕不韦门客所作。　⑧《说难》、《孤愤》:《韩非子》中的名篇。　⑨大底:同"抵",大都。

译析:周文王被拘禁而推演八卦为六十四卦,写成了《周易》;孔子一生困顿不得志而作《春秋》;屈原被放逐,写成了《离骚》;左丘明眼睛失明,就有《国语》传世;孙膑受了膑刑,就编著出兵法书;吕不韦被流放蜀地,《吕览》才流传于世;韩非被囚于秦,有《说难》、《孤愤》传世;《诗》三百篇,大都是贤者发悲愤之情的作品。

(5)大丈夫当雄飞,安能雌伏。

(东汉)班固等:《东观汉记·赵温传》

注:①雄飞:比喻奋发图强,有所作为。 ②雌(cí词)伏:比喻屈居下位,无所作为。

译析:男子汉大丈夫应当奋发图强,怎么能屈居下位,无所作为。

(6)有志者事竟成。

(南朝·宋)范晔:《后汉书·耿弇(yǎn眼)传》

译析:有志气的人,事业终于会成功。

(7)穷且益坚,不坠青云之志。

(唐)王勃:《滕王阁序》

注:①穷:这里指仕途坎坷,政治上失意,生活上穷困潦倒。 ②不坠:指不因为穷困就放弃壮志。 ③青云之志:远大的志向。

译析:境遇艰难而意志越发坚定,决不会放弃远大的志向。

(8)不可为不义屈。

(唐)张巡之言,引自韩愈的《张中丞传后叙》

注:为:被。

译析:不可以被邪恶势力胁迫而屈服。这句名言是唐朝安史之乱时御史中丞张巡被俘后,面对威胁利诱说的话。

(9)丈夫四方志,安可辞固穷?

(唐)杜甫:《前出塞九首之九》

注:①安:疑问代词,怎么,哪里。 ②辞:抱怨、推掉。 ③固穷:信守道义,安于贫贱穷困。

译析:大丈夫志在四方,又怎么能抱怨贫贱穷困?

(10)沧海可填山可移,男儿志气当如斯。

(南宋)刘过:《盱眙行》

注:斯:指示代词,此,这。

译析:大海可填平,大山可移动,男子汉应像填海、移山这样有气魄。意思是男子汉应有移山填海般的志气,精神永不衰竭。

(11)贫不足羞,可羞是贫而无志。

(明)吕坤:《呻吟语·修身》

注:可:应该,应当。

译析:贫穷不值得羞惭,应该羞惭的是贫穷而又没有志气。

(12)越是在遇到困难的时候,越是要有雄心壮志,要看到光明前途。

刘少奇:《刘少奇选集·下卷》

(13)人穷志不短,越到困难的时候,越要有志气。

邓小平:《提倡深入细致的工作》

(14)人应有志气,志气即意志和精神。只要具有"风雨侵衣

骨更硬"的坚强意志和"邃密(精密研究)群科济世穷"的高尚精神,在人生征途中就能不畏艰难困苦,披荆斩棘,勇往直前,为国家、人民作出贡献。那种没有理想,懒散拖沓,混混沌沌,怎么舒服怎么来的没有志气的苟且偷生者,必然像一首古诗所讥讽的那样:"镜里但见鬓如银,虚度闲掷七十春,只因长立明天志,一生事业付儿孙。"

山河之言,引自《中华精英格言名典》

(15)穷困、艰苦、厄运,对有志气者说是激励奋发向上的动力,是财富;对无志气者说是可怕的灾难,是毁灭。

山河之言,引自《共和国建设者智慧格言宝典》

(16)必须要有压力,必须要挑战一些困难,才能击败所有的对手。

蔡振华之言,引自《青岛日报》悉尼9月25日电:
《我们的运动员非常伟大——蔡振华小结孔令辉夺冠》

说明:在第27届悉尼奥运会上,乒乓球运动员孔令辉以3∶2艰难战胜瑞典名将瓦尔德内尔时,教练蔡振华跑上前,直接把孔令辉抱在了怀里。他对记者谈到教练工作时说了这句话。实际这句话不仅对教练、对运动员,就是对科学家、教师、演员、工程技术人员都是这样的。人要有压力,有压力才有动力,有动力才能战胜对手,战胜困难才能取得成功。

(17)人凭志气虎凭威。

(中国谚语)

简析:老虎是凭着威风、雄健、凶猛所形成的威力生存的,人则是凭着聪明的才智、坚强的毅力和无比的志气而创业、发展的。

(18)有志不在年高,无志空活百岁。

(中国谚语)

(19)人贵有志,学贵有恒。

(中国谚语)

(20)草若无心不发芽,人若无志不发达。

(中国蒙古族谚语)

八、意志篇

(1)知足者富,强行者有志。

《道德经·三十三章》

注:强行者:坚持力行,努力实践诺言。

译析:知道满足的就是富有,坚持身体力行而努力实践诺言的就是有意志。

(2)志之难也,不在胜人,在自胜。

(战国)韩非:
《韩非子·喻志》

《韩非子》

注:①志:意志。　②胜:战胜。

译析:人的意志坚定与否的最艰难之处,不在于战胜别人,而在于战胜自己。

(3)志不彊者智不达,言不信者行不果。

《墨子·修身》

注:①彊:同"强"。　②达:表露。　③信:言语真实。　④果:成果。

译析:意志不坚强的人智慧不能够充分表露,说话不诚实的人做事不会有成果。

(4)志道者不以否滞而改图,守正者不以莫赏而苟合。

(东晋)葛洪:《抱朴子·广譬》

注:①志:有志于。　②道:主张。　③以:因为。　④否滞:停滞;阻塞。　⑤图:意图。　⑥守正:恪(kè 客)守正道的人。　⑦苟合:附和。

译析:有志于自己主张的人,不因为受到阻塞而改变意图;恪守正道的人,不因为没有受到奖赏而随声附和别人。

(5)世之奇伟、瑰怪、非常之观,常在于险远而人之所罕至焉,故非有志者不能至也。

(北宋)王安石:《临川先生文集·游褒禅山记》

注:①瑰怪:瑰丽怪异。　②观:景象。　③罕至:绝少到达。

译析:世界上的奇特、雄伟、瑰丽、怪异等不寻常的景象,往往就在艰险遥远人们很少走到的地方,所以没有意志的人是不能够到达的。这句名言说明无论是研究高深学问,还是创造宏伟的事业都必须有百折不挠的精神和顽强的意志,勇往直前,不避险阻,才能成功。

(6)弘而不毅,则难立;毅而不弘,则无以居之。

《二程全书·粹言》

注:①弘:大。　②毅:意志坚定。　③立:成功。

　　译析:抱负虽然远大却意志不坚定,就难于成功;意志坚定却没有远大的抱负,意志就全落空,抱负也就没了着落。这句名言简要阐明了"远大抱负"与"坚定意志"的辩证关系,告诫人们既应有远大抱负,也必须具有坚定意志,这样才能干成一番事业。

　　(7)古之立大事者,不惟有超世之才,亦必有坚忍不拔之志。

(北宋)苏轼:《晁错论》

　　注:①立:建立。　②惟:只。　③忍:通"韧"。

　　译析:古代建成大事业的人,不仅有超越当代人的才干,而且必然有坚忍不拔的意志。

　　(8)我的态度是一息尚存,还是要干,干到不能干算数,决不屈服。我认为挫折磨难是锻炼意志增加能力的好机会,讲到这一点,我还要对千方百计诬陷我者表示无限的谢意。

邹韬奋:《韬奋文集》

　　(9)谚云:世界无难事,只畏有心人。有心之人,即立志之坚者也,志坚则不畏事之不成。

任弼时:《言志》

　　(10)坚强的意志——这不但是想什么就获得什么的那种本事,也是迫使自己在必要时放弃什么的那种本事。……没有制动器,就不可能有汽车,而没有克制也不可能有什么意志。

(前苏联)马卡连柯之言,引自《心境健康人长寿》

　　(11)钢是在烈火和急剧冷却里锻炼出来的,所以才能坚硬和什么也不怕。我们的一代也是这样在斗争中和可怕的考验中锻炼出来的,学会了不在生活面前屈服。

(前苏联)奥斯特洛夫斯基:《奥斯特洛夫斯基两卷集》

（12）艺术的大道上荆棘丛生，这也是件好事，常人都望而却步，只有意志坚强的人例外。

（法国）雨果：《论文学》

（13）告诉你使我达到目标的奥秘吧，我唯一的力量，就是我的坚持精神。

（法）巴斯德之言，引自《意志坚持与成功》

简析："坚持"要依赖于意志的支持，意志是坚持的能源，两者合作，才能做到"千磨万击还坚劲，任尔东南西北风"、"衣带渐宽终不悔，为伊消得人憔悴"，从而使你取得成功。中外古今不乏其例。法国昆虫学家法布尔，用毕生精力对昆虫世界进行观察，鲁迅称他是在科学上"肯下死功夫的人"。他为了跟踪一种小飞虫，经常在灼热的阳光照射下喘息奔跑，时而钻进芦苇丛中，时而钻进橄榄树林。为了弄清楚槲（hú 胡）蚕雄蛾向雌蛾"求婚"的全过程，他曾花去了整整 3 年的时间，当他正要取得成果时，槲蚕雌蛾"新娘"却不幸被螳螂吃掉。但他并不泄气，从头再来，又用了大约 3 年的时间，终于取得了完整准确的观察资料。他根据自己对 400 多种昆虫的猎食、营巢、生育、抚幼、搏斗等现象的研究，写出了 10 卷本巨著《昆虫记》，揭示了昆虫世界的种种规律。由此看来，要想发现科学上的奇伟瑰怪非常之观，必须有顽强的意志、坚忍的毅力，做到坚持，坚持，再坚持，只有坚持到底，才能够取胜。

（14）字典里最重要的三个词，就是意志、工作、等待。我将要在这三块基石上建立我成功的金字塔。

（法国）巴斯德之言，引自《伟大科学家的生活传记》

（15）宿命论是那些缺乏意志力的弱者的借口。

（法国）罗曼·罗兰之言，引自《人才》杂志 1981 年 7 号月

注：宿命论：一种唯心主义理论，认为事物的变化和发展、人的生死和贫富等都由命运或天命预先决定，人是无能为力的。

(16)不怕路远,只怕志短。

（中国谚语）

(17)无意志的人就像田野中行走的盲人,转来转去始终到不了目的地。

（朝鲜谚语）

(18)树不坚硬,虫才来咬。

（伊朗谚语）

九、坚毅篇

(1)恒,德之固也。

《周易·系辞下》

注:恒:持之以恒。

译析:一个人有恒心,就能永葆高尚的道德情操。

(2)士不可以不弘毅,任重而道远。

《论语·泰伯》

注:弘毅:恢弘坚毅;谓抱负远大,意志坚强。

译析:读书人不可以不恢弘坚毅,因为他们的任务重大而且道路遥远。这句名言是孔子的学生曾参勉励他的学生要有恢弘气度和

孔子像

坚毅性格,以待将来担负社会重任。

(3)凿不休则沟深,斧不止则薪多。

(东汉)王充:《论衡·命禄》

注:①凿:挖。 ②斧:用斧子砍。 ③薪:柴。

译析:只要不停地挖掘,就能把沟挖的深;用斧砍个不停,就能砍很多柴。

(4)咬定青山不放松,立根原在破岩中。
千磨万击还坚劲,任尔东南西北风。

(清)郑燮:《郑板桥集》

注:击:敲打。

译析:紧紧卡住青翠大山丝毫都不放松,根干挺竖在岩石缝隙之中,任凭千磨万敲东南西北疾风劲吹,我都坚贞不屈精神饱满屹立不动。

郑板桥雕像

毛泽东和毛岸英

(5)一个人无论学什么或做什么,只要有热情,有恒心,不要那种无着落的与人民利益不相符合的个人主义的虚荣心,总是会有进步的。

毛泽东:《致毛岸英》

(6)不满烦闷,只应该使我们更坚决地向前奋斗;不应该使我们逃避困难,一瞑不视。

邹韬奋:《韬奋集·第1卷》

注:瞑(míng 明):闭眼。

(7)当一个人用工作去迎接光明,光明很快就会来照耀着他。

冯雪峰:《雪峰寓言》

(8)作为一个人,要是不经历过人世上悲欢离合,不跟生活打过交手仗,就不可能真正懂得人生的意义。

杨朔:《〈海市〉书后》

(9)再有学识再成功的人,也要抵御命运的寒风,虽然我在事业发展方面一直比较顺利,但和大家一样,无论我喜欢或不喜欢,我也有达不到的梦想、做不到的事、说不出的话,有愤怒、有不满,伤心的时候,我亦会流下眼泪。

李嘉诚:《在香港理工大学李嘉诚楼命名典礼上的致词》

(10)困惑,无奈,痛苦,挣扎,奋进,成功,是人生过程中的组成部分,而困惑、无奈、痛苦、挣扎、奋进是经常的,成功的喜悦是瞬间的,因此,人们必须从容、泰然的对待那些困境,用睿智化解困境带来的忧和愁、苦和愤,决不能被它们吓住、击倒,要坚强地挺住,勇敢地走出困境,迎接新的成功喜悦的春天。

山河之言,引自《共和国建设者智慧格言宝典》

(11)上人生的旅路罢。前途很远,也很暗。然而不要怕。不怕的人的面前才有路。

(日本)有岛五郎之言,引自《鲁迅全集·第2卷》

(12)生活就是战斗。

(俄国)柯罗连科:《盲音乐家》

(13)有时一个人受到厄运的可怕打击,不管这厄运是来自公众或者个人,倒可能是件好事。命运之神的无情连枷打在一捆捆丰收的庄稼上,只把秆子打烂了,但谷粒是什么也没有感觉到,它仍在场上欢蹦乱跳。

(德)歌德:《格言和感想集》

(14)你若失去了财产——你只失去了一点儿,
你若失去了荣誉——你就丢掉了许多,
你若失去了勇敢——你就把一切都丢掉了!

(德国)歌德之言,引自季米特洛夫的《论文学、艺术与科学》

(15)逆运也有它的好处,就像丑陋而有毒的蟾蜍,它的头上都顶着一颗珍贵的宝石。

(英)莎士比亚:《皆大欢喜》

(16)没有哪一个聪明人会否定痛苦与忧愁的锻炼价值。

(英国)赫胥黎:《进化论与伦理学》

(17)几个苍蝇咬几口,决不能羁留一匹英勇的奔马。

(法国)伏尔泰之言,引自《贝多芬传》

(18)所有坚韧不拔的努力迟早会取得报酬的。

(法国)安格尔:《安格尔论艺术》

(19)卓越的艺术成就只有用眼泪才能取得。谁不备受折磨,谁就不会有信心。

(法国)安格尔:《安格尔论艺术》

(20)遭厄运时比交好运时更容易保全心身。贫贱是豺狼,富贵是猛虎。

(法)雨果:《笑面人》

(21)不要怕!定定心!我们已在更好的路上了;不要后退,发展你的力量罢。

(意大利)但丁:《神曲》

(22)失败也是我所需要的,它和成功对我一样有价值。只有在我知道一切做不好的方法以后,我才知道做好一件工作的方法是什么。

(美国)爱迪生之言,引自《外国科学家史话》

(23)好钢铁经过锤打,就发出强烈的火花。

(古巴)何塞·马蒂之言,引自《纪念何塞·马蒂》

简析:这句名言让我联想到我的朋友一句话:苦难像砂轮,你是被磨得粉身碎骨,还是被磨得发光,就取决于你本身的那坚毅的材质。

(24)金要淘,人要熬。

(中国谚语)

十、自信篇

(1)说大人,则藐之,勿视其巍巍然。

(战国)孟轲:《孟子·尽心下》

注:①说(shuì 税):劝说别人听从自己的意见。 ②大人:指诸侯。③藐(miǎo 秒):轻视。 ④巍巍:高高在上的样子。

译析:想向诸侯进言,先要藐视他们,不要把他们显赫的高位看在眼里。这句名言是孟子告诫学生,与权势人物打交道,首先要去掉自己的私欲,然后就可以无畏,有自信。推而广之,办任何事情,都要相信自己,不要气馁。

(2)自信者,不可以诽誉迁也;知足者,不可以势利诱也。

(西汉)刘安:《淮南子·诠言篇》

注:①自信:相信自己。 ②以:第一个"以"当"因为"讲,第二个"以"作"被"讲。 ③誉:赞美。 ④诱:诱惑。

译析:相信自己是正确的,不可以因为别人毁谤或赞美而改变意志;自知满足不作过分要求的人,不可能被别人权势、利益的诱惑而动摇。

(3)穷猿奔林,岂暇择木。

(南朝·宋)刘义庆:《世说新语·言语》

注:①穷:困窘,走投无路。　②暇:闲暇。

译析:被逼得走投无路奔往林中的猿猴,哪里有空闲时间去选择藏身的树木。这句名言是用比喻说明一个人遇到危难时,常常惊慌失措,无暇东顾,"岂暇择木",以此告诫人们:当处在危境时,要自信,要保持头脑冷静,从而找到走出困境的办法。

(4)闻毁勿戚戚,闻誉勿欣欣。自顾行何如,毁誉安足论。

(唐)白居易:《白氏长庆集》

注:①戚戚:忧伤的样子。　②欣欣:喜乐的样子。　③顾:看。

译析:听到诽谤不要忧伤,听到赞誉不要高兴。自己查看一下自己做得怎样,诽谤与赞誉不值得谈论。

(5)任何人都应该有自尊心、自信心、独立性,不然就是奴才。但自尊不是轻人,自信不是自满,独立不是孤立。

徐特立:《再论我们怎样学习》

(6)天下没有不行的事,我们自幼便是打这"不行"中锻炼出"行"来,这叫"练行的"。凡事总要有信心,老想着"行"。要是做一件事,先就担心着:"怕不行吧?"那你就没有勇气了。

盖叫天:《粉墨春秋》

(7)凡是有点干劲的,有点能力的,他总是相信自己,是有点主见的人。越有主见的人,越有自信。这个并不坏。真是有点骄傲,如果放到适当岗位,他自己就会谦虚起来,要不然他就混

不下去。

邓小平:《邓小平文选·老干部第一位的任务是选拔中青年干部》

(8)先相信你自己,然后别人才会相信你。

(俄国)屠格涅夫:《罗亭》

(9)只有满怀自信的人,才能在任何地方都怀有自信沉浸在生活中,并实现自己的意志。

(前苏联)高尔基:《高尔基论儿童文学》

(10)如果你确认自己是正确的,那就应该走自己的路。

(前苏联)阿·巴巴耶娃:《人和命运》

(11)我首先要求诸君
信任科学,相信理性,
信任自己,并相信自己。

(德国)黑格尔:《小逻辑》

(12)我们必须有恒心,尤其要有自信力!我们必须相信我们的天赋是要用来做某种事情的,无论代价多么大,这种事情必须做到。

(法国籍波兰人)居里夫人之言,
引自《居里夫人传》

黑格尔《小逻辑》

(13)必须对生活先有信心,然后才能使生活永远延续下去。而所谓信心,就是希望。

(法国)保罗·郎之万:《圣诞节的祝辞》

(14)一个确信自己掌握了真相的人,是不会在乎别人的反对和认可的。

(美国)欧文·斯通《心灵的激情》

(15)你有信仰就年轻,疑惑就年老;

　　有自信就年轻,畏惧就年老;

　　有希望就年轻,绝望就年老;

　　岁月使你皮肤起皱,但是失去了热忱,就损伤了灵魂。

(美国)卡耐基:《卡耐基妙语》

(16)信心就是力量。

(中国谚语)

十一、勤苦篇

(1)克勤于邦,克俭于家,不自满假,惟汝贤。

《尚书·大禹谟》

注:①克:能够。　②邦:国家。　③假:虚伪,夸大。　④惟:副词,相当于"只有"、"只是"。

译析:能够为国家大事勤奋工作,能够居家生活俭朴,不自满,不浮夸,只有这样,你才是一位贤能的人。

(2)困,德之辨也。

《周易·系辞(下)》

注:①困:困境。　②辨:辨别,区分。

译析:对一个人来说,困境之时就能辨别出其是有德行或无德行。因为在逆境中才能真正考验出你是否品德高尚,志向远大,坚忍不拔,威武不屈。

(3)民生在勤,勤则不匮。

《左传·宣公十二年》

注:①民生:民众的生计,生活。　②匮(kuì 愧):穷困。

译析:民众的生计在于勤劳,勤劳就不会穷困。

(4)人之有德、慧、术、知者,恒存乎疢疾。独孤臣孽子,其操心也危,其虑患也深,故达。

《孟子·尽心(上)》

注:①德、慧、术、知:德行、智慧、技巧、才智。　②疢(chèn 衬):忧患(困苦患难)。　③孤臣孽子:孤立无助的远臣和贱妾所生的庶子。

译析:人之所以具有美好品德、聪明智慧、谋生技巧、知识才华,永远和他们经受过困苦密切相关。只有那些孤立无助的远臣和贱妾所生的庶子,他们时时为危难担忧,对怎样克服忧患考虑得深远,所以他们能通达事理和事业有成。

(5)生于忧患,而死于安乐。

(战国)孟轲:《孟子·告子(下)》

《孟子》

译析:处在忧患的环境,能激励人勤奋、拼搏,因而能够生存、发展;处在安乐的环境,能使人懈怠、萎靡,反而会堕落、死亡。这句名言警告人们欲要生存、发展,必须具有自强不息的精神、品德。据说有经验的老渔夫捕捞黄鳝,为了能将鳝鱼鲜活地运回岸上卖个好价钱,便在鱼舱里放几尾鲶鱼,因为鲶鱼是黄鳝的死敌,有了鲶鱼,黄鳝才会拼命挣扎着游动,不会在有限的空间里因缺氧而死。这也说明人生必须勤奋、拼搏,不停地求变求新,才能长盛不衰。

(6)肉腐生虫,鱼枯生蠹;怠慢忘身,祸灾乃作。

(战国)荀况:《荀子·劝学》

注:①枯:干枯,朽烂。　②蠹(dù 杜):蛀虫。　③作:发生。

译析:肉腐烂后自然会生出蛆虫,鱼朽烂自然会生出蛀虫。人怠惰松懈忘掉自己应该上进,自然要发生灾祸。这句名言是用"肉腐生虫,鱼枯生蠹"比兴,说明"人惰后而必生灾"的道理,用哲学语言解读,即是内因是变化的根据,外因是变化的条件。外因是通过内因变化的。

(7)人生在勤,不索何获。

(西汉)张衡:《应间》

注:索:寻求。

译析:人生在于勤奋,不去寻求怎能获取成果。

(8)动觉日月短,静知时岁长。

(唐)孟郊:《憩淮上公法堂》

注:动:劳作。静:静止;不动。知:知觉(感觉)。

译析:每天勤奋劳作觉得生活充实时光太短,每天无所事事感到生活无趣岁月很长。

(9)德隳于惰,名立于劳。宴安之娱,穷乎一昼。德者名成,亿年不朽。可贪非道,可爱非时,没世无称,君子耻之。

(北宋)司马光:《传家集》

注:①隳(huī 灰):毁坏。　②宴安:逸乐。　③穷:空。　④可:当。
⑤贪:不知满足地追求。　⑥可爱:喜爱。　⑦没世:终身,永远。　⑧

称:赞扬。

译析:道德的毁坏在于懒惰,名誉声望的建立在于勤劳刻苦。沉溺安逸欢乐中,天天就会无所事事。有道德的人功成名就了,一亿年也不朽。当有人不知满足地追求的不是正道,喜爱的不是时间,终身没有人赞扬,君子会感到羞耻的。

(10)民生在勤,弗勤则匮。自匮其身,犹事之细。仕而不勤,人必受敝。

(南宋)彭龟年:《止堂集》

注:①民生:民众的生计,生活。　②匮(kuì 愧):缺乏。　③犹:还。④仕:做官。　⑤敝:损害。

译析:民众的生计在于勤劳俭朴,不勤劳节俭物资就缺乏。自己物资缺乏,还是小事。做官的不勤劳节俭,老百姓必然遭受损害。

(11)从来好事天生俭,自古瓜儿苦后甜。

(元)白朴:《喜春来·题情》

注:俭:少。

译析:从来都是天降好事的时候很少,自古以来瓜儿总是先苦后甜。这句名言是用比喻说明,任何好事都不会轻而易得,大多要付出汗水与心血,经过勤劳刻苦努力,才能获取成果。

(12)不是一番寒彻骨,争得梅花扑鼻香。

(元)高明:《琵琶记·旌老》

注:①彻:通"透"。　②争得:怎么会得到;争,怎么。

译析:不是经过一番透骨严寒的考验,梅花怎么会争得到扑鼻的芳香。这句名言是用比喻说明做任何事情,要想取得一点成就,都是要历尽千辛万苦、奋发努力的。

(13)不奋苦而求速效,只落得少日浮夸,老来穷隘而已。

（清）郑板桥:《题画》

注:①效:功效。　②少日:少年时代。　③浮夸:虚浮,不切实际。　④隘:穷困;窘迫。

译析:不艰苦奋斗却想尽快求得功效,只会落得少年时代不切实际、老来穷苦困窘罢了。

(14)凡事勤则成,懒则败。

（清）钱泳:《履园丛话·考索·动》

郑板桥《兰花图》

注:凡事:不论什么事。

译析:不论什么事情只要勤奋尽力地去做就能成功,懒惰就必定失败。

(15)一年之计在于春,一生之计在于勤,一日之计在于寅。春若不耕,秋无所望,寅若不起,日无所办;少若不勤,老无所归。

（明）无名氏:《白兔记·牧牛》

注:①一年之计在于春:中国古谚,指一年的计划要在春季考虑、安排,意思是凡事要早作打算。　②寅:凌晨。　③办:成;日无所办指办不成事情。　④所归:归依;归宿(人和事物的最终着落)。

译析:这句通俗易懂的名言,告诫人们应该勤奋努力,切忌懒惰,否则必然落得"老无所归"的悲惨境地。

(16)人生处世欲想活得有尊严有价值,一靠高尚品德,二靠实力,三靠勤苦。三者既有区别,又密切相联。品德高尚,才能

心胸豁达、坦诚宁静,才能关心别人、帮助别人,才能经过勤苦努力掌握丰富的知识、有实实在在为人民服务的精湛本领、有业务能力和经济实力。品德低下的人,好吃懒做,邪恶奸宄,是不能获得尊严的。

山河之言,引自《共和国建设者宝典》

(17)懒人病痛多,闲人苦恼多,勤人幸福多,因为幸福源泉是勤劳的品德和积极向上、乐观豁达的人生态度。

山河之言,引自《中华当代美德格言诗文选》

(18)累一点可以换来乐趣,苦一点能增强奋斗精神。懒惰的人在事业上不会有追求,没有追求的人生活也就没有什么意义了。

黄婉秋之言,引自嘉兴的《黄婉秋的养生之道》

说明:作者在该文结尾有这样一段议论:"美国心理学博士雷米曾做过一项研究,发现世界上忙碌的名人通常要比普通人的寿命高出20%。"这是因为勤奋工作可排除人们的孤独感和忧愁感,并使人获得满足感,从而内心产生一种难以言喻的喜悦、欣慰和满足,增强进取心与自豪感,促进心身健康。

(19)困苦永远是坚强之母。

(英)莎士比亚:《辛白林》

(20)辛勤的蜜蜂永远没有时间悲哀。

(英国)布莱克:《布莱克诗选》

简析:为何说是"辛勤"的蜜蜂呢? 据从事研究蜜蜂的科研人员测算,一只工蜂一天要飞出去采蜜40多次,每次要采100余朵花,飞1~2千米的路程。酿1千克蜜,需采200多万朵花,飞行45万千米。蜜蜂这种勤劳刻苦的精神多么值得人们赞佩啊! 可以说勤奋刻苦是一切事业成功的基本因素。

(21)任何问题都有解决的方法，无法可想的事是没有的。要是你果真弄到了无法可想的地步，那也只能怨自己是笨蛋、是懒惰。

（美国）爱迪生之言，引自《光明日报》1979 年 7 月 11 日

(22)劳动工作是我所知的这个世界上获得成就的惟一方法，但工作必须编排得适当和有成效，无节制的工作本身并不能带来生产力。

（美国）罗杰·史密斯之言，
引自《老年生活报》2005 年 2 月 25 日
《在创造财富的同时创造健康》

(23)贫贱出俊杰，纨绔少伟男。

（中国古谚）

注：纨（wán 玩）绔（kù 库）：旧指富贵人家子弟穿的细绢做成的裤子，泛指有钱人家没有理想、好吃懒惰的子弟。

(24)功夫不负苦心人。

（中国谚语）

简析：任何一位有成就的人，都曾经下过一番苦工夫。著名导演张艺谋，曾当过农民，曾用自己卖血的钱买了台海鸥牌相机。他因年纪大、貌不惊人，只能在北京电影学院试读。他在学院试读时顶住种种歧视，超乎寻常地刻苦用功，学校的舞会从来没有他的身影。结果他的功课全优，为日后蜚声中外打下良好的基础。

(25)笨鸟先行早入林。

（中国谚语）

(26)尊严来自实力，实力来自勤苦。

（中国谚语）

(27)庸俗人无聊没事干,勤奋人事多做不完。

(中国谚语)

(28)苦难对于天才是一块垫脚石,对能干的人是一笔财富。

(法国谚语)

(29)虫蛆在死水中孵化,罪恶在懒惰中成长。

(拉丁美洲谚语)

十二、俭朴篇

(1)无廉耻而嗜乎饮食,则可谓恶少者矣。

(战国)荀况:《荀子·修身》

注:①廉耻:廉洁知耻。　②嗜(shì 士):喜欢,爱好。　③恶少:品行恶劣的年轻男子。

译析:不知廉洁不知羞耻而爱好吃喝,这可以说是品行恶劣的年轻男子了。

(2)不以奢为乐,不以廉为悲。

(西汉)刘安:《淮南子·原道》

注:①奢:奢侈。　②廉:节俭。

译析:不要把花费大量钱财追求过分享受当作快乐,也不要把过着节俭的生活当作悲哀。

《淮南子》

(3)侈汰之害，甚于天灾。

（西晋）傅咸：《傅中丞集》

注：①侈汰（tài 泰）：过分奢侈。　②甚：厉害。

译析：过分奢侈的危害，比天灾都厉害。

(4)奢者狼藉俭者安，一凶一吉在眼前。

（唐）白居易：《草茫茫》

注：①狼藉：形容困厄、窘迫。　②安：安乐。

译析：奢侈的人终究会处境艰难窘迫，节俭的人一生必然能安定快乐，这一凶一吉的景象就在你的眼前。

(5)奢则妄取苟取，志气卑辱；一从俭约，则于人无求，于己无愧，是可以养气也。

（南宋）罗大经：《鹤林玉露》

注：①卑辱：指品行卑贱可耻。　②一从：一概遵从。　③养气：修养品德，增进涵养功夫。

译析：人奢侈了就会用不法手段获取钱财，意志和精神也就卑贱可耻了；一概遵从俭省节约，就会对别人无所求、对自己无愧，这样就能修养品德，增进涵养功夫，堂堂正正做人。

(6)一粥一饭，当思来之不易；寸丝寸缕，恒念物力维艰。

（明）朱柏庐：《治家格言》

注：①恒念：经常想到。　②物力：可供使用的物资。

译析：一碗粥一顿饭，应当想到它来得不容易；一寸丝一寸缕，要经常想到这些物力来得艰难。现在保存于韶山毛泽东同志纪念馆中毛泽东同志用过的黄铜砚盖上刻着这句名言,表现一代伟人的高尚情操。

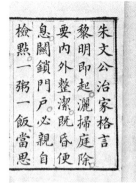

朱柏庐《治家格言》

(7)历来纨绔子弟考不出好成绩,安贫者能成事。嚼得菜根百事可做。

毛泽东之言,引自《韶山毛泽东纪念馆》

译析: 纨绔子弟考不出好成绩,这是一般规律,但也有特殊的。对过贫苦生活的人,他迫于贫困,只要他奋发图强,他就会成功,吃着草根长大的人,因他能吃苦,敢于奋斗,所以不论何事,只要努力做定会成功,因他不怕,能坚持奋斗到底。

(8)每一个共产党员,都应该以艰苦朴素为荣,以铺张浪费为耻。

刘少奇:《在扩大的中央工作会议上的报告》

(9)清贫,洁白朴素的生活,正是我们革命者能够战胜许多困难的地方。

方志敏:《清贫》

(10)谁在平日节衣缩食,在穷困时就容易渡过难关;谁在富足时豪华奢侈,在穷困时就会死于饥寒。

(波斯)萨迪:《蔷薇园》

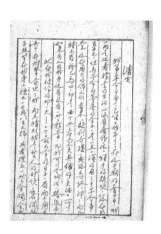

方志敏《清贫》手稿

(11)爱俭朴限制了占有欲。

(法国)孟德斯鸠:《论法的精神》

(12)奢侈总是跟随着淫乱,淫乱总是跟随着奢侈。

(法国)孟德斯鸠:《论法的精神》

(13)舒适的享受一旦成为习惯,便使人几乎完全感觉不到乐趣,而变成了人的真正的需要。于是,得不到这些享受时的痛苦比得到这些享受时的快乐要大得多,而且有了这些享受不见得幸福,失掉了这些享受却真感到苦恼。

(法国)卢梭:《论人类不平等的起源和基础》

(14)一般地说,艰苦的生活一经变成了习惯,就会使愉快的感觉大为增加,而舒适的生活将来是会带来无限的烦恼。

(法国)卢梭:《爱弥尔》

(15)穿衣吃饭量家当。

(中国谚语)

注:家当:家产。

译析:为什么说穿衣吃饭必须量"家当"? 因为家产不能任意挥霍,更不能贪图享受,任意浪费,不然就会倾家荡产,使今后生活拮据,吃穿无着落。

十三、礼让篇

(1)无辞让之心,非人也。

(战国)孟轲:《孟子·公孙丑(上)》

注:辞让:谦逊礼让。

译析:没有谦逊礼让之心的人,不能算做人。孟子的这句名言是说:具有谦逊礼让之心是做人必须具有的道德标志之一。孟子是孔子之后的儒学大师,他对孔子创立的儒家学说有重大发展和贡献。孔子的政治思想是以仁为核心的德政和礼治,仁的核心指人与人相互关爱。我们应该继承、发扬中华民族谦逊礼让的优良传统,树立良好的新风尚。

(2)让者,德之主也。

《晏子春秋·内篇》

注:主:根本(主要的,重要的)。

译析:礼让是德行的根本。

(3)让之谓保德。

《晏子春秋·内篇》

译析:礼让就能保持自己的美德。这句名言说明:遇事应处处谦让大度,宽厚待人,这样才能保住自己的美德。

(4)分争者不胜其祸,辞让者不失其福。

《晏子春秋·内篇》

注:分:纷纷,众多。

译析:纷争的人将会有无穷的灾祸,谦逊退让的人不会丧失他的幸福。

(5)君子贵人而贱己,先人而后己,则民作让。

《礼记·坊记》

注:①贵:尊重。 ②贱己:谦称自己;贱,轻视。 ③作:兴起。

译析:君子尊重别人而轻视自己,优先考虑他人利益而后再考虑自己,就能兴起谦让的风气。成语

《礼记》

"先人后己"即出于此。

(6)能以礼让为国乎？何有？

《论语·里仁》

注:礼让:守礼谦让。

译析:能够用礼让的精神治理国家,还会有什么困难呢?

(7)非大贤人,不知退让。

(西汉)司马迁:《史记·梁孝王世家》

注:退让:礼让。

译析:不是非常有才德的人,不知道礼让。这句名言说明:礼让是强者的表现,是品德高尚的表现。

(8)礼让一寸,得礼一尺。

(三国·魏)曹操:《礼让令》

译析:对人让一寸,受人敬一尺。这句名言是用比喻说明为人谦让有礼,才能得到人们的尊敬。

(9)怨在微而下之,犹可以为谦德也。

(三国·魏)刘劭:《人物志·释争》

注:下:除去,平息。

译析:怨仇在微小的时候就平息它,还可以称作谦虚的美德。

(10)变在萌而争之,则祸成而不救矣。

(三国·魏)刘劭:《人物志·释争》

译析:事情的变化若在萌芽状态时争斗不休止,那么酿成祸患后就不可挽救了。这句名言告诫人们:在纷争之初,应相互礼让,否则会造成意想不到的恶果。

(11)以敬为本,以谦为基。

(元)郝经:《陵川集》

注:①敬:尊重,恭敬。　②谦:谦让。

译析:以尊重恭敬为立身之本,以谦虚礼让为立身的基础。

(12)千里修书只为墙,让他三尺又何妨,
万里长城今犹在,不见当年秦始皇。

(清)郑板桥为化解家人与邻居
界墙纠纷矛盾所赋的诗句

(13)让一得十,争十失九。

(中国谚语)

简析:社会生活中,每个人的兴趣、爱好、理想、追求不同,难免会有磕磕碰碰,不可能尽善尽美;即使在日常生活中,同志之间、邻里之间、亲友之间也难免扰攘摩擦,言差语错,不可能皆大欢喜。这就要求双方为人处世,要宽容礼让,在一些小事上不要较真儿。学会礼让宽容,为事定有所成,为人定受人敬,对自己的精神、身体也是很有益处的。

(14)退一步海阔天空,让一让心情舒畅。

(中国谚语)

说明:这则谚语还有两种说法:"退一步海阔天空,让三分风平浪静"、"退一步天高地阔,让三分心平气和"。

十四、谦逊篇

(1)满招损,谦受益,时乃天道。

《尚书·大禹谟》

注:①时:现在。 ②乃:是。 ③天道:天的常理,这里指"自然规律"。

周易·谦卦

译析:骄傲自满会招受损害,谦让虚心会得到益处,这是自然规律。这句名言告诫人们应努力培养谦逊的美德。因为骄傲自满这种不良思想中包含着两种必败的因子:一是骄傲自满往往导致狂妄,而狂妄则容易出轨,而出轨的结果必然是人覆车翻;二是骄傲自满往往容易张扬,而世界上人们不愿意帮助张扬的人,况且人总要做事的。做事离不开各种社会资源,你处事待人谦逊有礼,才能博得各方支持,把事情办成、办好。

(2)汝惟不矜,天下莫与汝争能;汝惟不伐,天下莫与汝争功。

《尚书·大禹谟》

注:①汝:你。 ②惟:只要。 ③矜(jīn 巾):夸耀。 ④伐:自夸。

译析:你只要不夸耀自己的才能,天下的人没有谁会与你争能;你只要不夸耀自己的功绩,天下的人没有谁会与你争功。

(3)志自满,九族乃离。

《尚书·仲虺之诰》

注:①仲虺(huǐ 悔):成汤的左相。 ②满:骄傲自满。 ③九族:以

自己为本位,上推至四世之高祖,下推至四世之玄孙为九族。另一说父族四、母族三、妻族二为九族。这里泛指所有的亲戚。

译析:自己思想骄傲自满了,亲戚也会背离。

(4)能自得师者王,谓人莫己若者亡。

《尚书·仲虺之诰》

注:①王:称王。　②谓:认为。　③若:比得上。

译析:能够自己找到老师的人就能统治天下,认为没有人能够比得上自己的人就会灭亡。

(5)天道盈而不溢,盛而不骄,劳而不矜其功。

《国语·越语下》

注:①天道:自然界发展变化的客观规律。　②盈:丰富。　③溢:自满。　④盛:称赞。　⑤劳:功劳。　⑥矜:夸耀。

译析:自然界发展变化的客观规律要求:知识丰富却不自满,受到称赞却不骄傲,有了功劳却不夸耀。

(6)人之患,在好为人师。

(战国)孟轲:《孟子·离娄上》

注:患:毛病。

译析:一个人的毛病是不谦虚,往往在于遇事好做别人的老师。

(7)功成而弗居。夫唯弗居,是以不去。

《道德经·二章》

注:①居(jù句):通"倨",傲慢。　②是以:所以。　③不去:不会失去。

译析:功业有成但从不倨功傲慢。正因为不倨功骄傲,所以他的功绩不会失去。

(8)不自矜,故长。

《道德经·二十二章》

注:自矜:自夸。

译析:不自我夸耀,因此能保持长久。

(9)自伐者无功,自矜者不长。

《道德经·二十四章》

注:①伐:吹嘘。　②矜:夸耀。

译析:自我吹嘘的人其实并无多少功绩,骄傲自满的人往往不会进步。

(10)知者不博,博者不知。

《道德经·八十一章》

注:①知:真知。　②博:炫耀知识渊博。

译析:有真知的人不炫耀自己知识渊博,炫耀自己知识渊博的人没有真知。

(11)知者不言,言者不知。

《道德经·五十六章》

译析:有知识的人不夸夸其谈,夸夸其谈的人其实没有多少知识。两句名言说明知识浅薄的人,总是急于显示自己。

(12)富贵而骄,自遗其咎。

《道德经·九章》

注:①遗(wèi 卫):给。　②咎(jiù 旧):灾祸。

译析:富贵而又骄傲的人,是自己给自己找灾祸。

(13)善持胜者,以强为弱。

《列子·说符》

注:善:擅长。持:保持。

译析:擅长保持胜利的人,总是把自己的强大看做弱小。这句名言说明:要使自己长期立于不败之地,必须时时谦虚谨慎,把自己放在弱者的位置上来看待,以便时时奋发努力,自强不息。

(14)三人行,必有我师焉。择其善者而从之,其不善者而改之。

《论语·述而》

注:①三人:不是确数,为几个人。　②师:效法,学习。

译析:几个人同行,他们中一定有值得我学习的人。选择他们好的方面学习它,对照他们不好的地方来改正自己的缺点。

(15)君子泰而不骄,小人骄而不泰。

《论语·子路》

注:①泰:安宁。　②骄:傲慢。

译析:君子心境安宁而不傲慢,小人傲慢而心境难以安宁。这句名言是孔子谈论君子与小人生活中的不同心境与对人的态度。

(16)其言不让,是故哂之。

《论语·先进》

注：①让：谦虚。　②哂（shěn 审）：微笑。

译析：他的话不够谦虚，所以笑笑他。这是孔子与学生子路、曾点、冉有、公西华谈论如何治理国家时，曾点（即曾哲，曾参之父）在子路、冉有、公西华走后问孔子为什么嘲笑子路的谈话，孔子回答的话。

(17)贤者任重而行恭，智者功大而辞顺。故民不恶其尊，而世不妒其业。

《战国策·秦策》

注：①贤者：有才德的人。　②任：官职。　③重：尊贵。　④恭：谦逊有礼。　⑤智者：有智谋聪慧的人。　⑥恶（wù 务）：讨厌。

译析：有才德的人虽官职尊贵，但行为谦逊有礼；有智慧的人虽有很大的功劳，但言辞十分谦逊。所以，人们不厌恶他的尊贵地位，也不嫉妒他的业绩。

(18)本无功而自矜，一等；有功而伐之，二等；功大而不伐，三等。

（三国·魏）刘劭：《人物志·释争》

注：①矜（jīn 斤）：骄傲，夸耀。　②伐：夸耀。

译析：本来没有功劳却自我夸耀，是下等人；有了功劳却居功自傲，是中等人；功劳很大却不夸耀，是上等人。

(19)不傲才以骄人，不以宠而作威。

（三国·蜀）诸葛亮：《诸葛亮集·将诫》

注：①才：才能。　②傲：高傲。　③骄：轻视；怠慢。　④宠：宠爱。⑤作威：利用威权，滥施刑罚。

译析：不要依仗自己有才能而高傲轻视怠慢他人，不能因为受到上司的宠爱而利用威权胡作非为。

(20) 天地鬼神之道,皆恶满盈,谦虚冲损,可以免害。

（北朝·北周）颜之推：
《颜氏家训·止足》

注：①天地鬼神：指自然界或社会。 ②恶（wù 务）：讨厌，不喜欢。 ③冲（chōng 充）：即"冲"，冲洗。

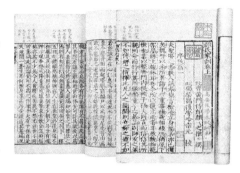

颜之推《颜氏家训》

译析：社会发展的规律,都厌恶骄傲自满,谦虚能冲洗去损害,可以免除祸患。

(21) 念高危,则思谦冲而自牧；惧满盈,则思江海下百川。

（唐）魏征之言,引自《中国历代应用文章名篇赏析》

注：①谦冲：谦虚。 ②自牧：自我修养。 ③下百川：居于百川之下。

译析：想到自己身居高位的危险,就应考虑谦虚,加强自身品德修养；害怕骄傲自满,就应想到江海居于百川之下。这是唐朝"诤臣"魏征谏唐太宗"十思"中的"三、四思"：从思想修养方面忠告太宗应谦卑谨慎、宽以待人,不要骄傲专横。

(22) 自满九族散,匪骄百善寻。

（北宋）种放：《谕蒙诗》

注：①九族：一说是以自己为本位,上推至四世之高祖,下推至四世之玄孙,即高祖、曾祖、祖、父、自己、子、孙、曾孙、玄孙。一说是父族四、母族三、妻族二。 ②匪：不。 ③百善：许多好事。

译析:骄傲自满,家族亲戚都会同你离散;不骄不躁,许多好事都会找到你。

(23)贵退让而黜骄盈,得天道益谦之义。

(北宋)范仲淹:《天道益谦歌》

注:①退让:谦逊。　②黜(chù 触):降职或罢免。

译析:最可贵的是谦逊而不骄傲自满,在事业获得顺利时越应谦虚仁义。

(24)人之好强者,以其所知小也,所知多,则自强满。

(北宋)张载:《理窟·学大原》

注:以:因为,因此。

译析:有人自以为比别人强,是因为他知道得太少;若知识多了,就不会自大自满。

(25)大勇若怯,大智若愚。

(北宋)苏轼:《贺欧阳修致仕启》

注:①若:像。　②怯(qie 切):胆小,没勇气。　③致仕:辞去官职。

译析:非常勇敢的人表面上好像胆小,很有才智的人表面上好像愚笨。成语"大智若愚"就出于此,其意是指某些真正有智慧有才能的人,不露锋芒,表面上看来好像是无知愚笨似的。

(26)虚己者,进德之基。

(明)方孝孺:《候域杂赋》

注:进德:增进品德。

译析:自己能够谦虚的人,这是增进品德的基础。

(27)人生大病,只是一个"傲"字。

（明)王守仁:《王阳明全集》

注:病:毛病,弊病。

译析:人一生最大的弊病,就是一个"傲"字。

(28)才学以成身也,非以矜己也;以济世也,非以夸人也。

（明)吕坤:《呻吟语·问学篇第六》

注:①成:成就。　②矜:骄傲。　③济世:救助世人。　④夸:夸耀。

译析:才学是用来成就自身的,不是用来自傲的;是用来拯救社会的,不是用来向人夸耀的。

(29)强中更有强中手,莫向人前满自夸。

（明)冯梦龙:《警世通言·王安石三难苏学士》

注:①强中更有强中手:比喻技艺或谋略等无止境。　②向:表示动作的地点,犹"在"。

译析:学识本领高的人群中还有更高强的人,不要在人们面前炫耀自己更高明。

(30)人家恭维你抬举你,这有一样好处,就是鼓励你上进;但有一样坏处,就是易长自满之气,得意忘形,有不知脚踏实地、实事求是的危险。

毛泽东:《致毛岸英、毛岸青》

(31)不要逞英雄。事业是多数人做的,少数人的作用是有限的。

毛泽东:《在中国共产党全国代表会议上的讲话》

(32)人不可有傲气,但不可无傲骨。

徐悲鸿,引自《农村青年》1986 年第 5 期

(33)骄傲自满是我们的一座可怕的陷阱,而且,这个陷阱是我们自己亲手挖掘的。

老舍:《出口成章》

(34)我们不能一有成绩,就像皮球一样,别人拍不得,轻轻一拍,就跳得老高。成绩越大,越要谦虚谨慎。

王进喜之言,引自《学习铁人王进喜》

(35)口袋里装着一瓶麝香的人,不会到十字街头去叫叫嚷嚷让所有的人都知道,因为他身后飘出的香味已说明了一切。

(波斯)萨迪:《蔷薇园》

(36)一切真正的和伟大的东西,都是纯朴而谦逊的。

(俄国)别林斯基:《别林斯基论教育》

(37)无论在什么时候,永远不要以为自己已经知道了一切。不管人们把你们评价得多么高,但你们永远要有勇气对自己说:我是个毫无所知的人。

(俄国)巴甫洛夫:《给青年们的一封信》

(38)一个骄傲的人,结果总是在骄傲里毁灭了自己。

(英)莎士比亚:《莎士比亚隽语钞》

(39)谦虚是不可缺少的品德。

(法国)孟德斯鸠:《波斯人信札》

(40)自负对人和艺术是一种毁灭。骄傲是可怕的不幸。

(保加利亚)季米特洛夫:《论文学艺术和科学》

(41)低头的庄稼穗大,仰头的庄稼穗小。

（中国谚语）

(42)能人背后有能人,好汉背后有好汉。

（中国谚语）

简析:这则谚语告诫人们处世应谦逊谨慎,永远保持虚心好学的美德,尤其在暂时取得一点成绩时,越应夹着尾巴做人,这样才能不断地取得新的成就。

十五、宽容篇

(1)有容,德乃大。

《尚书·君陈》

注:①有:具有。　②容:宽容。

译析:具有宽容之心,德才算大。这句名言使我联想到我的一位好友的一句话:我们永远不要满怀热情地记住别人的缺点,一个津津乐道别人毛病的人,会让自己的性格和品质慢慢地败坏。这话甚有道理。

(2)常容于物,不削于人,可谓至极。

《庄子·天下》

注:①物:除自己以外的物和人。　②削:侵削,剥夺。

译析:对待事物经常采取宽容态度,不剥夺他人的利益,这可以说是达到了最高的境地了。

庄子雕像

(3)不容人者无亲,无亲者尽人。

《庄子·庚桑楚》

注:①容人:待人宽厚。 ②尽人:尽于人,意被众人所抛弃。

译析:不能宽厚待人的人没有人亲近他,没有亲近他的人等于被所有的人抛弃。

(4)躬自厚而薄责于人,则远怨矣。

《论语·卫灵公》

注:①躬自:自己;亲自。 ②厚:严格。 ③薄责:用低标准来要求。④远:离开。

译析:要求自己严格而宽以待人,那么别人就不会怨恨你了。

(5)恭则不侮,宽则得众。

《论语·阳货》

注:①恭:恭谨。 ②侮:侮辱。 ③宽:宽厚。

译析:对人恭谨就不会遭受到侮辱,待人宽厚就会得到众人的拥护。

(6)念人之过,必亡人之功。

(东汉)高诱:《吕氏春秋注》

注:①亡:抹杀。 ②功:功劳。

译析:总是不忘别人的错误,定会抹杀别人的功劳。

(7)权衡虽正,不能无毫厘之差;钧石虽平,不能无抄撮之较。

(北朝·北齐)刘昼:《新论·从化》

注:①权衡:指称量物体轻重的器具,即秤。 ②钧石:钧和石,古代重量单位;30斤为1钧,4钧为1石。 ③抄撮:微细。 ④较:计较。

译析:秤虽然很精准,但也不能没有一点点差错;钧石虽然很平正,但也不能没有一点可计较的。这句名言说明世上不可能有绝对的公平,微小的不合理,常常是在所难免的。因此,评价一个人或一件事的优劣、得失,应当从大的方面着眼,不可在细枝末节上过多计较。

(8)容器须大,心境须宽。

(明)吴麟征:《家戒要言》

译析:容器定要大,心胸定要宽。这句名言告诫人们,对人应宽宏大量。

(9)历史上凡是不会团结人,不待人以宽大,那是不会成功的。

刘少奇:《论党员在组织上和纪律上的修养》

10)对同志不要记仇,要不念旧恶。

邓小平:《在中央军委扩大会议上的讲话》

(11)人都非圣贤,多有不足,你要不宽容不行,人必须度量大,对他人宽容。

洪昭光:《生活方式与健康——老龄化和心血管病》

(12)神的巨大的威权是在柔和的微飔里,而不在狂风暴雨之中。

(印度)泰戈尔:《飞鸟集》

注:飔(sī 思):凉风。

简析:这句名言是用形象的比喻说明处世待人应态度温和宽容。

(13)宽容则是在荆棘丛中长出来的谷粒。

(印度)普列姆昌德:《舞台》

简析:这句名言是用比喻说明处世待人宽厚温和,即使遭受到种种磨难,也会化险为夷,走出困境。

(14)谁若想在困厄时得到援助,就应在平日待人以宽。

(波斯)萨迪:《蔷薇园》

(15)不论你是一个男子还是一个女人,待人温和宽大才配得上人的名称。一个人的真正的英勇果断,决不等于用拳头制止别人发言。

(波斯)萨迪:《蔷薇园》

(16)处世何妨真面目,待人总要大肚皮。

四川峨眉山弥勒佛座楹联

说明:这副楹联概括了弥勒佛的处世之道:待人需真切,有容人之大量。

(17)大肚能容,容天下难容之事;开口便笑,笑世间可笑之人。

北京潭柘寺佛龛两边的对联。

说明:这副对联表明为人处世要宽容大度,待人要谨慎,不可马虎,应有分寸。

(18)躺在被窝里,当然谁也不会绊倒。

(日本谚语)

简析:这是用比喻说明只要工作,就可能出现这样或那样的错误,因此对那些因某些客观原因而造成错误(不是明知故犯)的人应宽容,给人家改正错误的机会。

十六、惜时篇

(1)我心之忧,日月逾迈,若弗云来。

《尚书·秦誓》

注:①逾:过。 ②迈:行。 ③若:就。 ④云:返回。

译析:我心里的忧愁是,时间一天天过去,就不再回来。

(2)人生天地之间,若白驹之过隙,忽然而已。

《庄子·知北游》

注:①白驹之过隙:比喻光阴易逝,人生短促,像少壮的白马在狭窄的空间上跑过一般。 ②忽然:一会儿。

玉雕《庄子梦蝶》

译析:人生活在世界上,光阴易逝,像少壮的白马在狭窄的空间上跑过一般,一会儿就过去了。

(3)年不可举,时不可止。

《庄子·秋水》

注:①年:指过去的岁月。 ②举:挽留。

译析:过去的岁月不能挽留,未来的时间永不停止。

(4)岁忽忽而遒尽兮,老冉冉而愈驰。

(战国)屈原:《楚辞·九辩》

注:①岁:光阴,岁月。　②忽忽:急速的样子。　③遒(qiú 求)尽:迫近于尽头,终了。　④冉冉:渐渐地。

译析:光阴疾速地过去不觉又到了年终,人渐渐地老了感到时间过得真快。

(5)子在川上曰:"逝者如斯夫! 不舍昼夜。"

《论语·子罕》

注:①子:孔子。　②川:河边。　③逝:消逝。　④舍:停留。

译析:孔子站在河边望着滚滚东去的流水说:"消逝的时光就像流水一样呀! 日夜不停地流去。"这是孔子叹息岁月往而不可复,勉励人们要爱惜时间,不断进取。

(6)日月逝矣,岁不我与。

《论语·阳货》

注:①日月:指时间。　②与:等待。

译析:时间过得很快,岁月是不会等待我们的。

(7)圣人不贵尺之璧,而重寸之阴。

《淮南子·原道》

注:①尺之璧:原称"尺璧",为直径一尺的璧玉,言其珍贵。　②重:重要,重视,以为宝贵。　③寸之阴:原称"寸阴",短暂的光阴。

译析:具有高尚道德、智慧的人,不珍贵尺璧,而珍惜每天短暂的光阴。

(8)人生忽如寄,寿无金石固。

《古诗十九首·驱车上东门》

注:①人生忽如寄:亦作"人生若寄",谓人生短促,犹如暂时寄住世间。　②忽:快速。　③固:坚固;稳固。

译析:人的一生快得像暂时寄住世间,寿命没有金石那样稳定坚固。

(9)则古人贱尺之璧而重寸阴,惧乎时之过已。
(三国·魏)曹丕:《典论·论文》

三曹雕像

注:①已:语气词,表确定语气,相当于"了"。

译析:古代圣贤人轻视尺璧却对片刻时间极为重视,因为害怕时光很快流逝。

(10)少壮真当努力,年一过往,何可攀援。
(三国·魏)曹丕:《与吴质书》

注:①过往:时光过去或流逝。　②攀援:挽留。

译析:年轻力壮的人实在应该努力学习、工作,大好时光一过去,怎么可能挽留得住。

(11)然日不我与,曜灵急节,面有过景之速。
(三国·魏)曹植:《与吴质书》

注:①日不我与:时间不等待我,极言应抓紧时间。　②曜(yào 耀)灵:太阳。　③急节:急速迁移。　④过景:犹过隙(喻时间短暂,光阴易逝)。

译析:时间是不等我们的,太阳急速地运转,面前就有过隙之快。

(12)日月冉冉,岁不我与。

(三国·魏)吴质:《答魏太子笺》

注:冉冉:渐渐地。

译析:时间渐渐地消逝了,年龄是不等待我们的。

(13)淫慢则不能励精,险躁则不能治性。年与时驰,意与日去,遂成枯落,多不接世。

(三国·蜀)诸葛亮:《诸葛亮集·诫子书》

注:①淫:过分,无节制。　②励精:振奋精神,致力于某种事业或工作。　③险躁:轻薄浮躁。　④治:修养。　⑤驰:迅速流逝。　⑥多:表示估量、猜度。　⑦接:达到。　⑧世:继承。

《诫子书》书法(局部)

译析:过分的懈怠就不能振奋精神致力于事业,轻薄浮躁就不能修养性情。年华随着时间迅速流逝,意志随着时间逐渐失去,于是就成为衰残的老人,多半不能继承家业、有所作为。

(14)悟时岁之遒尽兮,慨俛首而自省。

(西晋)潘岳:《秋岁赋》

注:①悟:知晓。　②岁:岁月。　③遒尽:迫近于尽头;终了。　④慨:感慨。　⑤俛(fǔ 府)首:同"俯首",低头(常用于表示恭顺、服罪、羞愧、沉思等)。

译析:等到知晓时这一年的岁月又迫近终了了,感慨而羞愧地低头进行自我反省。

(15)人寿几何,逝如朝霜。

(西晋)陆机:《短歌行》

注:①人寿:人的寿命。 ②朝露:早晨的霜,喻存在的时间很短。

译析:人一生能有多长寿命,它消逝得像早晨的霜一般。这句名言告诫人们应珍惜时间,不要虚度年华,否则年老回首,悔之晚矣。

(16)仰瞻曜灵,爱此寸光。

(西晋)左思:《悼离赠妹》

注:①仰瞻:仰望,追慕。 ②曜(yào 耀)灵:太阳。 ③寸光:寸阴。

译析:仰望普照大地的太阳光芒,爱惜每天短暂的分秒光阴。

(17)人在世间,日失一日,如牵牛羊以诣屠所,每进一步,而去死转近。此譬虽丑,而实理也。

(东晋)葛洪:《抱朴子·勤求》

注:转:渐渐。

译析:人生活在世界上,过一天就失去一天,好像是牵着牛羊向屠宰场走一样,每向前走一步,就离死亡渐渐近了。这个比喻虽然丑陋些,却是实实在在的道理。两句名言告诫人们时间是一分一秒地流失,人也是逐渐地衰老而死亡,每个人都应该珍惜时间,在有生之年,勤奋努力,多做好事、有益的事,尽心尽力地为国家为人民多作贡献。浪费时间,即不珍惜生命。

(18)盛年不重来,一日难再晨。及时当勉励,岁月不待人。

(东晋)陶渊明:《杂诗》

注:①盛年:青壮年。 ②重:重新。 ③晨:日。 ④及时:马上。

译析:青壮年时期过去不会重新回来,这一天过去难有第二个这一天。应马上鼓励自己珍惜青春年华,年年月月飞快流逝是不等人的。

陶渊明书法拓片

(19)岁忽忽而日迈兮,寿冉冉其不与。

(南朝·宋)范晔:《后汉书·冯衍传下》

注:①岁:时间。 ②忽忽:急速貌。 ③迈:时光消逝。 ④寿:寿命,生命。 ⑤冉冉:渐渐地。 ⑥与:等待。

译析:时间急速地一天天消逝了啊,生命渐渐地流逝是不等待我的。

(20)少壮轻岁月,迟暮惜光辉。

(南朝·梁)何逊:《赠诸旧游》

注:①少壮:年轻力壮。 ②轻:轻视(不重视)。 ③年月:泛指时间。 ④迟暮:比喻晚年。 ⑤光辉:指太阳,时光。

译析:年轻力壮时不重视时间,晚年就知道珍惜时光了。

(21)岁月如流,人生何几?

(南朝·陈)徐陵:《与齐尚书仆射杨遵彦书》

注:何几:用反问语气表示没有多少时日。

译析:时光消逝像流水一样快,人的一生能有多少时间? 这句名言告诫人们应珍惜每天的分分秒秒,使其充实而有意义。

(22)年年岁岁花相似,岁岁年年人不同。

(唐)刘希夷:《代白头吟》

译析:每年开的花朵很相同,但赏花的人却年年不同。

(23)白发催人老,青阳逼岁除。

(唐)孟浩然:《岁暮归南山》

注:①青阳:指春天。 ②逼:驱逐。

译析:白发日日增生促使人逐渐变老,春天又来临驱逐岁月飞快逝去。这句名言告诫人们时光流逝是大自然不可逆转的规律,谁也不能抗拒,唯一的方法就是珍惜光阴,分分秒秒不虚度,让每分每秒都放异彩,提高生命的质量。

(24)黑发不知勤学早,白首方悔读书迟。

(唐)颜真卿:《劝学》

注:①黑发:喻指年轻人。 ②白首:喻指老年人。 ③迟:晚。

颜真卿书法

译析:年轻时不知道勤奋读书学习,年老后方悔恨,可读书学习已经晚了。这首"杂诗"前两句是"三更灯火五更鸡,正是男儿读书时"。

(25)今年花似去年好,去年人到今年老。

(唐)岑参:《韦员外家花树歌》

注:似:像。

译析:今年的花同去年一样美好,可去年赏花人却老了一岁。

(26)青春如不耕,何以自结束。

(唐)孟郊:《赠农人》

注:①青春:年轻的时候。 ②何以:用什么。 ③结束:安排。

译析:年轻的时候如果不辛勤耕耘,用什么安排自己的晚年生活呢。这句名言是告诫青年人,年轻时应奋发勤劳,积极进取,有所作为。

(27)昨日之日不可追,今日之日须臾期。

(唐)卢仝:《叹昨日》

注:①须臾(yǔ鱼):极短的时间。 ②期:期限。

译析:昨天的时光已经逝去不可能追回,今天的时光也是片刻即失。这句名言告诫人们应珍惜每天的分分秒秒,不要虚度,一旦失去就不能追回。

(28)青春虚度无所成,白首衔悲何所及!

(唐)权德舆:《放歌行》

注:①虚度:白白地度过。 ②及:来得及。

译析:青春时光白白地度过一无所成,年老时心中悲痛怎能来得及!

(29)少时犹不忧生计,老后谁能借酒钱。

(唐)白居易:《与梦得沽酒闲饮且约后期》

白居易像

注:①少时:年轻时。 ②犹:还,仍然。 ③生计:指维持生活的办法。 ④借:帮助。

译析:年轻时只知享乐不忧虑将来维持生活的办法,年老后难道还会有人帮助你给钱买酒喝。这句名言是告诫年轻人要珍惜年华,奋发学习、工作,为将来生活打下基础。不要只图享乐,否则老了以后生活就不能幸福。

(30)时不与兮岁不留,一叶落兮天地秋。

(唐)李子卿:《听秋声赋》

注:与:允许。

译析:时间不能给你啊岁月不会停留,浓荫中一叶刚刚落地啊秋天就来了。

(31)读书不觉已春深,一寸光阴一寸金。

(唐)王贞白:《白鹿洞·诗之一》

注:①春深:春意浓郁。　②一寸光阴一寸金:谓时间非常宝贵,必须珍惜。

译析:读书学习不觉已到春意浓郁时,光阴易逝时间非常宝贵必须珍惜。

(32)少不勤苦,老必艰辛。

(北宋)林逋:《省心录》

注:逋(bū 晡)。

译析:年轻时不勤奋刻苦,老年时必定艰难困苦。

(33)爆竹声中一岁除。

(北宋)王安石:《元日》

译析:在接连的爆竹声中一年的岁月又过去了。这句名言的全诗是:

"爆竹声中一岁除,春风送暖入屠苏(屠苏,草名,用草名代指平屋茅庵),千门万户曈曈(太阳刚出时光亮的样子)日,总把新桃(新的桃符,古代用画有门神或题写门神名字的桃木板挂在大门旁,用以驱鬼避邪,每年农历春节更换一块新桃符,简称新桃)换旧符"。

(34)人生如朝露,白发日夜催。

(北宋)苏轼:《登常山绝顶广丽亭》

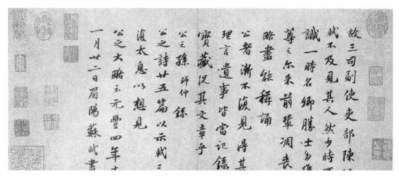

苏轼书法

注:催:促使。

译析:人的一生如同晨露一样短暂,时光的流逝促使人们的青丝变为白发。

(35)人行犹可复,岁月哪能追。

(北宋)苏轼:《别岁》

注:①复:再,又。 ②追:挽回。

译析:人们行路还可再走一遍,岁月过去哪里还能挽回。

(36)年年最后饮屠酥,不觉年来七十余。

(北宋)苏辙:《除日》

注:屠酥:药酒名。古代风俗于农历除夕饮屠酥酒。

译析:每年除夕阖家喜饮屠酥酒,不觉过了年就70多岁了。这句名言告诫人们时间易逝,应珍惜每天的分分秒秒,切勿虚度。

(37)少壮不努力,老大徒伤悲。

(北宋)郭茂倩编的《乐府诗集·相和歌词五·长歌行一》

注:①少壮:年轻力壮。 ②老大:年纪大。 ③徒:空;白白地。

译析:年轻力壮时如果不勤奋努力工作学习,年纪大时一无所成再空悲伤可已经晚了。

(38)莫等闲,白了少年头,空悲切。

(南宋)岳飞:《满江红》

岳飞书法

注:①等闲:轻易,马马虎虎。 ②少年:指青壮年时期。 ③空:徒然,白白地。 ④悲切:悲伤。

译析:不要轻易地让青春年华虚度,否则到了老年再悲伤也是徒然。这是南宋爱国将领岳飞《满江红》中的名句,表达了这位英雄珍惜年华,迫切地要建功立业、收复国土的雄心壮志。

(39)日月却从闲里过,功名不向懒中求。

(南宋)岳飞:《赠方逢辰》

注:①日月:时间。　②功名:功业和名声。　③求:获得。

译析:时间是从闲适自得中流失的,功业和名声不能从懒惰中获得。

(40)天地之化,一息不停。岁不我与,日月骏奔。是以君子,自强不息。

(南宋)王柏:《鲁斋集》

注:①化:变化。　②一息:一呼一吸。　③岁:时间。　④骏奔:急速奔走。　⑤是以:连词,因此,所以。

译析:天和地的变化,一时一刻也不停止。时间不等待我们,日月急速地奔跑。因此有德有才的人,自己要努力向上永不停息。

(41)花有重开日,人无再少年。

(元)关汉卿:《窦娥冤》

注:①日:日子。　②再:第二个。

译析:花有重开的日子,人没有第二个少年时期。

(42)光阴似箭催人老,日月如梭趱少年。

(元)高明:《琵琶记·丞相教女》

注:趱(zǎn 攒):催逼;催促。

译析:光阴像箭一样飞速促使人们变老,日月像梭一样催促少年时代消逝。

(43)今日复今日,今日何其少! 今日又不为,此事何时了? 人生百年几今日,今日不为真可惜! 若言姑待明朝至,明朝又有明朝事。为君聊赋《今日》诗,努力请从今日始。

(明)文嘉:《今日》

(44)隳垣可复筑,盛年不重返。

(清)陈确:《改篇后句又书亦董甥》

注:①隳(tuī 颓)垣:倒塌的墙壁。　②盛年:壮年。

译析:倒塌的墙壁还可以重新修建,壮年的时光不可能重新回来。这句名言告诫人们应珍惜青春年华,自强不息,干出一番事业。

(45)一岁倏遒尽,我行复何如?

(清)顾炎武:《岁暮》

注:①倏(shū 书):很快。　②遒尽:终了。　③行:做。　④复:又。
⑤何如:怎么样,如何。

译析:一年很快要过完了,我做得又怎么样? 这句名言写作者在岁暮之时,自行反省。"反省"、"自律",是重德修身的方法、武器,是自强不息必须做到的金箴。

**(46)明日复明日,明日何其多! 我生待明日,万事成蹉跎!
世人若被明日累,春去秋来老将至。朝看水东流,暮看日西坠,
百年明日能几何? 请君听我《明日歌》。**

(清)钱鹤滩:《明日歌》

注:蹉跎:虚度光阴。

(47)不教一日闲过。

齐白石之言,引自《中外名人治学的故事》

**48)节省时间,也就是使一个人有限的生命,更加有效,而也
即等于延长了人的生命。**

鲁迅:《禁用和自造》

(49)逆水行舟用力撑,一篙松劲退千寻;古云"此日足可

惜"，吾辈更应惜秒阴。

董必武:《题赠〈中学生〉》

注:寻:古代长度单位,八尺为一寻。"千寻"形容极长。

(50)人世间,比青春再可宝贵的东西实在没有,然而青春也最容易消逝。

最可宝贵的东西却不甚为人所爱惜,最容易消逝的东西却在促进它的消逝。

郭沫若:《少年维特之烦恼·重印感言》

(51)任何一种对时间的点滴浪费,都无异于一种慢性的自杀。我们必须全速前进。

茅以升之言,引自《北京日报》1979 年 2 月 16 日

(52)人生有两种东西最为宝贵,一旦失去,无法追回。一是时间,二是健康。时间要珍惜每天的分分秒秒,切勿虚度;身体健康与学习、事业密切相关,必须根据身体情况,选择相适应的运动项目,天天坚持科学的锻炼,养成习惯。身体有病,自不待言,会给家庭亲人带来伤痛。

山河之言,引自《中华精英盛世感言录》

(53)宝贵时光是从闲适、自得、懒散中流逝的,事业功绩是从务实、苦干、奋进中取得的。

山河之言,引自《人生铭语》

(54)如果我说不累那是不真实的,有时也觉得累,但强烈的紧迫感使我时常与时间赛跑,人们都说我走路很快,因为我觉得必须抓紧一分一秒。

郑守仪之言,引自《追逐科学的历程》

(55)时间比金钱重要。

陈景润之言,引自《演讲与口才》

1989 年第 1 期《天才的"数学巨人"——陈景润》

(56)"明天"是勤劳的最危险地敌人。任何时候都不要把今天该做的事情搁置到明天。

(前苏联)苏霍姆林斯基:《给儿子的信》

(57)人生最宝贵的是生命。但是,仔细分析一下这个生命,可以说最宝贵的是时间。因为生命是由时间积累起来的,是一小时一小时、一分钟一分钟积累起来的。

(前苏联)柳比歇夫之言,引自《成功者的奥秘》

(58)合理安排时间,就等于节约时间。

(英国)培根之言,引自《牛顿辞典》

(59)我的生活过得像钟表的机器那样有规则,当我的生命告终时,我就会停在一处不动了。

(英国)达尔文:《1846 年 10 月致费兹·罗艾舰长的一封信》

(60)时间应分配得精密,使每年、每月、每天和每小时都有它的特殊任务。

(捷克)夸美纽斯:《大教学论》

(61)你爱你的人生吗？那么就不要浪费光阴吧！因为光阴是组成生命的要素。

(美)富兰克林之言,引自《富兰克林自传》

(62)不浪费时间,每时每刻做些有用的事,戒掉一切不必要的行动。

(美国)富兰克林之言,引自《富兰克林自传》

(63)最浪费不起的是时间。

（美籍中国人）丁肇中之言,引自《羊城晚报》1980 年 7 月 27 日

十七、胸怀篇

(1)大知闲闲,小知间间。
《庄子·齐物论》

注:①闲闲:广博豁达。　②间间:明察细辨。

译析:大智的人广博豁达、神态悠闲自如,小智的人明察细辨、处世斤斤计较。

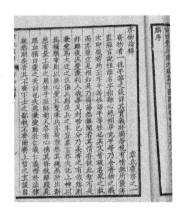

《庄子·齐物论》

(2)隘与不恭,君子不由也。
（战国）孟轲:《孟子·公孙丑上》

注:①隘(ài 艾):狭窄。　②由:做。

译析:心胸狭窄,态度不恭敬,君子是不做的。

(3)心广体胖。
《礼记·大学》

注:胖(pán 盘):安泰舒适。

译析:胸襟广阔,身体也就安泰舒适了。

(4)君子坦荡荡,小人长戚戚。
《论语·述而》

注:①坦:安然,无所顾虑的样子。　②荡荡:心胸宽广的样子。　③小人:行为低劣的人。　④戚戚:忧伤的样子;忧惧的样子。

译析:君子的心胸舒坦宽广,小人却经常忧伤不安。这句名言是孔子评论君子、小人的不同生活态度和感受。

(5)宽仁爱人,意豁如也。

(东汉)班固:《汉书·高帝纪上》

注:①宽仁:宽厚仁慈。　②意:胸怀。　③豁如:开阔,旷达。

译析:宽厚仁慈,友爱他人,胸怀开阔,大度宽宏。这是赞誉汉高祖刘邦之语,告诫人们为人处世应胸怀开阔,处事大度,对欲办成大事的人来说,必须具有这种胸襟和气度。

(6)君子广心,物无不可。

(北宋)苏轼:《东坡七集》

注:①广心:心胸开阔。　②物:事情。

译析:君子的心胸宽阔,什么事情都能够装得下。

(7)心大则百物皆通,心小则百物皆病。

(南宋)朱熹:《近思录》

注:①大:表示范围广。　②百:一切。　③通:顺畅。　④病:难,不易。

译析:心胸开阔任何事情都会感到顺畅,心胸狭小任何事情都会感到很难。

(8)胸中泰然,大可容天。偪偪仄仄,一室如猬。居宽有道,以仁治人。

(南宋)彭龟年:《止堂集》

注:①泰然:安然。 ②偪偪(bī逼)仄仄:狭窄。 ③狺(yín 银):狗叫的声音。 ④居:语助词。

译析:心胸安然宽广,大到可以装下天。心胸狭窄,在一间屋里也像有狗叫声。心胸宽广有办法,用仁爱之心去管理别人。

(9)大贤之度,何以不容? 一触而动,是谓浅中。汪汪万顷,挠之不浊。充量以识,进识以学。

(南宋)姚勉:《雪坡文集》

注:①度:度量。 ②动:发作。 ③浅中:心胸浅窄。 ④汪汪:形容水面宽广。 ⑤挠:搅动。 ⑥充量:增长气量。 ⑦以:凭借。 ⑧识:见识。 ⑨进:增进。

译析:有道德有才能的人的气量,有什么不能容纳? 一触动就发作,叫做心胸狭窄。宽广辽阔的万顷水面,搅动也不混浊。增长气量凭借见识,增进见识凭借学习。

(10)天下之事成于大度之君子,而败于私智之小人。

(明)方孝孺:《郑灵公·之一》

注:①大度:胸怀开阔气量宽宏。 ②私智:指偏私的识见。

译析:天下的事情成功的常常是度量大的君子,失败的常常是有偏私识见的小人。

(11)兴一世之功,不当恤流俗之议。

(明)归有光:《寄王太守书》

注:①兴:成就。 ②一世:举世。 ③恤(xǔ 叙):顾及。 ④流俗:指世间平庸的人。

译析:要想成就举世瞩目的功业,就不应该顾及世间那些平庸人的议论。

(12)意广者,斗室宽若两间。

(明)洪应明:《菜根谭》

注:两间:指天地间,喻广阔。

译析:心胸开阔的人,就会觉得小房如天地一样宽阔。

(13)我们共产党人胸怀要宽广,气量要宏大,要求自己比要求别人要严格一些,有功先归群众,有过勇于担当。

朱德:《加强党的纪律检查工作》

(14)如果我明天被枪毙,今天晚上仍然会睡得又香又甜。

张学良之言,引自《张学良的长寿之道》

简析:爱国将领张学良 1936 年 12 月 12 日同杨虎城将军发动"西安事变",不久,张、杨二位将军分别遭受蒋介石拘禁。在逆境中,张学良深知自己所为光明磊落,早已抱定信念:为抗日救国付出代价是值得的。从而心胸开阔,坦荡自若,制怒除忧,笑迎未来,多次说过这番话。

(15)如烟往事但忘却,
　　心底无私天地宽。

陶铸:《赠曾志》

陶铸塑像

(16)人的一生不可能一帆风顺,事事顺畅,有时会遭遇暴风雪的袭击,有时也能受到鲜花桂冠的礼遇,但无论处于什么情况,都应做到失意不沮丧,得志不张狂,心胸豁达,心态平和,勤苦努力,奋发向上。

山河之言,引自《共和国建设者智慧格言宝典》

(17)有些人的感情很敏锐细腻,他们总是处于某种这类敏感支配之下,因而常常在受到生活中偶然遭遇到的种种不幸时,忧伤和愤懑之情完全占据了他的心,使他失去生活中普通事情的兴趣,失去那些构成我们幸福主要部分的正当享受。何况在生活中,人能得到巨大欢乐的事常常并不比使人感到巨大痛苦的事多。这样,敏感的人能尝到欢乐的机会一定少于他遭遇到痛苦折磨的机会。

(英国)休谟:《鉴赏力的细致和情感的细致》

简析:这句名言告诫人们不要被一些不愉快的小事纠缠、困扰,那样是痛苦的。心胸豁达、开朗,才能感受到生活的幸福。

(18)人类也需要梦想者,这种人醉心于一种事业的大公无私的发展,因而不能注意自身的物质利益。

(法籍波兰人)居里夫人之言,引自《居里夫人传》

(19)大肚能容,了却人间多少事;满腔欢喜,笑开天下古今愁。

台湾省台南开元寺楹联

说明:这副楹联表述弥勒佛济世利人,豪爽大方,以积极乐观态度迎向人生。

(20)开口便笑,笑古笑今,凡事付之一笑;大肚能容,容天容地,于人无所不容。

四川新都宝光寺楹联

说明:这副楹联告勉人生在世要潇洒达观,有气度,有容量。

21)将军额头跑开马,宰相肚里能撑船。

(中国谚语)

简析:这则谚语是形容人的度量不凡,气魄恢弘。古今中外成就大事业的人,都很有度量。我国春秋时代第一位霸主齐桓公,胸怀宽广,不计私仇,任用曾经射过他一箭的管仲为相,后成为霸主;楚庄王在绝缨会宽宥(yòu 又)调戏了他妻子的部下,在危难时刻得其死力相助。今天我们在建设祖国伟大事业中,更应襟怀宽广,能经受起各种委屈和误解,不计得失,为复兴伟大中华,贡献出自己的聪明才智和一切力量。

(22)谁人背后无人说,哪个人前不说人。

（中国谚语）

简析:这则谚语规劝人们胸怀应宽广一些,比如听到背后有人议论自己,以不足为怪的态度待之,随他们说吧,大度些。

(23)从针眼那点小孔,能看到多大的方天!

（日本谚语）

十八、才能篇

(1)君子藏器于身,待时而动。

《周易·乐辞》

注:①藏:储藏,积累。 ②器:才能,能力。

译析:才德出众的人平日努力学习,积蓄着才能,等到需要时就发挥出来。

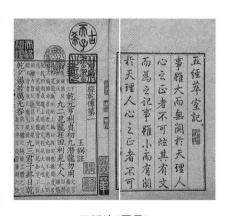

王弼注《周易》

(2)天无私覆,地无私载,天地岂私贫我哉?

《庄子·大宗师》

注：①私：私心。　②覆：覆盖。

译析：苍天没有私心地覆盖着万物，大地没有私心托载着万物，苍天大地怎么会单独让我贫穷呢？这句名言说明苍天大地是无私的，世界上之所以有的人事业有成，生活富裕，有的人贫困潦倒，生活艰难，不是"命"决定的，而其中一个主要方面是主观条件决定的，即勤奋和才能。人只要具备了这个条件，遇到机会，就能抓住，不具备这个条件，即使有机会，也能失之交臂。这样"贫困"了就不能怨天尤人，而必须自己奋发努力。

(3)君子能，则宽容易直以开道人；不能，则恭敬缚绌以畏事人。小人能，则倨傲僻违以骄溢人；不能，则妒嫉怨谤以倾覆人。

(战国)荀况：《荀子·不苟》

注：①开道：以道理启发劝导。　②缚(zūn 尊)绌(chù 处)：抑制。③倨傲：傲慢不恭。　④僻违：乖僻不合。　⑤骄溢：骄傲自满。　⑥怨谤：怨恨非议。

译析：君子有才能，就用宽厚容忍、平易正直的态度和道理启发劝导他人；没有才能，就用恭敬、抑制、退让的态度对待别人。小人有本事，就用傲慢不恭、乖僻不正的态度来傲视轻侮他人；没本事，就用忌妒诋毁、怨恨非议的手段搞垮别人。

(4)不患人之不己知，患无能也。

《论语·宪问》

注：患：担忧，忧虑。

译析：不要担忧别人不了解自己，应忧虑自己没有才能。这是孔子勉励学生进德修业，培养自己的德才，他认为才能是人的处世之本。

(5)不患无位，患所以立。不患莫己知，求为可知也。

《论语·里仁》

注:①患:担心。 ②位:职位;地位。 ③立:立身;立足。 ④为:有。 ⑤可:值得。

译析:不用担心没有职位,只需担心没有立足的本领。不用担心没有人了解自己,应当去努力追求值得别人了解的才能。这是孔子勉励学生要严格要求自己,努力掌握处世立足的才能。

(6)君子病无能焉,不病人之不己知也。

《论语·卫灵公》

注:病:担心,忧虑。

译析:君子只担心自己没有才能,不担心别人不了解自己。

(7)渡水而无游数,虽强必沈;有游数,虽羸必遂。

(西汉)刘安:《淮南子·诠言篇》

注:①数:通"术",技能。 ②沈:古通"沉",沉没。 ③虽:纵然,即使。 ④羸(léi雷):衰病;瘦弱。 ⑤遂:通"达",到达。

译析:渡河却没有游泳的技能,即使身体强健也必然沉没水中;倘若有了游泳技能,即使身体瘦弱,也能达到彼岸。这句名言是用比喻说明人生立世除了提高思想品德的修养外,还必须掌握一些为人类服务的知识和技能。

(8)贤士之处世也,譬若锥之处囊中,其末立见。

(西汉)司马迁:《史记·平原君列传》

注:见(xiàn现):通"现",显现。

译析:有贤德才能的人不管在哪里,都好比锥子放在袋子里,锥尖立刻就穿破袋子显露出来。成语"锥处囊中"就出于此。

(9)人之学问知能成就,犹骨象玉石切磋琢磨也。

(西汉)王充:《知衡·量知》

注:①知能:智慧,才能。 ②猶:如同。 ③切磋琢磨:器物加工的工艺名称(切,指把骨头加工成器物;磋:指把象牙加工成器物;琢:指把玉石加工成器物;磨:指把石头加工成器物),比喻道德学问方面互相研讨勉励。

译析:人欲想用自己的知识、智慧、才能作出成绩,如同骨头、象牙、玉石、石头加工成器物那样需切磋琢磨。

(10)文与言,尚可暴习;行与能,不可卒成。

(西汉)王充:《论衡·遇》

注:①暴习:很快熟习,指短时间就能学会。 ②卒:同"猝",立刻。

译析:文才和口才,可以在短时间很快学会;品行和才能,就不是短时间能够成就的。

(11)功以才成,业由才广。

(西晋)陈寿:《三国志·蜀书》

注:①功:功绩。 ②业:事业。

译析:功绩凭借才能完成,事业由于才能而发展。

(12)非才而据,咎悔必至。

(西晋)陈寿:《三国志·吴书》

注:咎(jiù 旧):追悔,自责。

译析:没有一定的才能而占据着某种职位,差错、追悔必然而来。

(13)积财千万,不如薄伎在身。

(北朝·北周)颜之推:《颜氏家训》

注:①薄:微小。　②伎:通"技",技艺。

译析:家中积蓄千千万万的钱财,比不上自身掌握一种小技艺。

(14)业患不能精,无患有司之不明;行患不能成,无患有司之不公。

(唐)韩愈:《进学解》

注:①患:担心,顾虑。　②有司:古时官吏的别称,即主管的官府;唐代礼部主管科举选士。

译析:只需担心自己的才学技能不精通,无须顾虑主管官吏选材不明;只需担心自己的品德操行不能养成,无须顾虑主管官吏居心不公。

(15)君子所懋者德,所贵者名。名高由乎德厚,誉美由乎艺成。

(北宋)田锡:《咸平集》

注:懋(mào 茂):勤勉。

译析:君子所勤勉的是道德,所珍贵的是名气。名气高是由于道德好,名誉美是由于技能有成就。

(16)兼听广览,小能薄技,无所不禄。

(北宋)曾巩:《再乞登科对状》

译析:既能广泛听取意见,又能广泛读书学习,并且有小能薄技,没有不被收录任用的。

(17)士之遇时,不患无位,患所以立而已。

(北宋)王安石:《许将可大理评事》

王安石纪念馆

注:①士:读书人。　②患:担心。

译析:读书人遇上了好时代,不要担心自己没有职位,要担心的是自己靠什么来立身罢了。

(18)是技皆可成名天下,惟无技之人最苦;片技即足自立天下,惟多技之人最劳。

(明)陈继儒:《小窗幽记》

注:①技:才能,技艺。　②成名:树立名声。　③片:微小。　④劳:功劳;功绩。

译析:是才能都能够在天下树立名气,只有没有才能的人最痛苦;有一点小技艺就足以在天下自立,只有才能多的人取得的功劳最大。

(19)疾风知劲草,烈火炼真金。不经寒霜苦,安能香袭人?锋自磨砺出,玉乃雕琢成。人而不苦练,焉能艺精深?

(清)无名氏:《苦练》

注:①疾风:猛烈的狂风。　②袭人:侵袭到人。　③磨砺:在磨刀石上摩擦。

译析: 在猛烈的狂风中可以看出劲草的傲骨,在炽热的烈火中才能炼出真金。梅花若不经过寒冷冰霜侵袭之苦,怎能散发出扑鼻的清香?宝剑刃的锋利是从多次磨砺出来的,那玲珑闪光的玉器乃是精雕细刻而成的。人们不经过艰苦的磨炼,怎么能使技艺十分精湛呢?

(20)学术专业的知识,使我有能力去驰骋于社会各行各业中;对自己及他人环境的了解,能发挥人与人之间的同情心,加强家庭、学校、机构的团队精神;慎思明辨的心灵能力驱使我们对意义和价值的追求,促动创造精神,把经验转化为智慧,在顺境和逆境中从容前进。

李嘉诚:《在香港理工大学李嘉诚楼命名典礼上的致词》

(21)不怕人不请,只怕艺不精。人生处世必须用自己勤奋精神和体力劳动,努力掌握一种为人民服务的精湛本领,这既是生存的物质保证,也是体现自身价值的根本。

山河之言,引自《中华精英格言名典》

(22)无论天资有多么高,他仍需学会技巧来发挥那些天资。

(英国)卓别林之言,引自《卓别林自传》

(23)社会犹如一条船,每个人都要有掌舵的准备。

(挪威)易卜生之言,引自《解放军报》1980 年 6 月 16 日

(24)若是一个人对于某一种技艺没有知识,他对于那种技艺的语言和作为,就不能作正确的判断了。

(古希腊)柏拉图:《文艺对话集》

(25)不怕穿戴破,就怕头脑里没有货。

(中国谚语)

简析: 这则谚语是说青年人不应该和别人比享受、赶时髦,而要比才学、比本领。因为比享受、比时髦,只会愈比愈懒惰,从而头脑空虚,精神

苍白;比才学、比本领,才能愈比愈努力,激励自己奋发学习、上进。

(26)真金必放光,碎玉亦耀彩。

(中国谚语)

(27)一招鲜,吃遍天。

(中国谚语)

注:鲜:新的,不陈的。

简析:这则谚语是说一个人擅长一种新技能,即可到处谋生。

(28)钢梁磨成针,功到自然成。

(中国谚语)

(29)打铁先要自身硬。

(中国谚语)

(30)推到水里的人,会很快学会游泳。

(美国谚语)

十九、律己篇

(1)夙夜罔或不勤。不矜细行,终累不德。为山九仞,功亏一篑。

《尚书·旅獒》

注:①矜(jīn 今):谨慎。 ②细行:小节,小事。 ③累:妨害。 ④不:通"丕",大。 ⑤仞(rèn 刃):长度单位,古代的七尺或八尺为一仞;九仞,比喻山高。

译析：从早到晚不可有不勤勉之时。在小节小事上不加谨慎，最终必然妨碍大德。堆垒九仞高的土山，只差一筐土，还是不算完成。这句名言是用比喻说明勤德要慎，应时时自省，即便是小节、小事也不能放松。成语"功亏一篑"就出于此。

（2）居上位而不骄，居下位而不忧。

《周易·乾》

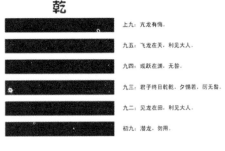

周易·乾卦

译析：身处高位而不骄傲，身处下位也不忧愁。这句名言是告诫人们处世既不要居高自傲，也不要位卑而沮丧。应忠于职守，勤勤恳恳，出色地做好本职工作。

(3)见乱而不惕，所残必多，其饰弥章。

《国语·周语》

注：①残：损失，毁坏。 ②弥：更加。 ③章：同"彰"，明显。

译析：看见乱子出现了而不去警惕，损失定会很多，如果掩饰事实真相，会更加明显地暴露出来。成语"欲盖弥彰"就出于此。

(4)罪莫大于多欲，祸莫大于不知足。

《道德经·四十六章》

译析：罪过没有比贪得无厌更大的了，祸患没有比不知足更大的了。这句名言让我联想到古代的《不知足》诗："终日奔波只为饥，才方一饱便思衣。衣食两般皆具足，又想娇容美貌妻。娶得美妻生下子，恨无田地少根基。买了田地多广阔，出入无船缺马骑。槽头系上骡与马，叹无官职被人欺。县丞主簿还嫌小，又要朝中加紫衣。"这位在物质生活上永不知足过分、追求的利己者，终归会遭受到祸患之灾的。

(5)凡有角者无上齿,果实繁者木必庳。

《吕氏春秋·博志》

注:①上齿:反刍类动物有角一对,上颚多缺门齿或大齿,如牛、羊、鹿等。 ②庳(bēi 碑):矮小。

译析:凡是有角的动物,大都没有上齿;果实结得多的树木,一定是长得低矮的。这句名言说明事物难有两全其美,因此,人应该分析自身的长处和短处,根据情况,扬长避短,正确对待自己,正确对待他人,切忌把自己看成是一朵花,把别人看成是豆腐渣。

(6)吾日三省吾身:为人谋而不忠乎? 与朋友交而不信乎? 传不习乎?

《论语·学而》

注:①日:每天。 ②三:再三。 ③省(xǐng 醒):检查,反省。 ④为(wèi 位):帮助。 ⑤谋:办事。 ⑥忠:尽心竭力。 ⑦信:讲信用。 ⑧传(chuán 船):传授。

译析:我每天都再三反省自己:帮助别人办事是否尽心竭力了? 与朋友交往是否讲信用了? 老师传授的学业是否温习了? 这是孔子的学生曾参说的话,他强调要严于律己,从本身的实际情况出发修养品德。

(7)见贤思齐焉,见不贤而内自省也。

《论语·里仁》

注:①贤:有道德有才能的。 ②焉:语气词。 ③自省(xǐng 醒):反省自己。

译析:看见有德有才的人,就想向他看齐;看见德才不好的人,就自我反省有无同他类似的毛病,若有就改正它。这是孔子教诲学生要时常检查自己,多向别人学习。

(8)其身正，不令而行；其身不正，虽令不从。

《论语·子路》

注：①身：自身；自己。　②令：下命令。　③从：听从。

译析：自身的行为正派，不下命令别人也会跟着做；自身行为不正派，即使下了命令别人也不会听从。这句名言是孔子对当政者的道德要求，说明"正己"是"正人"的先决条件。

(9)不能正其身，如正人何？

《论语·子路》

注：①正：端正。　②其：自己。　③身：本身。

译析：如果不能端正自己本身，又怎么能端正别人呢？

(10)君子有三戒：少之时，血气未定，戒之在色；及其壮也，血气方刚，戒之在斗；及其老也，血气既衰，戒之在得。

《论语·季氏》

注：①定：稳定。　②及：到。　③刚：强盛。

译析：君子有三种禁戒：年轻的时候，血气没有稳定，要禁戒贪恋女色；到了壮年，血气正当强盛，要禁戒争斗；到了老年，血气已经衰退，要禁戒贪求财物。

(11)己所不欲，勿施于人。

《论语·卫灵公》

注：①欲：喜欢的，想要的。　②施：加，施加。

译析：自己所不喜欢的事，不要强加给别人。据载联合国总部大厅就悬挂着孔子的这句名言，勉励全世界人民都遵循去做。

(12)士见危致命,见得思义。

《论语·子张》

注:致:奉献。

译析:读书人看见危难就能勇为奉献出自己的生命,看到利益就想到了道义。这是孔子的学生子张提出的读书人应遵守的节操。

(13)前事之不忘,后事之师。

《战国策·赵策一》

注:师:效法,学习。

译析:不忘记过去的经验教训,可以作为今后行事的借鉴。成语"前事不忘,后事之师",即出于此。

(14)吾之富贵甚易,而人犹弗能。夫不取于人谓之富,不辱于人谓之贵。不取不辱,其于富贵庶矣哉!

《孔丛子·公议》

注:庶:差不多。

译析:我认为富贵得来很容易,但有的人还是做不到。不向人家求取什么,这就叫富有,不受人家的侮辱,这就叫尊贵。不求取,不受辱,这样对于得到富贵不就差不多了。

(15)情之所恶,不以强人;情之所欲,不以禁民。

(西汉)晁错:《贤良文学对策》

注:①恶(wù 误):厌恶。 ②强(qiǎng 抢):强迫。

译析:自己厌恶做的事情,不要强迫别人去做;自己喜欢做的事情,不要禁止别人去做。

(16)轻忽小物,积害毁大,故君子慎其微。

(西汉)孔安国:《尚书传》

注:①轻忽:轻视忽略。　②物:事情。　③害:害处。

译析:轻视忽略小事情,积累起小害处就毁坏了大德,所以君子谨慎地对待那些小事情。这句名言是讲平日对一些生活中的小事情也应该严格要求自己。

(17)日习则学不忘,自勉则身不堕。

(东汉)徐干:《中论·治学》

注:①日:每天。　②习:反复练习。　③自勉:自己勉励自己。　④堕:堕落。

译析:每天反复练习学过的知识就不会忘记,经常勉励自己就不会堕落。

(18)贵之而不骄,委之而不专,扶之而不隐,免之而不惧,故良将之动也,犹璧之不污。

(三国·蜀)诸葛亮:
《诸葛亮集·兵要》

诸葛亮特种邮票

注:①委:委任。　②专:专断。③扶:扶植,提拔。　④隐:隐居,不出来做官。　⑤免:罢免。　⑥污:玷污。

译析:居显要地位却不骄纵,委以重任却不专断,提拔出来任职却不推辞,罢免官职却不惧忧,这就是优秀将才的行为,就像洁白的璧玉一样没有玷污。

(19)高以下基,洪由纤起。

(西晋)张华:《励志诗》

注:纤(xiān 先):细小。

译析:高耸的东西以低下为基础,巨大的事物由细小的发展起来。这句名言是说世上的事物既是互相对立的,又是互相联系和互相依存的。无下则无上,无小则无大,我们应该从生活中一些细小的事情来要求自己,培养自己的品德和才能。

(20)得人者,先得之于己者也;失人者,先失之于己者也。

(东晋)葛洪:《抱朴子·外篇·广譬》

注:①得:第一个"得"当"得到"讲,第二个"得"当"有"讲。 ②者:第一、三个"者"作"的人"讲,第二、四个"者"作"的地方"讲。

译析:得到人们拥护的人,先得具有使人们对自己拥护的地方;失去人们拥护的人,先是自己失去了能使人们拥护的地方。

(21)罔谈彼短,靡恃己长。

(南朝·梁)周兴嗣:《千字文》

注:①罔:副词,不要。 ②彼:别人。 ③靡:不,没有。 ④恃:依赖,仗着。

译析:不要谈论别人的短处,也不要仗着自己有专长就以为了不起。

(22)忧懈怠,则思慎始而敬终。

(唐)魏徵之言,引自《中国历代应用文章名篇赏析》

译析:害怕思想懈怠,就应想到自始至终都要谨慎从事。这是唐朝"诤臣"魏徵谏唐太宗"十思"中的"六思":要借鉴历史,始终敬慎。

(23)诚能见可欲,则思知足以自戒。

(唐)魏徵之言,引自《中国历代应用文章名篇赏析》

注：诚：假如。

译析：如果见到能引起自己喜爱的东西，就应该想到知足的道理，借此自我警惕。这是唐朝"诤臣魏徵谏唐太宗"十思"中的第十思：忠告唐太宗应戒侈节欲，"知足"、"知止"，不要奢侈扰民。

(24)不教不学，闷然不见己缺。

（唐）韩愈：《应科目时与人书》

注：①闷：愚昧。　②见：知道。　③缺：不足。

译析：不接受教育，又不努力学习，便会愚昧得连自己的缺点也不知道。

(25)得志，遂茂而不骄；不得志，瘁瘠而不辱。

（北宋）苏轼：《墨君堂记》

注：①得志：实现其志愿。　②遂茂：旺盛。　③瘁（cù 翠）：憔悴。④瘠（jí 疾）：贫困。　⑤辱：玷辱。

译析：实现了志愿，精神旺盛但不骄傲；没能实现志愿，虽憔悴贫困但不觉得蒙受耻辱。

(26)放荡功不遂，满盈身必灾。

（北宋）张泳：《劝学篇》

注：①荡：放纵。　②功：事业。　③遂：成就。　④满盈：自满。

译析：放纵，事业就不会有成就；自满，自身必受灾难。

(27)日省其身，有则改之，无则加勉。

（南宋）朱熹：《论语注》

注:①省(xǐng 醒):反省,检查。 ②加:加以。

译析:每天反省自己是否有错误,如果有就改正它,如果没有就加以勉励。这是朱熹对曾子的"吾日三省吾身"句的注释。成语"有则改之,无则加勉"就出于此。

(28)不奋发,则心日颓靡;不检束,则心日恣肆。

(南宋)朱熹:《朱子语类大全》

朱熹书法

注:①颓靡:意志消沉,精神萎靡。 ②检束:检点约束。 ③恣肆:放肆,无顾忌。

译析:不振作精神奋发努力,思想就会一天天消沉、萎靡;不检点约束自己,思想就会一天天放肆、无顾忌。

(29)有欲则无刚。

(南宋)朱熹:《近思录·警戒类》

注:刚:刚直,刚强。

译析:一个人有太强的私欲,那就不会刚直。

(30)见善则迁,有过则改。

(南宋)陆九渊:《陆象山集·语录》

注:迁:登,上升。

译析:看到好的就要努力向他看齐,自己有了过错就要下决心改正。

(31)君子贵知足,知足万虑轻。

(元)赵孟頫:《九月》

译析:君子可贵的是知足,知足就不会有许许多多的思想负担。这句名言说的"知足"是指物质享乐上的知足,而不是事业上的知足,裹足不前。

(32)与朋友论学,须委曲谦下,宽以居之。

(明)王阳明:《传习录下》

注:①委曲:迁就;屈从。　②谦下:谦逊,屈己待人。　③宽:度量宽宏。

译析:同朋友议论学问的是非,要迁就屈己待人,以宽宏的胸怀处之。

(33)欲人勿恶,必先自美;欲人勿疑,必先自信。

(明)冯梦龙等:《东周列国志》

注:①自美:自我完善。　②自信:自己讲信用。

译析:想要使别人不厌恶,就一定先要自我完善;想要使别人不怀疑,就一定先要自己讲信用。

(34)不可以一时之得意,而自夸其能;亦不可以一时之失意,而自堕其志。

(明)冯梦龙:《警世恒言》

注:①以:因为。　②堕:丧失。

译析:不可因为一时的称心如意,就自夸自己有才能;也不要因为一时的不得志,就自己丧失志气。

(35)勿贪意外之财,勿饮过量之酒。

(清)朱柏庐:《治家格言》

译析:人不应该贪不义之财,不要喝过量的酒。

(36)凡事当留余地,得以不宜再往。

(清)朱柏庐:《治家格言》

译析:无论做什么事情都应留有可以回旋的地方,称心如意时不要一味地再朝前追求。

(37)人不可自恕,亦不可令人恕我。

(清)李惺:《两泅外集·药言》

注:①可:应该。 ②恕:宽恕,原谅。

译析:人不应该自己原谅自己,也不应该叫别人原谅自己。

(38)敬者,止欲于未萌,消欲于既生,防纵于未形,反纵于既行。

(清)唐甄:《潜书·敬修》

注:①敬:慎重。 ②既:已经。

译析:慎重的人,贪求之念尚未萌发时就要制止它,贪求之念已经产生时就要消除它,放纵行为还未形成时就要防范它,放纵行为已经形成时就要纠正它。

(39)路是脚踏出来的,历史是人写出来的。人的每一步行动都在书写自己的历史。

吉鸿昌之言,引自《吉鸿昌》

(40)吃苦在前,享福在后,这是取得党和人民群众信任的基

本条件。

刘少奇:《关于中小学毕业生参加农业生产问题》

(41)尽管人生那么无情,我们本人还是应当把自己尽量改好,少给人一些痛苦,多给人一些快乐。说来说去,我仍抱着"宁天下人负我,毋我负天下人"的心愿,我相信你也是这样的。

傅雷:《傅雷家书》

(42)要像爱护自己的生命一样爱护自己的人格、名节和尊严,在任何时候都要把握住自己,做到立得端、行得正、站得稳。

张瑞敏之言,引自《跨越蔚蓝
——张瑞敏和海尔告诉我们的故事》
青岛日报 2001 年 8 月 13 日

(43)谁要是游戏人生,他就一事无成;谁不能主宰自己,永远是一个奴隶。

(德国)歌德之言,引自《人生就是奋斗》

(44)任何有水准的人,都是受两次教育,第一受自教师,其次是最重要的自己。

(英)吉本:《备忘录》

简析:这位 17 世纪著名的英国历史学家的名言,说得确有道理。中国从另一个角度也有一种说法:人有三教:眼教、嘴教、棍子教。眼教,即自己省悟,看到长辈一个眼色,或那些伏法者,便受到了教育并引以为戒;嘴教,即听到广播,或他人讲的道理,便受到了教育并引以为戒;棍子教,一位哲人说:"能使愚蠢的人学会一点东西,并不是言辞,而是厄运,但是等到厄运来了,一切也就晚了。"

(45)在我们中间,谁能容受生活中的幸福和忧患,我认为就是受了最好教育的人。

(法)卢梭:《爱弥尔》

(46)我在日常生活中严守着一个美好的准则:"贵在自知自明"。我是素以此来鞭策自己的。

(法国)安格尔:《安格尔论艺术》

(47)我们应该不虚度一生,应该能够说:"我已经做了我能做的事。"人们只能要求我们如此,而且只有这样我们才能有一点快乐。

吴岳添著《卢梭》

(法国籍波兰人)居里夫人之言,
引自《居里夫人传》

(48)谁不能控制邪欲,谁就把自己摆在畜生的行列。

(意大利)达·芬奇之言,引自《暗处不欺隐》

(49)无论是别人在眼前或者自己单独的时候,都不要做一点卑劣的事情:最要紧的是自尊。

(古希腊)毕达哥拉斯《金言》

(50)要留心,即使当你独自一人时,也不要说坏话或做坏事,而要学得在你自己面前比在别人面前更知耻。

(古希腊)德谟克利特之言,引自《西方伦理学名著选辑》

(51)一个不注意小事情的人,永远不会成功大事业。

(美国)卡耐基:《卡耐基妙语》

(52)成人不自在,自在不成人。

(中国古谚)

注:成人:指德才兼备的人。

译析:要想成为德才兼备的人,就不能贪图安逸,否则,便不能成为德才兼备的人。

(53)人活一张脸,树活一层皮。

(中国谚语)

简析:这则谚语讲的是"面子"和"尊严"。"面子"与"尊严"既有联系,又有区别。"尊严"表意更深一层,"面子"有正确与不正确之分。正确的"面子观",要求表里如一,通情达理,言行一致,光明磊落,真诚待人,从严执纪,为百姓做实事做好事,尽心尽力地为百姓谋福利;非正确的"面子观",追求的是表面虚荣,为了维护自己的"面子",遮丑护短,报"喜"不报"忧",讲关系不讲原则,讲感情不讲党性,讲"面子"不讲真理,以"面子"谋私利,贪赃枉法,徇私舞弊。我们要树立正确的"面子观",就要严于律己,这样才能保持自己的尊严。

(54)宁可身上受苦,不让脸上发烧。

(中国谚语)

二十、文明篇

(1)人之所以贵于禽兽者,以有礼也。

《晏子春秋·谏上二》

注:礼:社会生活中由于风俗习惯而形成的行为准则、道德规范和各种礼节。

译析:人比禽兽高贵的原因,是因为人有行为规则、道德规范和各种礼节。这句名言说明我国历来是讲究尊老爱幼、乐于助人、懂得礼貌、尊重他人、遵守公共生活规则、注意仪表谈吐等的文明之国。改革开放以来,随着物质文明和精神

《晏子春秋》

文明的发展及全民族科学文化水平的提高,社会主义的文明行为,在广大群众中逐渐蔚然成风。然而,有时也有一些基本道德缺失令人伤痛的事情发生。比如,北京就发生了一起令人气愤痛心的案件:一位女车主被绑架,掏出钱、信用卡,并告诉密码,绑匪依旧将女车主勒死。这是重大抢劫杀人案件,对这类完全丧失道德的歹徒,应严惩不贷。但有时也发生一些寻常看似道德缺失的小事。比如,公务员为群众办事态度粗暴,医生看病马虎,教师体罚学生,宿舍楼道堆放杂物,住楼上往下扔烟头、废纸等脏东西。就是这些"小事",表现出一个人的道德素质高低,折射出一个民族的价值观,影响社会的和谐、发展。我们人人都应遵守基本道德、基本规范,做到古人所说的"勿以恶小而为之,勿以善小而不为"。

(2)君子恭敬、撙节、退让以明礼。

《礼记·典礼上》

注:①撙(zǔn 尊)节:抑制;节制。　②退让:礼让。　③明:懂得。

译析:君子对人恭敬、谦逊、礼让是懂得礼法的表现。

(3)移风易俗之本,乃在开其心而正其精。

(东汉)王符:《潜夫论·卜列》

注:①移:改变。　②易:改换。　③乃:是。　④精:精神。

译析:改变旧风俗习惯的根本,在于开导人们的思想,使他们有正确的精神面貌。成语"移风易俗"即出于此。

(4)至于吏不容奸,人怀自厉,道不拾遗,彊不侵弱,风化肃然也。

(西晋)陈寿:《三国志·蜀志·诸葛亮集》

注:①至于:到,达到。　②奸:通"姦",邪恶,狡诈。　③自厉:慰勉警诫自己。　④彊:通"强",健壮,有力。　⑤风化:风气。　⑥肃然:指安定平静,秩序良好。

译析:达到了官吏不允许邪恶狡诈的行为存在,人人有慰勉警诫自己的心态,没有人把别人丢失在路上的东西捡去据为己有,健壮有力的不侵犯弱小的,社会的风气就能安定平静,秩序良好。

(5)进善退恶,风教肃然。

（东晋）袁宏:《后汉纪·桓帝纪下》

注:①进善退恶:进用贤善,黜退奸恶。 ②风教:风俗教化。 ③肃然:指安定平静,秩序良好。

译析:进用提升贤善之人,降职或罢免奸恶之徒,风俗教化,自然就安定平静,秩序良好。

(6)天地之间,物各有主,苟非吾之所有,虽一毫而莫取。

（北宋）苏轼:《前赤壁赋》

苏轼《赤壁赋》局部

注:①苟:如果。 ②虽:即使。

译析:天地之间,物都各有其主,如果不是自己应该有的东西,即使是一点点也不应去拿。

(7)自觉是教育上最高的原则。

徐特立:《徐特立文集·抗日十大纲领》

(8)必须养成自觉遵守纪律的习惯,只有自觉地遵守纪律,纪律才能发挥更大的积极作用。在幼年、青年时期,就必须培养守纪律的习惯。

谢觉哉之言,引自《革命前辈谈修养》

(9)中国人被人认为不文明的时代已经过去了,我们将以一个具有高度文化的民族出现于世界。

毛泽东:《中国人民站起来了》

(10)"文化大革命"带坏了一代人。所以,我们提出要教育人民成为"四有"人民,教育干部成为"四有"干部。"四有"就是有理想、有道德、有文化、有纪律。

邓小平:《邓小平文选第三卷·用中国的历史教育青年》

(11)社会主义精神文明的建设,关键是执政党要有好的党风。

陈云:《两个文明要一起抓》

(12)社会风气是社会文明程度的重要标志,是社会价值导向的集中体现。树立良好的社会风气是广大人民群众的强烈愿望,也是经济社会顺利发展的必然要求。在我们的社会主义社会里,是非、善恶、美丑的界限绝对不能混淆,坚持什么、反对什么,倡导什么、抵制什么,都必须旗帜鲜明。

胡锦涛:《牢固树立社会主义荣辱观》
(新华社北京 2006 年 4 月 27 日电)

(13)行为是道德、文明、素质的标志,是书写自己的历史。有的人为了自己一时的方便、省事、痛快,随心所欲,任意而为,不管他人死活,这就开始走向了道德、文明丧失,素质低下危险的堕落之路。

山河之言,引自《中华爱国文典·格言感悟篇》

(14)关心公益应当是每个有相当教养的人所共同的。

（俄)列夫·托尔斯泰:《安娜·卡列尼娜》

(15)礼貌是最容易做到的事,也是最珍贵的东西。

（前苏联)冈察尔:《小铃铛》

(16)良好教养的顶点与其说表现在不与人争,不如说表现在热心助人。

（英)理查德·斯蒂尔:《绅士,好个漂亮的人物》

(17)脾气暴躁是人类较为卑劣的天性之一,人要是发脾气就等于在人类进步的阶梯上倒退了一步。

（英国)达尔文之言,引自《达尔文》

(18)作为一个人,对父母要尊敬,对子女要慈爱,对穷亲戚要慷慨,对人要有礼貌。

（英)罗素《真与爱》

(19)亲善产生幸福,文明带来和谐。

（法国)雨果:《论文学》

(20)礼貌是人类共处的金钥匙。

（西班牙)松苏内吉:《合同子》

(21)应当重视你在街道上的行动,一个国家国民的教育程度,最容易从他们在街上的行为和举止看出来。你在街上的表现就能够说明你的整个教养。

（意大利)亚米契斯:《爱的教育》

(22)坐如钟,立如松,卧如弓,行如风。

（中国谚语)

简析:这则谚语是指人在仪容、姿态、举止、风度上都要讲究,能给人一种举止文雅、稳健庄重的美感,不要邋里邋遢,花里胡哨,要讲究涵养度量、礼仪文明。

(23)宁走十步远,不走一步险。

（中国谚语）

简析:这则谚语是警示人们应自觉地遵守交通规则,走人行横道线,避免发生交通事故。这也是人的文明行为的标志。

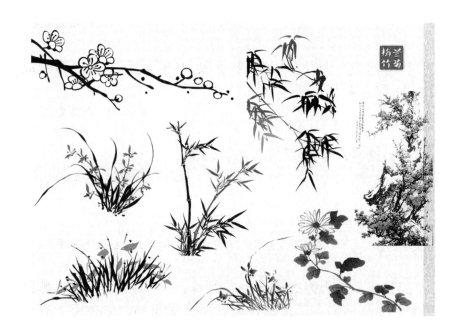

第 二 部
处 世 卷

（共十六篇）

一、为人篇

(1)胸中正,则眸子瞭焉;胸中不正,则眸子眊焉。

(战国)孟轲:《孟子·离娄(上)》

注:①胸:内心。 ②眸(móu 谋)子:眼睛。 ③瞭:明亮。 ④眊(mào 贸):眼睛失神,看不清楚。

译析:内心正直,那么看问题时眼睛就明亮;内心不正直,那么看问题时眼睛就会失神,看不清楚。

(2)爱人者人恒爱之,敬人者人恒敬之。

(战国)孟轲:《孟子·离娄(下)》

注:①恒:永久。 ②敬:恭敬。

译析:爱护别人的人别人也总是爱护你,尊敬别人的人别人也总是尊敬你。孟子认为做人应该积极进取,不存私念,爱护别人,尊敬别人。据记载2001年12月1日,日本宫内厅在记者招待会上公布皇太子妃雅子所生的长女命名为"爱子"。名字是日本东京教育大学名誉教授镰田正、静嘉堂文库长米山寅太郎和东京大学名誉教授秋山虔取典于我国古籍《孟子·离娄(下)》中的这一句名言。

(3)无恻隐之心,非人也;无羞恶之心,非人也;无辞让之心,非人也;无是非之心,非人也。

(战国)孟轲:《孟子·公孙丑(上)》

注:①恻(cè 测)隐:同情,怜悯。 ②羞恶:对自己或别人的坏处感到羞辱厌恶。 ③辞让:谦让,推让。

译析：对人没有同情心的，不能算作人；对自己坏处没有羞耻、厌恶心的，不能算作人；对人没有谦让心的，不能算作人；对事没有是非心的，不能算作人。

(4)人不可以无耻；无耻之耻，无耻矣。

（战国）孟轲：《孟子·尽心（上）》

注：耻：耻辱。

译析：做人不可以没有耻辱感，没有耻辱感的那种耻辱，真是无耻极了。孟子主张做人应有耻辱感，懂得了什么是耻辱，也就懂得了怎样避免耻辱。

(5)闭心自慎，终不失过兮；秉德无私，参天地兮。

（战国）屈原：《橘颂》

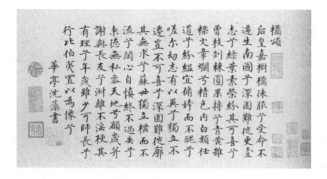

书法《橘颂》

注：①闭心：思想上自守甚严，无求于外；王逸注："言己闭心捐欲，勑慎自守，终不敢过失也。" ②自慎：自己十分谨慎。 ③秉德：怀德。

译析：凡事坚贞自守、谨言慎行，始终不会有过失；心中怀德无私，做人就能顶天立地。

(6)长短不饰，以情自竭，若是则可谓直士矣。

（战国）荀况：《荀子·不苟》

注:①饰:掩饰。　②以:把。　③竭:完,尽。　④直:正直。　⑤是:这样。

译析:不管是自己的长处或是短处都不掩饰,把真实的情况完全表述出来,如果能这样做,就可以称为正直的人了。

(7)玉在山而草木润,渊生珠而崖不枯。为善不积邪? 安有不闻者乎!

(战国)荀况:《荀子·劝学》

注:邪:同"耶",表疑问或反问,吧,呢。

译析:宝贵的玉石蕴藏在山上,山上的草木都显得滋润;深渊中生殖着珍珠,崖岸也不会干枯。大概是为善而未能不断地积累善行吧,不然哪会有为善而不被人知道呢。这句名言是用比喻说明只要坚持不懈地积累知识德行,人们终究会知道的,从而受到人们的尊敬。

(8)君子之爱人也,以德;细人之爱人也,以姑息。

《礼记·檀弓(上)》

注:①细人:见识短浅之人;小人。　②姑息:犹苟且。

译析:君子爱人,是成全别人的美德;小人爱人,是迁就别人的错误以求得苟安(只顾眼前暂且偷安)。

(9)行贤而去自贤之行,安往而不爱哉。

《列子·黄帝》

注:去:去掉,舍弃。

译析:做了好事而不炫耀自己,这样的人无论到哪里怎么能不受人爱戴呢。

(10)人不知而不愠，不亦君子乎？

《论语·学而》

注：①知：理解。　②愠（yùn 运）：怨恨，生气。

译析：人家不理解我却不怨恨他，不也是有修养的君子吗？这是孔子教给学生做人的基本道理。

(11)君子求诸己，小人求诸人。

《论语·卫灵公》

注：①求：责求。　②诸：介词，相当"于"。

译析：君子对自己要求严格，小人对别人要求严格。

(12)仁者不忧，知者不惑，勇者不惧。

《论语·宪问》

译析：有仁德的人不忧愁，有智慧的人不迷惑，有勇气的人不畏惧。这句名言是说仁德的人因为宽厚容人故无烦扰，智慧的人因为知识丰富故不迷惑，勇敢的人因为将安危置之度外故无所畏惧。孔子认为做人应成为仁者、知者、勇者。

(13)厚者不毁人以自益也，仁者不危人以要名。

《战国策·燕策》

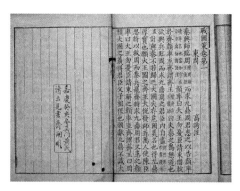

《战国策》

注：①厚：厚道。　②毁：毁谤。　③要：设法取得信任和重用。　④名：名望。

译析：厚道的人不用毁谤别人来抬高自己，仁德的人不用危害别人来获取名望。

(14)多闻其过,不欲闻其善。

《战国策·燕策》

注:①过:过失。 ②欲:希望。 ③善:赞美。

译析:要多听他人对自己过失的批评,不要总希望听他人对自己的赞美。

(15)心小者,禁于微也;志大者,无不怀也;智员者,无不知也;行方者,有不为也;能多者,无不治也;事鲜者,约所持也。

《淮南子·主术》

注:①小:精细。 ②禁:制止。 ③怀:包容。 ④员:通"圆",完备,周全。 ⑤方:正直。 ⑥治:治理。 ⑦事:事故。 ⑧鲜:少。 ⑨约:约束。 ⑩持:控制。

译析:考虑事情精细的人,错误在微小时就能制止;志向远大的人,心胸没有什么不能包容的;才智完备的人,没有什么不知道的;行为正直的人,有不当行为的事不做;才能多的人,没有什么不能治理好;出现事故少的人,能严格约束自己控制自己故而不出事故。

(16)高比所以广德也,下比所以狭行也。

(西汉)韩婴:《韩诗外传》

注:①高:高尚。 ②所以:连词,表因果关系。 ③广:指志向远大。 ④狭:指见识或心胸狭隘。

译析:与品德高尚的人比,就能激发人树立远大志向,培养高尚的道德品质;与落后的人比,就会使思想越来越狭隘、行为越来越落后。这句名言所说的"高比"与"下比",实质说的是两种人生观,也就是两种生活目的、生活态度。"高比"是一种积极向上的人生观,具有高尚的生活目的,能够勇敢地面对人生,正确地认识和解决人生道路上的各种问题,使自己的聪明才智得到充分的发挥,为国家、人民以及自己家庭作出贡献;"下比"是一种消极下滑的人生观,生活目的不正确,面对生活中的种种问题,浑浑噩噩,懒散应付,不愿凭自己的勤奋努力有所作为,一心追求享乐,但又得不到真正的快乐,这样的人生还能有多少价值可言呢?

(17)喜名者必多怨。

(西汉)韩婴:《韩诗外传》

注:①喜:喜爱。　②名:名声。

译析:喜爱名声的人,必然会受到别人对他的多方怨恨。

(18)夫服人之心,高上尊贵不以骄人,聪明圣知不以幽人,勇猛强武不以侵人,齐给便捷不以欺诬人。

(西汉)韩婴:《韩诗外传》

注:①夫(fú扶):发语词,放在句首,表示将发议论。　②服:信服。　③高上:谓身份地位高。　④聪明圣知:聪慧睿智,"知",通"智"。　⑤幽人:故弄玄虚捉弄人。　⑥强武:勇武有力。　⑦齐给(jǐ己):敏捷。　⑧便捷:灵活。　⑨欺诬:欺罔(欺骗)。

译析:欲要使人从心里信服,就不能因为身份地位高贵而自高自大,不能因为聪慧睿智而故弄玄虚捉弄人,不能因为勇猛有力而侵犯人,不能因为敏捷灵活能说会道而欺骗人。

(19)君子,交绝不出恶声。

(西汉)司马迁:《史记·乐毅列传》

注:①出:宣扬。　②恶声:坏话。

译析:君子与人断绝了交情,决不说对方的坏话。中国古谚中也有类似的话,比如"君子绝交,不出恶声"。

古钱《燕将乐毅》

(20)威人者灭,服人者昌。

(东汉)赵晔:《吴越春秋》

译析:以武力威慑别人的人必灭亡,以仁德服人的必昌盛。

(21)喜,不应喜无喜之事;怒,不应怒无怒之物。

(三国·蜀)诸葛亮:《诸葛亮集·喜怒》

注:物:事物。

译析:人的喜爱,不应喜爱不该喜爱的事情;恼怒,不应恼怒不该恼怒的事物。这句名言告诫人们不应该喜怒无常,应根据人生的准则,该喜则喜,该怒则怒。

(22)为人和以处众,宽以接下,恕以待人,君子人也。

(北宋)林逋:《省心录》

注:①接:接待。 ②下:位置低下;百姓。

译析:同群众能和睦相处,对下属能宽厚相待,对别人能谅解,这就是君子的为人。

(23)立身之道,非求备于人也。

(北宋)林逋:《省心录》

注:立身:处世,做人。

译析:做人的方法,并不是对别人求全责备。

(24)不察事之是非而悦之赞己,阇莫甚焉;不度理之所在而阿谀求容,谄莫甚焉。

(北宋)司马光:《资治通鉴·卷一》

注:①阍(ān 案):通"暗",愚昧。　②度(duó 夺):揣度。　③阿谀:迎合,献媚。　④容:欢喜。　⑤谄(chǎn 产):巴结,奉承。

译析:不考察事情的对与错,就为别人赞扬自己而高兴,没有比这更愚昧的了;不揣度道理在哪里,就用迎合献媚的话语求得别人的欢喜,这是阿谀奉承无耻到极点了。

(25)危人自安,君子弗为也。

(北宋)司马光:《资治通鉴·卷八十六》

注:君子:才德出众的人。

译析:危害别人来保护自己安全,才德出众的人是不做的。

(26)不可自暴、自弃、自屈。

(南宋)陆九渊:《陆象山集·语录》

注:①暴:损害。　②屈:屈辱;委屈。

译析:人不能自己损害自己、自己放弃自己、自己委屈自己。

(27)公勤廉干,百事皆办;私怠贪懦,百事皆乱。事办名荣,心广体平;事乱无成,身辱心惊。

(元)胡祗遹:《紫山大全集》。

注:干:干略(治事的才能与谋略)

译析:公正、勤奋、廉洁、干略,各种事情都能办成;偏私、懒惰、贪婪、软弱,各种事都会搞乱。事情办好了名声光荣,心中坦然,身体平和舒泰;事情搞乱而没办成,自身受到羞辱,心惊肉跳。

(28)人以谦和退让、含忍宽厚为治人事天下第一义。

(清)刘献连:《广阳杂记》

注:①为:作为。　②治:处理。　③人事:人情事理。

译析:人应用谦和退让、含忍宽厚的态度作为处理人情事理的第一要义。

(29)对忧人勿乐,对失意人勿矜。

(清)李惺:《西沤外集・冰言补》

注:矜:骄傲。

译析:对待心中有忧愁的人在其面前不要高兴,对待不得志的人在其面前不要骄傲。

(30)人以言媚人者,但欲人之悦己,而不知人之轻己;人以言自夸者,但欲人之羡己,而不知人之笑己。

(清)李惺:《西沤外集・药言》

注:①媚:讨好。　②但:只。

译析:有的人用奉承话讨好人,只想让人家喜欢自己,但不知道人家会轻视自己;有的人用大话夸耀自己,只想让人家羡慕自己,但不知道人家会讥笑自己。这句名言告诫人们做人要本分,既不要对人自我吹嘘,也不要巴结奉承人,要做个忠诚老实的人。

(31)希望全国广大团员和各族青年牢记党和人民的重托,自觉担负起时代的重任,以英雄模范为榜样,努力成为理想远大、信念坚定的新一代,品德高尚、意志顽强的新一代,视野开阔、知识丰富的新一代,开拓进取、艰苦创业的新一代,让青春在建设中国特色社会主义的伟大事业中焕发出更加绚丽的光彩!

胡锦涛:《致中国青年群英会的信》

(32)人,首先应有一种精神力量,有管理和强迫自己做某一件事的本领。人生来就是一部有无穷能力的活的电子计算机,

缺乏的是一本指导操作的说明书。我将十分坦然地告诉所有的人，我努力了。我的努力可问苍天可对日月。

兰丽敏之言，引自《青岛晚报》

2000 年 6 月 25 日《生命疼痛与超越》

说明：该文是记者高伟采访自幼患小儿麻痹症，经过不平凡的艰苦努力而成为女作家的兰丽敏动人事迹，在后记中引用兰丽敏文章中的这句话。

(33)世界上有两种人，一种人，虚度年华；另一种人，过着有意义的生活。在第一种人的眼里，生活就是一场睡眠，如果这场睡眠在他看来，是睡在既柔和又温暖的床上，那他便十分心满意足了；在第二种人眼里，可以说，生活就是建立功绩……人就在完成这个功绩中享受到自己的幸福。

（俄国）别林斯基：《别林斯基论教育》

别林斯基像

(34)人活良心树活根。

（中国谚语）

二、待物篇

(1)劳谦，君子有终，吉。

《周易·谦卦》

注：①劳：功劳。　②终：自始至终。　③吉：吉祥，吉利。

译析:有功劳而又谦逊,又能像才德出众的人办事那样自始至终,一定会有好的结果。

(2)有大而能谦必豫。

《周易·序卦》

注:①大:泛指钱。　②豫:安乐,快乐。

译析:富有钱财而又能够谦逊的人,处境必然安乐。

(3)我无尔诈,尔无我虞。

《左转·宣公十五年》

注:诈、虞:欺骗。

译析:我不欺骗你,你不欺骗我。后用"尔诈我虞"表示彼此互相欺骗。又作"尔虞我诈"。

(4)知人者智,自知者明。

《道德经·三十三章》

注:①知:认识。　②智:智慧。　③明:明智。

译析:能够正确认识别人的人,才算是有智慧的人;能够正确认识自己的人,才是明智的人。这句名言告诫人们在处世中,既应正确认识别人,也应正确认识自己。

(5)轻则失本,躁则失君。

《道德经·二十六章》

赵孟頫书《道德经》

注:①轻:轻率;不慎重。 ②本:根本。 ③躁:急躁。 ④君:主宰。

译析:轻率就会失去做人的根本,急躁就会失去做人的主宰。

(6)大丈夫处其厚不居其薄,处其实不居其华。

《道德经·三十八章》

注:①厚:淳厚。 ②实:朴实。 ③华:浮华。

译析:大丈夫立身处世应淳厚而不浅薄,朴实而不浮华。

(7)果而勿矜,果而勿伐,果而勿骄,果而不得已,果而勿强。

《道德经·三十章》

注:①果:成果,成绩。 ②矜:骄傲,自高自大。 ③伐:夸耀。 ④已:停止,完毕。 ⑤强:逞强。

译析:有了成绩不要骄傲,有了成绩不要夸耀,有了成绩不要自满,有了成绩不要停止前进,有了成绩不要逞胜好强。

(8)知足不辱,只止不殆,可以长久。

《道德经·四十四章》

注:殆(dài 代):危险。

译析:自知满足就不会招致羞辱,适可而止就能避免危险,这样就能长久平安。

(9)不自见,故明;不自是,故彰;不自伐,故有功;不自矜,故长。

《道德经·二十二章》

注:①自:自己。 ②见:见解。 ③是:对的。 ④彰:明显,显露。
⑤伐:夸耀。 ⑥矜:骄傲,自高自大。

译析:不拘泥己见,所以能看得清楚;不自以为是,所以能名声远扬;
不自我夸耀,所以能有功劳;不自高自大,所以能长久和睦相处。

(10)是是非非谓之知。

(战国)荀况:《荀子·修身》

注:①是:第一个"是"作"肯定"讲,第二个"是"作"正确"讲。 ②非:
第一个"非"作"反对"讲,第二个"非"做"错误"讲。 ③知:"智"的古字,
明智的人。

译析:肯定正确的,反对错误的,就是明智的人。

(11)不诱于誉,不恐于诽。

(战国)荀况:《荀子·非十二子》

注:①诱:引诱。 ②恐:恐惧。 ③诽:毁谤,说别人的坏话。

译析:不为赞誉所引诱,不因毁谤而恐惧。

(12)礼尚往来。往而不来,非礼也;来而不往,亦非礼也。

《礼记·曲礼(上)》

注:①礼:社会生活中由于风俗习惯而形成的行为准则、道德规范和
各种礼节。 ②尚:注重。

译析:礼节注重相互往来。有往无来,不合乎礼节;有来无往,也不合
乎礼节。

(13)人之生也直,罔之生也幸而免。

《论语·雍也》

注:①生:生存。　②直:正直。　③罔:不正直。　④幸:侥幸。
⑤免:避免。

译析:一个人的生存靠为人正直,不正直的人也能生存,但靠的是侥
幸避免灾祸。这是孔子告诫人们处世应正直坦诚。

颜渊像

**(14)敬而无失,与人恭而有礼,四海
之内,皆兄弟也。**

《论语·颜渊》

注:①敬:严肃,慎重。　②失:过错。
③四海之内:古以中国四境有海环绕,故称中
国为四海之内,犹言天下或全国各地。

译析:办事严肃慎重没有过错,对人恭敬
有礼貌,那么天下的人都是与你情同兄弟的
人了。这句名言是孔子弟子子夏对司马牛说的。

(15)放于利而行,多怨。

《论语·里仁》

注:①放(fǎng 仿):依照,按照。　②行:做;从事某种活动。

译析:按照自己的利益办事,必然招来很多怨恨。

(16)不患人之不己知,患不知人也。

《论语·学而》

注:患:第一个"患"作"担心"讲,第二个"患"作"忧虑"讲。

译析:不要担心别人不了解自己,应忧虑的是自己不了解别人啊。孔
子认为处世首先要严格要求自己,而不要求全责备别人。

(17)君子矜而不争,群而不党。

《论语·卫灵公》

注:①矜(jīn 金):庄重。　②党:结党。

译析:君子态度庄重但不与人争吵,能合群但不结党。

(18)君子有九思:视思明,听思聪,色思温,貌思恭,言思忠,事思敬,疑思问,忿思难,见得思义。

《论语·季氏》

注:①明:明了。　②聪:清楚。　③色:脸色。　④忠:忠实。　⑤事:办事。　⑥敬:认真。　⑦问:请教。　⑧难:后患。　⑨得:利益。

译析:君子有九种考虑:观看,就想想是否看明白了;倾听,就想想是否听清楚了;脸色,就想想是否温和了;神态,就想想是否恭敬有礼了;说话,就想想是否忠诚老实了;办事,就想想是否认真了;遇到疑问,就想想怎样向人家请教;发怒,就想想不良的后患;见到利益,就想想取之是否有道。孔子教诲学生要认真处事,时时严格要求自己。

(19)素信者昌。

(战国)孙膑:《孙膑兵法·威王问》

注:素信:素有恩信(恩德信义)。

译析:一向讲恩德信义的人一定会昌盛。

(20)螳螂捕蝉,志在有利,不知黄雀在后啄之。

(东汉)赵晔:《吴越春秋》

注:①志:专一。　②利:好处。　③啄(zhuó 苗):鸟类用嘴叩击并夹住东西想吃。

译析:螳螂在捕蝉,一心一意地想要得到好处,却不知道有只黄雀在后面正要吃它。这句名言用比喻说明,人的目光不要短浅,在想到占别人的便宜时,还要想到另外有人在算计你。

(21)以信待物,人则亲而尊之,其德日进。

(唐)孔颖达:《五经正义》

注:待物:对待他人,泛指待人接物。

译析:以诚信的态度对待他人,人们就会亲近你尊敬你,自己的品德也会天天增进。

(22)但立直标,终无曲影。

(唐)刘昫:《旧唐书·崔彦昭传》

注:①但:只要。 ②立:竖直。 ③标:标杆。 ④终:终归。

译析:只要竖立的标杆是笔直的,终归不会出现弯曲的影子。这句名言是唐僖宗李儇(xuān宣)下诏诫勉大臣崔彦昭的。

(23) 行有不得,反求诸己。

(南宋)朱熹:《朱子白鹿洞书院揭示》

注:①行:做。 ②得:成功。 ③反求诸己:犹身躬自问,谓从自己身上找原因。

白鹿洞书院

译析:做事情没有成功,要从自己身上找原因。

(24)谦固美名,过谦者,宜防其诈。默为懿行,过默者,宜防

其奸。

(南宋)朱熹:《朱子文集》

注:①固:固然。　②宜:应当。　③默:静默,不语。　④为:称为。　⑤懿(yì意):美,好。　⑥行:品行。　⑦奸:狡诈。

译析:谦虚固然有美好的名声,但对过分谦虚的人,应当防备他的欺骗;静默少语被称为美好的品行,但对过分不表态却爱动脑的人,应当防备他的狡诈。

(25)谄人者自汙,悦其谄而与之绸缪,则亦为其所汙。

(清)李惺:《西沤外集·药言》

注:①谄(chǎn 产):巴结,奉承。　②汙(wū):通"污",玷污。　③绸缪(móu 谋):来往密切。　④为:被。

译析:巴结奉承别人就玷污了自己的灵魂,坏了自己的名声;喜欢别人巴结奉承并同他来往密切,那也会被他所玷污。

(26)"聪明"二字不可以自许,"慷慨"二字不可以望人。

(清);李惺:《西沤外集·药言》

注:①自许:自夸。　②慷慨:大方;不吝惜。

译析:不可以自夸自己聪明,不可以盼望别人慷慨。

(27)记住人家的好处,不忘人家的恩惠,知道人家的难处,这是中华民族处世的原则。

李瑞环之言,引自中央电视台
2003 年 2 月 10 日新闻联播
《拜会贝宁总统时的谈话》

(28)世人往往如此,当他们不懂得生活的价值的时候,就会

一味地纵情逸乐。

(波斯)萨迪:《果园》

(29)讲话气势汹汹,未必就是言之有理。

(波斯)萨迪:《蔷薇园》

(30)自己应当爱护别人。如果一个人爱护别人,那他就会生活得好些,也会愉快一些,因为世界上生活最痛苦的人就是厌世者,就是仇恨人的人。这种人的生活比任何人都要坏些。

(前苏联)加里宁:《在教师报编辑部所召集的
城乡优等教师会议上的讲话》

(31)不管一切如何,你仍然要平静和愉快。生活就是这样,我们也就必须这样对待生活,要勇敢、无畏、含着笑容地——不管一切如何。

(德国)罗莎·卢森堡:《狱中书简》

(32)火气甚大,容易引起愤怒的烦扰,是一种恶习而使心灵向着那不正当的事情,那是一时冲动而没有理性的行动。

(法国)彼得·阿柏拉德之言,引自《西方伦理学名著选辑》

(33)我已经学会了安于命运,并且总是力求在日常的郁闷生活里找出点小乐趣。

(法国籍波兰人)居里夫人之言,
引自《居里夫人传》

居里夫人像

(34)愿你们每天都愉快地过着生活,不要等到日子过去了才找出它们的可爱之点,也不要把所有特别合意的希望都放在未来。

(法国籍波兰人)居里夫人之言,引自《居里夫人传》

(35)凡事只要看得淡些,就没有什么可忧虑的了;只要不因愤怒而夸大事态,就没有什么事值得生气的了。

(古罗马)塞涅卡:《幸福而短促的人生——塞涅卡道德书简》

(36)在现代社会,一个人事业的成功,15％靠他的专业技术创造,85％靠他的人际关系与处世技巧。

(美国)卡耐基之言,引自《秘书战线》杂志2000年第6期

(37)见义勇为,当仁不让。

(中国古谚)

说明:这句古谚是从《论语·为政》篇的"见义不为,无勇也"和《论语·卫灵公》篇的"当仁,不让于师"中嬗演而来的,意思是:见到合乎正义的事要勇敢地挺身去做,遇到该做的事要积极主动地去做。

(38)要想公道,打个颠倒。

(中国谚语)

简析:这句古谚是说,遇到问题,不能只从自己方面着想,还应该换一个角度站到对方立场上想一想,使问题能公正解决。

三、交友篇

(1)与人不求备,检身若不及。

《尚书·伊训》

注:①与:结交。　②求备:求全责备。　③检:约束。

译析:结交别人应不求全责备,要约束自己唯恐比不上别人。

(2)君子之交淡如水,小人之交甘若醴;君子淡以亲,小人甘以绝。

《庄子·山木》

注:①淡:平淡。 ②醴(lǐ 礼):甜酒。

译析:君子之间的交情平淡得像水一样融洽、纯净,小人之间的交情甜得像蜜酒;君子间的交往"淡"而亲密融洽,小人之间的交往"甘"而容易断绝。这句名言是说君子之交,是建立在共同的理想、志趣基础上的纯真友谊;小人之交,是建立在卑微的个人利益的基础上,凭着金钱或酒肉来维系的虚伪"友情"。

(3)汩常移质,习俗易性。

《晏子春秋·杂上》

注:①汩(gǔ 骨):没,沉没。 ②移、易:都作"改变"讲。

译析:长期沉没于某种环境会改变人的本质,习惯于某种习惯风俗会改变人的本性。这句名言的深层意义是告诫青年朋友择友应慎重。纵然有"红荷出污泥,一尘不染"者,但青年人阅历浅,思想单纯,如果"与不善人交,如入鲍鱼之肆,久而不闻其臭",熏陶感染,潜移默化,很容易因受坏朋友的影响腐蚀而下水,走向错误道路。

荀子像

(4)士有争友,不为不义。

(战国)荀况:《荀子·子道》

注:①士:男子的美称。 ②争友:"争"通"诤",能直言规劝的朋友。

译析:男子有了能直言规劝的朋友,就不会做不义的事情。

(5)染于苍而苍,染于黄则黄。

《墨子·所染》

注:苍:深蓝。

译析:在深蓝色中染丝,丝就变成深蓝色;在黄色中染丝,丝就变成黄色。这句名言是用比喻说明环境对人的思想、性格、品德有着很大的影响,因此应择良友、诤友交往。

(6)君子之接如水,小人之接如醴;君子淡以成,小人甘如坏。

《礼记·表记》

注:①接:交往。唐朝经学家孔颖达注疏云:“君子之相接不用虚言,如雨水相交,寻合而已。”

译析:君子之间的交情平淡如水,小人之间的交情甜浓如酒;君子之交淡薄,却能相辅相成;小人交情浓厚,却把事情搞坏。唐朝经学家、史学家孔颖达疏曰:“君子之接如水者,言君子相接不用虚言,如两水相交,寻合而已。”

(7)益者三友,损者三友。友直,友谅,友多闻,益矣。友便辟,友善柔,友便佞,损矣。

《论语·季氏》

注:①谅:诚实。　②便辟(pì 僻):谄媚逢迎。　③善柔:当面恭维背后毁谤。　④便佞:花言巧语。

译析:有益的朋友有三种,有害的朋友有三种。正直的朋友,诚实的朋友,见识广博的朋友,

八大山人《岁寒三友图》

同他们交往会得到益处。谄媚逢迎的朋友,当面恭维背后毁谤的朋友,花言巧语的朋友,同他们交往会受到害处。

(8)君子尊贤而容众,嘉善而矜不能。我之大贤与,于人何所不容? 我之不贤与,人将拒我,如之何其拒人也?

《论语·子张》

注:①贤:有道德有才能的。 ②容:容纳。 ③矜:怜悯。

译析:君子尊重贤人同时也结交普通的人,称赞好人也怜悯没有能力的人。我如果是大贤人的话,对于别人怎么会不容纳? 我如果不是大贤人的话,别人将会拒绝我的,那我怎么去拒绝别人呢?

(9)不知其人,视其友。

(西汉)司马迁:《张释之冯唐列传》

译析:不了解这个人,看看他交往的朋友就知道了。

(10)中人之性,在所习焉。习善而为善,习恶则为恶。

(东汉)王充:《论衡·本性》

注:①中人:中等的人。 ②习:经常接触。 ③为:变为,成为。

译析:中等人的习性,在于它常常接触的事物。经常接触好的,习性就成为好的,经常接触坏的,习性就成为坏的。这句名言让我联想到一位老人说的话:不肖子毁坏家庭、伤风败俗,皆是由于同坏人来往。

(11)近朱者赤,近墨者黑。

(西晋)傅玄:《傅鹑觚集·太子少傅箴》

注:①朱:银朱,红色颜料。 ②墨:黑。

译析:接近银朱便会变红,接近墨便会变黑。这句名言是用比喻说明结交好朋友可以使人变好,结交坏朋友可以使人变坏。意思是说客观环境对人是有一定影响的。

(12)善人同处,则日闻嘉训;恶人从游,则日生邪情。

（南朝·宋）范晔:《后汉书·爰延传》

注:①同处:共同相处。 ②嘉训:善言,有教益的话。 ③从游:交往。 ④邪情:不正当的嗜欲或情感。

译析:与好人相处,每天就能听到一些有益的话;与坏人交往,每天就能产生一些不正当的嗜欲或情感。

(13)欲知其人,观其所使。

（唐）陈子昂:《陈拾遗集》

译析:要想了解那个人,就观察那个人的所作所为。

(14)古之君子,其责己也重己周,其待人也轻以约。

（唐）韩愈:《原毁》

注:①重:严格。 ②轻:宽容。 ③约:简单。

译析:古代的君子,他们对自己要求严格而全面,他们对别人要求宽容而简单。这句名言说的"责己严,待人宽"是一种美德。"责己严",即是对自己的学习、工作有高标准要求,生活上艰苦朴素,对自己的缺点能真诚地进行自我批评,决不诿过于人;"待人宽",即对别人的工作、学习不提不切实际的要求、强人所难,对别人的缺点,在热心帮助的同时能耐心地等待、谅解,在个人利益上,有吃亏让人的风格。

(15)居心择地,行必依贤。

（唐）皮日休:《足箴》

注:①行:出行,出游。 ②依:靠近,接近。

译析:居住一定要选择好地方,出游一定要接近贤明的人。这句名言说明环境条件对人有重要影响,我们处世、交友时,应严防邪恶对自身的侵蚀。

(16)君子与君子以同道为朋,小人与小人以同利为朋。

(北宋)欧阳修:《朋党论》

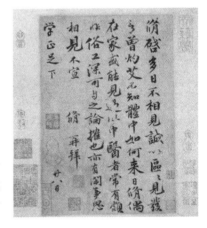

欧阳修书法

注:①以:因为。 ②同道:指志同道合的人。

译析:才德出众的人与才德出众的人因为志同道合而结为朋友,人格卑鄙的人与人格卑鄙的人因为私利相同而结为朋友。

(17)以狎而比,以顺而同,惟德日丧,友亦曷终。必端尔心,忠信是亲。

(南宋)张栻之言,引自《中国历代座右铭》

注:①狎(xiá 霞):亲近而态度不庄重。 ②比:勾结。 ③惟:句首语气词。 ④曷:怎么。 ⑤终:自始至终。 ⑥忠信:忠诚信实。

译析:因为亲密而相互勾结,因为顺从而无原则同意,道德一天天地丧失,友谊关系怎么会自始至终。一定要端正你的心,亲近忠诚信实的人。

(18)辟损友,塞祸源。

(金)杨宏道:《小亨集》

注:①辟:躲开。 ②损友:对自己有损害的朋友。 ③塞:堵塞。

译析:躲开对自己有损害的朋友,堵塞产生灾祸的根源。

(19)处朋友,务相下,则得益;相上则损。

(明)王守仁:《传习录》

注:①处:交往。 ②相下:互相谦让。 ③相上:互不谦让。

译析:交往朋友,一定要互相谦让,这样就能相互得到益处;如果互不谦让,就会相互受到损伤。

(20)道义相砥,过失相规,畏友也;缓急可共;生死可托,密友也;甘言如饴,游戏徵逐,昵友也;利泽相攘,患则相倾,贼友也。

(明)苏浚:《鸡鸣偶记》

注:①相砥:激励劝勉。 ②畏友:在道义上、德行上、学问上互相规劝砥砺,令人敬重的朋友。 ③缓急:指危难之事或发生变故之时。 ④共:共同承担。 ⑤托:依靠。 ⑥甘言:好听的话。 ⑦徵逐:交往过从,指不务正业,唯吃、喝、玩、乐上的往来。 ⑧攘:排斥;抢夺。

译析:附和道德义理的事情互相激励劝勉去做,有了过错能互相规劝,这是畏友;遇到危急之事或发生变故之时能共同承受,生与死的大事能相互依靠,这是密友;说好听的话像饴糖那样甜蜜,吃喝玩乐交往甚密,这是昵友;面对个人利益明抢暗夺,灾祸降临相互倾轧,这是贼友。

(21)小人固当远,然亦不可显为仇敌;君子固当亲,然亦不可曲为附和。

(清)申涵光:《荆园小语》

注:显:显示。

译析:对小人应当疏远,然而不能明显地表示为仇敌;对君子应当亲近,但也不可曲意地随声应和。

(22)与朋友交,只取其长,不计其短 。

(清)李惺:《西沤外集·冰言补》

译析:同朋友交往,应只选取他的长处学习,不计较他的短处。

(23)始交不慎,后必成仇。

(清)申居郧:《西岩赘语》

注:始:最初。

译析:最初交往不慎重,后来必定会成为仇敌。

(24)附小人者必小人,附君子者未必君子。

(近代)平步清:《露外捃屑》

注:附:靠近。

译析:靠近小人的人必然是小人,靠近君子的人不一定就是君子。

(25)卑己而尊人是不好的,尊己而卑人也不是好的。

徐特立之言,引自《中国青年》1964 年 1~4 期

(26)和好人交朋友,受到朋友的帮助,自己就随着好了,所谓"与善人居,如入芝兰之室,久而不闻其香";与坏人交朋友,受到朋友的侵蚀,自己就随着坏了,所谓"与不善人居,如入鲍鱼之肆,久而不闻其臭"。所以我们要知道"择交";要交"益友",不交"损友"。

谢觉哉:《交朋友的道理》

(27)深挚的友情是最足感人的。就我们自己说,我们要能多得到深挚的友谊,也许还要多多注意自己怎样做人,不辜负好友们的知人之明。

邹韬奋:《经历》

(28)要得到人家尊重,首先要尊重人家。

周恩来:《周恩来外交文选》

(29)做朋友一定要做畏友,在大的关键问题上要互相提醒。

周恩来:《周恩来统一战线文选》

注:畏友:自己敬畏的朋友。

(30)从外貌看来,人最高贵,狗最低贱。但圣人一致认为:重义的狗胜于不义的人。

(波斯)萨迪:《蔷薇园》

(31)友谊使欢乐倍增,使痛苦减半。

没有真挚朋友的人,是真正孤独的人。

(英国)培根之言,引自《青岛广播电视报》2001 年 4 月 2 日

(32)朋友间必须是患难相济,那才能说得上真正友谊。

(英国)莎士比亚:《莎士比亚全集》

(33)应当在朋友正是困难的时候给予帮助,不可在事情已经无望之后再说闲话。

(古希腊)伊索:《伊索寓言》

(34)千里送鹅毛,礼轻情义重。

(中国谚语)

简析:这则谚语是讲在日常生活和社会活动中,遇到喜庆或分别之时,赠送礼品或纪念品,以增进友谊。但纯真的友谊不是靠金钱礼物的厚薄多寡来衡量,而在于情义。

(35)鸟随鸾凤飞腾远,人交良友品格高。

(中国谚语)

注:鸾凤:亦作"鸾皇",即鸾鸟与凤凰,古代传说中的神鸟,瑞祥之鸟,常用喻贤俊之士。

(36)跟着圣人做好人,跟着端公学跳神。

(中国古谚)

注:端公:男巫的别称。

说明:这则谚语还有一种说法:跟着啥人学啥人,跟着巫婆学跳神。

(37)跟着骏马学跑,跟着驽马学犟。

注:①驽(nú 奴)马:跑不快的马。 ②犟:同"强(jiàng)",固执己见,不服劝导。

四、防患篇

---

(1)予其惩,而毖后患。

《诗经·周颂·小毖》

注:①予:我(成王自称)。 ②其:语气词。 ③惩:因受打击而引起警戒或不再干。 ④毖:谨慎。 ⑤患:祸患。

《诗经》图文本

译析:我要接受教训,以后谨慎些,以防重招祸患。这句名言有一个典故:西周第一任帝王周武王死后,周成王继位,因年幼,由其叔叔周公旦摄政。成王的叔叔管叔鲜和蔡叔度乘机散布流言,说周公要谋害成王,自立为王。周公为了避嫌,离开了京城。后来成王明白了真相,把周公召回来,并授命周公平息管叔、蔡叔的叛乱。成王长大后,周公把政权交给了成王。成王无限感慨,说了这句话。

(2)民讫自若,是多盘。

《尚书·秦誓》

注:①讫(qì 气):尽。　②自若:意思是自以为是。　③是:指示代词,这,这样。　④盘:通"般",邪僻,差错。

译析: 人如果自以为是认为他所做的事都对,就会做出许多错事。这句名言的背景:公元前 627 年,秦穆公派大将率军远征偷袭郑国,老臣蹇叔苦谏不听,结果全军覆灭,秦穆公悔过自责作《秦誓》,文中引用了这句话。

(3)君子安而不忘危,存而不忘亡,治而不忘乱。

《周易·系辞(下)》

注:①安:平安。　②存:生存。　③亡:死亡。　④治:政治清明,社会安定。　⑤乱:祸害,战乱。

译析: 君子平安无事时不要忘记可能会遭遇危险,生存时不要忘记可能会死亡,政治清明、社会安定时不要忘记战乱。

(4)《书》曰:"居安思危。"思则有备,有备无患。

《左转·襄公十一年》

注:《书》:指《尚书》,其最早称为"书",汉代称"尚书",《孔传》解释为"上古之书"。《尚书》成为儒家经典以后,又称《书经》,注疏、研究者颇多。

译析:《尚书》中说:"生活在安定中的人应当想到发生危险的事。"因为能想到危险就会有所防备,有了防备就不会有祸患。

(5)智者之虑,必杂于利害。杂于利,而务可信也;杂于害,而患可解也。

(春秋)孙武:《孙子兵法·九变篇》

武圣孙子

注：①杂：兼及。 ②务：事情。 ③信（shēn 申）：通"伸"，发展的意思。 ④解：消除。

译析：聪明人考虑问题，必然兼及事物的利与害两个方面。兼及到有利方面，事情可以得到发展；兼及到有害方面，祸患可以得到消除。

（6）为之于未有，治之于未乱。

《道德经·六十四章》

译析：预防事情要在事情没发生的时候，治理危乱要在动乱还未兴起的时候。

（7）豫则祸不生。

（战国）荀况：《荀子·大略》

注：豫：事先有了准备，预先。

译析：事先有了准备，那么祸患就不会发生。

（8）荡悍者常危害。

（战国）荀况：《荀子·荣辱》

注:①荡:放纵。　②悍:凶狠。　③常:经常,常常。

译析:放纵而又凶狠的人常常会遭受到危险和灾害。

(9)凡事豫则立,不豫则废。

《礼记·中庸》

注:①凡事:不论什么事情。　②豫:同"预"。

译析:无论做什么事情,事先有谋划、有准备就会成功,否则就会失败。

(10)人无远虑,必有近忧。

《论语·卫灵公》

注:①虑:谋划。　②近:眼前。

译析:人没有长远的谋划,眼前必定就会产生忧患。这是孔子提示人们要随时预防祸患,居安思危。

(11)慎易以避难,敬细以远大。

(战国)韩非:《韩非子·喻老》

注:①敬:慎重。　②细:微小。　③远:离开,避开。

译析:谨慎地对待容易办的事情,就可以防止危难发生;慎重地对待微小的事情,就可以避开大的祸患。据报载:斯洛文尼亚著名的登山运动员托马斯·胡马尔是位孤身攀登世界上第七高峰的第一人。他能毫发无损地征服8167米的高峰,可是31岁的他在装修家里的小楼里,一不小心因脚踩空,从3米高的洞摔到楼下,导致双腿骨折,内伤严重。还有一位身体强壮的84岁老人路过一条小沟时,人们都绕道而行,他毫不在意地轻轻一跳,结果摔倒,造成骨折,他后悔地说:"什么事情都不能大意。"这都对"慎易"、"敬细"作了很好的注释。

(12)明者远见于未荫,而智者避危于无形。祸固多藏于隐微,而发于人之所忽者也。

(西汉)司马相如:《上书谏猎》

注:荫:草木发芽,喻开始发生。

译析:明智的人能预见灾祸的苗头,聪明的人能避祸患于发生之前。祸患本来多藏于隐蔽之处,而发生于人们不注意的时候。

(13)安宁勿懈堕,有事不迫遽。

(东汉)仲长统:《昌言·损益》

注:①懈堕:懈怠。　②遽(jù具):惶恐,慌张。

译析:平安时不懈怠,有了事情便不会惶恐。

(14)思难而难不至,忘患而患反生。

(北朝·北齐)刘昼:《刘子·利害》

注:①难:危难,祸患。　②患:祸患,灾难。

译析:时时能想到危难,危难反而不会到来;如果忘了祸患,祸患反而会发生。

(15)夫寅畏者所以飨福,怠傲者所以招患。

(唐)房玄龄等:《晋书·郭璞传》

注:①寅畏:恭敬戒惧。　②飨福:"飨"同"享",享福,指生活得安乐幸福。　③怠傲:怠慢骄傲。

译析:恭敬戒惧的人能生活得安乐幸福,怠慢骄傲的人则会招惹祸患。

(16)祸不入慎家之门。

(唐)王勃:《平台秘略赞十首》

注:①慎:谦虚谨慎。 ②入:进入。

译析:祸患是不进谦虚谨慎人家门的。

(17)祸至后惧,是诚不知。君子之惧,惧乎未始。

(唐)柳宗元:《诚惧箴》

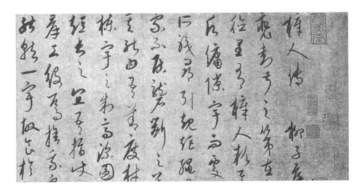

柳宗元《梓人传》

注:①诚:确实,的确。 ②知:通"智",聪明,智慧。

译析:祸患来临后才惧怕,这确实是不明智的表现。君子的惧怕,应在令人惧怕之事发生以前。

(18)思所以危则安矣,思所以乱则治宜,思所以亡则存矣。

(北宋)欧阳修、宋祁等:《新唐书·魏徵传》

注:所以:原因,情由。

译析:想到导致危险的原因并加强注意,就会得到平安;想到导致动乱的原因并加强治理,就会得到安定;想到导致灭亡的原因并加强防范,就能获得生存。

(19)祸患常积于忽微。

(北宋)欧阳修:《伶官传序》

注：忽微：古代极小的度量单位，这里指极细小的事情。

译析：祸患的发生常常是在那些积累起来的极细小的事情上。

(20) 居安虑危，身宠受辱。

（金）李俊民：《庄靖集》

译析：平安的时候要考虑到可能隐藏危险，受宠的时候要考虑到可能遭受耻辱。

(21) 祸常发于所忽之中，而乱常起于不足疑之事。

（明）方孝孺：《深虑论》

注：①忽：不注意，不重视。　②中：指一个时期内。

译析：祸患常常发生在所不注意的时候，混乱常常出现在不值得怀疑的事情。

(22) 在平安宽舒的时候不可忘记了灾难。

（古希腊）伊索：《伊索寓言》

(23) 在景况好时不预先考虑将来事情的人，在时节改变的时候会遇到很大的不幸。

（古希腊）伊索：《伊索寓言》

五、言行篇

(1) 美言可以市尊，美行可以加人。

《道德经·六十二章》

注:①市:买卖,这里作"买"、"获取"、"赢得"讲。 ②加人:高于他人。

译析:语言美可以赢得他人的尊重,行为美可以使别人更看重自己。

(2)为者常成,行者常至。

《晏子春秋·内篇》

注:常:永远。

译析:能够努力去做事的人永远会成功,能够不断前行的人永远会到达目的地。

(3)伤人之言,深于矛戟。

(战国)荀况:《荀子·荣辱》

注:矛戟(jǐ 几):矛和戟,泛称兵器。

译析:说伤害别人的话,比用矛和戟刺人更厉害。

(4)口言善,身行恶,国妖也。

(战国)荀况:《荀子·大略》

注:国妖:国家的妖孽,指危害国家的人。

译析:说得好听,做得很坏,是危害国家的妖孽。

(5)务言而缓行,虽辩必不听。

《墨子·修身》

注:①务:致力;从事。 ②缓行:暂缓实行。 ③辩:(言词)动听。

译析:光说大话而没有行动,即使说得再动听也没人听他的。

墨子纪念馆

(6)君子耻其言之过其行。

《论语·宪问》

注:①耻:耻辱。　②行:行为。

译析:君子对自己说的话超过自己的行为感到羞耻。这是孔子勉励弟子要做到言行相符,不说大话,说到做到。

(7)巧言乱德。

《论语·卫灵公》

注:①巧言:花言巧语,不实际的话。　②乱:败坏。

译析:花言巧语能败坏人的道德。

(8)其言之不怍,则为之难。

《论语·宪问》

注:①其言之不怍(zuo 坐):惭愧,南宋理学家朱熹集注为:"大言不惭(惭)"。　②难:困难。

译析:他说大话一点也不惭愧,那么做起来就不容易啦。这句名言是孔子警诫那些喜欢说大话而不惭愧的人。

(9)言行相应,则谓之贤。

(东汉)王充:《论衡·问孔》

注:①相应:相符合。　②贤:有德行。

译析:语言行动相符合,也就是言行一致,就可以称他为有德行的人。

(10)夫口者,关也,舌者,机也。出言不当,驷马不能追也。口者关也,舌者兵也。出言不当,反自伤也。

(唐)武曌:《武则天文集》

注:①关:城门;要塞。　②机:枢纽。　③驷马不能追:比喻自己说出的话难于收回(驷:古代同驾一辆车的四匹马,或者套着四匹马的车)。

译析:嘴是城门,舌是枢纽。说出的话不适当,是难于收回的。嘴是要塞,舌是军队。说出的话不适当,反而自己伤害自己。

(11)是非只为多开口,烦恼皆为强出头。

(北宋)陈远靓:《事林广记·人事下·处世警言》

注:是非:纠纷争端。

译析:纠纷争端只是因为说大话多招惹的,烦闷苦恼都是因为硬出风头造成的。

(12)有大志者,时亦有大言;好大言者,不必有大志。

(北宋)刘炎:《迩言》

译析:有大志的人,有时也说大话;好说大话的人,不一定有大志。

(13)有实行而不空言之弊,有实学而无不可用之材。

(南宋)朱熹:《学校贡举私议》

注:实行:实际行动。

译析:有实际行动而没有空谈的弊病,有真才实学不会是不可用的人才。

(14)利刃割肉疮还合,恶语伤人恨不销。

(南宋)普济:《五灯会元·倚遇禅师》

注:疮:创口(伤口)。

译析:用锋利的尖刀割肉伤口还会愈合,用凶狠的话伤害人忿恨难以消除。

(15)一语伤人,千刀搅腹。

(南宋)普济:《五灯会元·梵录禅师》

译析:一句话刺伤了别人,就像用千把刀搅动人家的心窝。

(16)知而不行,只是未知,圣贤教知行。

(明)王守仁:《传习录·卷上》

注:圣贤:道德才智杰出者。

普济《五灯会元》

译析:认识道理不实行,就是没有认识道理,有道德有才能的人教导人要认识道理并去实行。

(17)人在劳动中不断地动脑筋,想办法,才清清楚楚地知道自己做这件事为什么目的,有什么意义,有什么缺点,才渐渐想出节省劳力、增加效率的方法。人类能够这样劳动,能够一面做,一面想,所以文化能够不断地进步。

胡绳:《胡绳文集·想和做》

(18)一事不做,凭空设想,那是"空想"。不动脑筋,埋头苦

干,那是"死做"。无论什么事情,工作也好,学习也好,"空想"和
"死做"都不会得到进步。

胡绳:《胡绳文集·想和做》

(19)真正的道理是在行动中取得经验,再根据经验想出来
的。而且想出的道理到底对不对,还得拿行动来证明,行得通的
就是对的,行不通的就是错的。

胡绳:《胡绳文集·想和做》

(20)一面想,一面做。做,要靠想来指导,想,要靠做来证
明。想和做是紧密地联结在一起的。

胡绳:《胡绳文集·想和做》

(21)无论什么人,不管他怎么样忙,应该抽出点工夫来想一
想。想什么? 想自己做过的事,想自己做事得到的经验。这样,
他脑子里所有的就不是空想,他的行动,也就可以靠思想的帮助
得到进步。

胡绳:《胡绳文集·想和做》

(22)每个人都知道,把语言化为行动,比把行动化为语言困
难得多。

(前苏联)高尔基:《文学论文选》

(23)对头脑正常的人说来,判断一个人当然不是看他的声
明,而是看他的行为;不是看他自称如何如何,而是看他做些什
么和实际是怎样一个人。

(德国)恩格斯:《马克思恩格斯全集》

(24)他们发誓做十件以上的事,实际做到的还不满一件事
的十分之一。这种声音像狮子,行动像兔子一样的家伙,可不是
怪物吗?

(英国)莎士比亚:《特洛埃勒斯与克蕾雪达》

(25)良言一句三冬暖,恶语伤人六月寒。

（中国谚语）

(26)光想不做是空想,光做不想是盲干。

（中国谚语）

(27)空谈一场,庄稼不长。

（中国谚语）

简析:这是说要言行一致,光说空话不行,既说出,就要做到。

(28)流言无根,恶语伤人。

（中国蒙古族谚语）

(29)夸夸其谈的人就像看着闪闪发亮但切不断东西的刀子。

（马来西亚谚语）

(30)言语是树叶,行动才是果子。

（阿富汗谚语）

(31)枯树上采不到果子,空话得不到益处。

（蒙古谚语）

(32)空话之上盖不起房子。

（土耳其谚语）

六、制怒篇

(1)善气迎人,亲如兄弟;恶气迎人,害于戎兵。

《管子·心术（下）》

注:①善气:和悦的神色。　②恶气:怒气。　③害:使受损害。　④戒兵:兵士,军队;这里比喻对人发怒所造成的后果。

译析:以和悦的脸色、神态去迎接人,就会像亲兄弟一样亲切和睦;以怒气冲冲的态度去迎接人,就会遭受到意想不到的严重后果。

(2)忍怒以全阴气,抑喜以养阳气。
　　(东晋)葛洪:《抱朴子·极言》

《抱朴子》

译析:忍住发怒可以保全阴气,抑制过分喜悦可以保养阳气。这句名言告诫人们特别是老年病人:切忌发怒。医学科学研究人员发现,发怒能引起心律失常,会诱发心绞痛,可以说是致命的。这是因为病人在发怒时会伴随有特别强烈的过早心室收缩的现象,这和人体在高度压力的情况下产生的一种肾上腺素有关。

(3)小不忍,致大灾。

　　(隋)王通:《中说·问易》

注:致:导致。

译析:小事情不肯忍耐,就能导致严重的灾祸。这句名言睿语警诫人们在遇到不公正事时,切勿动怒发火,贸然做出一些出格的事,否则会引起严重的灾祸,这是生活中许多血的教训证明了的。那么,在怒火就要爆发时,怎样才能克制自己的冲动情绪呢? 根据人的心理特征和人们亲身经历的感悟,归纳出五种克制激动情绪的方法。①道德规范。就是要明了忍耐是大德大勇的表现。古人云:在愤怒沸腾到就要爆发时,能用道德力量使激动情绪溶化,冷静下来,不具有大德大勇的人是做不到的。②意识控制。就是愤怒情绪将要爆发时,想想类似王通的制怒箴言和一些因片刻不能忍耐造成严重后果的事实,警示自己不能发火,发火既解决不了问题,还会带来严重灾祸和伤害自己身体。③冷静对待。就是在受到不公正对待时,不能不假思索马上以牙还牙针锋相对进行回击,这是用对方的错误惩罚自己,是没有理性的行为。④换位思考。就是要想公道,打个颠倒,站在对方的位置,从对方的角度想想,避免看问题不全面,错怪了对方。⑤宽容大度。就是处世待人须胸怀宽阔,切勿小肚鸡肠,斤斤计较。遇事一触即发是心胸狭窄的表现,是恶习,以这样的态度办事常常是失败的。

(4)欲求长生须戒性,火不出兮心自定。
木还去火不成灰,人能戒行还延命。

(唐)孙思邈之言,引自《历代养生养性论选译》

注:①性:脾气(容易发怒的性情)。　②出:产生。　③去:离。

译析:想要长寿必须戒除脾气,怒火不生内心自然就平静。木材远离火种不会化为灰烬,人戒除脾气就能延长寿命。

(5)嗔是心中火,能烧功德林。

(唐)寒山:《诗三百三首》

注:①嗔(chēn 琛):怒;生气。　②林:众多。

译析:生气发怒是心火燃烧,它能烧毁许多功业和德行。这句名诗是用比喻告诫人们:遇到不顺心的事应冷静,要抑制怒气,因为生气发怒既不解决问题,还能造成恶果,而且对人的身心有伤害。据医学研究,人一发脾气,通过大脑边缘系统、神经系统、内分泌系统,将影响其他各系统各器官的正常功能,冲击人体内环境的平衡,而对神经系统增加不良刺激,就会影响人的肌体功能。只有沉着、冷静,排除心境中的不良情绪,才有益于人的身心健康。

(6)莫大之祸,起于斯须之不忍。

(北宋)王安石:《王文公文集》

注:①莫:大。　②斯须:片刻。

译析:最大的祸患,就在于一时的不能忍耐。

(7)愤欲忍与不忍,便见有德无德。

（北宋)程颐之言,引自《忍学糊涂学全书》

注:①欲:将要。 ②便:就。

译析:愤怒到将要发作时能不能克制,就能看出他是否有道德修养。这句名言是把一时碰到那些非礼之举而能克制自己,不发怒看成是道德修养的重要组成部分,足见在一些小事情上该忍受就应该忍受。

(8)克己可以治怒,明理可以治惧。

（南宋)朱熹:《近思录·克己类》

注:治:医治,这里有平息、消除的意思。

译析:克制自己可以平息怒气,明白事理可以消除恐惧。

(9)宽肚量能容小忿,广机谋方为大臣。

（明)朱有燉:《义勇辞金》

注:①肚量:度量(指能宽容的限量)。 ②忿:愤恨。

译析:度量宏大能容忍小愤恨,计谋广博才能成为大臣。

(10)必能忍人不能忍之触忤,斯能为人不能为之事功。

（明)薛瑄:《薛子道论·下篇》

注:①触忤(wǔ午):亦写"触迕",意冒犯。 ②斯:这样,于是。 ③事功:事业,功业。

译析:一定要能够忍受一般人不能忍受的冒犯,这样才能够做出一般人不能做出的功业。这句名言告诫人们在受到一些不公正对待时,必须克制自己的激愤情绪,不为非礼行为失去理智,这样才能保持头脑清醒,有理有节处之,并一心一意地干好自己的事业。

(11)愤怒嗜欲正到腾沸时,便廓然能消化得,此非天下之大勇不能也。

(明)王守仁:《与宗贤》

注:①嗜(shì 势)欲:嗜好与欲望,多指身体感官方面享受的欲望。②腾沸:情绪十分激动。　③廓然:阻滞尽除的样子。　④得:表示完成。

译析:愤怒或欲望正达到情绪十分激动时,就能将这些促使激动地情绪溶化了,能达到这点不是天下极为勇敢的人是做不到的。

(12)人生处世要学会善于用理智控制自己的激动情绪,决不能不顾一切放任自己的性子而为,任性而为的人,十个有十个人过后都十分痛悔。

山河之言,引自《中华精英格言名典》

(13)只有好好地沉思细想怒气底效果,它是如何地扰害人生的。最好的做这种思想之法就是在怒气已息之后回想当时的情形。塞奈咯说得好:"怒气有如下坠之物,把自己粉碎于所降落的东西之上。"《圣经》教我们:"要以耐性保持我们的灵魂。"无论何人,若是失了耐心,就是失了灵魂了。

(英)培根:《培根论说文集·论怒气》

(14)一个发怒的人,总是疏于自卫的。

(英)莎士比亚:《安东尼与克莉奥佩屈拉》

(15)自制是金光灿亮的马缰。

(英)伯顿:《忧郁的解剖》

(16)人的心情冷下来时,头脑会变得健全。

(法)巴尔扎克:《莫黛斯特·米尼翁》

(17)一个人盛怒之下,那条舌头就像冲决了堤岸的洪水。

(西班牙)塞万提斯:《堂·吉诃德》

简析:这句名言用比喻说明一个人在盛怒之下,因失去控制力,说出一些不应该说的话,像冲破堤岸的洪水一样,能造成严重损失。

(18)生活缺少了节制便没有益处。

(古希腊)欧里庇得斯:《美狄亚》

(19)节制是一种秩序,一种对于快乐与欲望的控制。

(古希腊)柏拉图:《理想国》

(20)忿如火,不遏则燎原。

(中国古谚)

注:忿:愤怒,怨恨。

(21)气恼酿成病,快乐延寿命。

柏拉图像

(中国谚语)

七、谨慎篇

---

(1)令仪令色。小心翼翼。

《诗经·大雅·烝民》

注:①令:美;善。 ②仪:仪容、态度。 ③色:脸色,表情。 ④翼翼:恭敬谨慎的样子。 ⑤烝(zhēng 音征)民:众民。

译析:态度善良,和颜悦色,谨慎小心,恭敬谦和。这是周宣王委命卿士仲山甫前往齐地筑城,大臣尹吉甫赠别作诗中的两句话,赞扬仲山甫对人态度温和,对工作谨慎小心,一点不疏忽。成语"小心翼翼"即出于此。

(2)战战兢兢,如临深渊,如履薄冰。

《诗经·小雅·小旻》

注:①战战兢兢:形容害怕或小心谨慎的样子。 ②临:面对着。③履:踩踏。 ④旻(mín 民)。

译析:小心谨慎,如同面临无底深渊,如同脚踏薄冰。这是周朝大夫斥责昏庸无道周幽王诗中的语句,是写有清醒的远见的人,看到国事隐患四伏,惧怕祸患随时而来时的忧虑心态。现在常用来表明对待事业认真、负责、勤奋、谨慎,不能有一点疏忽,决策不能有丝毫失误的态度。

(3)不敢暴虎,不敢冯河。

《诗经·小雅·小旻》

注:①不敢:不要。 ②暴(bó 博)虎:空手打虎。 ③冯(píng 平)河:徒步渡河。

译析:不要贸然空手打老虎,不要贸然徒步渡江河。这句名言是用比喻说明做任何事情都应谨慎,善于利用外部条件,不要无视客观实际,冒险行事。

(4)居安思危,罔不惟畏,弗畏入畏。

《尚书·周官》

注:罔:没有。

译析:处在安逸舒适的环境中,要时刻想到潜在危险,没有一件事不应该敬畏,如果不知敬畏,就会使自己陷入可畏之境地。

(5)夫轻诺必寡信,多易必多难。

《道德经·六十三章》

注:①诺:应许。　②易:认为容易。

译析:轻易对人许诺,必然难以守信用;把事情看得太容易,一定会遇到更多的困难。

(6)君子慎以避祸。

《礼记·表记》

注:祸:灾害;灾难。

译析:君子用言行谨慎来避免祸患。

(7)暴虎冯河,死而无悔者,吾不与也。必也临事而惧,好谋而成者也。

《论语·述而》

《孔子家语》

注:①暴虎冯(píng,通"凭")河:空手搏虎,徒步过河,比喻冒险行事,有勇无谋。　②临事而惧:遇事谨慎戒惧。

译析:空手打虎,徒步过河,死了却不后悔的人,我不同他共事。我与之共事的一定要是遇事谨慎戒惧,善于思考而能成事的人。这句名言是孔子回答子路的问话:"如果让你指挥军队,那么你愿意同谁共事?"从而教育子路应崇尚有谋有勇的人,不崇尚有勇无谋的人。

(8)贤人无妄。

《孔子家语·弟子行》

注:贤人:有道德有才能的人。

译析:有道德有才能的人不轻举妄动。

(9)战战栗栗,日慎一日。人莫蹪于山,而蹪于垤。

《淮南子·人间》

注:①栗(lì 立):害怕得发抖。 ②蹪(tuí 颓):跌倒。 ③垤(diē 蝶):小土墩。

译析:战战兢兢,一天比一天谨慎。人在爬山时没有跌倒,却有时跌倒在小土墩上。这句名言告诫人们处世应以谨慎为本,即使对一些小问题也不能马虎。

(10)圣人敬小慎微,动不失时。百射重戒,祸乃不滋。

《淮南子·人间》

注:①敬小慎微:对细微的事也持谨慎小心的态度。 ②失时:错过机会。 ③百射:各种现象。 ④重戒:加重戒备。

译析:品德高尚智慧高超的人,对细微的事情都是谨慎小心的,做事从不错过机会。对各种现象加重戒备,灾祸就不会发生。《文子·微明》中也有同样语句:"道者敬小慎微,动不失时。百射重戒,祸乃不生。"

(11)或誉人,而适足以败之,或毁人,而乃反以成之。

《淮南子·人间》

注:①或:有时。 ②誉:称赞,赞美。 ③适:恰好。 ④败:败坏,毁坏。 ⑤毁:毁谤,诽谤。

译析:有时称赞别人,但恰恰是败坏了他;有时毁谤别人,但反而成全了他。这句名言说明人的主观愿望与客观实际不相符合的时候,动机和效果不一致甚至适得其反。因此,做事一定从实际出发,并认真想想其后果,力求使动机和效果统一起来。

(12)心小志大者,圣贤之伦也。

(三国·魏)刘劭:《人物志·七缪》

注:①心:思想。 ②伦:类。

译析:思想上谨慎志向远大的人,是圣贤一类的人。

(13)祸之所生,必由积怨;过之所始,多因忽小。

(北朝·北齐)刘昼:《刘子·慎隙》

注:①由:由于;因为。 ②过:过错。 ③忽:忽视,疏忽。

译析:灾祸的产生,必然是由于积聚的怨恨所造成的;错误的起源,大多是因为疏忽了细小问题所造成的。

(14)修身正行,不可以不慎;谋虑机权,不可以不密。忧患生于忽,祸害兴于细微。人臣不慎者,多有终身之悔。故言易之过者,召祸之媒也;事不慎者,取败之道。明者视于无形,聪者听于无声,谋者谋于未兆,慎者慎于未成。不困,在于早虑,不穷,在于早豫。非所言勿言,以避其患,非所为勿为,以避其危。

(唐)武曌:《武则天文集》

注:机权:枢机(指中央政权的机要部门或职位)大权。

译析:修养自身,矫正自己的行为,不能不谨慎;谋划考虑枢机大权,不能不周密。忧患产生于轻忽,祸害都从细微之处兴起。臣子不谨慎的,大多有终生的悔恨。所以,说话容易出错误,是招来祸患的媒介。办事不谨慎,是失败的途径。明智的人在无形中看到祸患,谨慎的人在未形成祸患之前就谨慎。不为祸患所困,在于早虑;不措手不及,在于提早预防。不说不应说的话,可以避免祸患,不做不应做的事,可以避免危险。

(15)以慎为键,以忍为阖。

(唐)刘禹锡:《口兵戒》

注:①键:门闩。　②阍(hūn 昏):守门人。

译析:用谨慎作为门闩,用忍耐作为守门的人。这句名言意为要用谨慎、忍耐的态度约束自己。

(16)慎重则必成,轻发则多败。此理之必然也。

(北宋)苏轼:《拟进士对御试策》

刘禹锡像

注:①轻发:轻率行动。　②必然:谓事理必是如此。

译析:慎重行事就一定会成功,轻率行动多数要失败。道理必定如此。

(17)安乐必敬,无行可悔。

(北宋)黄庭坚:《席四端铭》

注:①安乐:安逸,快乐。　②敬:谨慎。　③行:做。

译析:安逸快乐时一定要谨慎,不做后悔的事。

(18)天有不测风云,人有旦夕祸福。

(元)高明:《琵琶记·玉娘吃糠》

注:旦夕:早晚,意谓时间短暂。

译析:天气有不可预测的风云变化,人有早晚之间突然降临的灾祸或幸福。这句名言说明事物发生有必然性和偶然性,告诫人们要充分认识到事情发生的偶然性,因此处世要谨慎,平日应尽力做好思想准备和物资准备,力求防患于未然。

(19)敬慎则获福,恣肆则致凶。

(明)方孝儒:《送伴读朱君之庆府序》

注:①敬慎:恭敬谨慎。 ②恣肆:放纵。 ③致:招致(引起)。 ④凶:祸殃。

译析:对人恭敬处事谨慎就能获得幸福,骄傲放纵就会招致灾祸。

(20)必然者有时而不然,而不然者有时而或然也。

(明)庄元臣:《叔苴子外篇》

译析:一定能够发生的事有时并没有发生,不一定发生的事有时却意外地发生了。这句名言是说"必然性"和"偶然性"都是客观存在的,是不以人们的意志为转移的,因此人们处世办事应细心谨慎,不要马虎大意,每件事情都须想得周全些。

(21)天下事皆起于微,成为慎。微之不慎,星火燎原,蚁穴溃堤。

(清)严有禧:《漱华随笔·贺相国》

注:溃堤:水冲破堤防。

译析:天下的事情都起始于细小之处,成功的基础是谨慎。细小的事情不谨慎,就像星星之火可以燎原,千里大堤由于蚁穴而被水冲破。

(22)谦虚则不骄,谨慎则不躁,骄与躁是革命工作的大敌。

毛泽东:《毛泽东文集·卷三》

(23)要把工作做好,要我们的党和国家成为不可战胜的,我们就必须经常地保持谦虚谨慎的作风,经常地通过多种多样的形式去联系群众,同群众互相交心。

刘少奇:《刘少奇选集·下卷》

(24)一个人只有不因为自己的功劳和职位而骄傲,不用来作为"特殊化"的资本,反而更加谦逊和谨慎,更加提高自己以身作则的责任心,他的功劳和职位,才是值得尊敬的。

邓小平:《关于修改党的章程报告》

(25)慎重一点,看得准一点,解决得好一点,比轻举妄动、早动乱动好得多。

陈云:《陈云文选·卷三》

(26)应该小心谨慎地前进,并在前进中随时总结经验,这是提高自己的重要方法。

陈云:《总结经验是提高自己的重要方法》

(27)人生的道路很漫长,但紧要处常常只有几步。

柳青之言,引自《电视的诱惑》

(28)从事任何工作,即便是很熟悉的,也必须认真对待,决不能掉以轻心,马虎应付,否则,一旦出事,后悔晚矣。

山河之言,引自《中华精英格言名典》

(29)过于求速是做事上最大的危险之一。

(英国)培根:《培根论说文集》

(30)谨慎比大胆要有力量得多。

(法国)雨果《论文学》

(31)思而后行,以免做出蠢事。
　　因为草率的动作和言语,都是卑劣的特征。

(古希腊)毕达哥拉斯:《金言》

(32)小心小心,强似懊恨。

(中国谚语)

简析:懊恨:懊恼悔恨。这则谚语告诫人们处世以谨慎为好。不能懒散拖拉、马马虎虎,否则,一旦出事,后悔晚矣。有人说:人在紧要关头,只差一步。一步走对了,一辈子受益;一步走错了,一辈子翻不过身来。这话是有一定道理的。

八、慷慨篇

(1)圣人不积,既以为人己愈有,既以与人己愈多。

《道德经·八十一章》

注:①圣人:指品德最高尚、智慧最高超的人。　②积:积聚。　③既:穷尽;终尽。　④为(wèi 位):帮助。　⑤与:给予,援助。

译析:品德高尚智慧高超的人自己不积聚什么,尽量地帮助别人,而自己觉得更加充实,尽量给予别人,而自己感到更加富有。

(2)甚爱必大费。

《道德经·四十四章》

注:爱:吝啬;舍不得。

译析:过分的吝惜,必然会遭受到更大的耗损。

(3)有而不施,穷无与也。

(战国)荀况:《荀子·法行》

注:①有:富足。　②与:帮助;援助。

译析:富有时不肯赠送别人东西,一旦穷困别人也不会帮助你。

(4)君子……见不足忘贫,故能施。

《淮南子·缪称》

注:忘:不顾念。

译析:君子……看到别人衣食不足就不顾念自己贫穷,所以能够慷慨施舍。

(5)自古以来……未有不费少财而能收大利者也。

(唐)韩愈:《论捕贼行赏表》

译析:自古至今……没有连少量的钱财都不肯花却能获取大利的人。

(6)慷慨不是你把我比你更需要的东西给我,而是你把你比我更需要的东西也给了我。

(黎巴嫩)纪伯伦:《先知》

韩愈雕像

(7)慷慨,尤其是还兼有谦虚,就会使人人赢得好感。

(德国)歌德:《歌德的格言与感想集》

(8)凡是慷慨的行为都有牺牲。

(美)詹姆斯·亨利:《贵妇的画像》

(9)难时送一口,赛过富时送一斗。

(中国谚语)

说明:这则谚语还有一种说法:"难时送一口,胜过富时送一斗。"

(10)慷慨的人从来不谈自己的慷慨。

(阿拉伯谚语)

九、批评篇

（1）言之者无罪，闻之者足以戒。

《诗经·大序》

注：①言之者：说话的人。 ②闻之者：听话的人。 ③足：足以，值得。

译析：说话的人没有罪过，听话的人足以得到警诫。这句名言是说提意见的人只要是善意的，即使说得不正确，也是无罪的；听取意见的人，即使没有对方所提的缺点错误，也值得引以为戒。现在常用的"言者无罪，闻者足戒"，出自唐朝白居易的《与元九书》。

（2）辟言不信，如彼行迈，则靡所臻。

《诗经·小雅·雨无正》

注：①辟（bì 闭）：法度，法律。 ②彼：人称代词，他。 ③行迈：行走不止，远行。 ④靡：没有。 ⑤臻：至。

译析：合乎法度的话不听信，好像没有目标盲目的行走不止，这样就不能达到目的。

（3）责人斯无难，惟受责俾如流，是惟难哉！

《尚书·秦誓》

注：①斯：代词，这。 ②惟：只。 ③俾（bǐ 比）：依从。

译析：责备别人不是难事，只有受到别人责备能像流水一样顺从，这才是最困难的事啊！

(4)好善无厌,受谏而能诫,虽欲无进,得乎哉?

(战国)荀况:《荀子·修身》

注:①厌:满足。 ②谏:规劝。 ③诫:警诫。 ④得:表示情况允许,有"能够""可以"的意思。

译析:爱好优秀品德总不满足,接受别人规劝总能警诫自己,即使心里不想长进,结果能吗?(意即会长进)

(5)法语之言,能无从乎? 改之为贵。巽与之言,能无说乎?绎之为贵。

《论语·子罕》

注:①法:合乎正道。 ②从:接受。 ③为:算是。 ④巽(xùn 训)与:顺从,附合。 ⑤绎(yì义):寻究事物的原因、道理。

译析:合乎原则的话,能够不接受吗? 改正错误才算可贵。顺从附和己意的话,能够不高兴吗? 寻究正确与否才是可贵。这是孔子教导人们应正确对待别人的批评。

王充像

(6)不患性恶,患其不服圣教,自遇而以生祸也。

(东汉)王充:《论衡·率性篇》

注:①患:怕,忧虑。 ②遇:通"愚",愚蠢。

译析:不怕生性顽劣,就怕他不服从品德高尚、智慧超人的人教化,自己愚蠢地去做,必会生出灾祸。

(7)苦言药也,甘言疾也。

(西汉)司马迁:《商君列传》

注:①苦言:逆耳的批评话。 ②甘言:好听的恭维话。

译析:逆耳的批评话是治病的药剂和石针(亦称砭针,古代用它扎皮肉治病),甜美的恭维话是疾病。

(8)凡攻我之失者,皆我师也。

(明)王守仁:《教条示龙场诸生》

注:①攻:批评,抨击。 ②失:过错。

译析:凡是批评过我过错的人,都是我的老师。这句名言说明对批评自己错误的人应持的正确态度,这也是改正错误要做的第一步。

(9)水不激不跃,人不激不奋。

(明)冯梦龙:《警世通言·旌阴宫铁树镇妖》

注:①激:冲激,刺激。 ②跃:跃动,此处指水奔涌。

译析:流水不受冲激就不会奔涌,人们不受刺激就不会奋发有为。这句名言说明事物发展变化,离不开外因的重要作用。因此,对犯有这样和那样错误的同志,进行批评教育,"激"他一下,使他"奋发"起来,改正错误,是很有必要的。

(10)讼吾过者吾师。

(清)陈确:《闻过》

注:讼:责备。

译析:责备我过错的人是我的老师。

(11)攻我之过者未必皆无过之人,苟求无过之人攻我,则终生不得闻过矣。

(清)李惺:《西沤外集·药言》

注:①攻:指责,批评。 ②苟:如果。

译析:指责我错误的人不一定都没有犯过错误,如果只要求没有犯过错误的人批评我,那么一生也没有人指出我的错误。

(12)如果自尊而轻人,自信而自满,即是对自己关门,不向外面吸收可宝贵的精神食粮,也即是对朋友关门,拒绝朋友们批评和贡献意见。

徐特立:《徐特立教育文集》

(13)真正的高明,不是不犯错误,而是能由自我批评中达到高明,不肯自我批评的人,永远不会真正高明。

谢觉哉之言,引自《中国青年》1964 年第 6 期

(14)朋友也是说好话的多,所以真肯提你缺点的人倒是你难得的好友。

盖叫天:《粉墨春秋》

(15)我们决不能一见成绩就自满自足起来。我们应该抑制自满,时时批评自己的缺点,好像我们为了清洁,为了去掉灰尘,天天要洗脸,天天要扫地一样。

毛泽东:《组织起来》

(16)不要把正当的自尊心同保存一种虚假面子混淆起来,以为接受同志们的批评,改正错误,就丧失了自尊心。

刘少奇之言,引自《革命前辈论修养》

(17)批评要注意场合,要心平气和,摆事实讲道理。

周恩来:《周恩来选集·下卷》

(18)犯了错误,研究教训,绝不是丢脸;不研究,不吸取教训,才会丢脸,有时会大丢其脸。

陈云:《干部要严格要求自己》

(19)最不能实行自我批评的人,最自大的人,就最容易丧失自己的身份,自己的架子搭得越高,跌下来就越痛。

陈云:《关于党的文艺工作者的两个倾向问题》

(20)成绩是明摆着的,用不着天天讲。对于缺点错误倒是应该经常注意的。

陈云:《陈云文选·卷三》

(21)人与人之间最大的信任就是关于进言的信任。

(英国)培根:《培根论说文集》

(22)被人揭下面具是一种失败,自己揭下面具却是一种胜利。

(法国)雨果:《海上劳工》

(23)应当耐心听取他人的意见,认真考虑指责你的人是否有理。如果他有理,你就修正自己的错误,如果他理亏,只当没听见,若他是一个你所敬重的人,那么可以通过讨论,指出他不正确的地方。

(意大利)达·芬奇:《论绘画》

达·芬奇像

十、改过篇

(1)小惩而大诫,此小人之福也。

《周易·系辞(下)》

注:小人:指平民百姓。

译析:受到小小的惩罚,从而在大事面前很警觉,这是自己的福气。

(2)胜任者有力,自胜者强。

《道德经·三十三章》

译析:能战胜别人的可以说是有力,能战胜自己的才能说是强大。

韩非像

(3)过而不悛,亡之本也。

(战国)韩非:《韩非子·难四》

注:①悛(quān 圈):悔改。　②亡:败亡。
③本:根源。

译析:有了过错不悔改,这是败亡的根源。

(4)差若毫厘,谬以千里。

《礼记·经解》

注:①若:如果。　②毫厘:毫、厘均为微小的量度单位,这里比喻极细微。　③谬:错误。　④千里:比喻很多很大。

译析:开始只有极细微的差别,如果不能及时改正,也会酿成很大的错误。这句名言是《礼记·经解》中转引《易经》中的话。

(5)过而不改,是谓过矣。

《论语·卫灵公》

注:①是:这。　②谓:称,叫做。

译析:有过错而不能改正,这可说是真正的过错了。这句名言是孔子教导人们有错误一定要改正,否则会铸成大错。

(6)小人之过也必文。

《论语·子张》

注:文:掩饰。

译析:小人对待自己的过错总是设法掩饰。这句名言是孔子弟子子夏告诫人们要知过必改。

(7)君子之过也,如日月之食焉。过也,人皆见之;更也,人皆仰之。

《论语·子张》

注:①食:通"蚀"。 ②焉:语气助词。 ③更(gēng 耕):改变。④仰:敬慕。

译析:君子的错误,像日食月食一样。犯了错误,人人都看得见;改正了错误,人人都敬仰他。这句名言是孔子的学生子贡告诫人们犯了错误,应知过必改。

(8)见兔而顾犬,未为晚也;亡羊而补牢,未为迟也。

《战国策·楚策四》

注:①亡:逃跑。 ②牢:牲口圈。

译析:见到兔子再放出猎犬去追,也不算晚;羊跑了再去修补羊圈,也不算迟。这句名言的背景是:楚襄王乱政,不听大臣庄辛的话,后被秦国攻占许多地方,楚襄王流亡国外,十分后悔,又派人召回庄辛,让庄辛给他想办法。庄辛回答时引用这则古谚说明事情已经出了差错,应及时改正想法补救,以防再受损失。

(9)其于过也,无微而不改。

(西汉)刘安:《淮南子·主术》

注:其:这里指品德高尚、智慧高超的人,即圣人。

译析:圣人对自己的过错,再小也要改正。

(10)恶,犹疾也。攻之则亦悛,不攻则日甚。

（东汉)徐干:《中论·虚道》

注:①攻:战胜,克服。　②悛(quān 圈):悔改。

译析:人的坏品行,就像疾病一样。如能努力地去克服它,就会一天天地改正过来;如果不能努力地去克服它,就会一天天变得更坏。

(11)迁善改过,益莫大焉。

（三国·魏)王弼:《周易注》

注:迁:变。

译析:改正错误向好的方向转变,益处很大。

(12)知过必改,得能莫忘。

（南朝·梁)周兴嗣:《千字文》

注:得:获得。

译析:知道自己的过错一定要改正,获得的知识、才能不要忘却。

(13)迷而知返,得道未远。

（北朝·北齐)魏收:
《魏书·高谦之传》

智永《千字文》拓本与墨迹

注:①迷:迷失道路;不辨方向。　②得道:寻到道路。

译析:迷失道路却能知道返回,走不多远就会寻到正路。这句名言说明知错必改是人生的正路。

(14)立德勿滋长,去恶务除本。

(唐)孔颖达:《尚书正义》

注:①立:建立。　②本:根本。

译析:建立美德务求增长,除掉邪恶力求去根。这句名言是唐朝经学家孔颖达对《尚书·秦誓(下)》"树德务滋,除恶务本"句的注疏。

(15)人患不知其过,既知之不能改,是无勇也。

(唐)韩愈:《五箴五首序》

注:既:已经。

译析:人怕的是不知道自己的过错,已经知道错了却不能改正,这是没有勇气的表现。

(16)过不在小,知非则悛。

(唐)吴筠:《玄钢论》

注:悛(quān 圈):悔改。

译析:过错不在大小,知道错了就要改正。

(17)过在改而不复为,功惟立而不中倦。

(唐)吴筠:《玄钢论》

注:倦:懈怠。

译析:过错在于改正而不重犯,功绩需要不断建立而不要中途懈怠。

(18)改过不吝,从善如流。

(北宋)苏轼:《上神宗皇帝书》

注:①不吝:毫无保留。 ②善:好的意见。

译析:改正错误毫无保留,听从正确意见如同流水那样畅快而自然。

(19)曾子以此三者,日省其身,有则改之,无则加勉。

(南宋)朱熹:《四书章句集注》

注:①以此三者:指《论语·学而》中"曾子曰:'吾日三省吾身'"句。 ②省:反省。 ③之:它,这里指缺点错误。 ④加:加以。

译析:曾子用三省吾身的方法每天反省自己的言行,有过失或错误就改正,没有就勉励自己。成语"有则改之,无则加勉"即出于此,但多用于他人对自己的批评指责时应持的态度。

(20)惑者知反;迷道不远。

(明)杨慎:《古今谚》

注:①惑:迷惑。 ②反:通"返",返回。

译析:因迷惑走错路的人知道悔悟返回,那么走的错路就不会是很远的。

(21)君子只是能改过,断无生而无过。

毛泽东:《毛泽东书信选集》

(22)如果你把所有的错误都关在门外,真理也要被关在外面了。

(印度)泰戈尔:《新月集》

(23)只有什么事不干的人,才不至于犯错误,这恰好是他最

基本的错误。

(俄国)阿·托尔斯泰:《给初学写作者的信》

　　(24)遇到有承认自己错误的机会,我是最为愿意抓住的,我认为这样一种回到真理和理性的精神,比具有最正确无误的判断还要光荣。

(英国)休谟:《人性论》

　　(25)人们只能在吃不明智的亏以后,才能变得明智起来。

(法)罗曼·罗兰:《母与子》

休谟《人性论》

　　(26)知错必改,乃为俊杰。

(中国古谚)

　　(27)马生四条腿,尚有失蹄时。

(中国谚语)

　　(28)四只脚的大象也会摔跤。

(柬埔寨谚语)

　　(29)月亮也是有雀斑的。

(阿拉伯谚语)

简析:这是用暗喻说明美好的东西,也有不足之处。

　　(30)不会有无烟之火,也不会有无过之人。

(俄罗斯谚语)

　　(31)连酒也还会有沉淀。

(英国谚语)

(32)没有不生杂草的花园。

（英国谚语）

十一、坚忍篇

(1)天将降大任于是人也,必先苦其心志,劳其筋骨,饿其体肤,空乏其身,行拂乱其所为。所以动心忍性,曾益其所不能。

（战国）孟轲:《孟子·告子(下)》

注:①任:责任,担子。 ②体:肉体。 ③空乏:资财缺乏;这里是动词,意是使受到贫困之苦。 ④拂:搅。 ⑤动:撼动。 ⑥曾益:增加。

译析:上天将要把历史重任交给这个人,一定首先磨炼他的心性意志,劳累他的筋骨,饥饿他的肉体皮肤,使他受到贫困之苦,所作所为总是被干扰搅乱。所以这样,是借以撼动他的心志,使他的性情更加坚忍,以增加他原来不具备的能力。

(2)祸兮福所倚;福兮祸所伏。

《道德经·五十八章》

注:①兮:语气词,相当于现代汉语的"啊"、"呀"。 ②倚:靠。 ③伏:隐藏。

译析:祸患啊,幸福在后面紧紧依靠着;幸福啊,祸患在后面紧紧隐藏、潜伏着。这句祸连着福、福连着祸的名言,用唯物辩证法的观点解释,就是对立的两方面在一定条件下会互相转化,所以人们在遇到祸患时,要坚忍、冷静,不要畏缩、气馁,要努力创造条件,使祸患减少到最低限度,以获得新的幸福。

(3)小不忍,则乱大谋。

《论语·卫灵公》

注:①乱:变坏。　②大谋:大事。

译析:小事不能忍耐,就会败坏大事。这句名言是孔子教导人们办事要有谋略,要讲究方式方法,切勿一遇不顺心之事就暴躁。

(4)恶小耻者,不能立荣名。

《战国策·齐策六》

注:荣名:美名。

译析:怕忍受小耻辱的人,不可能建立美好的名声。

(5)进退、盈缩、变化,圣人之常道也。

《战国策·秦策三》

注:①盈缩:伸屈。　②圣人:指儒家所称道德智能极高超的理想人物。　③道:方法。

译析:有进有退、有伸有屈、与时变化,这是圣人处世常常运用的方法。这句名言中的"退"与"缩",都蕴含着坚忍。我国宋朝的邵雍也有类似的名言:"知行知止为贤者,能屈能伸为丈夫。"

(6)语曰:"日中则移,月满则亏。"物盛泽衰,天之常数也。

《战国策·秦策三》

注:数:规律,必然性。

译析:古谚说得对:"太阳升到正午就开始落,月亮圆到盈满就开始损亏。事物发展到鼎盛就走向衰落,这是自然界一条不变的规律。"这句名言说明没有永恒不变的东西,任何事物和现象的存在都是暂时的。困难、挫折也是这样,只要我们能坚忍,有信心,想办法,脚踏实地苦干,总能走出困境,取得胜利。

(7)恶小耻者不能立大功。

(西汉)司马迁:《鲁仲达邹阳列传》

注:恶(wù 误):讨厌,憎恨。

译析:憎恶忍受小耻辱的人,不能建立伟大的功业。

(8)隐忍就功名,非烈丈夫孰能致此哉?

(西汉)司马迁:《史记·伍子胥列传论赞》

注:①隐忍:克制忍耐。 ②就:成就。 ③烈丈夫:刚正有气节的男子。

译析:为成就功业和名声而能克制愤怒、忍受屈辱,不是刚正有气节的大丈夫谁能做得到啊?

(9)否终则承之以泰,晦极则清辉晨耀。

(东晋)葛洪:《抱朴子·博喻》

注:①否(pǐ 匹):《易经》卦名,恶,坏,困厄。 ②泰:《易经》卦名,通达,美好。 ③承:继。 ④晦:昏暗。

译析:艰难困苦到了极点,继之而来的是美好;昏暗不明到了极点,接着就会变成充满阳光的早晨。这句名言说明事物发展到极限就会向对立面转化。因此,在生活或学习上遇到重大困难,不要消沉失望,要挺直腰板坚忍,想方设法解决,困难终归是能克服的,曙光就在前面。

(10)君子能受纤微之小嫌,故无变斗之大讼。

(三国·魏)刘劭:《人物志·释争》

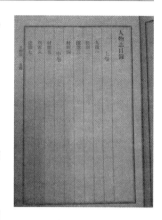

《人物志》目录

注:①纤微:细小。　②嫌:仇怨,仇恨。

译析:君子能忍受细小的怨恨,所以不会因积怨而激变成争斗大打官司。

(11)腊后花期知渐近,寒梅已作东风信。

(北宋)晏殊:《蝶恋花》

注:东风:代指春天。

译析:寒冬腊月已过去,花盛开的日子渐渐接近,那枝头上寒梅不是已带来春天的信息啦。

(12)一忍可以支百勇,一静可以制百动。

(北宋)苏洵:《心术》

注:①可以:能够。　②支:应付。　③制:控制。

译析:一忍能够应付百勇,一静能够控制百动。

(13)贫贱忧戚,庸玉女于成也。

(北宋)张载:《西铭》

注:①忧戚:忧愁烦恼。　②庸:用。　③玉:相助,磨炼。　④女(rǔ汝):你,你们。

译析:贫苦、地位低下、忧愁、烦恼,这是来磨炼你的意志而使你有所成就的。

(14)君子之所取者远,则必有所待;所就者大,则必有所忍。

(北宋)苏轼:《贾谊论》

译析:君子所要求取得成就是深远的,就一定要有所等待;所建立的功业是宏大的,就必须有所忍耐。

(15)小忍便无事,力行方有功。

(南宋)陆游之言,引自《忍学糊涂学全书》

注:①力行:努力实践。 ②功:成绩。

译析:遇事能略微忍忍便会没有事,办事要努力去做才会有成绩。

(16)天下之事,多成于贫贱感激之中,或败于富贵安乐之际,理无可疑也。

(南宋)吴曾:《能改斋漫录·议论》

注:①或:有的。 ②际:时候。

译析:天下的事情,大多成就于贫苦卑贱而感奋激发之中,有的是失败于富贵安逸快乐之时,这个道理是没有什么可以怀疑的。

(17)忍之为字,以刃加心。少或弗隐,其伤必深。……惟忍则济。

(元)王恽:《秋涧集》

注:①加:放上。 ②少:稍微。 ③或:有些。 ④隐:忍。 ⑤济:成。

译析:"忍"这个字,是将刀刃放在心上。稍微有些不坚忍,其伤害必然更深。……只有坚忍才能办成事。

(18)力能忍之,化鹗为凤。凡厥不平,维忍是容。忍之忍之,福禄无穷。

(元)胡助:《忍铭》

注：①鹗(è厄)：鸟，性凶猛，通称鱼鹰，吃鱼类，背暗褐色，腹白色。②化：变为。　③凤：凤凰，古代传说中百鸟之主，常用来象征祥瑞。④厥：代词，那些。　⑤维：通"唯"，只有。

译析：尽力地忍耐，凶猛的鹗鸟会变为凤凰。凡是遇到那些不平之事，只有靠忍耐来包容。忍耐忍耐，会福禄无穷。

(19)忍之一字岂非常，一生忍过却清凉。常将忍字思量到，忍是长生不老方。

(元)郑廷玉：《忍字记·第三折》

注：①却：倒，可。　②清凉：凉而使人感到爽快。　③思量：记挂。

译析："忍"难道不是一个特殊的字吗？一生忍过倒也感到爽快，能常常将"忍"字记挂在心，忍耐是永不衰老的秘方。

(20)树木招风风撼树，人为名高名丧人。

(明)吴承恩：《西游记·第三十三回》

译析：树长高了容易遭风吹打，人的名望大了容易遭人嫉妒。这句名言通俗易懂，以树高容易遭风吹打，比喻杰出人才、名望大的人容易遭人嫉妒，说明面对这种情势，应坚强忍耐，勇往直前。

(21)忍耐最难，但作为一个政治家，必须练习忍耐。

毛泽东：《给陈毅的信》

(22)不要绝对地看问题，要有耐心，要注意调理人我关系，要故意地强制地省察自己的弱点，方有出路，方能"安心立命"。

毛泽东：《致萧军》

(23)我们应该注意自己不用言语去伤害别的同志，但是，当别人用言语来伤害自己的时候，也应该受得起。

刘少奇：《论共产党员的修养》

（24）人间没有永恒的夜晚，
世界没有永恒的冬天。

艾青：《归来的歌·每个人都要从自己开始》

（25）沉沉的黑夜都是白天的前奏。

郭小川：《郭小川诗选·秋日谈心》

（26）胜利往往在"再坚持一下"之中，因此，在十分艰难、困苦、危急之时，咬咬牙，坚忍到最后时刻，曙光就会来临。

山河之言，引自《中华精英格言名典》

（27）事业常成于坚忍，毁于急躁。我在沙漠中曾亲眼看见，匆忙的旅人落在从容的后面；疾驰的骏马落在后头，缓步的骆驼继续向前。

（波斯）萨迪：《蔷薇园》

（28）好人如果受到恶人攻击，不必沮丧，也不必在意；石头虽然能撞碎一只金杯，金杯仍然有价值，石头仍然低微。

（波斯）萨迪：《蔷薇园》

（29）假如生活欺骗了你，
不要忧郁，也不要愤慨！
不顺心的时候暂且容忍，
相信吧，快乐的日子就会到来。

（俄国）普希金：《普希金抒情诗集》

普希金雕像

（30）忍耐和时间，是我的战士和武士。

（俄）列夫·托尔斯泰：《战争与和平》

(31)一个人最大的胜利就是战胜自己。

（前苏联）安德烈耶夫：《青春激荡》

(32)钢是在烈火和急剧冷却里锻炼出来的,所以才能坚硬和什么也不怕。我们的一代也是这样在斗争中和可怕的考验中锻炼出来的,学习了不在生活面前屈服。

（前苏联）尼·奥斯特洛夫斯基：《奥斯特洛夫斯基文集》

(33)我们这些具有无限精神的有限的人,就是为了痛苦和欢乐而生的,几乎可以这样说:最优秀的人物通过痛苦才得到欢乐。

（德国）贝多芬：《致爱尔杜第伯爵夫人书》

(34)只要能挺过最难熬的时机,再来的危险就不那么可怕了。

（英）培根：《论时机》

(35)勤劳、坚持、忍耐、积极、警惕、努力、恒心,以及其他一些容易想到的同类的德,其所以被人认为是有价值的,也只是因为它对于生活行为是有利的。

（英国）休谟：《人性论》

(36)冬天已经到来,春天还会远吗?

（英国）雪莱之言,引自《外国文学艺术家轶话》

(37)要意志坚强,要勤奋,要探索,要发现,并且永不屈服,珍惜在我们前进道路上降临的善,忍受我们之中和周围的恶,并下决心消除它。

（英国）赫胥黎：《进化论与伦理学》

(38)等待,然后才有希望。

（法国）大仲马：《基度山伯爵》

简析:基度山伯爵是 19 世纪法国浪漫主义作家大仲马的长篇小说《基度山伯爵》中的主人公,是一个复仇英雄的形象。基度山伯爵是纯朴诚实的青年水手爱尔蒙·邓蒂斯的化名。他在一次远航归来、即将荣升船长、又准备与美丽的姑娘美茜蒂斯结婚之际,渔人弗南、押货员邓格拉斯和代理检察官维尔福三人出于各自卑鄙的目的,将他诬陷为拿破仑的专使而投入囚牢。邓蒂斯在黑暗的牢狱中,没有消沉屈服,抱定坚定的信念,坚忍种种磨难,锻炼自己的意志,不忘复仇使命。他爱憎分明,知恩必报,历尽艰难困厄,靠不屈不挠的斗争,终于设法越狱,几经曲折奋斗,击败了势力浩大的对手,成为最后的胜利者。"等待,然后才有希望"这句名言,便是爱尔蒙·邓蒂斯说的。

(39)开发人类智力的矿藏是少不了需要由患难来促成的。要使火药发火就需要压力。

(法国)大仲马:《基度山伯爵》

(40)那些很活泼而且很细心的蚕,那样自愿地、坚持地工作着,真正感动了我。我看着它们,觉得我和它们是同类,虽然在工作上我或许还不如它们组织得完密。我也是永远忍耐地向一个极好的目标努力,我知道生命很短促而且很脆弱,知道它不能留下什么,知道别人的看法不同,而且不能保证我的努力自有真理,但是我仍旧如此工作。我如此做,无疑地是有使我不得不如此做的原因,正如蚕不得不作茧。

(法国籍波兰人)居里夫人之言,引自《居里夫人传》

(41)你要像一棵櫟树,大风将树根吹折,然而巨大的树干却永远挺直。

(匈牙利)裴多菲:《裴多菲诗选·啊,人应当像人……》

(42)当你的希望一个个落空,你也要坚定,要沉着。

(美国)朗费罗:《朗费罗诗选·星光》

(43)忍耐和努力是人生成功的要素。您请忍耐吧。

（美籍英国人）卡内基之言，引自《卡内基自传》

(44)得放手时须放手,得闭口时须闭口,若能放手与闭口,百岁安宁有八九。

（中国坚忍歌谣）

(45)忍得一时之气,免受百日之灾。

（中国谚语）

(46)知足者长乐,能忍者自安。

（中国谚语）

(47)耐心之树结黄金之果。

（日本谚语）

(48)忍耐是治疗一切苦恼最有效的药剂。

（英国谚语）

(49)工作就是医治人类所有顽疾和厄运的最有效的药剂。

（英国谚语）

十二、达观篇

(1)不能说其志意,养其寿命者,皆非通道者也。

《庄子・盗跖》

注:①说:通"悦",高兴,愉快。　②志意:思想和精神。　③道:规律,道理。

译析:不能使自己精神愉快,而欲保养自己寿命的人,都是对自然规律一窍不通的人。

(2)悦亲戚之情话,乐琴书以消忧。

（东晋）陶渊明:《归去来辞》

《归去来辞》图

注:情话:知心话。

译析:亲友们倾情说的知心话令人喜悦,抚琴读书其乐无穷,忧愁一扫而空。

(3)倚南窗以寄傲,审容膝之易安。

（东晋）陶渊明:《归去来辞》

注:①寄傲:寄托高傲的情怀。　②审:知道。　③容膝:能容纳双膝的小屋。比喻房子狭小。　④易:和悦。

译析:倚靠着南窗纵目远眺寄托高傲情怀,住在简陋狭小的屋内才感到安乐舒适。

(4)不乐损年,长愁养病。

（北朝·北周）庾信:《闲居赋》

注:①损年:减寿。　②长:经常。　③养:生。

译析:闷闷不乐会减少寿命,经常忧愁必然生病。

(5)天下不如意,恒十居七八。

(唐)房玄龄等:《晋书·羊祜传》

注:①恒:经常,常常。　②居:占据。

译析:天下不符合心意的事情,经常占据十之七八。这句名言告诫人们遇到不顺心的事,应达观,正确对待。香港影星钟丽缇曾说过这样一句话:"做人要乐观,千万不要轻易被冷言冷语打败。"(见《青岛晚报》2000年2月27日)

(6)君子安贫,达人知命。

(唐)王勃:《滕王阁序》

注:达人:豁达豪放的人。

译析:仁德的君子安于贫贱,豁达豪放的人安于自己的命运。

(7)处涸辙以犹欢。

(唐)王勃:《滕王阁序》

注:涸(hé 合)辙:先前有积水后水又干了的车辙,比喻穷困境地。

译析:处在穷困的境地中应依然乐观。

(8)与其有乐于身,孰若无忧于其心。

(唐)韩愈:《送李愿归盘谷序》

译析:与其取不义之财身享物质上的快乐,哪里比得上为人光明磊落、心里无忧无虑的好。

(9)余之无所往而不乐者,盖游于物之外也。

(北宋)苏轼:《超然台记》

注:物:指自己之外的物和人。

译析:我不论到什么地方没有不快乐的,这是由于我能超脱于事物之外而悠游自在啊。

(10)士生于世,使其中不自得,将何往而非病;使其中坦然不以物伤性,将何适而非快。

(北宋)苏轼:《黄州快哉亭记》

注:①使:假使。 ②中:心中。 ③病:担心,忧虑。

译析:读书人生在世上,如果心中不能自得其乐,那就无论处于何种境况都不会愉快;如果心中坦然,不因客观情况而伤害自己本性,那就无论处于何种境况都会是很快乐的。

(11)不如意事常千万,空想先锋宿渭桥。

(南宋)陆游:《追忆征西幕中旧事》

注:①不如意:不合心意。 ②空想:徒然想法。 ③渭桥:汉唐宋时代长安附近渭水上的桥梁,长安人送客西行多到此相别,此处借指把烦恼的想法应像在渭桥送别朋友一样送走。

译析:不符合心意的事情常常有千千万万,徒然烦恼的想法应早早把它消除掉。这句名言是说人生处世必然会遇到种种不如意的事和障碍,面临这些矛盾而产生的烦恼与压力,千万不能让它在心中缠磨、积蓄,而要努力使自己想得开,放得下,妥善解决好,这才是达观的处世态度。

(12)君子在蹇则有以处蹇,在困则有以处困,道无时而不可行也,不以蹇而蹇、困而困也。

《二程全书·粹言》

注:蹇(jiǎn 减):困苦,不顺利,指逆境。

译析:君子在逆境中有对待逆境的办法,在困境中有摆脱困境的决心,道义没有不能坚持的时候,不要因为处于逆境就消极对待、处于困境就丧气不振。

(13)不如意事常八九,可语人言无二三。

(南宋)辛弃疾:《白雪遗音·南词·十二时》

注:①不如意:不合心意。　②常八九:经常发生。　③可语:合乎心意的话。　④二三:约数,表示很少。

译析:不合自己心意的事情是经常发生的,合乎自己心意的话语却是很少有的。这句名言是讲人生处世不可能事事顺心,时常会遇到一些不愉快的人和事,面对这种境况,应心胸豁达,坦荡待之,以静制动。人应努力做到每天都有快乐的好心情,并乐在其中,千万不能被那些不愉快之事萦绕、打倒。

(14)求乐的人生观,才是自然的人生观,真实的人生观。我们应该顺应自然,立在真实上,求得人生的光明,不可陷入勉强、虚伪的境界,把真正的人生都归幻灭。

李大钊:《现代青年活动的方向》

(15)不要搞什么补养药品,我是从来不信这些的。主要是乐观,心情开朗,锻炼身体。

毛泽东之言,引自《毛泽东怎样自我保健》

(16)工作愈伟大,所受的反抗愈厉害,简直成为一种律令,对于这种厉害的反抗,最重要的工具是乐观主义。

邹韬奋:《韬奋文集·第1卷》

(17)人没有苦闷,没有矛盾,就不会进步。有矛盾才会逼你解决矛盾。解决一次矛盾即往前迈进一步。到晚年矛盾减少,即是生命将要告终的表现。没有矛盾的一片恬静是崇高的理

想,真正实现的话并不是一个好现象。

傅雷:《傅雷家书》

(18)我相信历史,历史跟气象台似的。新疆有句谚语:最大的岩石也是一粒粒沙子结成的。你不断地努力,每天做一点,到时候必非常可观。我是有所等待的,等待历史的公正,所有等待的人是很乐观的。要是觉得没有希望,那就躺下了,那将一事无成。

王洛宾之言,引自《中华人民共和国大典》

(19)聪明睿智的人洞悉到今天不是昨天,知道要承担无可逆转的改变,尽管今天没有破译的方法,他们也不会凝固于痛苦与自我折磨之中,不会天天斤斤计较眼前的得失,不会天天计算眼前的利弊,因为他们知道每日积极正面地面对、思考及冲破问题,是构成丰盛人生的重要环节,及为人生积累最有价值的财富。即使处境可能不会因为自己的主观努力或意志转移,但他们早已战胜生活的苦涩,为转危为安作好一切准备。

李嘉诚《在香港理工大学李嘉诚楼命名典礼上致词》

(20)人的一生中必然会遭遇到种种磨难与痛苦。有德有志之士,能以坚忍、奋发、达观的心态直面对之,摒弃悲观,直至走出痛苦深渊;无德无志之士,不敢直面对之,怨恨、浮躁、沮丧、颓唐,如果还不听善劝,必然会陷入更痛苦的深渊,甚至走向毁灭。

山河之言,引自《中华当代美德箴言选》

(21)不管是预防疾病还是治疗疾病,如果我们能保持积极、乐观的心态,并采取科学的方法,那就一定能克服困难。乐观主义者总是从正面的、积极的角度去看待事物,他有目标,愿意努力;而悲观主义者,总是从负面的、消极的角度去看待事物,这样的人没有目标,前途也是灰暗的。态度悲观的人容易得病,就算没得病的时候,他也是"健康的病人"。

洪昭光之言,引自《心理健康是治病良药》

(22)人的生命至少有一半是掌握在自己手里的。如果得了病以后你能够正确对待它,那么在遇到坎儿的时候,别人拉你一把,你自己加把油就过去了。如果你自己不努力,别人再怎么拉也没用。说句心里话,我现在没觉得自己是个病人,也没把自己当成一个将近70岁的人。我觉得我还年轻、活得也挺健康。虽然我得了病,可我看得开——反正已经这样了,干脆把病当成生活中来了一个朋友,一起玩呗!

苏叔阳之言,引自《心理健康是治病良药》

(23)人生总会有烦恼,想开放下是个宝。
　　谦让豁达心底宽,长生仙药不用找。

许冠生:《细节决定活百岁》

说明:这是医学家、养生家许冠生先生的座右铭。他认为人应有喜乐之心,性情开朗、乐观豁达、处世大度。他说:健康一半是心理,心理平衡是健康的基础。60%的疾病是由心理和精神因素引起的。情绪不好、喜怒无常、紧张不安、忧郁沮丧都会使人免疫功能低下,各器官生病以致生癌,生气严重时可把人气死,而性格开朗、乐观豁达、充满自信、心态平和,则活得潇洒,健康长寿。这些已得到科学研究证明。

(24)我认为,一个人面对人生带着豁达开朗的笑容这便是家庭的太阳,并且我希望这脸上的笑容是自内心发出的。以这样的方式生活,愉快的东西就一天天积蓄于心中;反之,若只注视着人类的阴暗面,结果只能使令人生厌的阴森森的世界在你心中扩展,使自己陷于失败的逆境。

(日本)池田大作:《青春寄语》

(25)不要慨叹生活的痛苦——慨叹是弱者。

(前苏联)高尔基:《给初学写作者》

(26)最杰出的人总是用痛苦去换取快乐的。

(德)贝多芬:《科学·艺术·哲学断想》

(27)不管一切如何,你仍然要平静和愉快。生活就是这样,我们也就必须这样对待生活,要勇敢、无畏、含着笑容地——不管一切如何。

(德国)罗莎·卢森堡:《狱中书简》

(28)充满着欢乐与战斗精神的人们,永远带着快乐,欢迎雷霆与阳光。

(英国)赫胥黎:《进化论与伦理学》

(29)世间的活动,缺点虽多,但仍是美好的。

(法国)罗丹:《罗丹艺术论》

(30)我们曾经为欢乐而斗争,我们将为欢乐而死。因此,悲哀永远不要和我们的名字联系在一起。

(捷克)伏契克:《绞刑架下的报告》

罗丹雕塑《思想者》

(31)开朗的性情比财富还可贵。

(美籍英国人)卡内基之言,引自《卡内基自传》

(32)有了苦恼要尽可能一笑置之。这一点,稍有思想的人,就办得到。

(美籍英国人)卡内基之言,引自《卡内基自传》

(33)对于童年的遭遇,我不认为是一种苦难,我把它变作一种对生命历程的体验,就仿佛古诗词中许多意蕴悲伤的句子,但读起来会有一种特别的美感。我把废墟看做是开满花的原野,那上面缀满了被沃土滋养得分外美丽的花朵。

(美籍中国人)刘墉之言,引自青岛日报
《苦难也是财富——访美籍华人作家刘墉先生》

简析:刘墉先生的童年遭遇到重大坎坷,9 岁丧父,13 岁时家里被一把火烧成废墟,原先富足的生活一瞬间变成落魄。就是在这种窘境中,带着体味一切、容纳一切的达观心态,一步步成长为作家、画家。

(34)笑到几时方合口,坐来无日不开怀。

山东济南千佛寺弥勒佛楹联

说明:这副楹联表达了与世无争的思想,豁达乐观的襟怀,亦庄亦谐,幽默风趣。

(35)天天不发愁,活到百出头;天天笑三笑,赛过吃仙药;天天舞几舞,长寿晚入土;天天想发财,短命多祸灾。

(中国达观歌谣)

(36)肩上百斤不算重,心头四两重千斤。

(中国谚语)

简析:这则谚语告诫人们遇到烦心事不要愁闷,应想得开。医学专家分析,人的心理负担太重,极有害于身心健康。因为人过分愁闷、忧郁、恐惧,长期闷闷不乐,心累异常,便会使肌体神经系统发生紊乱,免疫抗病能力降低,所以人们遇事应豁达乐观,想得开。

(37)时间是最伟大、最公正、最天才的裁判。

(俄罗斯谚语)

十三、爱情篇

(1)关关雎鸠,
　　在河之洲。

窈窕淑女，
君子好逑。

《诗经·周南·关雎》

注：①关关：雌雄二鸟互相应和的鸣声。 ②雎(jū 居)鸠(jiū 纠)：水鸟名，即鱼鹰；古人称为贞鸟，情意专一，故诗以之起兴，引出作者表达爱情之意。 ③洲：水中的陆地，此处指水鸟栖息之地。 ④窈(yǎo 咬)窕(tiǎo 眺)：形容修长貌美。 ⑤淑女：文静、善良的姑娘。 ⑥好(hào 浩)逑(qiú 求)：爱慕而愿结为配偶。

译析：河边的水鸟闹嚷嚷，双双对对在小河上，苗条貌美的好姑娘，该和哥哥我配成双。这是《关雎》这首恋歌第一小节，是写一位青年男子爱上了一位在河边采荇(xìng 杏)菜(浮在水面生长的可以食用的植物)的温柔美丽的姑娘，渴望能和她结为情侣的思慕爱恋之情。从这四句诗中我们可以看出中国最早的婚姻也是以爱情为基础的。

(2)泛彼柏舟，
在彼中河。
髧彼两髦，
实维我仪，
之死矢靡它。
母也天只！
不谅人只！

《诗经·鄘风·柏舟》

注：①柏舟：柏木船。 ②中河：河中。 ③髧(dàn 淡)：头发下垂的样子。 ④仪：匹配，情侣。 ⑤矢：誓，矢志相爱。 ⑥靡：无。 ⑦它：他(tuó 驼)。 ⑧只：语气词。 ⑨母、天：母亲、苍天；古人在困苦无告时，常常呼告父母、苍天相助，以安慰自己。

译析：漂来荡去的柏木船，在那河中央去又还。那个披发的美少年，他正是我的好伴侣。我两人誓死心不变。我的妈啊我的苍天，不能体谅，可怎么办！这几句名言表述了青年男女相爱的真挚情感。但那时，男女婚姻恋爱受到礼法的种种限制,特别是女子受到的限制更多。如果谁要是不顾这些限制,就要受到父母兄弟的阻挠和舆论的责难。然而这一女子在万般无奈的情况下,不是向奴隶制社会势力低头,而是向自己心爱的人表示矢志相爱的决心和争取婚姻自由的顽强精神。

(3)喓喓草虫,
　　趯趯阜螽。
　　未见君子,
　　忧心忡忡。
　　亦既见止。
　　亦既觏止,
　　我心则降。

《诗经·召南·草虫》

　　注:①喓喓(yāo 要):昆虫鸣叫声。　②草虫:即草螽(zhōng 钟),俗称蝈蝈、织布娘(因鸣叫声似织布机声)。　③趯趯(ti 替):昆虫跳跃形状。　④阜螽:蚱蜢。　⑤君子:古代对男子的美称,此处是女子对爱人的亲昵称呼,相当"我的好人"。　⑥忧心忡忡:忧愁不安的样子,形容心事重重,十分忧愁。　⑦亦:助词,无意义。　⑧止:语气助词,用在句末表示肯定语气。　⑨觏(gòu 够)止:相遇。　⑩降(xiáng 祥):欢悦。

　　译析:草虫喓喓地鸣叫,阜螽随声地跳跃。我的好人没见到,心中忧愁倍烦恼。终于我们相见了,相遇相亲情欲高,满心欢悦颜开笑。这是《草虫》诗第一小节,深刻而生动地表现出一位少妇与丈夫别离后想见而未能见到时的忧愁、烦恼及见到丈夫时的欢悦心境。

(4)君当做磐石,妾当做蒲苇。
　　蒲苇纫如丝,磐石无转移。

《乐府诗集·孔雀东南飞》

　　注:①磐石:厚而大的石头,这里比喻爱情坚贞不移。　②蒲苇:蒲草与芦苇。　③纫:通"韧",柔软而结实。

译析:您如同厚而大的石头,我像柔韧的蒲草和芦苇。蒲草柔软结实不易断,磐石厚大坚定而不移。这两句诗选自我国古代民歌中第一首长篇叙事诗《孔雀东南飞》。这首诗的原题为《古诗无名氏为焦仲卿妻作》,后人又取诗的第一句题作《孔雀东南飞》。民歌正文前有一小序,简要地介绍说明了这首民歌的由来。大意是:汉代末年的建安年间(公元196~219)庐江郡(今安徽省潜山县)太守府的小吏焦仲卿的妻子刘兰芝,被她的婆婆休回娘家后,发誓不再出嫁,在家人的逼迫下,她投水而死。焦仲卿知道这件事后,也上吊自缢。当时的人甚是同情他们,为了哀悼他们,特地作了这首长诗。选取的这两句名言,是兰芝被迫离开夫家,两人都非常忧伤,表达了忠贞的爱情,不忍分离。在车上,夫妻二人低头耳语互相表达衷情。仲卿对兰芝说:"我决不与你分离!你暂时回娘家,我也去府工作,不久一定迎你归来。我发誓不负你。"兰芝说:"感谢你对我的一片深情。承蒙你记住我,我盼望你不久就来。"后面就是上面选的兰芝接着说的两句话。这两句诗既表现出他们夫妻二人的爱情绵绵不绝,又表现出他们夫妻二人的爱情坚贞如一。

(5)君如天上雨,我如屋下井。无因同波流,愿作形与影。

(唐)张籍:《怀别》

译析:你像天上下的雨,我像房前的井。虽然不能在一起流淌,但愿形与影似的永不分离。

(6)天不老,情难绝。

(北宋)张先:《千秋岁》

译析:上天不会衰老,人的感情难以断绝。这句名言是用比喻说明对爱情的坚贞不渝。

(7)红酥手,黄藤酒。满城春色宫墙柳。东风恶,欢情薄,一杯愁绪,几年离索。错,错,错!

(南宋)陆游:《钗头凤》

注:①红酥手:红润、柔软的手。 ②黄藤(téng 腾):黄封酒,古代一

种官家酿的酒。 ③宫墙柳:围墙里一片绿柳。 ④欢情:美满的爱情生活。 ⑤一杯愁绪:一杯酒里都是愁苦的情绪。 ⑥离索:离妻独居。

陆游书《钗头凤》(石刻)

译析:红润柔软纤细手,擎着黄封的美酒。全城弥漫着春光,宫墙边摇曳着杨柳。狂暴的东风,吹散了美满的爱情生活。满杯酒中都是愁苦的情绪,几年离别的孤独愁苦涌上心头。不该,不该,不该! 这几句是陆游著名的词作《钗头凤》上阕。陆游原来的妻子是他的表妹唐琬,两人婚后感情很好。但陆游母亲不喜欢这个媳妇,迫其离婚。陆游不忍与爱妻分离,只得瞒着母亲,在外面找了一间房让唐琬居住,时常秘密前去相会。不久,陆游母亲发觉了这件事,他们只得忍痛分离。后来陆游另娶王氏为妻,唐琬也改嫁同乡赵士程。10年后的一个春天,陆游独自到沈园(在浙江省绍兴)游览。这天,唐琬夫妇也到这里春游。唐琬先发现了陆游,心里又惊又喜,又愁又怨,便告诉赵士程,邀请陆游前来同坐。唐琬热情地招待陆游,彼此心头都很苦恼。这首词就是陆游当时写在沈园墙上的。据说唐琬由于伤心过度,忧郁成病,不久便去世了。他们的不幸遭遇,反映了封建礼教对青年男女爱情生活的残酷束缚和无情。

(8)两性相爱是人生最重要的部分。应该保持他的自由、神圣、纯洁、崇高,不可强制他、侮辱他、污蔑他、屈抑他,使他在人间社会丧失了优美的价值。

李大钊:《李大钊选集》

(9)真挚而纯洁的爱情,一定渗有对心爱的人的劳动和职业的尊重。

邓颖超之言,引自《论社会主义的爱情、婚姻和家庭》

(10)要找永久的伴侣,也得多用理智考虑勿被感情蒙蔽!情人的眼光一结婚就会变,变得你自己都不相信:事先要不想到这一着,必招后来的无穷痛苦。

傅雷:《傅雷家书》

(11)人人都有缺点,谈恋爱的男女双方都是如此。问题不在于找一个全无缺点的对象,而是要找一个双方缺点都能各自认识,各自承认,愿意逐渐改,同时能彼此容忍的伴侣。

傅雷之言,引自《要过好人生这一大关》

(12)爱情,是美德的试金石,是奉献,是使好人奋勇前进、使坏人灵魂复苏弃恶从善的动力。爱一个人意味着为她或他的幸福而高兴,并从中得到快乐。

山河之言,引自《中华精英盛世感言录》

(13)爱就是充实了的生命,正如盛满了酒的酒杯。

(印度)泰戈尔:《飞鸟集》

(14)爱情,是一种偶然的机缘,它像艺术一样,是本身就存在着的,像大自然一样,是无须加以辨别的。

(俄国)屠格涅夫:《爱决斗的人》

(15)爱可以战胜死亡和对死的恐惧。只有爱才能使生命维持和延续下去。

(俄国)屠格涅夫:《麻雀》

(16)如果爱情是真情实意,受的委屈会很快忘记。

(俄国)陀思妥耶夫斯基:《白夜》

(17)憎恨常常和美貌住在一起,
　　不要太过草率地追求着美貌!

(德国)瓦尔特之言,引自《德国诗选》

(18)夫妇之爱,使人类蕃滋,朋友之爱使人完美;但是无度的淫爱则使人败坏并卑贱焉。

(英国)培根:《培根论说文集》

(19)爱使人安乐舒畅,就好像雨后的太阳,
　　淫的后果,却像艳阳天变得雨骤风狂;
　　爱就像春日,永远使人温暖、新鲜、清爽,
　　淫像冬天,夏天没完,就来得急急忙忙。

　　爱永远不使人餍,
　　淫却像饕餮,饱胀而死亡;
　　爱永远像真理昭彰,
　　淫却永远骗人说谎。

(英国)莎士比亚:《维纳斯与阿都尼》

注:①餍(yàn 厌):满足。　②饕(tāo 涛)餮(tiè 帖):贪吃的人。

简析:莎士比亚的这几句表达爱情观的名言,以"雨后的太阳"及"温暖、新鲜、清爽"的"春日",比喻纯正美好的爱情能给人带来幸福、畅爽和奋发向上的青春活力,以"艳阳天变得雨骤风狂"、"冬天"、"饕餮"、"饱胀而死亡",比喻肉欲的"爱情"给人带来的是道德败坏、颓废、死亡,以此做诫人们应树立正确的爱情观。

(20)月亮有盈有亏,但他们却不变。

(英国)拜伦:《唐璜》

(21)高尚的生活是受爱激励并由知识导引的生活。

(英国)罗素:《真与爱》

(22)忠诚便是培养爱情的养料。

(法国)巴尔扎克:《塞查·皮罗多盛衰记》

(23)爱情激荡着活跃的情绪,它可以使死亡的心复活,它可以使沙漠里有人居住,它可以使爱人的幻影重新显现。

(法国)大仲马:《红屋骑士》

(24)初萌的爱情看到的仅是生命,持续的爱情看到的是永恒。

(法国)雨果:《雨果情书选》

(25)醋海风波是凶险的,能断送一切。

(西班牙)塞万提斯:《堂吉珂德》

塞万提斯著《堂吉诃德》

(26)纯洁的爱情是人生中的一种积极的因素,幸福的源泉。

(意大利)薄伽丘:《十日谈》

(27)爱情既是友谊的代名词,又是我们为共同的事业而奋斗的可靠保证,爱情是人生的良伴,你和心爱的女子同床共眠是因为共同的理想把两颗心紧紧系在一起。

(意大利)法拉奇:《一个男子汉》

(28)真正的爱就要把疯狂的或是近于淫荡的东西赶得远远的。

(古希腊)柏拉图:《文艺对话集》

(29)爱情,这不单是延续种属的本能,不单是性欲,而且是融合了各种成分的一个体系,是男女之间社会交往的一种形式,是完整的生物、心理、美感和道德检验。只有人才具有复杂而完备的爱的感情。

(保加利亚)瓦西列夫:《爱情论》

(30)经不起离别考验的爱情是决不能持久的。

(美国)欧文·斯通:《心灵的激情》

(31)你的爱对我的生命是如此重要,犹如花儿需要阳光、鸟儿需要和风、鱼儿需要清水一样。

(墨西哥)曼·帕依诺:《单相思》

(32)在情人面前,眼睛能代替舌头翻译。

(印度谚语)

(33)恋人之间的口角好比是一场春雨。

(阿拉伯谚语)

(34)失去爱情的日子,犹如阴天般沉闷。

(阿拉伯谚语)

(35)心这东西不是瓦罐,一打碎就不能粘合复原了。

(伊拉克谚语)

(36)眼睛是爱情的信使。

(德国谚语)

(37)婚前得睁大眼睛,婚后须睁一只眼闭一只眼。

(美国谚语)

说明:这则谚语引自美国著名政治家、发明家富兰克林的自传。他的家庭十分亲睦,他把这则谚语作为箴言写在自传里。

十四、幸福篇

(1)五福:一曰寿,二曰富,三曰康宁,四曰攸好德,五曰考终命。

《尚书·洪范》

注:①攸:通"由",遵行。　②考终命:老而善终;考:老。

译析:人生有五种幸福:一是长寿,二是富贵,三是健康安宁,四是遵行美德,五是老而善终。这句名言是上古大法《洪范》劝诫臣民的条文之一,据《尚书序》记载,此法产生于周武王时期。

(2)天道福善祸淫。

《尚书·汤诰》

注:淫:邪恶。

译析:上天的法则是:降福给行善的人,降祸给作恶的人。

(3)凡人之生也必以其欢,忧则失纪,怒则失端,忧悲喜怒道乃无处。爱欲静之,遇乱正之,勿引勿摧,福将自归。

(春秋)管仲:《管子·内业》

注:①凡人:一般人,平常人。　②必:一定,肯定。　③以:在。　④失纪:失去年岁。　⑤端:心绪。　⑥道:讲,说。　⑦乃:却。　⑧引:招引。　⑨摧:悲伤。

译析:一般人的一生一定也是在追求快乐的,忧愁就会使人变老,生气就会失去好心情,忧愁悲伤喜乐生气时诉说却没有地方。喜爱和贪欲只要能平静地对待它,遇到扰乱能公正地处理它,不招引不悲伤,幸福就自然会来到。这两句名言使我联想到古埃及的一则寓言:一只小鸟问爸爸:"人幸福吗?"鸟爸爸回答:"没有我们幸福。"小鸟又问:"为什么?"鸟爸爸回答:"因为人心里长了根刺,这根刺无时不在折磨他们。"小鸟进一步问:"这是什么刺?"鸟爸爸回答说:"这刺叫贪婪。"这则寓言告诉人们:要获得幸福,就要拔掉这根刺。

(4)福莫长于无祸。

(战国)荀况:《荀子·劝学》

注:长(cháng 场):大的意思。

译析:没有祸患是最大的幸福。这句名言应深刻地体味。人生在世,每天或上学读书,或上班工作,或到商场购物,或回家做饭,或饭后一家人谈天,或全家一起看电视,或外出旅游,或帮助他人做一件好事,等等。你是否体会到这就是幸福的生活,是的,这就是幸福! 你说这是平平常常的事啊,没有感受到幸福。但是,如果有一天因某种原因祸患突然降临,打破了平安、静谧、温馨的生活,回忆起来就会感到那种生活是幸福的,然而那是回忆中的幸福。所以,我们应学会"惜福"、"珍福",充分享受今天的幸福生活,并加倍奋发努力学习、工作、研究、保护今天的幸福生活,享受幸福的人生。幸福在自己的手中,幸福在自己的心中。

(5)福由己发,祸由己生。

《淮南子·缪称》

注:发:发生,创造。

译析:幸福是由于自己刻苦努力创造出来的,祸患是由于自己惹事生非招引来的。

(6)福之本生于忧,而祸起于喜。

(西汉)韩婴:《韩诗外传》

注:①本:根本原因。 ②忧:祸患。 ③起:产生;发生。④喜:快乐;高兴。

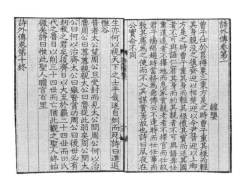

韩婴《韩诗外传》

译析:保住幸福的根本原因是在顺利时能想到可能出现的祸患,祸患往往产生于得意高兴的时候。

(7)福生于隐约,而祸生于得意。

(西汉)刘向:《说苑·敬慎》

注:隐约:艰难窘迫的处境。

译析:幸福大都产生于艰难窘迫的处境之中,而祸患大都产生于得意忘形的时候。

(8)恭敬撙节,福之基也;骄偗傲慢,祸之始也。

(唐)李延寿:《南史·颜延之传》

注:①撙(zūn 尊)节:抑制;节制。　②骄偗(hěn 狠):亦作"骄狠",意为骄横凶狠。

译析:对人谦恭有礼貌又能抑制自己,是幸福的基础;骄横凶狠又对人无礼貌,是祸患的起因。

(9)福兮可以善取,祸兮可以恶召。

(唐)刘禹锡:《天论·上篇》

注:①兮:语气词,相当于现代汉语的"啊"、"呀"。　②召:招致。

译析:幸福啊,是由于多行善事而获得的;祸患啊,是由作恶多端而招致的。

(10)知足者,贫贱亦乐;不知足者,富贵亦忧。

(北宋)林逋:《省心录》

译析:知足的人,身处贫贱也快乐;不知足的人,即使富贵了也感到忧愁。

(11)勤则不匮,学则能通。能通则显,不匮则丰。既丰且显,乐在其中。

(金)杨宏道:《小亨集》

注:①匮(kuì 愧):缺乏。　②通:通晓。　③显:显贵。　④丰:富足。

译析:勤劳就不会缺乏物资,刻苦学习就能通晓事理。能通晓事理就能取得显贵的社会地位,不缺乏物资就能富足。既富足又有显贵的社会地位,快乐也就在其中了。

(12)善盈而后福,恶盈而后祸。

(明)冯梦龙等:《东周列国志》

注:盈:多。

译析:做好事多了能获得幸福,做坏事多了能招致灾祸。

(13)思量疾病苦,健康便是福;思量风雪苦,和暖便是福;思量阴雨苦,晴明便是福;思量应酬苦,闲居便是福;思量行路苦,安坐便是福;思量寒饿苦,暖饱便是福;思量兵戈苦,太平便是福;思量异乡苦,安土便是福;思量牢狱苦,无罪便是福;思量死来苦,活着便是福;思量痼疾苦,无癣便是福;思量孤独苦,有家便是福;思量自苦苦,知福便是福。

杨昌济:《达化斋日记》

说明:杨昌济老先生在《达化斋日记》中的这几句名言,用对比的手法将幸福的含义阐述得十分透彻,时至今日启悟亦颇大。

(14)想不付出任何代价而得到幸福,那是神话。

徐特立:《徐特立教育文集》

(15)一个人有了远大的理想,就是在最艰苦困难的时候,也会感到幸福。

徐特立:《徐特立教育文集》

(16)快乐是从艰苦中来的。只有经过劳作、经过奋斗得来的快乐,才是真正的快乐。不可能有天上掉下一个快乐来给你享受。而且快乐常常不是要等到艰苦之后,而是即在艰苦之中。

谢觉哉:《谢觉哉杂文集》

(17)人生最大快乐,是自己的劳动得到了成果。农民劳动得到了收获、工人劳动出了产品、医生劳动治好了病、教师劳动教好了学生,其他工作都是一样。

谢觉哉:《谢觉哉杂文集》

(18)一个人光溜溜地到这个世界来,最后光溜溜地离开这个世界而去,彻底想起来,名利都是身外物,只有尽一人的心力,使社会上的人多得他工作的裨益,是人生最愉快的事情。

邹韬奋:《韬奋文集·"生活"周刊究竟是谁的?》

(19)无论男女,只有把兴趣集中在事业上、学问上、艺术上,尽量抛开渺小的自我,才有快活的可能,才觉得活的有意义。

傅雷:《傅雷家书》

(20)如果痛苦换来的是结识真理、坚持真理,就应自觉地欣然承受,那时,也只有那时,痛苦才将化为幸福。

张志新之言,引自《为真理而斗争》

(21)幸福是一种心境、一种感觉,是以高尚品德为基础的。因为有了高尚品德,必然有正确的思维方法,有了正确的思维方法,必然有正确的待人处事的态度,这样你无论是穷困,还是身处逆境,也都会感到幸福,否则,你即便很有钱,也感到生活空虚无聊,感受不到真正的幸福。

山河之言,引自《中华名人格言》

(22)人生都在追求幸福,那么真正的幸福怎样才能获得?它不是坐着等来的,而是要用知识、能力、汗水去努力营造出来的;这四个因素相互联系、相辅相成,缺一不可。注意,一旦你不再勤奋努力,获得的幸福同样也会失去。

山河之言,引自《中华精英格言名典》

(23)真正的幸福只有当你真实地认识到人生的价值时,才能体会到。

（科威特）穆尼尔·纳素夫:《愿你生活更美好》

(24)你想成为幸福的人吗？但你首先学会吃得起苦。

（俄国）屠格涅夫:《散文诗》

(25)人在履行职责中得到幸福,就像一个人驮着东西,可心头很舒畅。

（前苏联）罗佐夫:《罗佐夫戏剧集》

(26)醉心于某种癖好的人是幸福的。

（英）萧伯纳:《皮格马利翁》

注:癖好:指对某种有意义的事物特别爱好。

(27)幸福后面是灾祸,灾祸后面是幸福。

（法国）拉罗斯福哥:《道德箴言集》

简析:这句名言告诫人们在幸福中应知道"惜福",不要身在福中不知福、得意忘形;在遇到灾难时应冷静,不畏缩,积极设法克服困难,这样幸福就会到来。

(28)我在人世间就找不到任何东西像宁静、善良、大公无私、正义和真理那样使人愉快、动心、可爱和希望,我觉得,如果人们在自己身上珍惜地保存着如此可爱的德行,那么,这些德行对于人们本身就应当是幸福和福利的无穷无尽的泉源。

（法国）梅叶:《十八世纪法国哲学》

(29)有研究的兴味的人是幸福的！能够通过研究使自己的精神摆脱妄念并使自己摆脱虚荣心的人更加幸福。

（法国）拉美特利:《人是机器》

(30)人人有享受人生幸福的权利,而获得爱情就是人生的一种幸福。

(法国)司汤达之言,引自《文史哲》1958 年第 3 期

(31)创造,或者酝酿未来的创造。这是一种必要性:幸福只能存在于这种必要性得到满足的时候。

(法国)罗曼·罗兰:《母与子》

(32)我以为人们在每一个时期都可以过有趣而且有用的生活。我们应该不虚度一生,应该能够说"我已经做了我能做的事",人们只能要求如此,而且只有这样我们才能有一点快乐。

(法籍波兰人)居里夫人之言,引自《居里夫人传》

(33)当你幸福的时候,切勿丧失使你成为幸福者的德行。

(法国)莫罗阿:《人生五大问题》

(34)严肃的人的幸福,并不在于风流、游乐与欢笑这种种轻佻的伴侣,而在于坚忍与刚毅。

(古罗马)西塞罗之言,引自《西方伦理名著选辑》

(35)只要你有一件合理的事去做,你的生活就会显得特别美好。

(美籍德国人)爱因斯坦之言,
引自《爱因斯坦》

(36)快乐和汗水是一家,幸福和勤俭是一家。

(中国谚语)

爱因斯坦像

(37)平安即是福,和乐便为春。

(中国谚语)

(38)不受辛苦,不得幸福。

(中国谚语)

(39)不经痛苦,不知幸福。

(英国谚语)

十五、生死篇

(1)生,亦我所欲也;义,亦我所欲也。二者不可兼得,舍生而取义者也。

(战国)孟轲:《孟子·告子(上)》

注:①生:生命。　②义:正义。　③兼得:同时得到。　④舍:舍弃。
⑤取:选取。

译析:生命,也是我所要的;正义,也是我所要的。二者不能同时得到,就要选择正义而舍弃生命。成语"舍生取义"就源于此。

(2)死而不亡者寿。

《道德经·三十三章》

注:亡:通"忘";不亡,指精神不朽。

译析:身死而精神不朽的人,就是长寿。

(3)有生有死,万物是也。

(战国)孙膑:《孙膑兵法·夺正》

注:万物:指宇宙间的一切生物。

译析:有生存就有死亡,宇宙间一切生物都是这样的。

(4)人固有一死,或重于泰山,或轻于鸿毛。

（西汉）司马迁:《报任少卿书》

注:①或:有的人。　②于:比。　③泰山:在山东省中部,古称东岳,为五岳之一;古人认为泰山最大,常用它比喻重大的或有价值的事物。④鸿毛:鸿雁之毛,常用以比喻轻微或不足道的事物。

译析:人总是要死的,有的人死得有价值,比泰山还重大;有的人死得微不足道,比鸿雁的毛还轻。

(5)死去何所道,托体同山阿。

（东晋）陶渊明:《拟挽歌词三首》

注:①托:托身(寄身,安身)。　②山阿(ē 婀):山陵。

译析:死去有什么关系,无非寄身山陵而已。

(6)宁为玉碎,不能瓦全。

（唐）李百药:《北齐书·元景安传》

注:①宁:宁愿。　②玉碎:比喻为保持气节而牺牲。　③瓦全:比喻不顾气节苟且偷生。

译析:宁做玉器被打碎,不做陶瓦得保全。这句名言是用比喻说明宁愿为正义事业而牺牲,不愿丧失气节苟且偷生。

(7)男儿自有操守,可杀不可苟。

（北宋）梅尧臣:《古意》

注:①男儿:犹指男子汉大丈夫。　②操守:平素的品行志节。　③苟:苟延。

译析:男子汉大丈夫有自己的品行志节,可以杀死他,但不能使他苟且偷生失去气节。

(8)死生,天地之常理,畏者不可以苟免,贪者不可以苟得。

(北宋)欧阳修:《唐华阳颂》

梅尧臣石刻像

注:常理:通常的道理。

译析:生存和死亡,是人世间通常的道理,害怕死亡的人也不可能苟且幸免,贪求生存的人也不可能苟且得到。据 2007 年 11 月美国《心理学》杂志发布的最新研究报告称:当人们想到死亡或不得不面对生死抉择时,往往变得更快乐。研究人员说:这是一种心理免疫反应。专家们进一步分析说:人和其他动物的不同,在于能意识到自己随时可能离世,而如果将这种意识贯穿到日常生活中,就可能形成"心理免疫反应",反而变得更加坚强起来。这种免疫反应也是心理健康的标志之一。

(9)宁以义死,不苟幸生,而视死如归。

(北宋)欧阳修:《纵囚论》

注:①义死:为正义而死。　②视:看待。

译析:宁肯为了正义而死,也不愿苟且侥幸地活着,看待死亡像回家一样,毫不畏惧。

(10)生而为英,死而为灵。

(北宋)欧阳修:《祭石曼卿文》

注:①英:德才超群的人。　②灵:神灵。　③石曼卿(公元 994—1041),名延年,宋州宋城(今河南商丘市)人,曾任低级官员,性豪爽,喜结交,为当时有志改革之人士。甚关心边防,提出很有预见性的建议,闻名于当世,与欧阳修为志同道合的好友。

译析:生前既是英豪,死后必为神灵。

(11)人生自古谁无死,留取丹心照汗青。

(南宋)文天祥:《文山先生全集·过零丁洋》

注:①丹心:赤红的心,比喻忠心。 ②汗青:指历史书册,古代无纸,用竹简著书,先将青竹用火烤,使它出汗防腐,故后人称为汗青。 ③零丁洋:在广东中山县南。

译析:人生在世,自古以来哪有不死的呢? 只要能留得这颗赤胆忠心永远在史册上就行了。这句名言是南宋著名民族英雄、爱国政治家、诗人文天祥与元侵略军作战被俘后,在狱中三年多屡拒劝降时写下的诗句,表达了他忠贞不屈的精神,大义凛然的民族气节;数百年来,激励、鼓舞了不少英雄志士为国为民而成仁取义。

(12)人生的目的,在发展自己的生命,可是也有为发展生命必须牺牲生命的时候。因为平凡的发展,有时不如壮烈的牺牲足以延长生命的音响和光华。绝美的风景,多在奇险的山川。绝壮的音乐,多是悲凉的韵调。高尚的生活,常在壮烈的牺牲。

李大钊手迹

李大钊:《李大钊选集》

(13)我相信辩证法,是彻底的唯物主义者,有生就有死。

毛泽东之言,引自《毛泽东怎样自我保健》

(14)不但没有长生不死,连长生不老也不可能。有生有死。生、老、病、死,新陈代谢,这是辩证法的规律。人如果都不死,那孔老夫子现在还活着该有2500岁了吧? 那世界该成个什么样子了?

毛泽东之言,引自《毛泽东怎样自我保健》

(15)为着追求光和热,人宁愿舍弃自己的生命。生命是可爱的,但寒冷的、寂寞的生,却不如轰轰烈烈的死。

巴金:《巴金文集》

(16)贤者既不厌恶生存,也不畏惧死亡,既不把生存看成坏事,也不把死亡看成灾难。贤者对于生命,正如同他对于食品那样,并不是单单选多的,而是选最精美的;同样地,他享受时间也不单单度量它是否最长远,而是度量它是否最合适。

(古希腊)伊壁鸠鲁之言,引自《西方伦理学名著选辑》

十六、警世篇

(1)无皇曰:"今日耽乐。"乃非民攸训,攸若,时人丕则有愆。

《尚书·无逸》

注:①皇:通"遑",心神不安的样子。　②耽:(dān 丹):沉溺。　③攸(yōu 优):所。　④训:典范。　⑤丕(pǐ 批)则:就是。　⑥愆(qiān 迁):过错,罪过。

译析:不要不安地宽慰说:"只是今天快乐快乐。"这样就不能成为百姓的榜样,也不合天意,这样的人就会有罪过。

(2)多行不义必自毙,子姑待之。

《左传·隐公元年》

注:①毙:失败。　②子:你。　③姑:姑且,暂且。

译析:多行不义之事必然失败,你姑且等着看他的结局吧。这句名言是郑庄公的弟弟共叔段不断扩充势力,准备向郑庄公夺权,大臣季仲劝郑庄公及早动手搞掉共叔段,以除后患,郑庄公听后说的。结果共叔段失败。

(3)骄奢淫泆,所自邪也。

《左传·隐公三年》

注:①泆(yì义):放纵。 ②自:由来,事物发生的原因。 ③邪:不正当,邪恶。

译析:骄傲、奢侈、淫乱、放纵等行为,都是使人走上邪恶之路的祸根。

(4)专则速及,侈将以其力毙。

《左传·襄公二十九年》

注:①专:专横独断。 ②侈:奢侈。

译析:专横独断就会很快招来灾祸,奢侈浪费将会自取灭亡。

(5)贤者宠至而益戒。

《国语·晋语六》

注:①宠:受恩宠。 ②益:更。 ③戒:警诫。

译析:有德有才的人受恩宠到了极点,更应注意警诫自己。

(6)向为身死而不受,今为宫室之美为之;向为身死而不受,今为妻妾之奉为之;向为身死而不受,今为所识穷乏者得而为之。是亦不可以已乎?此之谓失其本心。

(战国)孟轲:《孟子·告子(上)》

注:①向:从前,原先。 ②得:感激;感恩。

译析:过去宁肯去死也不接受的东西,现在却为华美的住房而接受了;过去宁肯去死也不接受的东西,现在却为了妻子爱妾的侍奉而接受了;过去宁肯去死也不接受的东西,现在却为了赢得贫困朋友的感激而接受了。这类事是不是可以停止了? 这一切就叫做丧失了自己的本性。这是孟子告诫人们不要为了私欲而丧失自己的善良本性。

(7)致数舆无舆。

《道德经·三十九章》

注:①致:极。　②数:多。　③舆:通"誉",名誉;荣誉。

译析:极力地追求过多的名誉,最终一点名誉也得不到。

(8)富贵而骄,自遗其咎。

《道德经·九章》

注:①骄:骄纵。　②遗:留。　③咎(jiù 旧):灾祸。

译析:有钱有地位有权势而又为人骄纵,这是自己给自己留下灾祸。

(9)利过则为败。

《晏子春秋·内篇》

注:①过:过分。　②为:就。

译析:过分追求私利,就会败亡。

(10)足欲,亡无日矣。

《晏子春秋·内篇》

注:足:满足。

译析:满足了贪欲的人,灭亡就没有多少日子了。

(11)不知戒,后必有。

(战国)荀况:《荀子·成相》

注:戒:鉴戒。

译析:受了挫折不能以此为鉴戒,以后还会有这样的挫折。

(12)身不善而怨人,不亦远乎? 刑已至而呼天,不亦晚乎?

(战国)荀况:《荀子·法行》

注:①身:自身,自己。 ②至:到,到达,临头。

译析:自己不好而埋怨别人,不是不着边际了吗? 刑罚已经临头才呼喊上天,不是悔之晚了吗? 这句名言是荀子引用曾子的话,警示人们平常应严于律己,恪守法规,否则一旦犯了错误,或触犯刑罚受到惩处,那时后悔为时已晚。

(13)以乱攻治者亡,以邪攻正者亡,以逆攻顺者亡。

(战国)韩非:《韩非子·初见秦》

注:①乱:横暴无道。 ②攻:攻击。 ③治:指政治清明,社会安定。 ④逆:违背。 ⑤顺:合乎事理。

译析:用横暴无道攻击政治清明、社会安定的必然灭亡,用邪恶攻击正直的必然灭亡,用违背事理攻击合乎事理的必然灭亡。

(14)人有欲则计会乱,计会乱而有欲甚,有欲甚则邪心胜,邪心胜则事经绝,事经绝则祸难生。

(战国)韩非:《韩非子·解老》

注:①欲:贪欲。 ②计会(kuài 快):计虑。 ③甚:厉害。 ④胜:胜过,超过。 ⑤经:原则。

译析:人有了贪欲,计虑就会出现错乱;计虑出现了错乱,个人的贪欲就会更厉害;个人的贪欲厉害了,邪心就会超过理智;邪心超过了理智,办事就会失去原则;办事失去了原则,祸患灾难就会产生。

(15)君子见利思辱,见恶思诟,嗜欲思耻,忿怒思患。

《大戴礼记·曾子立事》

注:诟(gòu 构):被骂。

译析:君子看到有利可图时须想到这是羞辱,看到有恶可作时须想到被人斥骂,萌发贪欲时须想到可耻,愤怒爆发时须想到会带来的祸患。

(16)祸在于好利。

(战国)慰缭:《慰缭子·十二陵》

注:好利:贪图财利。

译析:祸患灾难的招来在于贪图财利。

(17)祸生于欲得,福生于自禁。

(西汉)刘向:《说苑·丛谈》

注:禁:控制。

译析:祸患的产生是由于贪得,幸福的降临是由于自己能克制。

(18)古人以宴安为鸩毒,亡德而富贵谓之不幸。

(东汉)班固:《汉书·景十三王传赞》

注:①以:认为。　②宴安鸩毒:比喻耽于逸乐而杀身。　③亡:丧失。

译析:古代圣贤认为沉溺于安逸欢乐中将招致杀身之祸,丧失品德来攫取富贵为不幸。

(19)里谚曰:"千人所指,无病而死。"

(东汉)班固:《汉书·王嘉传》

注:①里谚:民间谚语。 ②千人:许多人,众人。 ③指:指责,指斥。

译析:民间谚语说:"受到众人指责的人,就是没有生病,也会抑郁忧愁而死。"成语"千夫所指"即出于此。

(20)前车覆,后车戒。

(东汉)班固:《汉书·贾谊传》

注:覆:翻车。

译析:前面的车子翻了,后面的车子应当引起戒备。

贾谊故居

(21)富贵太盛,则必骄佚而生过。

(东汉)王符:《潜夫论·忠贵》

注:①太:过于。 ②佚:通"逸",放荡。 ③过:过错。

译析:富裕显贵过于旺盛,就必然骄傲放荡而发生过错。

(22)德比于上,故知耻;欲比于下,故知足。

(东汉)荀悦:《申鉴·杂言(下)》

译析:道德向上看齐,所以知道羞耻;私欲向下看齐,所以知道满足。

(23)人之过在于哀死,而不在于爱生;在于悔往,而不在于怀来。

(东汉)徐干:《中论·修本》

译析:人的错误是在于悲哀致死,而不是在于对生的眷恋;是在于悔恨过去,而不是在于向往未来。

(24)高飞之鸟,死于美食;深泉之鱼,死于芳饵。

(东汉)赵晔:《吴越春秋·勾践外传》

注:高飞:高高飞翔。

译析:高高飞翔的鸟,因贪图地面的美味食物而死;漫游深水的鱼,因贪图水面香饵而死。

(25)忧喜更相接,乐极还生悲。

(西晋)傅玄:《明月篇》

注:①更:调换;替代。　②极:极点。

译析:忧愁和喜乐是互相连接替代的,快乐到了极点就会产生悲哀。这句名言是说:忧和喜、乐与悲,都是矛盾对立的两个方面,它们如果超过了一定的限度,就会向对立面转化。因此,我们在日常生活中遇到大喜之事,应注意"度",调整心态,避免"乐极生悲"的情况出现。

(26)不戚戚于贫贱,不汲汲于富贵。

(东晋)陶渊明:《五柳先生传》

注:①戚戚:忧愁,悲伤。　②汲汲:心情急切的样子。

译析:不为贫贱而经常忧愁,不慕富贵而急切奔走。

赵孟頫书《五柳先生传》

(27)乐不可极,极乐成哀;欲不可纵,纵欲成灾。

(唐)吴兢:《贞观政要·刑法》

吴兢著《贞观政要》

译析:享乐不能过分,过分享乐就会带来悲伤;欲念不能放纵,放纵欲念就会酿成大祸。

(28)有善必闻,有恶必见。

(唐)韩愈:《潮州刺史谢上表》

注:①闻:名声;出名。　②见(xiàn 县):通"现",暴露。

译析:做了好事必然有好名声,做了坏事必然会暴露出来。

(29)世路快心无好事,恩门嘉话合书绅。

(唐)司空图:《漫书·诗之四》

注:①世路:人世间的道路。　②快心:指使你感到满足或畅快。③恩门:恩府,师门(老师的门下)。　④嘉话:善话,有教益的话。　⑤书绅:把要牢记的话写在绅带(古代士大夫系的大带子)上,后亦称牢记他人的话为书绅。

译析:人世间轻而就能让人感到满足或畅快的往往没有什么好事,老师的这番有益的话应该牢牢记住。

(30)无义而生,不若有义而死;邪曲而得,不若正直而失。

(五代·后汉)王定保:《唐摭言》

注:①邪曲:不正直。　②摭(zhí 植):拾取,摘取。

译析:毫无意义的活着,不如有意义的死去;用不正当的手段获得利益,不如恪守正直无私而失去利益。

(31)好事不出门,恶事传千里。

(北宋)孙光宪:《北梦琐言》

注:不出门:比喻知道的人很少。

译析:做了好事只有少数人知道,做了坏事传播得很快很远。

(32)功名官爵,货财声色,皆谓之欲,俱可以杀身。

(北宋)林逋:《省心录》

注:①官爵:官职和爵位。　②声色:指淫声和女色。

译析:贪求功业名声和官职爵位,贪图财物和淫声女色,皆为私欲,都可招致杀身之祸。

(33)贪满者多损,谦卑者多福。

(北宋)欧阳修:《易或问》

注:①满:自满。　②损:损害。　③谦卑:谦虚,不自高自大。

译析:贪婪自满的人必然多次受损害,谦虚逊让的人必多次得福。

(34)一念之欲不能制,而祸流于滔天。

《二程全书·粹言》

注:①念:念头,想法。　②欲:贪欲。　③制:遏制。　④流:古代五刑(笞、杖、徒、流、死)之一,这里指刑罚。

译析:一个贪欲的念头不能马上遏制,那么遭到的祸患及刑罚必然是极重的。

(35)愈老愈知生有涯,此时一念不应差。

(南宋)陆游之言,引自袁志发的《快乐老年》

注:涯:边际;极限。

译析:越老越懂得生命是有限的,这时的一言一行,都不应出现半点差错。陆游的这简明易懂、蕴意深刻的诗句,警示老年人应珍惜人生的"后半截",一言一行都应给晚辈做出表率,保持晚节。这不仅关系到生前,也关系到身后,不仅关系到自己,也关系到子孙后代。

(36)狂妄之辞不攻而自息。

(南宋)陈亮:《上孝宗皇帝第一书》

注:①攻:抨击,指责。 ②息:灭绝,消失。

译析:放肆妄为的言辞不用抨击就会自然灭绝。

(37)身体好安,心情欲恣。安逸懈生,荒恣怠至。一复一日,万事不治。

(金)杨宏道:《小亨集》

注:①恣:放纵。 ②荒恣:放纵恣肆,无所拘束。 ③怠:懒惰。④至:致使。 ⑤万事:一切事。

译析:躯干四肢喜爱安逸,心神情绪贪欲放纵。安闲舒适会产生松懈,放纵恣肆能致使懒惰。一天又一天过去,一切事情都不能治理好。

(38)名不可贪,利不可逐。

(金)李俊民:《一庄靖集》

注:①贪:不知满足地追求。 ②利:好处。 ③逐:求取。

译析:名誉不可以不知满足地追求,好处不可以一味地求取。

(39)死于安乐者,因安乐而不知思、不知慎、不知节、不知畏、不知谨、不知保、不知修,而至于死也。

(明)黄绾:《明道编·卷二》

注:保:拥有;占有。

译析:死于安逸快乐的人,是由于只知安逸快乐而不知道思考、不知道慎重、不知道节制、不知道畏惧、不知道小心谨慎、不知道须占有知识、不知道修养品德,而逐渐走到死亡这一步。这句精辟的警示名言,将死于安乐的真谛分析得十分透彻,发聋振聩,告诫人们应树立正确的人生观、价值观,振奋精神,自强不息,走好人生路。

(40)宴安损性灵,美疢生膏肓。

(明)薛蕙:《杂诗》

注:①宴安:谓逸乐。 ②性灵:内心世界,泛指精神、思想、情感等。 ③美疢(chēn 趁):疢,病;美疢,后多指溺爱、姑息。 ④膏肓(huāng 荒):古代医学以心尖脂肪为膏,心脏与膈膜之间为肓。这里比喻难以救药的失误或缺点。

译析:沉溺安逸欢乐能损害人的精神、思想、情感,溺爱、姑息能使人滋生难以救药的失误和缺点。

(41)人生福境祸区,皆念想造成。

(明)洪应明:《菜根谭》

注:念想:想念。

译析:人生的幸福和灾祸,都是由一时的正确或错误想念造成的。

(42)快心之事,悉败慎丧德之媒。

(明)洪应明:《菜根谭》

注:①快心:指使感到满足或畅快。 ②悉:知道。 ③媒:诱因,导致。

译析:使你感到满足或畅快的事,要知道这往往是危害自身或丧失道德的诱因。

(43)赌近盗,淫近杀。

（明)冯梦龙:《警世通言》

冯梦龙著"三言二拍"

注:近:接近,靠近。

译析:赌博输了易起偷盗之心,好色纵欲易起杀人之念。

(44)争目前之事,则忘远大之图。

（明)吴麟征:《家诫要言》

注:图:抱负,志向。

译析:斤斤计较眼前的小事,就会忘记远大的志向。

(45)名心胜者必作伪。

（清)李惺:《西沤外集·冰言》

注:名:名誉。

译析:把个人名誉看得胜过一切的人,必然会弄虚作假。

(46)什么事情都不能过分,过分了就要犯错误。

毛泽东:《毛泽东外交文选》

(47)如果你不能顺着直道正路做到不平凡,可千万别为了要不平凡而走邪门歪道。

（英)狄更斯:《远大前程》

(48)快乐没有本来就是坏的,但是有些快乐的产生却带来

了比快乐大许多倍的烦忧。

（古希腊）伊壁鸠鲁之言，引自《古希腊罗马哲学》

简析：这句名言说明了人们在遇到高兴事时，不要得意忘形、得鱼忘筌，事事应清醒而谨慎地对待，否则，"快乐"就会转化为"烦扰"。

(49)阴谋陷害别人的人，自己会首先遭到不幸。

（古希腊）伊索：《伊索寓言》

(50)物必自腐而后虫生。

（中国古谚）

简析：这则古老的谚语告诫人们，尤其身为人民公仆的干部，应严于律己，时时自警、处处自省、事事自重，在是是非非面前头不昏、眼不花、心不贪、耳不偏、手不伸、腿不懒，这样才能做到拒腐蚀，永不沾。

(51)乐极生悲，否极泰来。

（中国古谚）

注：否(pǐ 匹)、泰(tài 太)：均为六十四卦中的卦名，"否"是坏的卦，"泰"是好的卦。

译析：欢乐到了极点将转而发生悲伤的事，厄运到了尽头亦将转为好运到来。

(52)人见利饵不见害，鱼见食饵不见钩。

（中国谚语）

(53)千金易得，悔药难求。

（中国谚语）

说明：这则谚语是说千金容易获得，但后悔药难寻求。警示人们在人生道路上应走好每一步。

(54)人心不足蛇吞象。

（中国谚语）

简析：这则谚语用比喻说明人心太贪欲，超乎了寻常，是很危险的。大凡腐败分子都是私欲极端膨胀，为钱色所迷，恨不能把天下的财富都归为己有，最后必然身败名裂。

第 三 部
治 国 卷

（共十九篇）

一、官德篇

(1)君子所其无逸。

《尚书·无逸》

注:①君子:执政者。　②所:处在,处于。　③无逸:不要贪图安逸。

译析:执政者处其位不可贪图安逸。

(2)儆戒无虞,罔失法度。罔游于逸,罔淫于乐。任贤勿贰,去邪勿疑。疑谋勿成,百志惟熙。罔违道以干百姓之誉,罔咈百姓以从己之欲。

《尚书·大禹谟》

注:①儆(jǐng 警):戒备。　②无虞:没有忧虑之时。　③罔:不要。④逸:放纵。　⑤淫:过分。　⑥贰:二心。引申为不信任,怀疑。　⑦疑:犹豫不决。　⑧成:完成,实现。　⑨熙(xī 夕):宽广。　⑩干:谋求。⑪咈(fú 浮):违法。

译析:要戒备没有忧虑之时,不要违背法律制度。不要放纵游玩,不要过分享乐。任用贤人不要怀疑,去掉邪恶要果断。可疑的计谋不要去做,思虑面应当宽广。不要违背正道去谋求百姓的赞誉,不要违反百姓的意思来顺从自己的欲望。这是舜帝时东夷部落首领伯益和大禹阐述各自治国见解时伯益的发言,他认为领导应该具有上述官德。

(3)推贤让能,庶官乃和,不和政庞。

《尚书·周官》

注:①庶官:百官。　②乃:才。　③庞:杂乱。

译析:推举贤士,让位于能人,百官才会和谐,百官不和,政事便会杂乱。

(4)接下思恭。

《尚书·太甲中》

注:①接下:接待臣民。 ②恭:谦恭。

译析:接待臣民要时时想着谦虚。

(5)行不正则民不服。

(春秋)管仲:《管子·心术(下)》

注:正:正派。

译析:自己的行为不正派,民众就不服气。

(6)口不贪嘉味,耳不乐逸声,目不淫于色,身不怀于安,朝夕勤志,卹民之羸。

《国语·楚语(下)》

注:①嘉味:美味。 ②乐(lè 勒):喜爱。 ③逸声:淫声,放荡之声。 ④勤志:一心一意为实现自己的志愿而努力。 ⑤卹(xù 叙):即"恤",忧念;悯惜。 ⑥羸(léi 雷):瘦。引申为贫弱。

译析:嘴不贪图美味,耳不听放荡之声,眼不迷恋美色,身不贪图安逸,每天早晚一心一意勤勤恳恳为国事努力,悯惜贫弱百姓。

(7)上有好者,下必有甚焉者矣。

(战国)孟轲:《孟子·滕文公(上)》

注:好(hào 耗):爱好。

译析:上位的人有什么爱好,下位的人一定也会有这种爱好,并会更加厉害。

(8)明主尚贤使能而飨其盛,暗主妒贤畏能而灭其功。

(战国)荀况:《荀子·臣道》

注:①尚:尊崇。 ②使:使用。 ③盛:功业。

译析:贤明的君主尊崇贤人,任用能人,而且奖励他们的功业;昏庸的君主嫉妒贤人,畏惧能人,而且埋没他们的功劳。

(9)威有三:有道德之威者,有暴察之威者,有狂妄之威者。

(战国)荀况:《荀子·强国》

注:①威:尊严;威严。 ②暴察:严厉,苛暴。 ③狂妄:肆意妄为;妄自尊大。

译析:威严有三种:有因其思想品德高尚产生的威严,有因其严厉苛暴而产生的威严,有因其肆意妄为而产生的威严。

(10)口能言之,身能行之,国宝也。

(战国)荀况:《荀子·大略》

注:①身:本身,自己。 ②国宝:国家的宝贵人才。

译析:既能够说,又能够做,是国家的宝贵人才。

(11)君子进,则能益上之誉而损下之忧。

(战国)荀况:《荀子·大略》

注:①进:出来做官。 ②能:能做到。 ③益:增加。 ④损:减少。

译析:君子出来做官,能增加上位者的好名声,减少下位者的忧患。

(12)有道之君,外物怨仇于邻敌,而内有德泽于人民。

(战国)韩非:《韩非子·解志》

注:①道:道德。　②德泽:恩德,恩惠。

译析:有道德的君主,对外没有怨仇的邻敌,对内能够恩惠于人民。

(13)临财毋苟得,临难勿苟免。

《礼记·曲礼(上)》

注:①临:面对。　②苟得:不应得而得。　③难:危难。　④苟免:免受损害。

译析:面对财物,不要采用不当手段得到不应得到的东西;面对危难,不要采用不当手段使自己苟且免受损害。

《周礼 仪礼 礼记》

(14)宽则得众,信则民任焉,敏则有功,公则说。

《论语·尧曰》

注:①信:诚实。　②敏:勤敏。　③说:通"悦",高兴。

译析:宽厚就能获得民众的拥戴,诚实就能受到民众的信任,勤奋灵活就能建立功勋,为人公平民众就会高兴。

(15)治官莫若平,临财莫如廉。

《孔子家语·辩政》

注:①治官:治理政务的官员。　②廉:廉洁。

译析:治理政务的官员办事公平为好,面对财物廉洁为好。

(16)居上位,未得其实,以喜其为名者,必以骄奢行为。据慢骄者,则凶从之。是故无其实而喜其名者,削;无德而望其福者,约;无功而受其禄者,辱。

《战国策·齐策四》

注:①据:根据。　②是故:连词,因此;所以。　③削:削弱。　④约:贫困。

译析:身居高位的人,却不能修身养德,只喜欢标榜虚名,必然有骄傲奢侈的举止行为。根据他的骄傲怠慢、蛮横奢侈的行为,凶祸必然随之降临。所以,缺乏修养图好虚名的,必被削弱;无德行而希望享福的,必然受穷;没有功劳接受俸禄的,必遭受耻辱。

(17)表曲者景必邪,源清者流必洁。

(东汉)李固之言,引自北宋司马光的《资治通鉴》

注:①表:古代天文仪器圭(guǐ 规)表的组成部分,为直立的标杆,用以测量日影的长度。　②景(yǐng 影):后多作"影",影子;阴影。　③邪:歪斜。　④源:水源。

译析:测日影的标杆弯曲影子必然歪斜,水源清洁流出的水必然洁净。这是东汉名臣李固恳劝顺帝应处处给臣民起表率作用的话,北宋司马光在《资治通鉴》中引用了这句名言。

(18)上不正,下参差。

(南朝·梁)扬泉:《物理论》

注:参(cēn)差(cī):差错。

译析:上位的人行为不端正,下位的人就会出现差错。

(19)为人君必有所含忍,其事乃由所成;有所包容,其德乃能大。

(唐)孔颖达:《尚书正义》

注:①含忍:容忍。 ②包容:宽容。

译析:为人君者一定要有所容忍,这样他的事业才能有所成就;有所宽容,他的德行才能更博大。

(20)求木之长者,必固其根本;欲流之远者,必浚其泉源;思国之安者,必积其德义。

(唐)魏徵之言,引自《中国历代应用文章名篇赏析》

注:浚:疏通。

译析:要想树木长得高大,必须稳固它的根部;要想河水流得远,必须疏通它的源头;君主要想国家安定,一定要积自己的恩德和道义。这句名言是用固木之根、浚流之源的比喻说明治国必须从积德这一根本做起。

(21)惧谗邪,则思正身以黜恶。

(唐)魏徵之言,引自《中国历代应用文章名篇赏析》

注:黜(chù 触)恶:贬斥邪恶。

译析:害怕巧言谄媚的奸邪,就应考虑自身端正用来贬斥邪恶之人。这是唐朝"诤臣"魏徵谏太宗"十思"中的"八思":忠告太宗应自身端正而斥退恶人。

(22)闇主护短而永愚,明主思短而长善。

(唐)唐太宗李世民:《金镜》

注:①闇(ān 暗)主:昏昧的君主,闇同"暗"。 ②明主:贤明的君主。
③思短:省己之不足。 ④长善:增进美德。

译析:昏昧的君主为自己的缺点或过失辩护就会长久愚昧,贤明的君主反省自己的不足就能增进美德。

(23)众寮宜洁白,万役但平均。

(唐)杜甫:《送陵州路使君赴任》

注:①寮:通"僚",官,官职。 ②役:事。

译析:众位官吏应当清正廉明,处理万事须公平无私。

(24)纳谏如响,任贤勿疑。

(唐)陆贽:《贞元九年大赦制》

注:①纳谏:接受规劝,多指君主或上级接受臣下或下级进谏。 ②响:同"响",回音。

译析:接受下级意见应像回声那样很快做出反应;任用有德有才的人应不怀疑他,充分信任。

(25)为政之要,曰公曰清。

(北宋)林逋:《省心录》

译析:做官的根本原则,是要公正要清廉。

(26)先天下之忧而忧,后天下之乐而乐。

(北宋)范仲淹:
《范文正集・岳阳楼记》

注:①先:在……之前。
②后:在……之后。

岳阳楼

译析:在天下人忧愁之前,我先忧愁;在天下人享乐之后,我再享乐。这是我国北宋著名政治家范仲淹的名句,充分表现了他当时改革弊政的决心、抱负及爱国爱民思想。

(27)抱公绝私,是为率职。

（北宋）余靖:《武溪集》

注:①抱:坚持。　②率职:奉行职事;尽职。

译析:坚持一心为公杜绝私情,这是官员奉行职事应有的品德。

(28)若爱而知其恶,憎而知其善,去邪勿疑,任贤勿猜,可以兴矣。

（北宋）欧阳修、宋祁等:《新唐书·魏徵传》

注:①恶:不好。　②去:除掉。　③邪:邪恶。　④疑:犹豫不决。
⑤猜:怀疑。

译析:如果喜欢一个人而又知道他不好的一面,讨厌一个人而又知道他好的一面,除掉邪恶不犹豫,任用有才德的人不怀疑,事业就能兴盛发达。

(29)明君不讳过失而纳忠,是以怀策者必吐上前,蓄冤者无至腹诽。

（北宋）苏舜钦:《火疏》

注:①讳:隐瞒,避忌。　②纳忠:接受忠言。　③是以:因此,所以。
④上:帝王。　⑤前:晋见。　⑥无至:没有不至。　⑦腹诽:口里不言,心中讥笑。

译析:贤明的君主不隐瞒过失而能接受忠诚无私的谏劝,因此心怀谋略的人能晋见君主说出自己的意见来,蓄积冤屈者没有嘴里不说而内心讥笑的。

(30)水至平而邪者取法,鉴于明而丑者忘怒。水鉴之所以能穷物而无怨者,以其无私也。

（北宋）司马光:《资治通鉴》

注：①取法：效法。　②至：达到极点。　③鉴：镜子。　④忘：无。

译析：水平达到极点，邪恶的人也会效法；镜子明亮到极点，丑陋的人也不会发怒。水和镜子之所以能够穷尽事物而无人怨恨，是因为公正而没有偏私的心啊。这是东晋史学家习凿齿评论诸葛亮办事公正无私的话语。

(31)必进德修业，日就月将，善人益亲，邪人益踈，诚天下之幸也。

（北宋）司马光：《乞令皇子伴读官提举皇子左右人札子》

注：①进德修业：增进品德建立功业。　②日就月将（jiāng 江）：每天有成就，每月有进步，形容积少成多，不断进步。　③益：更加。　④踈：同"疏"，疏远。

译析：必须增进品德建立功业，每天有成就，每月有进步，有道德的人更加亲近，邪恶的人更加疏远，这确实是天下人的大幸。

(32)不能无诉，诉而必见察；不能无谒，谒而必见省。

（北宋）苏轼：《决壅蔽》

注：①诉：告状。　②察：调查。　③谒：拜见。　④省（xǐng 醒）：善。

译析：做了领导后，不可能没有向你告状的，有告状的一定要调查清楚；也不可能没有拜见的，有拜见的一定要好好接待。

(33)莅官以勤，持身以廉。事上以敬，接物以谦。待人以恕，责己以严。得众以宽，养和以恬。戒谨以独，询谋以佥。

（南宋）周必大：《益国周文忠公全集》

注：①莅官：居官。　②持身：立身。　③接物：谓与人交往。　④恕：宽恕，原谅。　⑤养和：保养心身；和，指人体之气。　⑥恬（tián 田）：

安静，淡泊。　　⑦询谋：商议。　　⑧佥(qiān 千)：都，全。

译析：做官要勤勉，立身要廉洁。侍奉上级要恭敬，与人交往要谦虚。对人要宽恕，责己要严格。欲得人心要宽厚，保养身心要淡泊。独处时要小心谨慎，商议事要广泛征求意见。

(34)使人惧不若使人爱，使人爱不若使人敬。

（清）李惺：《西沤外集·药言剩稿》

注：使：让。

译析：让人害怕不如让人喜爱，让人喜爱不如让人尊敬。

(35)力戒骄傲。这对领导者是一个原则问题，也是保持团结的一个重要条件。

毛泽东：《党委会的工作方法》

(36)任何人不论官多大，在人民中间都要以一个普通劳动者的姿态出现。决不许可摆架子。

毛泽东：《文章的"三性"和写作方法》

毛泽东手迹

(37)什么叫领导？领导就是服务。

邓小平：《把教育工作认真抓起来》

(38)我们常说，领导就是服务。领导干部必须牢固坚持领导就是服务的观念。同时必须掌握为人民服务的本领。没有为人民服务的观念，不可能全心全意为人民谋利益。没有为

人民服务的本领,也难以为人民谋利益。这两个方面是紧紧结合的。

江泽民之言,引自《领导干部要做实践"三个代表"的楷模》

(39)我希望留给后人两点精神遗产:第一,当遇到灾难时不要退缩,要勇于面对,并且带领人民去克服,这需要勇气和信心;第二,一个政府,除了对人民负责、服务、献身和廉洁以外,不应该有任何特权。一切权力属于人民,一切权力都要为了人民。

我希望在我离开人世之后,人们能记住这位总理,确实是按照这两点来做的。

温家宝之言,引自《老年生活报》2008 年 9 月 26 日

(40)勤政爱民是从政为官的根本、准则,情理所在,因为人民群众是国家的主人、社稷的基石,基石稳固了,国家才能安宁、发展、强盛,人民才能过上和谐康乐而有尊严的幸福生活。

山河之言,引自《中华名人格言》

(41)上梁不正下梁歪,中梁不正倒下来。

(中国谚语)

二、廉洁篇

(1)廉者,政之本也。

《晏子春秋·内篇》

注:政:政务(国家管理工作)。

译析:为官清廉,是从事政务的根本。

(2)治国者当爱民,则不为奢泰。

《道德经·五十九章》

注:奢泰:奢侈。

译析:治理国家的人应当爱护百姓,不要大吃大喝、挥霍浪费、过分追求享受。

(3)智者不为非其事,廉者不求非其有。

(西汉)韩婴:《韩诗外传》

注:求:谋求。

译析:聪明的人不做他不该做的事,廉洁的人不谋求他不该有的财物。

(4)富与贵是人之所欲也,不以其道得之,不居也。

(东汉)王充:《论衡·问孔篇》

注:①富:有钱财;财产多。 ②贵:地位显要。 ③居:安定。

译析:财产多和地位显要是人人想得到的,如果不用正当的方法取得它,生活就不能安定。《论语·里仁》中也有同样的论述:"富与贵,是人之所欲也,不以其道得之,不处也。"只是最后一个分句不同。"处"作"接受"讲,就是君子不接受。

(5)临财廉取,与义尝思。

(东汉)荀悦:《汉纪·武帝纪五》

注:①与义:按照正义或道德规范要求。 ②尝(cháng 尝):通"常"。

译析:面对财物要轻视它而不取,须常常按照正义或道德规范的要求想想。

(6)有才无义,惟家之殃。无爱粪土,以毁五常。

(西晋)挚虞:《挚太常遗书》

注:①惟:只是。 ②粪土:指钱财。 ③五常:仁、义、礼、智、信。

译析:只拥有财产不讲道德,是家中的祸殃。不要贪爱金钱,以致毁坏了仁、义、礼、智、信。

(7)为臣贪,必亡其身。

(唐)吴兢:《贞观政要》

译析:做大臣的贪财纳贿,定会遭到杀身之祸。

(8)近贫日益廉,近富日益贪。以此当自警,慎勿信邪谗。

(唐)姚合:《新昌里·诗》

注:①日益:一天比一天更加。 ②以此:用这,因此。 ③邪谗(chán 缠):指邪恶谗佞的人。

译析:靠近贫穷会一天比一天更加廉洁,靠近富有会一天比一天更加贪财。应当常用这个道理进行自我警诫,千万不要听信邪恶谗佞小人的话。

(9)孰以显廉,临财不苟。

(五代)王定保:《唐摭言·气义》

注:①孰:怎么。 ②临财不苟:面对财物不随便求取,廉洁自好。

译析:怎么表现出廉洁,就是面对财物不随便求取而能廉洁自好。

(10)伏以贤俊之士,固将有以挟持,富贵之来,岂能为之损益。

(北宋)苏轼:《答许状元启》

注:①伏:通"服",敬佩。 ②贤俊之士:才德出众的人。 ③固:本来。 ④将:持。 ⑤挟持:抱负。

译析:我敬佩才德出众的人,本来就怀有远大抱负,钱财和权势来到,怎么能为它而损害自己的好名声呢。

(11)大小官职,有贪暴残民者立罢,终身不录。其不能廉直,虽处重任,亦代之。

（南宋)李焘:《续资治通鉴长编·宋仁宗天圣四年》

注:①贪暴:贪婪暴虐。 ②其:那些。 ③廉直:清廉正直。

译析:无论官职大小,有贪婪暴虐残害百姓行为的人立刻罢免,一辈子不任用。那些不能清廉正直的官员,即使担任重要职务,也要找人代替他。

(12)人谓能廉,乃行之细。细行不矜,终为德累。

（南宋)彭龟年:《止堂集》

注:①细:小。 ②累:祸害。

译析:人们说能廉洁,是品行中的小事。实际上小品行不谨慎,最后会危害大品德。

(13)居官者,公则自廉。

(明)钱琦:《钱子语测》

译析:做官的人,事事能出于公心自然就廉洁了。

(14)一丝一粒,我之名节;一厘一毫,民之脂膏。宽一分,民受赐不止一分;取一文,我为人不值一文。虽云交际之常,廉耻实伤;傥非不义之财,此物何来?

(清)张伯行:《禁止馈送檄》

注:傥(tǎng躺):假使,如果。

说明:据史载,这篇檄文系张伯行在福建和江苏任巡抚时,僚属门生、官民人等,多有携礼谒拜,自然都有私事请托,他或婉言辞谢,或严词拒贿。虽然如此,送礼者仍然很多,于是便写此檄文,张贴在居所院门上及巡抚衙门外。送礼者观之,或良心发现,或自惭形秽,皆悄然离去。于是这篇檄文便广为传诵,被百姓誉为治政清廉的"金绳铁矩"。檄文语言通俗,言简意赅,连用八个"一"字,将张伯行公正廉洁的高尚品德充分表达出来。

(15)公生明,廉生威。

(清)李惺:《西沤外集·冰言补》

注:明:清明。

译析:公正能产生清明,廉洁能产生威信。

(16)拒腐蚀,永不沾。

毛泽东:《杂言诗·八连颂》

(17)做官即不许发财。

吉鸿昌之父言,
引自《小小一个"朴满子"》

南京路上好八连事迹展览馆

注:朴满子:蓄钱的罐,瓦制器,钱蓄满打碎取。

说明:这是著名爱国将领吉鸿昌的父亲在一只大碗上亲笔题写的一句话。吉鸿昌将军带着这只大碗走完了廉洁清白的壮丽的一生。在纪念吉鸿昌诞辰90周年大会上,河南省政府给与会干部每人赠送一份珍贵礼物,即是复制的吉鸿昌大碗,上面用红漆醒目地写着"做官即不许发财"这七个大字。

(18)人太爱钱了就不值钱。你看那钱串子就像一条蛇,谁被缠住了就要招祸。

杨虎城之言,引自《杨虎城怒斩行贿犯》

(19)从严治党,惩治这一年决不能放松。要坚持"老虎"、"苍蝇"一起打,既坚决查处领导干部违纪违法案件,又切实解决发生在群众身边的不正之风和腐败问题。

习近平:《2013 年 1 月 22 日在中纪委全会上的讲话》

(20)廉洁,是从政必须遵守的根本原则,是为人的第一高尚品格;奢侈能破坏人的心灵纯质,因为你获得愈多,就愈贪婪,总感到不满足,直到伸手被捉、绳之以法为止。

山河:《廉洁是为人的第一高尚品格》

(21)要想做到金钱上的廉洁,必须做到思想上的清白,只有思想上清白,才能金钱上廉洁。所谓思想上清白,就是树立正确的世界观、人生观、价值观。一个人只有树立了正确的这"三观",才会有坚定的理想信念和强大的精神支柱,才能在金钱、美女、名誉、地位等面前,保持理智、清醒,抵制住各种歪风邪气的侵袭。

山河:《廉洁是为人的第一高尚品格》

三、执政篇

(1)他山之石,可以攻玉。

《诗经·小雅·鹤鸣》

注:攻玉:将玉石琢磨成器。

译析:他山的石头,可以将玉琢磨成器。这句名言是用比喻说明别国的贤才也可以用来辅佐本国;又比喻学习他人的长处,以弥补自己的短处。

(2)皇祖有训,民可近,不可下。民为邦本,本固邦宁。

《尚书·五子之歌》

注:①皇祖:指夏的开国君主禹。 ②下:低下,这里意思是"以为卑贱"。

译析:祖先夏禹有训示,对待百姓,只可以亲近,不能认为他们卑贱。老百姓是立国的根本,只有根本稳固了,国家才会安宁。

(3)知人则哲,能官人。安民则惠,黎民怀之。

《尚书·皋陶谟》

注:①哲:明智。 ②官:任用。 ③惠:爱。

译析:能识别人就是明智,就善于用人,能安抚人民就是慈爱,民众就会怀念他。

(4)惟日孜孜,不敢逸豫。

《尚书·君陈》

注:①惟日:整天。 ②孜孜:努力不倦。 ③逸豫:安逸娱乐。

译析:当官为政应整天努力不倦,不贪图安逸享乐。这是周公死后,成王命君陈(周公之子)继任周公监管改造殷民职务的策命书中的一句话。策命书称赞君陈之德,他继续执行周公制定的常法,施行德政,把殷民教化好。

(5)政如农功,日夜思之,思其始而成其终,朝夕而行之;行无越思,如农之有畔,其过鲜矣。

《左传·襄公二十五年》

注:①成:成果。　②行无越思:行动不能超过思考,意思是说考虑好了再行动。　③畔:田界。这里是次序的意思。

译析:治政像务农,白天夜里都要认真思考施政的利弊,想它开始和最后的结果,天天都尽力地实施。定要考虑好了再行动,就像农民按照次序耕田一样,这样过错就会少了。这是春秋时郑国国卿子产回答大夫太叔问如何治政的话。

(6)为政者不赏私劳,不罚私怨。

《左传·昭公五年》

注:①私:自己的。　②劳:功劳。

译析:执政的人不奖赏对自己有功劳的人,不惩罚对自己有怨恨的人。

(7)我闻忠善以损怨,不闻作威以防怨。

《左传·襄公三十一年》

注:①损:减少。　②作威:利用威权滥施刑罚。

译析:我听说过施行忠诚善良之政能减少怨恨,没有听说利用威权滥施刑罚可防止怨恨。这是春秋时期郑国大夫子产回答那些主张拆毁乡校(当时郑国人常聚集乡校议论当政时弊)来压制民众言论自由的话,表明子产主张广开言路,普施教化,努力把国家治理好的愿望。子产这一主张,受到历代后人的赞颂。至唐代,"唐宋八大家"之首韩愈,就写了一篇传世之作《子产不毁乡校颂》。

(8)政不可不慎也,务三而已:一曰择人,二曰因民,三曰从时。

《左传·昭公七年》

注:①务:务必。　②因:顺应。　③从时:顺从时宜。

译析:施政不可以不谨慎,务必要注意三件事:第一是选拔人才,第二是顺应民心,第三是顺从当时的需要。

(9)以治待乱,以静待哗,此治心者也。

(春秋)孙武:《孙子·军争》

注:①治:心绪安宁平静。　②乱:横暴无道。　③静:沉静。　④哗:喧闹。　⑤治心:掌握人心;征服人心。

译析:用安宁平静的心绪对待横暴无道,用沉静的心态对待喧闹,这是掌握人心、征服人心的办法。

(10)贵德而尊士,贤者在位,能者在职。国家闲暇,及是时,明其政刑,虽大国,必畏之矣。

(战国)孟轲:《孟子·公孙丑(上)》

注:①贵:崇尚。　②闲暇:平安无事。　③及:乘。　④时:时机。　⑤明:修明。　⑥政刑:政令和刑法。

译析:崇尚仁德并尊重有修养的读书人,让贤德的人做官,让有才能的人担任职务。趁着国家平安无事,修明国家政令和刑法,即使是强大的国家,也一定因此而敬畏它的。

(11)明君制民之产,必使仰足以事父母,俯足以畜养妻子;乐岁终身饱,凶年免于死亡;然后驱而之善,故民之从之也轻。

(战国)孟轲:《孟子·梁惠王(上)》

注:①制:法度。　②仰:对上。　③畜(xù 序):养育。　④乐:丰收。

译析:贤明的君主用法度规定人民私产和家业,一定要他们对上足够供养父母,对下足够抚养妻子儿女;丰收年能整年吃饱穿暖;歉收年也不至于饿死冻死;这样你去要求他们走向善良,那么人民就容易听从了。

(12)得道者多助,失道者寡助。寡助之至,亲戚畔之;多助之至,天下顺之。以天下之所顺,攻亲戚之所畔;故君子有不战,战必胜矣。

(战国)孟轲:《孟子·公孙丑(下)》

注:①道:治国之道,指施仁政,后世指正义。 ②畔:同"叛"。

译析:施行仁政的,定会得到多方支持与帮助;不施仁政的,必然极少有人支持与帮助。支持帮助的人极少时,连亲戚也会叛离;支持帮助的人极多时,普天下的人都会顺从他。凭着天下皆顺从的力量去攻打众叛亲离的人,所以说正义的君子不战则已,要战必胜。

(13)乐民之乐者,民亦乐其乐;忧民之忧者,民亦忧其忧。乐以天下,忧以天下,然而不王者,未之有也。

(战国)孟轲:《孟子·梁惠王(下)》

注:王:动词,使天下归服而称王。

译析:把百姓的快乐作为自己快乐的人,百姓自会把他的快乐作为自己的快乐;把百姓的忧虑作为自己的忧虑的人,百姓也自会把他的忧虑作为自己的忧虑。能与天下百姓同欢乐、共忧愁,却不能收服天下民心的君王,是绝对不会有的。

(14)明所爱而贤良众,明所恶而邪僻灭,是以天下治平,百姓和集。

《晏子春秋·谏上七》

注:①明:指贤明的人。 ②邪僻:品行不端的人。 ③是以:因此。 ④治平:谓政治清明,社会安定。 ⑤和集:和睦团结。

译析:贤明的领导者喜欢有德才的人,有德才的人就众多;贤明的领导者不喜欢品行不端的人,那么品行不端的人就会消失;因此国家就能够政治清明,社会安定,老百姓和睦团结。

(15)不富无以养民情,不教无以理民性。

(战国)荀况:《荀子·大略》

注:①富:富裕。 ②无以:无从。 ③民性:人的天赋本性。

译析:不设法使百姓富裕起来,就无从培养他们的荣辱廉耻等感情,对百姓不进行教育,就无法陶冶他们的天赋本性。

(16)循道而不贰,则天不能祸。

(战国)荀况:《荀子·天论》

注:①道:规律。 ②贰:违背。

译析:遵循事物的发展规律而坚定不移,就是上天也不能给人祸害。

(17)力术止,义术行。

(战国)荀况:《荀子·强国》

注:①术:方法。 ②止:阻止;拦阻。

译析:用强力的方法会遇到拦阻,用仁义的方法就能行得通。

(18)时移而治不易者乱。

(战国)韩非:《韩非子·心度》

注:①时:时代。 ②移:推移,引申为发展。 ③易:改变。

译析:时代向前发展了,而治理国家的方法不改变,就会引起骚乱。

(19)治世之音安以乐,其政和;乱世之音怨以怒,其政乖。

《礼记·乐记》

注:①治世:太平盛世。 ②政:政策。 ③和:恰到好处。 ④乱

世：混乱不安定时代。　⑤乖：谬误。

译析：太平盛世的音乐安详而愉快，因为政策好；混乱不安定时代的音乐怨恨而愤怒，因为政策谬误。

(20)处其位而不履其事，则乱也。

《礼记·表记》

注：①处：处在。　②位：职位。　③履：做。　④乱：祸害。

译析：处在那个职位上而不做应该做的事，就必然出现祸害。

(21)敬事而信，节用而爱人，使用以时。

《论语·学而》

注：①敬事：严肃认真对待政事。　②用：费用。　③使：引导。

译析：严肃认真对待政事并讲究信用，节省费用又爱护人民，引导人民不违背农时。这是孔子论述治理国事的基本原则时的一句名言，告诫执行管理民众的公务人员要敬业爱民，注意节省开支，不铺张浪费，减轻人民负担，处处注意保护人民的根本利益，事事从人民的根本利益出发，爱护人民。2000 年 2 月江泽民同志在广东考察工作时，提出的"三个代表"重要思想就涵盖着孔子的这种理想追求。然而，现在仍然有些县、乡、村等的领导同志，往往就做不到。据中央电视台焦点访谈播放的新闻片，有一个贫困县的领导，为了庆祝某种活动，邀请著名歌星演唱，票价很高，大家买不起，便动用行政手段硬行摊派，人民群众怨声载道。这很明显是违背了"节用而爱人"的治国原则。

(22)子路问政。子曰："先之劳之。"请益，曰："无倦。"

《论语·子路》

注：①先：前导。　②益：请求进一步解释。　③倦：松懈。

译析:子路问怎样治理国政。孔子说:"当领导的应先在前面引导好,然后让民众勤勉的劳动。"子路请求进一步解释,孔子说:"办理政务不要松弛懈怠。"孔子认为治理政务要勤勉,并要以身作则发挥引导和带头作用。

(23)子曰:"为政以德,譬如北辰居其所,而众星共之。"

《论语·为政》

注:①为:治理。　②北辰:北极星。　③共(gǒng 巩):环绕。

译析:孔子说:"用道德治理政事,就可以像北极星那样安居在自己的位置上,而别的星辰都环绕着它。"这里孔子用众星拱仰北斗作比喻,说明治国需以德为主。然而我们应认识到,孔子所倡导的"为政以德"与我们今天推行的"以德治国",虽然代表的阶级利益不同,对"法治"认识也不完全一样,而在"爱民"、"为民"、"仁政"、"重义"、"正己"、"重在教化"等诸多方面还是有历史联系的。今天我们继承、借鉴先人实施"为政以德"的方略时,要用马克思主义的观点,除其糟粕,吸其精华,把"德治"和"法治"与落实"三个代表"重要思想紧密结合起来,相互促进,相得益彰,把"以德治国"的思想真正落在实处。

(24)近者说,远者来。

《论语·子路》

注:①近:近处。　②说:通"悦",快乐。　③来:归来。

译析:你治理下的人民快乐,远处的人就会来归顺。

(25)居之无倦,行之以忠。

《论语·颜渊》

注:①居:处在;处于。　②倦:懈怠。　③行:执行。

译析:在位不要松弛懈怠,执行政令要忠诚无私。

(26)临之以庄,则敬。

《论语·为政》

注:临:对待。

译析:对待老百姓的事情严肃认真,百姓就会尊敬你。

(27)先有司,赦小过,举贤才。

《论语·子路》

注:①先:走在前面。 ②有司:官吏,古代设官分职,各有专司。③赦:赦免。

译析:官吏要带头尽职,赦免下属小过失,选拔优秀人才。这是孔子回答弟子仲弓请教怎样治政的话。

(28)居敬而行简,以临其民,不亦可乎?

《论语·雍也》

注:①居敬:谓持身恭敬。 ②行简:行事简易。 ③临:对待。

译析:做官敬业谨慎而办事简易,用这种态度对待自己的人民,不也就可以了吗?这是孔子学生仲弓问孔子的话,孔子表示赞成,说明孔子主张做官要敬业慎重,但办理政务要简约。

(29)政之急者,莫大乎使民富且寿也。

《孔子家语·贤君》

注:急:迫切,急需的。

译析:最迫切急需的政治措施,没有比让民众生活富裕而且长寿更重要的了。

(30) 治世不一道，便国不必法古。

《商君书·更法》

商洛市商鞅广场商鞅雕像

注：①治世：治国。　②道：方法。　③便：有利。　④法：效法。

译析：治理国家不止一种方法，只要有利于国家富强不一定要效法古代。这是商鞅变法之时回答反对变法的守旧贵族的话，表现出他进步的思想和变法的决心。

(31) 苟可以利民，不循其礼。

《商君书·更法》

注：①循：遵守。　②礼：指旧的礼制。

译析：如果能够有利于百姓，就不必遵守旧的礼制。

(32) 明王之治天下也，缘法而治，按功而赏。

《商君书·君臣》

注：①明：明智。　②天下：古时多指中国范围内的全部土地；全国。③缘：依照。

译析：明智的君王治理国家，依照法律治国，根据功劳大小进行奖赏。

(33) 计有一二者难悖也，听无失本末者难惑。

《战国策·秦策》

注：①计：策略。　②悖(bèi 贝)：惑乱，糊涂。　③失：违背；离开。④本末：始终。

译析：策略有几套，就不容易糊涂；听取意见不违背始终如一原则，就不容易迷惑。

(34)论至德者不和于俗，成大功者不谋于众。

（西汉）司马迁：《史记·赵世家》

注：①论：研究。　②至：极，最。　③和：附和。　④俗：一般人的。⑤谋：谋划。

译析：研究最高德行的人不会附和一般人的看法，成就大功业的人谋划不会同于一般人的意见。这句名言的背景是：公元前307年（赵武灵王十九年），赵武灵王根据赵国地处北边与游牧部落接壤，因军事需要，欲实行穿短衣、习骑射富国强兵的"胡服骑射"改革，遭到旧贵族的反对，大臣肥义支持他，说了上述的话。后赵国实行了改革，国势逐渐强盛起来。

(35)牧民之道，除其所疾，适其所安。

（西汉）桓宽：《盐铁论·未通》

注：①牧：治理。　②道：方法；途径。　③疾：痛苦；疾苦。　④适：适当；恰当。

译析：治理民众的方法，帮助他们解除痛苦，恰当安排他们的生活使其安乐。

(36)战胜而强立，故天下服矣。

《银雀山汉墓竹简·孙膑兵法·见威王》

注：①战胜：经过战斗而获胜。　②强立：以强大立足天下。　③服：敬佩。

译析：经过战斗而获胜并以强大立足天下，所以能受到天下人的敬佩。

(37)款言不听,奸言不生,贤、不肖自分,白、黑乃形。

(东汉)班固:《汉书·司马迁传》

注:①款:空,不真实。　②奸:邪恶。　③贤:美善。　④不肖:不贤。

译析:不真实的话不听信,邪恶的事就不能产生,美善与不贤自然就分辨清楚,是白是黑便显现出来。

(38)夫定国之术,在于强兵足食。

(三国·魏)曹操:《置屯田令》

注:①定:安定。　②术:办法。

译析:国家安定的办法,在于军队强大、粮食充足。

(39)为政之务,务在正身。

(三国·魏)桓范:《政务》

注:①为政:处理政事。　②务:第一个"务"作"工作"讲,第二个作"必须"讲。

译析:处理政事的工作,必须在于端正自身。

(40)喜不可纵有罪,怒不可戮无辜。

(三国·蜀)诸葛亮:《便宜十六策·喜怒》

注:①纵:释放。　②戮(lù 露):杀。

译析:高兴时不能释放有罪的人,发怒时不可杀害无辜的人。

(41)夫济大事必以人为本。

(西晋)陈寿:《三国志·蜀书·先主传》

注：济：成。

译析：欲办成大事情必须以人为根本。

（42）去贪浊，进廉平，明法令，严刑罚，禁奢侈，薄税敛，则天下幸甚。

（唐）李延寿：《南史·循吏传·郭祖深》

陈寿著《三国志》

注：①去：除掉。　②贪浊：贪污。　③进：推荐。　④廉平：清廉公正。　⑤明法令：使法律严明。

译析：除掉贪污的，推荐清廉公平的，使法律严明，严格依照法律对违反者实行处分，禁止挥霍浪费过分享受，减轻赋税，那么天下百姓就非常幸运了。

（43）消烦解结，逢机立断。

（唐）元载：《故相国杜鸿渐神道碑》

注：①烦：麻烦。　②解结：释冤。　③逢机立断：亦言当机立断。

译析：消除麻烦，解除冤屈，都要当机立断。

（44）虽有忧勤之心，而不知致治之要，则心愈劳而事愈乖；虽有纳谏之明，而无力行之果断，则言愈多而听愈惑。

（北宋）欧阳修：《准诏言事上书》

注：①忧勤：多指帝王或朝廷为国事而忧虑勤劳。　②致：使达到。③治：指政治清明，社会稳定。　④要：要领。　⑤乖：不如意。　⑥纳：接受。　⑦力行：努力实践。　⑧果断：果敢决断，不迟疑。

译析：即使有为国事忧虑勤劳的心思，但不知道使之达到政治清明、社会稳定的要领，那么心中越操劳事情就越不如意；即使有接受劝告的明智,但不能果敢决断地去努力实践,那么听到的劝告越多就会越迷惑。

(45)昵小人,疏君子,而欲至治,非所闻也。

(北宋)欧阳修、宋祁等:《新唐书·魏徵传》

注:①昵(nì 逆):亲近。　②治:指政治清明,社会安定。

译析:亲近小人,疏远君子,而想达到政治清明、社会稳定,从未听说过。

(46)忧劳可以兴国,逸豫可以亡身,自然之理也。

(北宋)欧阳修:《伶官传序》

注:①忧劳:忧虑勤劳。　②逸豫:淫荒;享乐。

译析:操心与勤劳可以振兴国家,纵欲和享乐可以丧失性命,这是自然的道理。

(47)太祖坐正殿,令洞开诸大门直望之,谓左右曰:"此如我心,小有邪曲,人皆见之。"

(北宋)司马光:《涑水记闻·卷一》

注:①正殿:位置在中间的主殿。　②洞开:敞开。　③左右:身边的人。

译析:宋太祖赵匡胤在正殿坐下,命令敞开全部殿门,并对身边的大臣们说:"这好比是我的内心,稍微有点不正直的地方,人们都可以看见的。"

(48)民可以明也,不可愚也;民可教也,不可威也。

《二程全书·粹言》

注:①明:明白,清楚。　②威:使……害怕。

译析:应当使民众明白事理,不应当使其愚昧;应当对民众进行教育,不应当使其害怕。

(49)治民者,导之敬让,而争自息。

(南宋)朱熹:《近思录·治体类》

注:争:争端。

译析:管理民众的人,若能用谦让的精神引导人民,那么一切争端就会自行平息。

(50)国之将兴,其时非无姦恓阴贼之臣也,政教方明,而贤者持其枢柄。

(清)方苞:《书〈泾阳王金事家传〉后》

注:①将:想,打算。 ②非:必须。 ③姦:邪恶狡诈的人,古代"姦"与"奸"是两个字,意义各不相同;"奸"是"干扰"的意思;"姦"是邪恶的意思;到了后代"姦"亦可写作"奸"。 ④恓(xiān 仙):奸佞。 ⑤阴:阴险。 ⑥贼:狠毒。 ⑦政教:政治与教化。 ⑧方:正直。 ⑨枢柄:中枢的权柄,指军政大权。

译析:国家想要兴盛强大,那时必须没有邪恶狡诈、阴险狠毒的佞臣,政治与教化公正清明,让有德有才的人掌握军政大权。

(51)泰西之所以富强,不再炮械军兵,而在穷理劝学。

(近代)康有为:《教学通设序》

注:①泰西:泛指欧美各国。 ②穷理:穷究事物之理。

译析:欧美各国之所以富强,不在于他们有炮械军兵,而在于他们能穷究事理,鼓励学习。

(52)手中有粮,心中不慌,脚踏实地,喜气洋洋。

毛泽东:《粮食问题》

(53)发现了问题,一定要即时处理,即时纠正,不要积累起来算总账。

朱德:《加强党的纪律检查工作》

(54)对于利用职权谋私利的人,如果不给以严厉的打击,对这股歪风如果不加制止,或制止不力,就会败坏党的风气,使党丧失民心。

陈云:《在党的十二届二中全会上的发言》

(55)我们在建设有中国特色社会主义,发展社会市场经济过程中,依法治国,同时也要坚持不懈地加强社会主义道德建设,以德治国。

江泽民:《在全国宣传部长会议上的讲话》

简析:江泽民同志的"法治"和"德治"双管齐下的治国思想,正确、科学地总结了历史经验,汲取了我国古代思想传统的精粹和合理内核,摒弃了糟粕,纠正了片面性,把治理国家的基本方略提到了一个新的历史高度。因为凡是道德禁止和谴责的行为,也是法律禁止和制裁的行为,而从规范作用范围看,法律与道德对人们有不同层次的要求,法律只能规定人们最基本、最起码的行为要求,"法律是道德的最低线",而道德可能解决人们精神生活和社会行为中最高层次的问题,如道德可以倡导人们公而忘私、毫不利己,但法律只能禁止人们损公肥私、损人利己。

(56)要尊重知识,崇尚科学。崇尚科学的民族,才是最有希望的民族。

朱镕基:《在国家科学技术奖励大会上的讲话》

(57)为政之道在于安民,安民之要在于察其疾苦。

李瑞环之言,引自《工人日报》2001年3月20日

《朱镕基讲话实录》

(58)什么叫领导?简单地说,"领"就

是带领,就是走在前边,干在前边,身先士卒,"导"就是引导、教导。只有"领"好了,"导"才能起作用。自己满脸脏东西,怎么号召人家讲卫生?你在台上讲人,人在台下讲你,你讲的还管什么用?

李瑞环之言,引自《2001 年 9 月 29 日在政协第九届
全国委员会常务委员会第十五次会议上的讲话》

(59)领导者的作用,就在于把多数人的积极性充分调动起来,并合理发挥出去。领导者的积极,归根结底是为了使更多的人积极,如果领导者的积极带来周围的人都不积极,这个积极就值得怀疑,这个积极就不如不积极。

李瑞环之言,引自《1999 年 1 月 20 日
同全国统战部长会议代表座谈时的讲话》

(60)我们的国家和民族正站在历史的新起点上,面对新的任务,需要更加清醒、更加坚定、更加努力。清醒,就是要认识到我们已经取得的成绩只是在现代化进程中迈出的第一步,今后的路还更长,更艰苦。形势稍好,尤须兢慎。思所以危则安,思所以乱则治,思所以重则存。

温家宝:《在十届全国人大四次会议
记者招待会上答中外记者问》

(61)我们还要用简朴的政府来取信于民,造福人民,要让人民过上好日子,政府就要过紧日子。

李克强之言,引自《十二届全国人大一次
会议会见中外记者的谈话》

(62)公正是社会创造活力的源泉,也是提高人民满意度的一杆秤,政府理应是社会公正的守护者。

李克强之言,引自《十二届全国人大一次
会议会见并回答中外记者的谈话》

四、调研篇

(1)物类之起,必有所始。

(战国)荀况:《荀子·劝学》

注:物类:万物。

译析:万物的兴起,一定有它开始的原因。

(2)疑似之迹,不可不察。

《吕氏春秋·疑似篇》

注:①疑似:似是而非或是非不明。　②迹:事迹。

译析:似是而非或是非不明的事物,不可以不考察。

(3)得言不可以不察。

《吕氏春秋·察传》

注:得言:听到的话。

译析:听来的话不可不考察。

(4)不察则善不善不分,善不善不分,乱莫大焉。

《吕氏春秋·听言》

注:①察:考察。　②莫大:没有再比这个大。

译析:听到别人的话不加考察,就分不清是与非,是非不清就是最大的昏乱。

(5)使叶落者,风摇之;使水浊者,鱼挠之。

《淮南子·说林》

注:挠:搅动。

译析:使树叶凋落是风摇动的原因,使池水变混浊是鱼搅动的原因。这句名言是用比喻说明万物有因,万物有源,如果不能探求事物的根源,就不能认识事物、理解事物。

(6)水虽平,必有波;衡虽正,必有差。

《淮南子·说林》

注:①衡:秤杆,此处指秤。　②差:错误。

译析:水面虽然很平,但仍有波浪起伏;秤虽然正确,却必定有差误。这句名言说明事物的平与波、正与差之间的界限,并不是绝对的。因此,我们调研时,要想正确地认识事物,就必须坚持矛盾的分析方法。

(7)耳闻不如目见之,目见之不如足践之,足践之不如手辨之。

（西汉）刘向:《说苑·攻理》

注:践:实践,从事某种工作或活动。

译析:耳朵听见的事情不如亲眼见到它,亲眼见到的事情不如亲自去做它,亲自去做的事情不如自己动手认真地去辨别它。

(8)不览古今,论事不实。

（西汉）王充:《论衡·别道篇》

注:①览:观看;考察。　②论:评论。　③实:实际。

译析:不广泛认真地阅读、考察历史和现实,评论事物就不能切合实际。

(9)知屋漏者在宇下,知政失者在草野。

(西汉)王充:《论衡·书解篇》

注:①宇下:屋内。　②政:政事。　③失:失误。　④草野:民间。

译析:欲想了解房屋是否漏雨需要在屋内,欲想了解政事是否失误需要到民间去。

(10)百闻不如一见。

(东汉)班固:《汉书·赵充国传》

注:百:数词,引申为众多的。

译析:听的再多,不如自己亲自去看看。这是西汉著名军事家赵充国年已70多岁时,河湟地域西羌反叛,皇帝问讯羌军情况,他答话中的一句话。后来,他便疾驰至前线,洞察形势,制订出正确作战方案,终于取得胜利。

(11)不入虎穴,焉得虎子。

(南朝·宋)范晔:《后汉书·班超传》

注:①穴:巢穴。　②焉:怎么。

译析:不亲自进入老虎的洞穴里,怎么能得到小老虎。这句名言原意是指不亲身经历险境,就不能获得成功;后来用比喻不能大胆地实践调查,就不能了解事物的真相。

范晔《后汉书》

(12)下塞上聋,邦其倾矣。

(唐)韩愈:《子产不毁乡校颂》

注:①下:臣下;百姓。　②上:君主。　③倾:覆亡。

译析:臣民百姓的议论堵塞,君王的耳朵听不到意见,国家就要覆亡了。

(13)言者无罪闻者诫,下流上通上下泰。

(唐)白居易:《采诗官》

注:①通:通报,传达。 ②泰:通。

译析:进言的人没有罪过,听的人从中可以得到警诫;下面的意见能够传达到上面,这样上下就通气了。

(14)不畏浮云遮望眼,只缘身在最高层。

(北宋)王安石:《登飞来峰》

注:只缘:一作"自缘"。缘:因为。

译析:不担心浮云会遮住视线,只因为自身站在山峰的最高处。这两句诗说明,人们在调研时,想不为表面现象、暂时的困扰所蒙蔽,想看清事物本质和发展方向,就必须站在科学的世界观和方法论的高度上来看问题。

(15)积雨无干土,疾风无静林。

(清)陈确:《东里谣》

注:①积雨:久雨,指连日下雨。 ②疾风:猛烈的大风。

译析:连日下雨地上就不会有干燥的泥土,风刮得猛烈就不会有寂静不摇动的树林。这句名言说明事物处在某种状态,是由客观条件决定的;如果客观条件发生了变化,事物的状态也会随之而改变。因此,认识事物时,一定要考虑客观条件,对具体事物进行具体分析。

(16)共产党员的正确而不动摇的斗争策略,决不是少数人坐在房子里能够产生的,它是在群众的斗争过程中才能产生的,这就是说要在实际经验中才能产生。因此,我们需要时时了解社会情况,时时进行实际调查。

毛泽东:《反对本本主义》

(17)你对于那个问题不能解决么？那末,你就去调查那个问题的现状和它的历史吧！你完完全全调查明白了,你对那个问题就有解决的方法了。

毛泽东:《反对本本主义》

(18)离开群众经验和群众意见的调查研究,那末,任何天才的领导者也不可能进行正确的领导。

邓小平:《关于修改党的章程的报告》

简析:怎样才能了解群众的真正意见？第九届全国人民代表大会江西代表团座谈政府报告时,有的代表质疑某些领导"调研"的形式主义时说:领导干部调查研究,首先要摆正心态,下基层是为了摸实情,不能认为是去"教育群众"。一些领导身子进了乡村和厂矿,可官架子端着不放下来,群众心里畏惧、反感,不会跟你说真话。一些领导干部下基层认识有些误区,似乎认为给困难群众送点钱物就是心里有群众。实际上群众更希望领导干部能够掌握真实情况,研究办法,制定有效对策,切实解决生产和生活中存在的普遍问题,而不是看你去"作秀"。

马克思著《资本论》

(19)研究必须充分地占有材料,分析它的各种发展形式,探求这些形式的内在的联系。只有这份工作完成以后,现实的运动才能适当地叙述出来。

(德国)马克思:《资本论》

(20)泥人经不住雨大,假话经不起调查。

(中国谚语)

(21)莫学蜻蜓点水过,要做秤砣水下沉。

(中国谚语)

五、群众篇

(1)民心无常,惟惠之怀。

《尚书·蔡仲之命》

注:①常:常主。　②怀:归向。

译析:老百姓的心没有常主,只归向惠爱他们的君主。

(2)民事不可缓也。

(战国)孟轲:《孟子·滕文公》

注:缓:拖延。

译析:为老百姓办事不可拖延。

(3)有尧之智,而无众人之助,大功不立。

(战国)韩非:《韩非子·观行》

注:①尧:相传是我国原始社会后期著名的氏族首领,名叫放勋,属陶唐氏,所以又称唐尧;他聪明智慧,治理天下有计谋,善恶明辨,国泰民安,人民安居乐业。　②立:建立。

译析:一个人即使有尧帝的智慧,但没有众人的帮助,也不可能建立大的功勋。

(4)民之所好好之,民之所恶恶之,此之谓民之父母。

《礼记·大学》

译析:喜好并提倡老百姓所喜好的;厌恶并革除老百姓所厌恶的,这样才能称得上是百姓的父母官。

(5)民无信不立。

《论语·颜渊》

中孚卦

注:无:失去。

译析:如果老百姓对政府失去了信任,那么政权就难以保住了。这是子贡问孔子怎样治理国家时孔子说的话。孔子强调取信于民是治理国家的根本。

(6)民者,万世之本也,不可欺。

(西汉)贾谊:《新书·大政上》

注:欺:欺凌。

译析:广大人民群众,世世代代都是国家的根本,不可欺压凌辱。

(7)积力之所举,无不胜也;而众智之所为,无不成也。

《淮南子·主术》

注:①积力:合力。 ②举:兴办,办理。

译析:集中群众力量兴办事情,没有不取得胜利的;集中群众智慧兴办事情,没有完不成的。

(8)人视水见形,视民知治不。

(西汉)司马迁:《史记·殷本纪》

译析:一个人往水里看,就能看到自己的样子,做领导的只要看看广大民众的生活情况,就会知道治理得好与不好。

(9)国之兴亡不由蓄积多少,唯在百姓苦乐。

（唐）吴兢:《贞观政要·奢纵》

注:唯:只。

译析:国家的兴盛衰亡不在于财富积蓄的多少,只在于老百姓的生活是困苦还是安乐。

(10)保国之大计,在结民心。

（南宋）杨万里:《转对劄子》

注:结:凝聚。

译析:巩固国家政权的根本办法,在于老百姓能从心里拥护,团结成一条心。

(11)如果群众没有起来,就要教育群众、组织群众,并作必要的忍耐,等群众觉悟起来了再做。

朱德:《学习毛泽东的军事思想》

(12)英雄产生于广大群众的共同行动、共同斗争中,为群众所赏识,为群众所称颂,而不是自封的、高高站在群众头上的。

朱德:《八路军新四军的英雄主义》

(13)群众力量、集体力量才是创造世界和创造历史的伟大力量,个人的力量只是伟大力量中的"沧海一粟"。

朱德:《八路军新四军的英雄主义》

(14)群众观点是共产党员革命的出发点与归宿。

毛泽东:《切实执行十大政策》

(15)培养好的风气,最主要的是怎样走群众路线和实事求是这两条。

邓小平:《关于科学和教育工作的几点意见》

(16)党的工作中的群众路线,本身就要求党的领导保持谦虚和谨慎的态度。

邓小平:《关于修改党的章程的报告》

(17)社会主义现代化建设的极其艰巨复杂的任务摆在我们的面前。很多旧问题需要继续解决,新问题更是层出不穷。党只有紧紧地依靠群众,密切地联系群众,随时听取群众的呼声,了解群众的情绪,代表群众的利益,才能形成强大的力量,顺利地完成自己的各项任务。

邓小平:《党和国家领导制度的改革》

(18)骄傲,专横,鲁莽,自作聪明,不同群众商量,把自己的意见强加于人,为了自己的威信而坚持错误,是同党的群众路线根本不相容的。

邓小平:《关于修改党的章程的报告》

(19)越是困难的时候,越要关心群众。只要你关心群众,同群众打成一片,不仅不搞特殊化,而且同群众一块吃苦,任何问题都容易解决,任何困难都能够克服。

邓小平:《高级干部要带头发扬党的优良传统》

(20)群众是我们力量的源泉,群众路线和群众观点是我们的传家宝。

邓小平:《贯彻调整方针,保证安定团结》

(21)只要我们相信群众,走群众路线,把情况和问题讲明白,任何问题都可以解决,任何障碍都可以排除。

邓小平:《解放思想,实事求是,团结一致向前看》

(22)要注意群众的切身问题,帮助他们解决困难,这是发动群众的关键。

陈云:《陈云文选·卷一》

(23)解决群众切身问题的办法,必须在群众中去讨论,到群众中去找寻。

陈云:《陈云文选·卷一》

六、兼听篇

(1)明主者,兼听独断。

《管子·明法解》

注:①明主:贤明的君主。 ②兼听:广泛听取意见。 ③独断:独自决断。

译析:贤明的君主,能广泛地听取意见,并独自作出决断。

(2)兼听齐明,则天归之。

(战国)荀况:《荀子·君道》

注:①兼听:广泛听取意见。 ②齐明:敏捷明智。

译析:广泛听取意见,就会耳聪目明,那么天下人定会归顺他。

(3)言道听之,必以其事观之,则言者莫敢妄言。

(西汉)贾谊:《治安策》

注:①道:方法。 ②观:观察。

贾谊故居

译析：听取意见的方法，一定要观察他谈的事情是否真实，那么谈论的人就不敢胡言乱语了。

（4）君之所以明者，兼听也；其所以闇者，偏信也。

（东汉）王符：《潜夫论·明暗》

注：①闇（àn 暗）：愚昧，糊涂。 ②偏信：相信一方。

译析：领导者之所以能明察情况，是由于多方面听取意见；他所以愚昧、糊涂是由于他只听取一方的意见。

（5）不见数日，忧愤甚深。自顾过已多矣，言已失矣，行已亏矣。古人云：无镜无以鉴须眉，可谓实也。比欲自往，恐劳卿，所以使人来去。若有闻知，此后可以信来具报。

（唐）唐太宗李世民：《问魏徵病手诏》

注：①愤：烦闷。 ②鉴：照。 ③比：本来。 ④具：陈述。

译析：你病重几天不能上朝进谏，我心里非常忧虑烦闷。自己知道处理政事的过错已很多了，说话已失言了，做事已欠缺不周了。古人说：无镜无以鉴须眉，这话可以说是千真万确的。我本来想亲自去探望你，但又担心让卿劳神，影响静养，因此派专人往来问候。如果你那里听到有人议论我的过失，可以用书信具体陈述。

(6)君之所以明者,兼听也。

(唐)吴兢:《贞观政要·论君道》

注:明:明察。

译析:君子之所以能明察,是因为广泛地听取意见。

(7)狂夫有可择之言,愚者有一得之虑。

(唐)白居易:《代论伐剑南更发兵表》

注:①狂夫:狂妄自大的人。 ②得:可取,使人获益。

译析:狂妄的人偶尔也有可供采纳的好意见;愚笨的人有时也会有可取的好想法。

(8)兼听则明,偏听则暗。

(北宋)欧阳修、宋祁等:《新唐书·魏徵传》

注:①明:明察。 ②暗:愚昧。

译析:听取多方意见,就能明察入微,判断正确;只听取一方面的话便相信,就会愚昧不明,判断失误。

(9)君子千言有一失,小人千言有一当。

(元)关汉卿:《包待制智斩鲁斋郎》

注:①失:失误,失当。 ②当:得当,正确。

译析:贤明的人说一千句话难免会有一句失当,平庸的人说一千句话会有一句很得当。这句名言是说对人对物应一分为二,对君子的话也不能盲目信从,平庸人的话有时也可能有可取之处。

（10）要大家讲真话，首先要领导上喜欢听真话，反对说假话。

周恩来：《周恩来选集·下卷》

（11）轻视群众，不倾听群众意见，不倾听别人意见，自作聪明，自以为是，那是十足的愚人。

刘少奇：《论党员在组织上和纪律上的修养》

《周恩来选集》

（12）事物是很复杂的，要想得到比较全面的正确的了解，那就必须听取各种不同的意见，经过周密的分析，把它集中起来。

陈云：《怎样使我们的认识更正确》

（13）能够听到不同的声音，决不是坏事。

陈云：《身负重任和学习哲学》

（14）只听顺耳的话，是不能做好工作的。

陈云：《陈云文选·卷二》

（15）"广直言之路，启进善之门"，这是柳宗元的话，"言能听，道乃进"，这是《史记》的话。只有不断听取意见，我们的工作才能有进步，只有发扬成绩，克服缺点，才能多为人民办好事。总之，就是要发扬民主，广开言路，从善如流。

温家宝之言，引自《齐鲁晚报》2007 年
9 月 26 日《温家宝中秋节前夕与国务院
参事、中央文史馆馆员座谈》

七、纳谏篇

(1)先民有言,询于刍荛。

《诗经·大雅·板》

注:①先民:古代贤人。 ②询:询问,请教。 ③刍(chú 锄)荛(yáo 饶):割草采薪的人。

译析:古代贤人有句名言:应向割草采薪的人请教。这句名言的言外之意是:臣僚的意见应采纳。其背景是:西周厉王时期,政治黑暗腐败,对臣民实行专制高压,人们不敢直陈时弊,因此,当时任卿士的凡伯只得假托劝诫同僚之词,以对厉王进行委婉规劝。

(2)嘉言罔攸伏,野无遗贤,万邦咸宁。

《尚书·大禹谟》

注:①嘉言:善言,好的言论。 ②罔:无,没有。 ③攸:所。 ④伏:埋没。 ⑤野:民间。 ⑥遗:抛弃。 ⑦邦:古代诸侯的封国。

译析:好的意见不被埋没,民间没有被遗漏的有才能有贤德的人,天下所有的邦国都会太平。

(3)从善如流,宜哉。

《左传·成公八年》

注:①从:听从。 ②善:好的意见。 ③宜:正当的道理。

《春秋左氏传校本》

译析:采纳好的意见就像流水一般爽快,这是治国安邦的正道理。成语"从善如流"就源于此。

(4)忠言拂于耳,而明主听之,知其可以致功也。

(战国)韩非:《韩非子·外储说左上》

注:①忠言:正直诚恳的劝告。 ②拂:违背,不顺。 ③明主:贤明的君主。 ④致:取得。 ⑤功:成效。

译析:正直诚恳的劝告听起来不顺耳,但贤明的君主却想听到这些良言,因为他知道按照这些话做可以取得成效。

(5)君子不以言举人,不以人废言。

《论语·卫灵公》

注:①以:因为。 ②举:提拔。 ③废:废弃,鄙弃。

译析:君子不因为他说得好听就提拔他,同样也不因为对他的印象坏就鄙弃他的正确意见。这句名言是孔子告诫人们用人、纳言都应以正确态度对待,不能感情用事。

(6)偏听生奸,独任成乱。

(西汉)邹阳:《狱中上梁王书》

注:独任:独自信用。

译析:偏听偏信就会出现奸邪,独自信用一人就会酿成祸乱。

(7)其计乃可用,不羞其位;其言可行,而不责其辨。

《淮南子·主术》

注:①计:策略。 ②乃:只。 ③辨:通"辩",谓言漂亮、巧妙。

译析:他的策略只要可以用,不要羞于他的地位低下而不采纳;他谈的意见可以做,不要责难他的言辞是否漂亮巧妙。

(8)忠言逆耳利于行,毒药苦口利于病。

(西汉)司马迁:《史记·留侯世家》

注:①忠言:正直诚恳的劝告。　②逆耳:刺耳,听起来不舒服。　③毒药:辛烈的药物。

译析:正直诚恳的劝告话听起来不顺耳,却有利于改正缺点错误;辛烈的药物吃起来口感到苦,却有利于治好病。成语"忠言逆耳"即源于此。

(9)夫参署者,集众思,广忠益也。若远小嫌,难相违复,旷阙损矣。违复得中,就弃敝跻而获珠玉。

(三国·蜀)诸葛亮:《全三国文·与群下教》

注:①参:参与。　②署:办理公务的政府机关。　③忠:忠于职守。④益:有好处。　⑤远:避免。　⑥违复:反复研究。　⑦旷:荒废,这里有增多、加大的意思。　⑧中:适合,指正确意见或经验。　⑨敝跻(jué 觉):破草鞋。

译析:你们在政府机关参与讨论政事,应汇集众人想法,多提建议,忠于职责,工作才能做得更好。如果为了个人得失,避免些小的嫌疑,对公务不能提出不同意见,反复研究,那就会使缺点和过失愈来愈多。通过反复讨论,反复研究,得出正确结论,就像扔掉旧草鞋而获得珍贵的珠宝一样。

(10)兴国之君乐闻其过,荒乱之主乐闻其誉。

(西晋)陈寿:《三国志·吴书》

注:①兴国:振兴国家。　②君:国君。　③荒乱:荒淫。　④誉:赞美。

译析:振兴国家的君主乐意别人批评他的过失,荒淫的国君乐意别人对他的赞美之辞。

(11)身之将败者,必不纳忠谏之言。

(北朝·北齐)刘昼:《刘子·贵言》

注:身:自身。

译析:自身将要失败的时候,定不会采纳忠心规劝的话。

(12)虑雍蔽,则思虚心以纳下。

(唐)魏徵之言,引自《中国历代应用文章名篇赏析》

注:雍:通"壅",堵塞,阻塞。

译析:忧虑耳目被堵塞,就应考虑虚心接受下面的意见。这句名言是唐朝"诤臣"魏徵谏太宗"十思"中的"七思":忠告太宗应虚心纳下,不为谗邪壅蔽。

(13)乐闻过,罔不兴;拒谏,罔不乱。

(北宋)欧阳修、宋祁等:《新唐书·宋务光传》

注:①乐:高兴,乐意。 ②罔:无,没有。

译析:乐意听取别人批评自己的过错,没有不兴盛发达的;拒绝别人的规劝,没有不出乱子的。

(14)臣以进言为忠,君以纳谏为圣。

(金)王若虚:《臣事实辨》

注:①进言:对长者或平辈提供意见。 ②忠:尽心竭力。

译析:臣下向君主提供意见是尽心竭力的表现,君主接受臣下意见是品德、智慧高尚的表现。

八、求实篇

(1)夸过其理,则名实两乖。

（南朝·梁）刘勰:
《文心雕龙·夸饰》

注:①夸过:夸张过分。　②理:常理。　③名实:名称与实质。④乖(guāi 拐):不合。

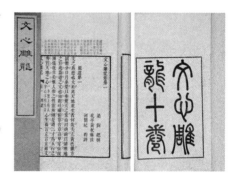

刘勰《文心雕龙》

译析:夸张过分而违背常理,那就会使名称与实质两者不合。

(2)假金方用真金镀,若是真金不镀金。

（唐）李绅:《答章孝标》

注:镀:用电解或其他化学方法使一种金属附着在另一种金属或物体表面上。

译析:不是真金才用真金在其表面附上薄薄一层,如果是真金就不用在表面附上薄薄一层真金。这句名言是讽刺某些人弄虚作假、盗取虚名。

(3)美曰美,不一毫虚美;过曰过,不一毫讳过。

（明）海瑞:《治安疏》

注:①美:好。　②虚:虚假。　③讳过:隐瞒过错或失误。

译析:好就说好,没有一点虚假地说好;过错就是过错,没有一点隐瞒过错。

(4)只有从实际出发才能正确地解决问题。

　　　　　　　　　　朱德:《军事教育必须从实际出发》

(5)共产党员应是实事求是的模范,又是具有远见卓识的模范。因为只有实事求是,才能完成确定的任务;只有远见卓识,才能不失前进的方向。

　　　　　　　毛泽东:《中国共产党在民族战争中的地位》

(6)我们应该是老老实实地办事;在世界上要办成几件事,没有老实态度是根本不行的。

　　　　　　　　　　　　毛泽东:《整顿党的作风》

(7)我们必须从现实情况出发,兢兢业业,勤勤恳恳,一点一滴地做好实际工作,一个一个地解决具体问题,一步一步地战胜困难。我们必须出色地完成当前的任务,逐步地实现远大目标。

　　　　　　　刘少奇:《在扩大的中央工作会议上的报告》

(8)一个人,充分估计了困难,但不害怕,还是干劲十足地挺起胸膛前进,这是勇敢的。分明有困难,却说没有困难,这样的人,不能算是勇敢的人。

　　　　　　　刘少奇:《目前的经济形势到底怎么样》

(9)只有忠实于事实,才能忠实于真理。

　　　　　　周恩来之言,引自《文汇报》1980 年 10 月 7 日

(10)实事求是是马克思主义的精髓。

　　　　　　　　　　邓小平:《邓小平文选·卷三》

(11)实事求是,是无产阶级世界观的基础,是马克思主义的思想基础。

　　　　　　邓小平:《解放思想,实事求是,团结一致向前看》

（12）从实际出发,实事求是,这是我们唯物主义者的根本立场。

邓小平:《邓小平文选·卷一》

（13）培养好的风气,最主要的是走群众路线和实事求是这两条。特别是科学,它本身就是实事求是、老老实实的学问,是不允许弄虚作假的。

邓小平:《关于科学和教育工作的几点意见》

（14）不唯上、不唯书、只唯实。

陈云:《陈云文选·第三卷》

九、节俭篇

（1）甘节,吉。

《周易·节》

上六:苦節,貞凶,悔亡。象曰:苦節貞凶,其道窮也。
九五:甘節,吉;往有尚。象曰:甘節之吉,居位中也。
六四:安節,亨。象曰:安節之亨,承上道也。
六三:不節若,則嗟若,無咎。象曰:不節之嗟,又誰咎也。
九二:不出門庭,凶。象曰:不出門庭,失時極也。
初九:不出戶庭,無咎。象曰:不出戶庭,知通塞也。

易经·节卦

注:甘节:指乐于节俭的美德。

译析:乐于俭朴就吉祥。

（2）足国之道,节用裕民,而善臧其余。

（战国）荀况:《荀子·富国》

注:①裕:富足。　②臧(cáng 藏):通"藏",收藏。

译析:使国家富足的方法,是节省开支让百姓富裕起来,而且善于储藏剩余的粮食和财物。

(3)国富而贫治,日重富,重富者强。

《商君书·去强》

注:①贫治:当做穷国来治理,勤俭操持国事。　②重富:富上加富。

译析:国家富裕还要勤俭操持国事,这样国家会一天一天富上加富,富上加富的国家必然强盛。

(4)淫侈之俗,日日以长,是天下之大贼也。

(汉)贾谊:《论积贮疏》

注:①淫:过分,不节制。　②侈:浪费。　③以:助词,无实在意义。④是:这。　⑤贼:祸害。

译析:淫靡奢侈的风气,一天天增长,这是国家的大祸害。

(5)侈恶之大,俭为共德。

(三国·魏)曹操:《度关山》

注:共德:大德。

译析:奢侈是最大的罪恶,节俭是最大的美德。

(6)节俭爱费,天下不匮。

(三国·魏)王弼:《〈老子〉注》

注:匮(kuì愧):缺乏。

译析:实行节俭,爱惜费用,国家的财物就不会缺乏。

(7)一人知俭则一家富,王者知俭则天下富。

(北宋)谭峭:《化书》

译析:一个人知道节俭就能使一家富足,君王知道节俭就能使国家富足。

(8)俭,德之共业;奢,恶之大也。从古无以奢昌而俭败者。

（清）冯桂芬:《崇节俭议》

注:①共(hóng 洪):通"洪",大。 ②败:衰落。

译析:节俭,是德中之大德;浪费,是恶中之大恶。从古代来看没有因为浪费而昌盛、节俭而衰落的。

《朱德选集》

(9)勤俭建国,永久是真言。

朱德:《勤俭》

(10)勤俭是我国劳动人民固有的美德。

朱德:《加强团结,建设社会主义》

(11)我们应该在全国人民中造成一种崇尚节俭的风气,日常生活、一切婚丧嫁娶和人情往来,都要力求俭朴和节约。

朱德:《勤俭持家》

(12)要提倡勤俭持家,勤俭办一切企业事业。

周恩来:《周恩来经济文选》

(13)没有勤俭就没有积累,没有积累就没有将来。

周恩来:《周恩来教育文选》

(14)在人民政府中,公务人员在处理财经问题上合格与否的标准,不单是贪污或廉洁。贪污是犯罪,廉洁是必须的。主要的标准,还在于是否浪费。浪费也不单指铺张滥用,而特别是指办事用钱不分轻重缓急,不分全体、局部的那种浪费。

陈云:《为什么要统一财政经济工作》

(15)勤俭节约是美德,奢侈浪费是大恶。国家即便十分富足,个人即便十分富有,也应保持这种优良传统的古风。

山河之言,引自《中华当代美德诗文选》

十、决策篇

(1)疑事无功,疑行无名。

(西汉)司马迁:《史记·赵世家》

注:名:名声。

译析:对事情有了疑惑就没有成功的希望,行动有了疑惑就不会干出有好声誉的事情。这句名言的背景是:公元前307年赵武灵王为了富国强兵推行胡服骑射,群臣反对,而大臣肥义却积极支持他的意见,说了这句话。意思是根据实际情况而看准了的事情,就不应犹犹豫豫,要果断决策。后赵武灵王决心进行胡服骑射,赵国很快就强盛起来。

(2)蝮螫手则斩手,螫足则斩足。何者? 为害于身也。

(西汉)司马迁:《史记·田儋列传》

注:①蝮:蝮蛇,毒蛇的一种。 ②为:有。

译析:手被蝮蛇咬了,就要立刻斩去手,足被蝮蛇咬了,就要立刻斩去足。为什么呢? 因为不斩去它,将危害到整个身体。

(3)当断不断,反受其乱。

(东汉)班固:《汉书·霍光传》

注:乱:危害。

译析：应当决断的事不能决断，反而会受到它的危害。

(4) 说"一着不慎，全盘皆输"，乃是说的带全局性的，即对全局有决定意义的一着，而不是带局部性的即对全局无决定意义的一着。下棋如此，战争也是如此。

毛泽东：《中国革命战争的战略问题》

班固《汉书》

注：一着不慎，全盘皆输：原指走错一步导致整盘都输掉。比喻对关键性的问题处理失当，造成整个事情的失败。

(5) 当断不断，要误事。

邓小平：《第三代领导集体的当务之急》

(6) 所有正确的政策，都是根据对实际情况的科学分析而来的。

陈云：《做好商业工作》

(7) 我们要决定政策，就要研究情况，用脑筋去想问题，如果自己脑子里所想的是主观主义的，和实际情况不相符，那就会犯错误。

陈云：《在西北局高干会议上的讲话》

(8) 片面性总是来自忙于决定政策而不研究实际情况。

陈云：《做好商业工作》

(9) 难者在弄清情况，不在决定政策。

陈云：《加强商业工作的政治观点、群众观点和生产观点》

(10) 执政的阶层……一念之差，一事之误，往往可以使千千万万人民沦于家破人亡妻离子散的悲景。

夏衍：《掌声与哀声》

(11)世界是一片战场,在这战场上只有当机立断的统帅才能取得胜利。

(印度)普列姆昌德:《沙伦塔夫人》

(12)在一切日常事务中,非常需要坚强、果断的行动。

(英)高尔斯华绥:《在前的和在后的》

十一、政教篇

(1)章道以教,明法以期,民之兴善也。

《管子·宙合》

注:①章:表彰,彰扬。 ②期:要求。

译析:彰扬道德用来教育人,明确法令用来要求人,在人民群众中就会兴起好的风气。

(2)以力服人者,非心服也,力不赡也;以德服人者,中心悦而诚服也。

(战国)孟轲:《孟子·公孙丑上》

注:①力:权势。 ②赡(shàn 汕):富足,足够。 ③中:指内心。

译析:用权势去压服别人,不能使人从内心信服,只用权势是不够的;用仁德去说服别人,就能使人心悦诚服地接受。

(3)大圣之治天下也,摇荡民心,使之成教易俗,举灭其贼心,而皆进其独志。

《庄子·天地》

注：①摇荡：鼓动，鼓舞。　②举：穷尽。　③贼心：害人之心。　④进：前进；向前。　⑤独志：独特志向。

译析：圣明的人治理天下，善于做鼓舞民心的工作，让民众接受教化改变习俗，彻底清除害人之心，使民众都能朝着自己正确、独特的志向前进。

(4)公道达而私门塞矣，公义明而私事息矣。

(战国)荀况:《荀子·君道》

注：①公道：公正的道理。　②达：通。　③私门：行私请托的门路。　④塞：堵塞。　⑤公义：公众的舆论。　⑥明：公开，不隐蔽。　⑦私事：个人的事。

译析：公正的道理通达了，行私请托的门路就堵塞了；公众的舆论公开了，个人的私事就停止了。西汉韩婴的《韩诗外传》中也有相似的话："公道达而私门塞，公义立而私事息。"只是第二句的第三个字不同。

(5)欲教化其民，成其美俗，非学不可。

《礼记·学记》

注：①教化：政教风化；教育感化。　②美俗：淳美的风俗。　③学：通"敩(xiào 孝)"，教导；三国学者韦昭东在《国语注》中云：敩，教也。

译析：想要教育感化他管理的民众，养成淳朴良好的风俗，非进行教导不可。

(6)化民成俗，其必由学。

《礼记·学记》

注：①化：即教化，用教育感化的方法改变人心风俗。　②俗：此指良好的风俗。　③由：经过。　④学(xiào 效)：通"敩"，教导。

译析:用教育感化的方法改变民心,形成良好风俗,那就必须经过教导。

(7)知其心,然后能救其失也。教也者,长善而救其失者也。

《礼记·学记》

注:①失:过错,过失。 ②长(zhǎng掌):增长,发扬。

译析:了解了他的思想,这样以后才能够挽救他的过失。教育的目的,就是发扬他的优点,挽救他的过失。

(8)善教者,义以赏罚而教成。

《吕氏春秋·义赏》

注:以:介词,根据。

译析:善于教化的人,根据道义实行赏罚,因而教化能够成功。

(9)性者,天质之朴也;善者,王教之化也。

(西汉)董仲舒:《春秋繁露·实性》

注:①性:指人的天性。 ②天质:天然资质。

译析:人的天性,是天生的质朴素质;善良,是教育感化的结果。

守醇堂版《春秋繁露》

(10)玉石金铁,犹可琢磨以为器,而况于人。

(西汉)刘向:《新序》

注:①金铁:铜和铁。 ②犹:尚且。 ③琢磨:雕刻、磨治。 ④而况:连词,何况。

译析:玉石与铜铁,尚且经过雕刻、磨治才能成为精美器具,何况对于人,更可以经过教育学习而成为有用之才。

(11)论人之性,定有善有恶。其善者,固自善矣;其恶者,故可教告率勉,使之为善。

(西汉)王充:《论衡·率性》

注:①论:评论。 ②固:固然。 ③故:仍然。 ④率:引导。

译析:评论人的本性,一定有善恶的区别。他本性是善良的,当然会自行完善自己;他本性是恶的,仍然可以通过教育、劝告、引导、勉励,使他成为善良的。

(12)性恶之人,亦不禀天善性,得圣人之教,志行变化。

(西汉)王充:《论衡·率性》

注:①性:这里指人先天具有的道德属性。 ②禀:承受。 ③得:需要。 ④圣人:道德智能极高的理想人物。

译析:本性恶的人,也不是承受先天善良的本性,需要经过道德智能极高的人的教化,志操行为就慢慢变得善良了。

(13)政教积德,必致安泰之福。

(东汉)王符:《潜夫论·慎微》

注:①政教:政治与教化。 ②积德:积累仁政或善行。 ③致:得到,招引。 ④安泰:安定太平。

译析:政治与教化能积累仁政和善行,人民必然能得到安定太平的幸福。

(14)天下不可一日而无政教,故学不可一日而亡于天下。

(北宋)王安石:《明州慈溪县学记》

注:①天下:指国家。 ②政教:政治与教化。 ③亡(wàng旺):通"忘",忘记。

译析:国家不可一天没有政治教化,所以学子不可一天忘记国家的兴亡。

(15)善教者藏其用,民化上而不知所以教之之源;不善教者反此,民知所以教之之源,而不诚化上之意。

(北宋)王安石:《王文公集·原教》

注:①藏:隐藏,意为不直接说明。 ②化:教化,用教育感化的方法改变人心风俗。 ③源:根源。

译析:善于教育人的人不直接说明用意,民众在教育感化中认识提高了却不知教化的根源;不善于教育人的人与之相反,民众在被教化前就知道了教化的根源,就不会产生诚心接受教化使之提高的心愿。

(16)莫讶变化须臾事,一点一熔全在炉。

(南宋)刘过:《和危府教三绝》之二。

注:①讶:惊诧。 ②须臾:一小会儿。 ③点:点燃。 ④熔:熔化。

译析:不要惊诧事物变化是极短时间内的事,它就像用炉火冶炼金子一样,经历了从燃火到熔化的复杂漫长过程,然后才发生了瞬间的变化。这句名言用比喻说明教育人是长久而艰苦的事情,像冶金一样有一个复杂漫长的过程,应耐心、细致,不能急躁。

(17)凡人之性成于习,圣人教以率之,法以治之,天下古今之风以善为归,以恶为禁久矣。

(明)王廷相:《答薛君采论性书》

注:①率:带领;劝导。 ②治:管理,约束。 ③归:归宿。

译析:一般人性情的形成在于习惯,品德高尚、智慧高超的人是劝导带领他们,用法律来管理约束他们,天下古今的风气都是把善良作为教化归宿,把邪恶作为禁止,这种情况已经很久了。

(18)风俗弊坏,由于无教。

（近代）康有为:《公车上书》

注:弊坏:败坏。

译析:社会风气败坏,是由于没有加强教化。

(19)方今之急务,在兴民权;欲兴民权,在开民智。

（近代）谭嗣同:《与徐砚甫书》

注:①方今:现时。 ②民权:指人民在政治上的民主权利。

译析:现今的当务之急,在于振兴民主权利;想振兴民主权利,在于开发人民的聪明才智。

谭嗣同著《仁学》

(20)我们在工作中要学会说道理,要会用道理来说服别人,同时也就是要会根据事实说服别人,而武断是错误的。

朱德:《青年的最主要任务是学习》

(21)对有功受奖者不应放任,应继续教育,促其继续进步;对有过受罚者,不应仇视或厌恶,而应以爱护的精神教育之,使之改正错误。

朱德:《革命军队的纪律》

十二、奖惩篇

(1)诛而不赏,则勤励之民不劝。

（战国）荀况:《荀子·富国》

注:①诛:惩罚。　②勤励:勤劳奋勉。　③劝:受到鼓励。

译析:只惩罚而不奖赏,那么勤劳奋勉的人就不能受到鼓励。

(2)诚有功则虽疏贱必赏,诚有过则虽近爱必诛。

（战国）韩非:《韩非子·主道》

注:①诚:确实,的确。　②贱:地位低下。　③近:亲近。　④爱:喜欢。　⑤诛:惩罚;谴责。

译析:确实有功劳,即使同你的关系疏远或他的地位低下,也一定要奖赏;确实有过错,即使与你关系亲近或喜欢他,也一定要惩罚。

(3)信赏必罚。

（战国）韩非:《韩非子·外储说》

注:信:讲信用。

译析:赏要讲信用,罚要坚决执行。

(4)赏罚不信,则禁令不行。

（战国）韩非:《韩非子·外储说》

注:行:执行。

译析:奖赏和惩罚不讲信用,那么禁令就执行不了。

(5)刑过不避大臣,赏善不遗匹夫。

(战国)韩非:《韩非子·有度》

注:①刑:惩罚。　②避:躲开。　③臣:做官的人。　④遗:遗漏。

译析:惩罚有过失的人,不因他是身居高官而避开;奖赏做好事的人,不因他是普通百姓而遗漏。

(6)赏不当贤而罚不当暴,则是为贤者不劝而暴者不沮矣。

《墨子·当贤》

注:①当:应当;应该。　②劝:受到鼓励。　③沮(jǔ举):制止。

译析:奖赏不是给应当得奖赏的有德才的人,惩罚不是给应该受到惩罚的凶暴的人,那么有德才的人就受不到鼓励,凶暴的人就得不到制止。

(7)罚不讳强大,赏不私亲近。

《战国策·秦策一》

注:①讳:畏惧。　②私:偏私,不公道。

译析:惩罚做坏事的不畏惧权势大的人,奖赏有贡献的人不偏私自己亲近的人。

(8)誉人不增其美,毁人不盖其恶。

(西汉)王充:《论衡·增艺》

注:①增:夸大。　②毁:指责。　③盖:超过。

译析:赞誉人不夸大他的优点,指责人不超过他的缺点。

(9)陟罚臧否,不宜异同。

(三国·蜀)诸葛亮:《出师表》

岳飞手书诸葛亮《出师表》

注:①陟(zhì 至):提升。　②臧(zàng 脏):善。　③否(pǐ 匹):恶。

译析:提升官吏和奖善惩恶,不要用不同的标准。

(10)恩所加,则思无因喜以谬赏;罚所及,则思无以怒而滥刑。

(唐)魏徵之言,引自《中国历代应用文章名篇赏析》

注:谬赏:错误的奖赏。

译析:给人赏赐,就应想到不要因为一时的高兴进行错误的赏赐;给人惩罚,就应想到不要因为一时的愤怒而滥用刑罚。这句名言是唐朝"诤臣"魏徵谏太宗"十思"的"九、十思":从赏罚方面忠告太宗应秉公奖惩,忌凭个人喜怒乱施赏罚。

(11)赏无度则费而无恩;罚无度则戮而无威。

(唐)杜佑:《孙子兵法注》

注:①费:花费。　②恩:谢谢。　③戮:暴虐。　④威:威严。

译析:奖赏没有节制地乱用,即使花费很多也没有人感谢你;惩罚没有节制地乱用,即使很暴虐也不能使人觉得你威严。

(12)尽美固可扬,片善亦不遏。

(唐)孟郊:《投所知》

注:①固:本来。　②可:应该。　③片:小。　④遏:掩盖。

译析:尽善尽美的事本应赞扬,微小的善事也不能掩盖它。

(13)赏务速而后有劝,罚务速而后有惩。

(唐)柳宗元:《断刑论》

注:①速:迅速。 ②劝:勉励。

译析:奖赏一定要及时,这样才能起到勉励好的作用;处罚一定要及时,这样才能起到惩治的作用。

(14)赏不足劝善,刑不足禁非,而政不成。

(北宋)欧阳修:《武成王庙进士策二篇之二》

注:①不足:不能。 ②非:不对的,坏的。

译析:奖赏不能起到勉励好的作用,刑罚不能起到禁止坏的作用,政事就不会成功。

(15)刑滥则小人道长,赏谬则君子道消。小人之恶不惩,君子之善不劝,而望治安刑措,非所闻也。

(北宋)欧阳修、宋祁等:《新唐书·魏徵传》

注:①道:思想。 ②长:增长。 ③治安:政治清明,社会安定。④刑措:亦作"刑错"、"刑厝",意思是置刑法而不用(错:裴骃集解引应劭曰:"错,置也。民不犯法,无所置刑。")

译析:如果滥用刑罚,那么小人卑鄙的思想就会滋长;如果奖赏不合情理,那么君子正直的思想就会消亡。小人的恶行不惩罚,君子的善行不奖励,而希望政治清明、社会安定,置刑法而不用,我没有听说过。

(16)善善而不能进,恶恶而不能去,罚不及有罪,赏不加有功,则危亡之期或未可保。

(北宋)欧阳最、宋祁等:《新唐书·魏徵传》

注：①进：提升，任用。 ②去：除掉。 ③及：到，达到。 ④加：施给，施加。

译析：奖赏好人而不能提升任用他，嫉恶坏人而不能革除他，惩罚不到有罪的人，奖赏不施给有功的人，那么危亡说不定什么时候就会到来。

魏徵故居

(17) 赏不遗远，罚不阿近，爵不可以无功取，刑不可以贵势免。

（北宋）司马光：《资治通鉴》

注：①遗：遗漏。 ②阿(ē)：偏袒。 ③爵(jué决)：爵位，君主国家所封的等级。

译析：奖赏不能遗漏与自己疏远的人，惩罚不能偏袒与自己亲近的人，爵位不能让无功劳的人取得，刑罚不能因为他的地位高权势大而免除。

十三、人事篇

(1) 闻贤而不举，殆；闻善而不索，殆；见能而不使，殆。

《管子·法法》

注：①举：推荐，推举。 ②殆(dài带)：危害。 ③善：擅长。 ④索：寻求。 ⑤能：能力。 ⑥使：使用，任用。

译析：听到有道德有才能的人不举荐，是有危害的；听到有擅长的人不寻求,是有危害的;见到有能力的人不任用,是有危害的。

(2)贤不可威,能不可留。

《管子·侈靡》

注:①威:胁迫,欺凌。 ②留:扣留。

译析:对贤者不可以胁迫欺凌,对能者不可以扣留不任用。

(3)贤能不待次而举,罢不能待须而废。

(战国)荀况:《荀子·王制》

注:①贤能:有道德有才能的人。 ②待次:依照次序。 ③举:举荐,提拔。 ④罢(pí 皮):无能,弱不任事。 ⑤待:等待。 ⑥须:片刻。 ⑦废:罢免。

译析:对有道德有能力的人推荐提拔不能依照次序,对无能力而疲沓无用的人罢免不能等待片刻。

(4)无能不官,无功不赏。

(战国)荀况:《荀子·王制》

注:能:才能。

译析:没有才能的人不能让他做官,没有功劳的人不能给他奖赏。

(5)明主之吏,宰相必起于州部,猛将必发于卒伍。

(战国)韩非:《韩非子·显学》

注:①州部:古代地方行政单位。 ②猛将:勇猛的将领。 ③发:提拔。 ④卒伍:古代军队编制,五人为伍,百人为卒。

译析:英明君主的管理,宰相必然从地方行政单位起用,勇猛将领必然从士兵中提拔。

(6)奸邪之臣,安利不以功,则奸臣进矣,此亡之本也。

(战国)韩非:《韩非子·有度》

注:①安利不以功:指没有功劳就获得利禄。 ②则:连词,表修设。
③进:爬上去,提升。 ④亡:指亡国。

译析:邪恶、狡诈的官吏没有功劳就获得利禄,假若邪恶、狡诈的官吏
爬上高位,这就是亡国的根源。

(7)因能而受官。

(战国)韩非:《韩非子·外储说》

注:①因:根据。 ②受:授予。

译析:根据才能授予官职。

(8)官无常贵而民无终贱,有能则举之,无能则下之。

《墨子·尚贤》

注:①官:做官,使……做官。 ②常:永久的。 ③贵:使显贵。
④终:终身。 ⑤举:选拔。

译析:做官的不能永久显贵而百姓不能终身卑贱,有能力的就应该提
拔他,无能力的就应该罢免他。

(9)好而知其恶,恶而知其美。

《礼记·大学》

注:①好(hào 浩):喜爱,喜欢。 ②恶:第 1 个"恶"(è 俄)当"缺点、
过失"讲,第 2 个"恶"(wù 悟)当"厌恶、憎恨"讲。

译析:喜欢一个人,要知道他的缺点;厌恶一个人,要知道他的优点。

(10)举直错诸枉,则民服;举枉错诸直,则民不服。

《论语·为政》

注:①错:通"措",放置,安放。 ②诸:众。 ③枉:不正派的人。

译析:提拔正直的人安置在不正派人的上面,人民就会服从;提拔不正派的人安置在正直人的上面,人民就会不服从。

(11)盛于彼者必衰于此,长于左者必短于右。

(西汉)刘向:《说苑·丛谈》

注:彼:那。

刘向《说苑》

译析:事物在那方面兴盛,而在这方面就一定会衰落;事物在左边显得长度大,而在右边就一定会显得短小。这句名言是说矛盾对立的双方是互相排斥、互相斗争的,因而它们是彼此消长(减小和增进)的。这也正体现矛盾的斗争原理。我们应该以这个观点来看待一个人的长处与短处,并能发扬他的长处,不能求全责备。

(12)德不称其任,其祸必酷;能不称其位,其殃必大。

(东汉)王符:《潜夫论·忠贤》

注:①称:符合。 ②任:职务。 ③酷:程度深的,甚,很。 ④位:职位。 ⑤殃:祸患。

译析:品德不符合他的职务,其祸害必然很厉害;能力不符合他的职位,其祸患必然很大。

(13)进贤受上赏,蔽贤蒙显戮。

(北朝·北齐)刘昼:《刘子·荐贤》

注:①进:推荐。　②受:授予。　③蔽贤:埋没贤能的人。　④蒙:受。　⑤显戮:亦作"显僇("僇",通"戮")",明正典刑,陈尸示众。

译析:推荐贤才的人应授予最高的奖赏,埋没贤能的人应明正典刑,陈尸示众。这句名言对埋没贤能人之所以处以这样的重刑,北宋苏辙在《晁君成诗集引》中作了很好的说明:"贤者,民之所以生(依靠他生存)也,而蔽之,是绝民(断绝百姓生路)也。"

(14)自古圣贤多薄命,姦雄恶少皆封侯。

(唐)杜甫:《锦树行》

注:①薄命:命运不好;福分差。　②姦雄:弄权欺世、窃取高位的人。③封侯:封侯拜爵。

译析:自古以来道德才智杰出者大多命运不好,弄权欺世、窃取高位的人大都封侯拜爵。杜甫这句抨击旧社会不公平之名句,应该是人事工作者选拔人才时应该记住的,决不能让有德才的老实人吃亏,不能让弄权欺世之人爬上去,那对国家对人民会造成危害。

(15)盛衰之理,虽曰天命,岂非人事哉?

(北宋)欧阳修:《五代史伶官传序》

注:岂:难道。

译析:昌盛与衰败的道理,虽说是由天命,难道不是与人事安排有关吗?《五代史伶官传序》的"五代",指的是唐朝崩溃后在中原地区相继建立更替的后梁、后唐、后晋、后汉、后周等五个王朝;"伶官",指宫廷中的文娱供奉人员。后唐庄宗李存勖(xù 叙)宠用伶官,使其担任政府官职,结果败政乱国。欧阳修因此写这篇传记,开头就说了这句话。

(16)因材任人,国之大柄;考绩进秩,吏之常法。

（北宋）苏辙:《梁焘转朝奉大夫》

注:①因:根据。 ②材:通"才",才能。 ③大柄:重要的权柄。
④进序:提升官职。 ⑤法:制度。

译析:根据才能的大小任用人,是国家重要的权柄;根据考核政绩来提升官职,是任用管理的常规制度。

(17)大小职官,有贪暴残民者立罢,终身不录。其不能廉直,虽处重任,亦代之。

（南宋）李焘:《续资治通鉴长编·宋仁宗天圣四年》

注:①贪暴:贪婪暴虐。 ②廉直:清廉正直。

译析:无论官职大小,有贪婪暴虐残害百姓行为的人立刻罢免,一辈子不任用。那些不能清廉正直的,即使担任重要职务,也要找人取代他。

十四、规章篇

(1)章道以教人,明法以期,民之兴善也。

《管子·宙合》

注:①章:表彰,显扬。 ②明:明确。 ③期:要求。

译析:彰扬道德用来教育人,明确法令用来要求人,在人民群众中就会兴起好的风气。

(2)赏罚无章,何以沮劝?

《左传·襄公二十七年》

注:①章:规章制度。　②沮(jǔ举)劝:阻止恶行,勉励善事。

译析:奖赏和责罚没有规章制度,怎么能够阻止恶行、勉励善事呢?

(3)治国无法则乱,守法而弗变则悖,悖乱不可以持国。世易时移,变法宜矣。

《吕氏春秋·察今》

注:悖(bèi背):违背。

译析:治理国家没有法令制度就要混乱,只遵守过去的法令制度而不能随时代发展而改变就会违背事理,违背事理造成社会混乱就不可能掌握国政。社会变了,时代也变了,变通法令制度就合乎时宜了。

(4)可则因,否则革。

(西汉)扬雄:《法言·问道》

扬雄《法言》

注:①可:合宜,适合。　②因:沿用。　③否:表示否定,不合宜。

译析:合宜的规章就沿用,不合宜的规章就改革。

(5)王者以制度为节,使用之有道,役之有时,则不伤财,不害民也。

(唐)孔颖达:《周易正义》

注:①王者:以王道治天下之君主。　②制度:在一定历史条件下形成的法令、礼俗等规范。　③节:法则;法度。　④使用:使人员、器物、资金等为某种目的服务。

译析:以王道治理国家的君主,以制度为法则,无论是使用人员、器物、资金等都有道理,役使平民也有季节,那样就不会损害财物,也不会伤害百姓。

(6)欲知平直,则必准绳;欲知方圆,则必规矩。

(唐)魏徵:《群书治要·吕氏春秋》

注:①准绳:测定平直的器具(准:测定平面的水准器;绳:量直线的墨线)。 ②规矩:校正圆形和方形的工具(规:圆规;矩:曲尺)。

译析:要想知道是否平与直,就必须用"准绳"测量;要想知道是否方与圆,就必须用"规矩"进行校正。这句名言说明无论什么工作,必须制定科学的规章制度,以便检查和衡量工作,提高工作的效率和质量。

(7)若法令不行,则无以沮劝;苟失沮劝,则赏罚何为?

(唐)元结:《辩惑上》

注:①法令:法律、政令。 ②无以:没有什么可以拿来。 ③沮(jǔ举劝):阻止恶事,勉励善事。 ④苟:假设。 ⑤何为:干什么。

译析:如果政令不能执行,那么就没有什么可以用来阻止恶事、勉励善事;假设没有什么可以阻止恶事、勉励善事,那么奖赏和惩罚有什么用呢?

(8)自我作古,未必专依前典。

《唐大诏令集·贞观五年封建功臣诏》

注:①自我作古:谓由我创新,不循旧法。 ②前典:前代的典则。

译析:由我开始根据实际情势不断创新,不一定完全依照前代的典章法则。

(9)时既沿革,莫或相遵,自我作故,用适于时。

(唐)杜佑:《通典·卷四十四》

注:①既:已经。　②沿革:指事物发展变化的历程。　③莫或:不应。　④相遵:轮流更换,互相。　⑤自我作故:亦写"自我作古"。

译析:时代已经变迁,不应袭循旧法,要有创新,以适用于新形势。

(10)制度好,可以使坏人无法任意横行;制度不好,可以使好人无法充分做好事。

邓小平之言,引自《青岛日报》2001年11月30日

(11)秩序就是正确的规律和事物永久的合理性。

(英)菲尔丁:《汤姆·琼斯》

(12)纪律是治乱的堤坝。

(俄罗斯谚语)

简析:这则谚语是用比喻说明规章制度是人们言行的准则,是为了社会安定有序,避免发生混乱。

菲尔丁著《汤姆·琼斯》

十五、科技篇

(1)乃命羲和,钦若昊下,历象日月星辰,敬授人时。

《尚书·尧典》

注:①羲和:羲氏、和氏,相传都是重黎氏后代,世掌天地四时的官。②钦:谨慎。　③昊(hào 浩):广大。　④历:计算,推算之意。　⑤象:观测天象。

译析:尧就命令羲氏与和氏,严肃谨慎地顺应上天,观察、推算日月星辰运行情况,制定出历法,颁布历书告知民众按时令节气从事生产劳动。

这句名言表明我们的祖先在原始社会就通过观天象、定方位、定季节、告农时,以方便民众狩猎和牧农业生产的需要,也说明我国是天文学发展最早的国家之一。

(2)召公既相宅,周公往营成周,使来告卜……周公拜手稽首曰:"……予惟乙卯,朝至于洛师。我卜河朔黎水,我乃卜涧水东、瀍水西,惟洛食;我又卜瀍水东,亦惟洛食。伻来以图及献卜。"

《尚书·洛诰》

注:①相宅:勘察(宗庙、宫室、朝市)地址。 ②营:营建的意思。③使:使成王来。 ④卜:古代预测凶吉的一种迷信活动。 ⑤拜手稽首:古代最恭敬礼节,即跪拜叩头至地。 ⑥乙卯:据《召诰》为周成王七年三月十二日。 ⑦洛师:洛邑;洛邑为周之新都,故称洛师。 ⑧河溯:黄河北侧。 ⑨黎水:因卫河、淇水合流至黎阳,故称黎水,在今河南浚县东北。 ⑩涧水:源于今河南渑池县东北白石山,至洛阳西南入洛水。⑪瀍(chán 缠)水:源于今河南洛阳西北,至洛阳东入洛水。 ⑫惟:仅。⑬食:指吉兆。 ⑭伻(bēng 绷):使;伻来,使成王来。 ⑮图:洛之地图。

译析:召公已经勘察了宫室、宗庙、朝市的地址,周公前往营建洛邑,派遣使者请成王来,把卜的吉兆报告周成王……周公跪拜叩头说:"……我在三月十二日这天早晨到达都城洛邑。我先占卜黄河以北的黎水地区营建都邑,我又占卜了涧水以东、瀍水以西的地区,结果只有洛水一带吉利。于是请你前来商量,并把洛之地图及卜兆的结果献上。"这段话结尾说的"伻来以图",是指为选建新都洛阳城址特绘制的地图,表明周初不仅有地图,而且已经在生产建设中应用地图了。

(3)神农氏作,斲木为耜,煣木为耒;耒耨之利,以教天下。

《周易·系辞(下)》

注:①神农氏:传说中部族首领,始教民为耒耨,务农业,故称神农氏;又传他曾尝百草,教人以治病;也称炎帝,谓以火德王。 ②作:兴起。③斲(zhuó 着):砍;削。 ④耜(sì 肆):古代翻土农具,初以木制,后以金

属制。　⑤煣(rǒu 柔):用火烤木材使弯曲。　⑥耒(lěi 磊):为耜的木把。⑦耨(nòu):锄。

译析:神农氏兴起,砍削木料做成耜,用火把木料烘弯做成耒,耜耨对农耕很有好处,把使用它的技能传授给天下的百姓。这句名言说明在远古时代我们的祖先就注意农业生产工具的改进和传授使用它的技能,表明古代劳动人民杰出的创造才能。

(4)尝一龙发机而地不觉动,京师学者咸怪其无征。后数日驿至,果地震陇西,于是皆服其妙。

(南朝·宋)范晔:《后汉书·张衡传》

张衡像

注:①龙:指外形有八龙的地动仪。　②无征:没有证据。　③驿:指驿站上传送文书的人。　④陇西:现在甘肃省兰州市、临兆县、陇西县一带。

译析:曾经有一次,地动仪上一条龙的机关发动了,而人们没有察觉到地震,京城的学者都责怪这仪器不灵验。过了几天,驿站上传送文书的人来了,果然证实陇西地方发生地震,于是大家都信服了它。这说明张衡发明的候风地动仪的精确巧妙。张衡在公元132年创造出候风地动仪,不仅是中国而且是全世界上最早的一台会报震向的地动仪,从而开创了人类使用科学仪器观测地震的历史。张衡之后1700多年,欧洲人才发明了类似的地震仪。我们应从张衡的事迹中受到教益,努力攀登科学高峰,为世界人民的幸福生活创造出更多、更先进的高科技产品。

(5)板印书籍,唐人尚未盛为之。五代时始印五经,已后典籍皆为板本。庆历中,有布衣毕昇,又为活板。

(北宋)沈括:《梦溪笔谈》

注:①板印:指雕版印刷,也就是在整块木板上雕刻字,成为印版,用来印书,雕刻什么书版,就只能印什么书。　②盛为:大规模地应用。

③五代:指唐以后的后梁、后唐、后晋、后汉、后周等五个朝代。　④五经:指儒家尊奉的《诗》《书》《礼》《易》《春秋》五部经典著作,汉朝以后,合称"五经"。　⑤布衣:平民。　⑥毕昇:北宋著名雕刻工匠。　⑦活板:即活字板。

译析:木板雕字印刷书籍,唐朝还没有大规模地应用它。五代时期开始用它印刷"五经",以后经典和一般书籍都用雕版印刷。宋仁宗庆历年间,毕昇创造了活字印刷。这三句话概括出我国从雕版印刷到活字印刷的过程。活字印刷术的发明,是世界印刷史上的一次伟大的技术革命,它和造纸术、指南针、火药一样,是中国古代四大发明之一。活字印刷术的发明,为人类传播知识提供了更为方便的条件,从而促进了世界文化的交流和科学技术的发展,是我们祖先对人类文明所作的又一伟大贡献。

(6)没有现代化的技术,就没有现代化的工业。

周恩来:《把我国建设成为强大的社会主义现代化的工业强国》

(7)没有一定的理论科学的研究作基础,技术上就不可能有根本性质的进步和革新。

周恩来:《关于知识分子问题的报告》

(8)科学技术是第一生产力。

邓小平:《邓小平文选·卷三》

(9)我们的国家要赶上世界先进水平,从何着手呢? 我想要从科学和教育着手。

邓小平:《关于科学和教育工作的几点意见》

(10)实现人类的希望离不开科学,第三世界摆脱贫困离不开科学,维护世界和平也离不开科学。

邓小平:《中国要发展离不开科学》

(11)科学技术是先进生产力的集中体现和标志。

江泽民之言,引自《江泽民看望人民科学家钱学森》

(12)我们要实现现代化建设第三步战略目标,实现中华民族的伟大复兴,必须大力实施科教兴国战略,尤其需要有高水平的原始性创新。我国广大科技工作者要有攀登世界科学高峰的勇气和毅力,加强前瞻性、基础性、战略性领域的科技创新,努力提高我国科技的持续创新能力。

江泽民之言,引自《江泽民看望人民科学家钱学森》

(13)搞科研,如果一天工作 8 个小时,正点下班、吃饭、睡觉、看 TV,绝对搞不出什么像样的东西来。

胡敦欣之言,引自《追逐科学的历程》

(14)国家核心竞争力越来越表现为对智力资源和智慧成果的培育、配置、调控能力,表现为对知识产权的拥有、运用能力。在当代世界科技发展的澎湃大潮中,可以说,谁把握了这些新特点新趋势,紧紧抓住追赶和跨越的机遇,不断增强科技实力特别是自主创新能力,谁就能在综合国力竞争中占据更有利的战略地位。世界主要国家纷纷加快了争夺科技制高点的步伐。

胡锦涛:《在中国科学院第十三次院士大会和
中国工程院第八次院士大会上的讲话》

(15)我国科技的总体水平同世界先进水平相比仍有较大差距,同我国经济社会发展的要求也有许多不适应的地方,特别是自主创新能力不强,发明专利数量少,关键技术对外依存度高,高新技术产业所占比例数低,企业还没有真正成为技术创新主体,许多技术研究开发的成果还难以实现产业化,优秀拔尖人才比较少,科技体制机制存在不少弊端。这些影响我国科学技术事业发展的突出问题,都需要我们下大力气认真加以解决。

胡锦涛:《在中国科学院第十三次院士大会和
中国工程院第八次院士大会上的讲话》

(16)我们一定要有高度的历史责任感和宽广的世界眼光,按照自主创新、重点跨越、支撑发展、引领未来的要求,坚定不移地把科学技术作为第一生产力,坚定不移地实施科教兴国战略和人才强国战略,坚定不移地贯彻经济建设和社会发展必须依靠科学技术、科学技术发展必须面向经济建设和社会发展的方针,制定科技发展的重大政策和配套措施,推进国家创新体系建设,加强基础研究、高技术前沿研究、可持续发展相关研究,加快把知识和技术转化为现实生产力,为我国经济社会发展提供强大的科技支撑,真正使科学技术现代化成为实现中华民族伟大复兴的强大动力。

胡锦涛:《在中国科学院第十三次院士大会和

中国工程院第八次院士大会上的讲话》

(17)要在全体人民中大力弘扬科学精神、普及科学知识、树立科学观念、提倡科学方法,努力在全社会形成学习科学、相信科学、依靠科学的良好氛围,促进全民科学素质的提高。

胡锦涛:《牢固树立社会主义荣辱观》

(新华社北京 2006 年 4 月 27 日电)

(18)科学从来不是等待所有条件都成熟才进行的,要敢于冒风险,敢于走别人未走过的路。

王家素夫妇之言,引自《青岛日报》

2001 年 7 月 6 日《"攀登世界高峰"的夫妇》

(19)科学需要人的全部生命。

(俄国)巴甫洛夫之言,引自《中外名人治学的故事》

(20)如果学习只在于模仿,那么我们就不会有科学,也不会有技术。

(前苏联)高尔基:《文学论文集》

(21)科学绝不是一种自私自利的享乐。有幸能够致力于科学研究的人,首先应该拿自己的学识为人类服务。

(德国)马克思之言,引自《回忆马克思恩格斯》

十六、法律篇

(1)法不平,令不全,是亦夺柄失位之道也。

《管子·任法》

注:①法:规章。 ②平:公平。 ③全:齐全。 ④是:这。 ⑤道:规律,道理。

译析:规章不公平,命令不齐全,这也是被人篡夺权柄失去职位的规律。

(2)吏敬法莫敢恣。

(战国)荀况:《荀子·成相》

注:①敬:尊重。 ②恣:放纵,无拘束。

译析:官吏尊重法律便没有敢放纵的。

(3)能去私曲,就公法者,民安而国治。

(战国)韩非:《韩非子·有度》

注:①去:除掉,去掉。 ②曲:偏邪不正直。 ③就:指依照。 ④安:安定,安稳,安全。 ⑤治:太平。

译析:能够除掉自己的偏邪,依照公正的法律,百姓就能安定而国家就会太平。

(4)法不阿贵,绳不挠曲。

(战国)韩非:《韩非子·有度》

注:①阿(ē婀):偏袒,迎合。 ②贵:有权势的人。 ③绳:标准,法则。 ④挠:屈服。 ⑤曲:偏邪,不正直。

译析:法律不偏袒有权势的人,法则不屈服于偏邪之事。

(5)法败则国乱。

（战国)韩非:《韩非子·唯一》

注:①败:败坏。 ②乱:不太平。

译析:法律败坏了,就会导致国家混乱。

(7)各当时而立法。

《商君书·更法》

注:①各:皆。 ②当时:针对当时的形势。 ③立:建立。

译析:都应该针对当时的形势建立法律。

(7)是非之所在,不可以贵贱尊卑论之。

（西汉)刘安:《淮南子·主术》

注:①以:依据……身份。 ②论:评定。

译析:正确与错误在哪一方,不能依据贵贱尊卑的身份评定。

(8)法者,治之正,所以禁暴而卫善人也。

（东汉)班固:《汉书·刑法志》

注:①法:刑法,亦泛指法律。 ②正:准则。

译析:法律是治国的准则,所以是用来禁止残暴而保卫好人的。

(9)刑罚知其所加,则邪恶知其所畏。

(三国·蜀)诸葛亮:《赏罚》

注:加:施加。

译析:知道刑罚如何施加于人,那么邪恶的人就知道害怕它了。

(10)夫法令之设,欲以遏恶防邪。

(西晋)陈寿:《三国志·吴主传》

注:①设:设置。 ②遏(è 鄂):制止。 ③防:防止,防备。

译析:法令的设置,是想用它来制止罪恶、防止歪斜之事发生的。

(11)法制之设,贵于简要。

(北宋)司马光:《司马温公集》

注:设:建立。

译析:法律制度的建立,贵在简明扼要。

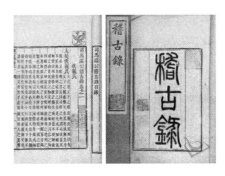

司马光《稽古录》

(12)治乱之关必在人心风俗,而所以转移人心,整齐风俗,则教化纲纪为不可阙也。

(清)顾炎武:《与人书》

注:①治乱:治理混乱局面,使国家安定太平。 ②所以:用以。 ③纲纪:法度。 ④阙:同"缺",缺少。

译析:治理混乱局面而使国家安定的关键在民心和社会风俗,而用以改变民心、矫正风俗的方法,那么教育感化和法制约束是不可少的。

(13)遵守法律就是说,凡是国家公布的法律上写有的必须

遵守;法律上没有写而为公共利益所必须具有的法律、习惯,同样也要遵守。

谢觉哉之言,引自《革命前辈谈修养》

(14)有法可依,有法必依,执法必严,违法必究。

邓小平:《解放思想,实事求是,团结一致向前看》

(15)我们不能把法律当做吓鸟用的稻草人,让它安然不动地矗立在那边,鸟儿们见惯了以后会在它顶上栖息而不再对它害怕。

(英)莎士比亚:《量罪记》

(16)法律的制定是为了惩罚人类的凶恶背谬,所以法律本身必须最为纯洁无垢。

(法)孟德斯鸠:《论法的精神》

(17)一个良好的立法者关心预防犯罪多于惩罚犯罪,注意激励良好的风俗多于施行刑罚。

(法)孟德斯鸠:《论法的精神》

孟德斯鸠著《论法的精神》

十七、军事篇

(1)不备不虞,不可以师。

《左传·隐公五年》

注:①虞:预料。 ②师:出兵讨伐,进军。

译析:不做好准备,不预料事情发展的结果,不可以出兵讨伐。

(2)恃陋而不备,罪之大者也;备豫不虞,善之大者也。

《左传·成公九年》

注:①恃:凭借。　②罪:过错;过失。　③豫:预先。　④虞:忧患。

译析:凭借简陋的条件又不加防备,这是最大的过错;预先有所防备又没有忧患,这是治国最大的善策。公元前582年(鲁成公九年)11月,楚国发兵攻打莒国。莒国城池简陋,又不加强内城外城的防御,结果12天之内就被楚国攻破三城。《左传》记载了这段史实后,引用了评论家说的这句话,意思是说国防设施是绝对不可以不预先做好防备的。

(3)国无小,不可易也;无备虽众,不可恃也。

《左传·僖公二十二年》

注:①无:不论。　②易:轻视。　③恃:依赖,仗着。

译析:国家不论多么弱小,也不可以轻视;大国如果没有准备,即使兵多将广,也不可依赖他的强大而取胜。这是弱小的邾(zhū 朱)国进攻鲁国,鲁国依仗自己的强大而不做准备,大夫臧文种劝告鲁君说的话。鲁君不听,终于失败。

(4)陷之死地然后生。

(春秋)孙武:《孙子·九地》

注:陷:陷入。

译析:军队陷入绝境,将士必为求生而殊死战斗。李筌注云:“兵居死地,必决命而斗以求生。”

(5)兵无常势,水无常形。

(春秋)孙武:《孙子·虚实》

注:常势:固定的形势。

译析:军事没有固定的形势,水没有固定的形状。

(6)围地则谋,死地则战。

(春秋)孙武:《孙子·九变》

注:①围地:指出入通道狭窄,易被敌人围攻之地。 ②谋:计谋。
③死地:绝境。

译析:军队处于"围地",就要想计策突围出去;军队处于"死地",就靠英勇战斗起死回生。

(7)知可以战与不可以战者胜,识众寡之用者胜,上下同欲者胜,以虞待不虞者胜。

(春秋)孙武:《孙子·谋攻》

注:①欲:心愿,愿望。 ②虞:准备。

译析:懂得什么情况下可以战、什么情况下不可以战会胜利,懂得兵多兵少战法不同的会胜利,官兵同心同德的会胜利,用自己的有准备来对待无准备的敌人的会胜利。

(8)用兵之法,无恃其不来,恃吾有以待也。

(春秋)孙武:《孙子·九变》

注:①法:方法。 ②恃:依赖,依靠。

译析:用兵的方法,不要幻想敌人不来,而要依靠自己有准备等待敌人来。

(9)不用乡导者,不能得地利。

(春秋)孙武:《孙子·军争》

注:①乡导:"乡"通"向",向导,带路的人。 ②地利:地理的优势。

译析:不用向导带路的人,不能获得地理优势。

(10)知彼知己,百战不殆;不知彼而知己,一胜一负;不知彼不知己,每次必殆。

(春秋)孙武:《孙子·谋攻》

注:殆(dài 戴):危险。

译析:了解敌人又了解自己,打 100 次仗都不会有危险;不了解敌人而了解自己,胜负各半;既不了解敌人又不了解自己,每战定有危险。

(11)上兵伐谋。

(春秋)孙武:《孙子·谋攻》

译析:用兵的上策是攻破敌人的计谋。

(12)兵之形,避实而击虚。

(春秋)孙武:《孙子·虚实》

注:①兵之形:指作战的方法、规律。 ②击:攻打。

译析:作战的方法,是躲避开兵强充实之地而攻打兵弱空虚之地。

(13)险形者,我先居之。

(春秋)孙武:《孙子·地形》

注:形:地形。

译析:险要的地形,我们必须先占据它。

(14)志士不忘在沟壑,勇士不忘丧其元。

(战国)孟轲:《孟子·滕文公(下)》

注:①志士:有远大志向的人。 ②壑(hè 贺):山沟。 ③元:脑袋。

译析:有远大志向的人不怕随时可能尸填山沟深壑,勇敢的士兵不怕随时可能丢掉脑袋。

(15)天时不如地利,地利不如人和。

(战国)孟轲:《孟子·公孙丑(下)》

注:①天时:宜于做某事的自然气候条件。 ②人和:人事和谐;民心和乐。

译析:天时好不如地形有利好,地形有利好不如人心和顺好。孟子认为人心齐是取得天下的重要因素。

(16)祸莫大于轻敌,轻敌几丧吾宝。

《道德经·六十九章》

注:①祸:祸患。 ②丧吾宝:指作战牺牲。

译析:祸患没有比轻敌更大的了,轻敌就可能招致牺牲、阵亡。

(17)善为士者不武,善战者不怒,善胜敌者不与。

《道德经·六十八章》

注:①士:此指统率军队的首领。 ②武:逞武勇,露锋芒。 ③与:相与,指与敌交战。

译析:善于统率军队的人,不滥逞武勇;善于作战的人,绝不发怒;善于指挥作战的人,决胜在与敌交战之前。

(18)敬胜怠则吉,怠胜敬则灭;计胜欲则从,欲胜计则凶。

(战国)荀况:《荀子·议兵》

注:①敬:严肃,慎重。 ②怠:懒惰,松懈。 ③欲:欲望。 ④从:如意。

译析:带兵打仗态度严肃、慎重的胜过态度懒惰、松懈的就吉祥;态度懒惰、松懈的胜过态度严肃、慎重的就灭亡;良好的计谋胜过主观欲望的就如意,主观欲望胜过良好计谋的就凶险。

(19)重用兵者强,轻用兵者弱。

(战国)荀况:《荀子·议兵》

注:①重:慎重,谨慎。 ②轻:轻率。 ③弱:失败。

译析:慎重用兵的人必然强盛,轻率用兵的人必然失败。

(20)力不敌众,智不尽物。

(战国)韩非:《韩非子·八经》

注:尽物:所有的事物。

译析:一个人的力量再大也敌不过众人,一个人再聪明也不能知道所有的事物。

(21)义兵王,应兵胜,忿兵败,贪兵死,骄兵灭,此天道也。

《文子·道德》

注:①义兵:为正义而战的军队。 ②王:称王,统治天下。 ③应兵:谓敌兵压境,起而应战的军队。 ④忿兵:谓不忍小敌而愤怒用兵。 ⑤贪兵:为贪求土地财物而出征的军队。 ⑥骄兵:恃强轻敌的军队。

译析:为正义而战的军队能统治天下,敌兵压境而奋起应战的军队能取得胜利,不能忍受小敌而愤怒用兵的军队会失败,为贪求土地财物而出征的军队会被打败,依仗自己强大而轻敌的军队会被毁灭,这是社会发展变化的规律。

(22)兵不必胜,不可以言战;攻不必拔,不可以言攻。

(战国)尉缭:《尉缭子·攻权》

注:拔:攻取。

译析:用兵没有一定能够胜利的把握,不可以说开战的话;进攻没有一定能攻取的把握,不可以说进攻的话。

《孙子兵法 尉缭子 鬼谷子》

(23)国虽大,好战必亡;天下虽平,忘战必危。

(西汉)司马迁:《史记·平津侯主父列传》

注:①好战:喜好战争。 ②平:太平,安定。

译析:国家虽然很强大,但如果好战就一定会灭亡;天下虽然很安定,如果忘记备战也一定会有危险。这句名言说明军队的指战人员必须建立正确的战争观。

(24)兵以计为本,故多算胜少算。

(西汉)赵充国之言,引自《汉书·赵充国传》

注:算:计划,筹谋。

译析:用兵以谋划为根本,所以说多筹谋胜过少筹谋。

(25)将不可骄,骄则失礼,失礼则人离,人离则众叛。

(三国·蜀)诸葛亮:《诸葛亮集·将骄恡》

注:恡:通"吝",当"耻辱"讲。

译析:做将领的不能够骄傲,骄傲就会失掉礼节,失掉礼节就会使人背离,同自己背离的人多了就会导致众人反叛。

(26)贵而不骄,胜而不悖,贤而能下,刚而能忍。

(三国·蜀)诸葛亮:《诸葛亮集·将材》

注:①贵:地位显要。 ②骄:骄纵。 ③悖(bèi 背):昏乱。 ④下:谦让。 ⑤刚:刚直。 ⑥忍:容忍。

译析:地位显要但不骄纵,取得胜利但不昏乱,富有德才但能谦让,性格刚直但能容忍。这是诸葛亮认为将才应具备的品德。

(27)见贤若不及,从谏如顺流,宽而能刚,勇而多计。

(三国·蜀)诸葛亮:《诸葛亮集·将材》

注:①不及:比不上。 ②从谏:听从善意的规劝。

译析:看见有德才的人,总感觉自己还有差距;听从善意的规劝,就像水从高处流下一样顺畅;对人宽厚而又能刚强,作战勇敢而又富有计谋。这是三国时期蜀相诸葛亮对将领的要求。

(28)进有厚赏,退有严刑;赏不逾时,刑不择贵。

(三国·蜀)诸葛亮:《诸葛亮集·将材》

注:①逾时:超过规定时间。 ②择:通"释",舍弃。

译析:对英勇冲锋前进的给予丰厚奖赏,对贪生怕死退缩的给予严厉惩罚;奖赏不超过规定时间,惩罚不因其地位高而免除。

(29)国有常众,战无常胜;地有常险,守无常势。

(西晋)陈寿:《三国志·魏志·王昶传》

注:常势:固定的形势。

译析:国家有固定的民众,战争没有永久的胜利;地势有固定的险阻,防守没有固定的形势。

(30)请嘱边防将,慎勿学哥舒。

(唐)杜甫:《潼关吏》

注:①慎:谨慎,慎重,(引)表示告诫,相当于"千万"。 ②哥舒:人名,全名为哥舒翰。

译析:务请嘱咐在边防守卫的将士,千万不要学哥舒有轻敌思想。

(31)敌存而惧,敌去而舞,疲惫自盈,只益为愈。敌存灭祸,敌去召过,有能知此,道名大播。

(唐)柳宗元:《敌戒》

注:①存:存在。 ②舞:跳舞。 ③疲惫:懈怠。 ④盈:满足,自满。 ⑤益:更加。 ⑥愈:苟且。⑦道:见识,本领。

译析:敌人存在就害怕,敌人离去就高兴得跳舞,懈怠自满,这样只能苟且偷安。敌人存在能使人提高警惕而免除灾祸,敌人离去能使人麻痹大意而招致过失,能懂得这些道理,有识之士的名声就会远扬。

(32)胜负兵家之常……岂得以一将失利,遽议罢兵耶?

唐宪宗李纯之言,引自《资治通鉴·唐宪宗元和十一年》

注:①兵家:古代对军事家或用兵者的通称。 ②遽:匆忙。

译析:胜利或失败是用兵者常碰到的事……哪能因为一个将领一时的失利,就匆忙商议撤兵呢?

(33)一胜一败,兵家常势。

(唐)刘昫:《旧唐书·裴度传》

注:常势:常有的情势。

译析:作战取得一次胜利或遭到一次失败,是用兵者常有的情势。

《资治通鉴》中亦有此类名句:"胜败乃兵家常事"、"胜败兵家之常"。

(34)在善用,不在众。

(北宋)欧阳修、宋祁等:《新唐书·薛仁贵传》

注:在:在于。

译析:用兵在于善于指挥,不在于兵多。

(35)为将之道,当先治心。泰山崩于前而色不变,麋鹿兴于左而目不瞬,然后可以治利害,可以待敌。

(北宋)苏洵:《心术》

注:①为:作为。 ②治心:掌握人心;征服人心。 ③崩:崩塌。
④麋鹿:一种稀有的珍贵动物,原产中国,性温顺,吃植物,从整体上看哪一种动物都不像,故亦叫四不像。 ⑤行:起来。 ⑥利害:指形势的便利与险要。

译析:作为将领需要遵循的法则,首先应当做好掌握人心的工作。能做到泰山突然崩塌在眼前而面不改色,麋鹿突然出现在身旁连眼珠都不转动,这样才可以控制形势的利弊,可以对待敌军了。

(36)百凡仔细仔细,务算万全,无得轻敌。

(明)唐顺之:《示刘副总兵牌》

注:①百凡:泛指一切。 ②务:必须。 ③算:筹谋,计划。

译析:一切都要仔细再仔细,必须做到筹谋非常周到,没有任何漏洞,不能轻敌。

(37)练到什么样子才算是一个好兵,达到了我们的目的呢?一个是要勇敢,一个是要有技术。

朱德:《关于练兵与带兵的问题》

(38)打仗是格斗,是角力,所以体力锻炼很重要。

朱德:《论解放区战场》

(39)今后战争的胜利仍然要靠勇敢,但不能只靠勇敢,而必使军队各种成员精通技术,使各级指挥员精通现代的指挥艺术和善于组织有计划的作战,使勇敢与技术相结合。勇敢加技术就战无不胜。

朱德:《统一训练计划,加强我军现代化正规化建设》

(40)我们的战略是"以一当十",我们的战术是"以十当一",这是我们制胜敌人的根本法则之一。

毛泽东:《中国革命战争的战略问题》

(41)指挥员的正确部署来源于正确的决心,正确的决心来源于正确的判断,正确的判断来源于周到的和必要的侦察,和对于各种侦察材料的联贯起来的思索。

毛泽东:《中国革命战争的战略问题》

毛泽东著《中国革命战争的战略问题》

(42)军队与人民的团结是建筑在每个官兵自觉地爱护民众、保护民众利益上的,而不是依靠压迫、摧残、强迫、命令所能成功的。

周恩来:《抗战军队的政治工作》

(43)不怕战争失利,最怕战争失了人心,失掉民众,这是万劫不复的。

周恩来:《目前抗战危机与坚持华北抗战的任务》

(44)要使我们的干部和战士,经过训练以后,既能打仗,又能搞社会主义建设。

邓小平:《在中央军委全体会议上的讲话》

（45）在没有战争的条件下，要把军队的教育训练提高到战略地位。

邓小平：《邓小平文选·卷二》

（46）我们要用现代科学技术来研究战争的规律，研究战争这一门科学，这就形成了现代军事科学。

钱学森之言，引自《钱学森与中国军事科技》

（47）不管我们的成绩有多么大，我们仍然应该清醒地估计敌人的力量，提高警惕，决不容许在自己的队伍中有骄傲自大、安然自得和疏忽大意的情绪。

（前苏联）斯大林：《斯大林文选》

十八、农业篇

（1）明王不美宫室，非喜小也；不听钟鼓，非恶乐也；为其伤于本事而妨于教也。

《管子·牧民》

注： ①美：喜欢。　②宫室：帝王的宫殿。　③钟鼓：钟和鼓，古代礼乐器，泛指音乐。　④为：因为。　⑤本事：古代以农为本，指农业。　⑥妨：妨碍。

译析： 英明的君王不喜欢豪华壮丽的宫殿，并不是喜欢住小房子；不听钟鼓礼乐，并非厌恶动听的音乐；这是因为怕伤害农事而妨碍教化啊。

（2）本事不理，夫是之谓人祅。

（战国）荀况：《荀子·天论》

注：①本事：指农业。　②理：治理。　③祅(yāo 妖)：妖，灾害。

译析：农业得不到治理，这就是人为的灾害。

(3)务本事，积财物，而勿忘栖迟屑越也。

(战国)荀况：《荀子·王制》

注：①务：必须。　②本事：指农业。　③财物：金钱物品的总称。④忘：通"妄"，随便。　⑤栖迟：耗散。　⑥屑越：糟蹋。

译析：必须重视农业生产，积累财物，不要随便耗散糟蹋。

(4)农，天下之大业也；铁器，民之大用也。器用便利，则用力少而得作多。

(西汉)桓宽：《盐铁论·水旱》

桓宽著《盐铁论》

注：铁器：铁制农具。

译析：农业是天下重要的事业；铁制农具，是民众最有用的工具。铁制农具使用起来很方便，干起活来既省力而获得的效益又高。

(5)农业关系国计民生极大。

毛泽东：《在省市自治区党委书记会议上的讲话》

(6)农业的根本出路在于机械化。

毛泽东：《毛泽东著作选读》

(7)水利是农业的命脉。

毛泽东：《我们的经济政策》

(8)没有农业基础，工业不能前进；没有工业领导，农业就无

法发展。

周恩来:《当前财经形势和新中国经济的几种关系》

(9)农业是根本,不要忘掉。

邓小平:《邓小平文选·卷三》

(10)农村不稳定,整个政治局势就不稳定,农民没有摆脱贫困,就是我国没有摆脱贫困。

邓小平:《改革的步子要加快》

(11)工业越发展,越要把农业放在第一位。

邓小平:《关于发展工业的几点意见》

(12)民以食为天,人们吃的如何是关系国运昌盛的大事。

陈云:《一九八八年二月二十八日题词》

(13)粮食的局势和价格如果不稳定,整个的市场物价就不可能稳定,国家建设就无法进行。

陈云:《重视粮食工作》

(14)建设社会主义新农村就是把农业和农村工作放在现代化建设全局的更加突出的位置。通过工业反哺农业、城市支持农村,促进农村小康和农业的现代化,这是整个现代化建设的一个重大步骤。

温家宝:《在十届全国人大四次会议记者招待会上答中外记者问》

(15)建设社会主义新农村的着眼点是发展现代农业,提高农业的综合生产能力。我们之所以提出要加强农村基础设施和农村各项社会事业的发展就是为了改善农民的生产和生活条件。

温家宝:《在十届全国人大四次会议记者招待会上答中外记者问》

十九、生态篇

(1)斧斤以时入山林,材木不可胜用也。

(战国)孟轲:《孟子·梁惠王(上)》

注:①斧斤:亦邪"斧斫",泛指各种斧子。　②时:季节。

译析:带着斧子到山上砍伐树木要按照适宜的季节,那么木材也就用不完了。

(2)山林非时不升斤,以成草木之长。

《逸周书·文传》

注:①升:登。　②斤:斧子。　③成:成全。

译析:不到适宜季节不登山砍伐树木,以成全草木的生长。

(3)斩伐林木,亡有时禁,水旱之灾,未必不由此也。

(东汉)班固:《汉书·贡禹传》

注:①亡有:没有。　②时:适时。

译析:砍伐树木,没有及时地进行禁止,水灾旱灾,极有可能是由这种滥伐林木引起来的。

(4)植树造林是百年大计。

周恩来:《周恩来经济文选》

(5)历史经验告诉我们,生态兴则文明兴。环境适宜的长

江、黄河流域孕育了辉煌的中华文明,生态较好的"两河"流域塑造了古巴比伦文明。反之生态衰则文明衰。丝绸之路上的楼兰古国,随着生态环境的变迁,早已湮没在万顷流沙之中。当代现实也告诉我们,生态环境一旦遭到严重污染,将导致难以恢复的灾难。

曾培炎:《保护生态环境 维护生态安全 巩固中华民族发展的根基
——曾培炎副总经理在中国生态安全高层论坛上的讲话》

(6)要按照优化开发、重点开发和禁止开发的要求,区别不同区域的生态功能定位,把经济活动控制在自然生态的承载力之内。加强生态功能保护和自然保护区建设,发挥自然修复作用,保护生态多样性和生态系统的整体功能。要继续实施天然林保护、天然草原植被恢复、退耕还林、退牧还草和防沙治沙等生态治理工程。要因地制宜发展适宜抗灾要求的避灾经济。积极推进生态省、生态市、生态县和环境优美乡镇等生态示范创建工程,树立一批科学发展典型。

曾培炎:《保护生态环境 维护生态安全 巩固中华民族发展的根基
——曾培炎副总经理在中国生态安全高层论坛上的讲话》

(7)背离自然也即背离幸福。

(英)约翰生:《拉塞勒斯》

(8)只要顺应自然之道而行,就将始终令人愉快。

(法)蒙田:《人生随笔·遵循自然而行》

(9)凡违背自然进程总令人厌恶,顺乎自然进程总令人愉快。

(法)蒙田:《我知道什么呢·论经验》

(10)大自然不会欺骗我们,欺骗我们往

《蒙田随笔全集》

往是我们自己。

（法）卢梭:《爱弥儿》

(11)空气的洁净大有助于风尚的洁净。

（法）巴尔扎克:《乡村医生》

(12)大自然一旦被尊重,它便会驯服地把自己奉献出来,给那些值得享受那壮丽而永恒的美景的人。

（西班牙）希门尼斯:《柏拉特罗与我·斗牛》

(13)锣鼓不敲不响,小树不浇不长。

（中国谚语）

第 四 部

教 育 卷

（共九篇）

一、重教篇

(1)善政不如善教之得民也。

(战国)孟轲:《孟子·尽心(上)》

注:①善:好。　②得:获得。

译析:良好的政治不如良好的教育更能得到民心。

(2)枸木必将待檃括烝矫然后直,钝金必将待砻厉然后利,今人之性恶,必将待师法然后正。

(战国)荀况:《荀子·性恶》

注:①枸(gǒu 苟):弯曲。　②檃(yǐn 隐)括:矫正曲木的工具。　③烝(zhēng 征):用火烘烤。　④钝金:不锋利的兵器。　⑤砻(lóng 龙):磨东西。　⑥厉:同"砺":磨刀石。　⑦性恶:这是荀子的观点之一;他认为人性本来是恶的,改恶从善是靠后天的积习渐染。　⑧师法:老师传授的学问和技术。

译析:弯曲的木头一定要经过烘烤用工具矫正后才能变直,不锋利的兵器一定要经过磨砺后才能锋利,现今人的性恶,一定要经过老师的教育才能变得正直善良。

(3)古之王者,建国君民,教学为先。

《礼记·学记》

注:①建国:建立邦国。　②君:统治。　③教学:指教育。

译析:古代的君王建立邦国,统治百姓,把立教立学作为首要任务。

(4)教也者,义之大者也。

《吕氏春秋·孟夏纪·尊师》

注:①也者:语气助词。　②义:意义;道理。

译析:教育,这是最有意义的事业啊。

(5)听黄钟之声,然后知击缶之细;视衮龙之文,然后知被褐之陋;涉庠序之教,然后知不学之困。

(东汉)徐干:《中论·治学》

徐干《中论》

注:①黄钟:古之打击乐器,多为庙堂所用。　②缶(fǒu 否):瓦制的打击乐器。　③衮(gǔn 滚)龙:古代帝王及三公穿的绘有卷龙的礼服。　④文:刺花纹。　⑤被褐:穿着粗布短袄。　⑥涉:经过。　⑦庠序:中国古代地方学校。　⑧困:贫乏。

译析:听过黄钟的声音后,才知道敲击瓦制乐器声音的微小;看过绣着卷龙花纹的华丽衣服后,才知道粗布衣服的粗劣;经过学校的教育后,才知道不学习知识的贫乏。

(6)古者建国,教学为先,所以道世治性,为时养器也。

(西晋)陈寿:《三国志·吴志·孙休传》

注:①教学:教育。　②治性:修性,养性。　③养器:培养人才。

译析:古代建立国家,最先注重的是教育,用来治理天下的办法,就是抓紧时间培养人才。

(7)建国亲民,教学为先。

(北朝·北齐)魏收:《魏书·游明根刘芳列传》

注:①亲民:亲近爱抚民众。　②教学:指教育。

译析:建设国家,亲近爱抚民众,搞好教育是首要的。

(8)兴衰资于人,得失在于教。

(隋)王通:《中说·立命》

注:①资:凭借;依靠。　②得失:成功与失败。

译析:国家的兴盛或衰弱在于人才,而人才培养的成败在于教育。

(9)育才造士,为国之本。

(唐)权德舆:《进士策问五道·第五问》

注:①育:培养;教育。　②士:智者、贤者。后泛指读书人,知识阶层。

译析:培养人才,造就有德有识之士,是治理好国家的根本。

(10)臣闻人无常心,习以成性;国无常俗,教则移风。

(唐)白居易:《策项》

注:①常:永久的,固定的。　②心:意念,思想。　③习以成性:养成习惯即成本性。

译析:我听说人无永久不变的思想,养成习惯即成本性;一个国家也无永久不变的风俗习惯,教育就可以移风易俗。

(11)夫善国者,莫先育才;育才之方,莫先劝学。

(北宋)范仲淹:《上时相议制举书》

注:①善:治理。　②莫:代词,没有什么。　③劝:鼓励。　④学:同"教",教育。

译析:治理国家,没有什么比先培育人才重要的了;而培育人才的办法,没有什么能比先鼓励兴办教育重要的了。

(12)致天下之治者在人才,成天下之才者在教化,教化之所本者在学校。

(北宋)胡瑗:《松滋县学记》

注:①致:招引,使达到。　②治:指政治清明,社会安定。　③成:完成,实现。

译析:达到国家政治清明社会安定的原因在于人才,完成培养治理好国家人才的根本在于教育感化,教化的根本在于进行教育的学校。

(13)学校之设,固治国化民之本也。

(北宋)田况:《儒林公议》

注:①设:设置。　②固:本来。　③化:教育感化。

译析:学校的设置,本来就是治理国家教育感化民众的根本所在。

(14)学校,王政之本也。古者致治之盛衰,视其学之兴废。

(北宋)欧阳修:《吉州学记》

注:①王政:国家的政治。　②本:根本,基础的东西。　③致治:使国家在政治上安定清明。　④盛衰:兴盛与衰败。　⑤兴废:盛衰、兴废。

译析:学校教育,是国家政治的根本。古代使国家在政治上安定清明及盛衰,就看学校教育的兴盛或衰废。

(15)教易为善,善而从正,国之所以治也;不教则易为恶,恶而得位,民之所以殃也。

(北宋)李觏:《安民策》

注:①正:通"政"。　②治:政治清明,社会安定。　③位:官位。

译析:坚持教育,就能把人改变为善良的人;善良的人从政,国家就会政治清明,社会安定。放弃教育,就容易使人变成坏人;要是坏人当了官,老百姓就会遭殃。

(16)古者天子诸侯自国至乡党皆有学。

(北宋)王安石:《上皇帝万言书》

注:①国:国都,京城。　②乡党:泛称家乡;古代 12500 家为乡,500家为党。

译析:古代天子国及诸侯国从京城到乡、党都设有学校。

(17)教不立,学不传,人材不期坏而自坏。

(北宋)杨时:《河南程氏粹言·论学》

注:①立:建立。　②传:传播。　③期:希望。

译析:教育机构不建立,学问没人传播,那样人才不希望变坏可他自行变坏了。

(18)教育人才,为根本计。

(明)宋濂等《元史·廉希宪传》

译析:教育培养人才,是国家的根本大计。

(19)敬教劝学,建国之大本;兴贤育才,为政之先务。

(明)朱之瑜:《劝学》

注:①敬教:敬重教育事业。　②劝学:勉励人努力学习。　③大本:根本。　④兴贤:发扬贤德。

译析: 敬重教育,勉励学习,是建国的根本;发扬贤德,培养人才,是治理国家的首要任务。

(20)人才为政事之本,而学校尤为人才之本也。

(清)李塨:《习斋年谱(下)》

注: 本:事物的根基或主体。

译析: 人才是治理国家的根基,而学校更是培养人才的根本。

(21)人主所与治天下者,人材也;所以教育人材者,学校也。

(清)陈沣:《学校贡举私议》

注: ①人主:君主。 ②与:帮助。

译析: 能帮君主治理好国家的人,必须是有才能的人;而用以培养教育有才能的人的唯一办法,就是多设置教育质量高的学校。

(22)振兴教育,必先广储师范,师资不敷,学校何以兴盛?

(近代)张之洞:《札学务处改修两湖师范学堂》

注: ①广储:广泛设立。 ②敷:够。 ③何以:怎么。

译析: 振兴教育,一定先要广泛设立师范学校,如果师资不够,学校教育怎么发展兴盛?

(23)致富勿愚民,广学开其智。

(近代)郑观应:《高丽使臣来购拙著》

注: 致:使达到。

张之洞书法

译析:要使国家达到富强就不应该施行愚民政策,而应多设立学校开发民众的智力。

(24)苟欲兴工,必先兴学。……有实业而无教育,则业不昌。

(近代)张謇:《辞谢农工商大臣见招答友函》

注:①苟:如果。　②必:一定。

译析:如果想举办工业,定要先兴办教育。……仅有实业而没有教育,那么实业也不会昌盛发达。

(25)图存救亡,舍教育无由。

(近代)张謇:《政闻录·卷三》

注:由:通"猷",计谋。

译析:图谋生存挽救败亡,放弃教育不是好的计谋。

(26)图国家强立之基,肇国民普及之教育。

(近代)张謇:《通州师范学校议》

注:①强立:以强大立足于天下。　②肇:开始。

译析:图谋国家凭着强大立足天下的基础,必须从普及全民教育开始。

(27)师范为教育之母。

(近代)张謇:《师范学校开学演说》

注:母:根本。

译析:师范院校是发展教育的根本。

(28)民智教,富强之源也。

(近代)严复:《原强》

注:民智:人的聪明才智。

译析:民众的聪明才智靠教育去开发,所以教育是实现国家富强的根本所在。

(29)富而不教,非为善经,愚而不学,无以广才,是在教民。

(近代)康有为:《公车上书》

注:经:治理。

译析:富有了但不重视教育,不是好的治理办法,愚昧而不勤奋学习,就无法广增才干,所以正确的方法应该是教育民众。

(30)人之愚不肖,亦由智教不备之所致也。

(近代)康有为:《大同书》

注:①不肖:不成才;不成器。 ②致:造成。

译析:人的愚昧不成才,是由于智育教育不完备所造成的。

(31)人才出于教育。

(近代)康有为:《政论集·镇江政学两界欢迎会演说》

(32)有学校以陶冶之,则智者进焉,愚者止焉,偏才者专焉,全才都普焉。

(近代)孙中山:《孙中山全集·上李鸿章书》

注:①陶冶:教化培育。 ②全:完美。 ③都:犹就。

译析:有学校的教化培育,那么聪明的人能进一步提高,愚昧的人不再愚昧,偏才的成为专门人才,完美的人才就能普遍了。

(33)要有良好的社会,必先有良好的个人,要有良好的个人,就要先有良好的教育。

(近代)蔡元培:《蔡元培全集·何谓文化》

(34)今夫言治国者,必推本于学校。

(近代)梁启超:《论女学》

梁启超像

注:①推:推究。　②本:根本。

译析:现在谈论治理国家的办法,必然推究到学校教育的根本上。

(35)欲任天下之事,开中国之新世界,莫亟于教育。

(近代)梁启超:《康有为传》

注:①开:开创。　②亟:急,迫切。

译析:要想担负起天下的大业,开创中国的新局面,没有什么事比重视教育更急迫了。

(36)变法之本,在于人才,人才之兴,在于学校。

(近代)梁启超:《论变法不知本原之害》

注:变法:对国家的法令制度作重大的改变。

译析:变法革新社会的根本,在于培养人才,而人才的兴起,全靠学校的教育。

(37)国家之富强在于民智,民智之增进在于教育。

(近代)黄兴:《在屋仑华侨欢迎会上的演讲》

注:民智:民众的聪明才智。

译析:国家的富强在于民众的聪明才智,民众的聪明才智的增进取决于教育。

(38)欲言建设,当得人才,欲得人才,当兴教育。

(近代)黄兴:《黄兴集·在中国同盟会
上海支部夏季常会上的演讲》

(39)教育不足造英雄与天才,而英雄与天才自不可无陶冶之教育。

(近代)王国维:《静庵文集·教育偶感四则》

注:①不足:不能。 ②自:从。 ③陶冶:教化培育。

译析:教育不能保证造就出英雄和天才,而英雄和天才从来是不可能没有接受教化培育的。

(40)教育不猛进,国弱大众贫。

冯玉祥:《冯玉祥诗选·上山烧香》

(41)教育是一个民族最根本的事业。

邓小平:《邓小平建设有中国特色社会议论述专题摘编·会见
香港知名人士包玉刚、王宽城、霍英东、李兆基等时的谈话》

(42)一个十亿人口的大国,教育搞上去了,人才资源的巨大优势是任何国家比不了的。有了人才优势再加上先进的社会主义制度,我们的目标就有把握达到。

邓小平:《在全国教育工作会议上的讲话》

(43)科学技术人才的培养,基础在教育。

邓小平:《在全国科学大会开幕式上的讲话》

(44)不抓科学、教育,四个现代化就没有希望,就成为一句空话。

邓小平:《"两个估计"不符合实际》

(45)忽视教育的领导者,是缺乏远见的、不成熟的领导者,就领导不了现代化建设。

邓小平:《邓小平文选·把教育工作认真抓起来》

(46)群众和青年的爱国心和革命理想是靠思想文化教育来培养。

胡乔木之言,引自《人民日报》1982年10月15日

(47)社会上每一种正当的行业都是神圣的,不分轩轾,没有等级,巷口那个擦皮鞋的朋友,跟坐在大办公桌后面肚子鼓鼓焉的家伙,有同等的地位。但教育这个行业却更神圣,因为教育培养出来的国民素质,决定一个国家民族的盛衰败亡。

柏杨:《活该他喝酪浆·千古不朽的教师典型》

注:轩(xuān 宣)轾(zhì 至):车前高后低称轩,前低后高称轾,比喻高低优劣。

(48)我们绝对不认为教育是万能的。但我们认为教育是最重要的,非常非常最最重要的。没有教育,就没有人才;没有人才,就啥也没有。

柏杨:《活该他喝酪浆·千古不朽的教师典型》

(49)国运兴衰,系于教育;教育振兴,全民有责。

江泽民:《在第三次全国教育工作会议上的讲话》

(50)要把落实教育优先发展的战略地位,真正化为全民族的广泛共识和全社会的实际行动。

江泽民:《在第三次全国教育工作会议上的讲话》

(51)科技兴国,全社会都要参与,科学家和教育家更应奋勇当先,在全社会带头弘扬科学精神,传播科学思想,倡导科学方法,普及科学知识。

江泽民:《院士科普书系·序》

(52)小平同志在 1985 年曾指出:"我们国家,国力的强弱,经济发展后劲的大小,越来越取决于劳动者的素质,取决于知识分子的数量和质量。"在这里,小平同志将劳动者的素质和知识分子的数量和质量看做是增强综合国力的决定因素,这不仅符合现代各国经济发展的共同规律,对于我国这样的人口大国来说,更有其特殊的意义。

陶西平:《由应试教育向全面素质教育转变》

(53)教育是国家现代化的基石。国家的发展最终要靠提高全民素质。我们已经在全国建立了巩固和普及义务教育、大力发展职业教育和着力提高高等教育质量的格局。今后我们要使这三个方面都有所进步。

温家宝:《在十届全国人大四次会议记者招待会上答中外记者问》

(54)创新型科技人才的成长是一个综合培养的过程,不可能一蹴而就,首先要从教育这个源头抓起。要根据我国经济社会发展特别是科学技术事业发展的要求,继续深化教育改革,加强素质教育,努力建设有利于创新型科技人才生成的教育培养体系。要从系统的观点统筹小学、中学、大学直到就业等各个环节,形成培养创新型科技人才的有效机制。

胡锦涛:《在中国科学院第十三次院士大会
和中国工程院第八次院士大会上的讲话》

(55)要充分发挥教育对提高人的素质的基础作用,坚持教育优先发展,全面推进素质教育,加大统筹城乡教育发展的力度,加大对义务教育尤其是农村义务教育的投入,使每一个适龄青少年都能接受良好教育。要努力建设学习型社会。在全社会树立全民学习,终身学习的理念,通过多种形式和渠道的学习培训,使每个人都不断获得新知识,增长才干,跟上时代步伐。

胡锦涛:《牢固树立社会主义荣辱观》

（新华社北京 2006 年 4 月 27 日电）

（56）要教育人民,有三种东西是必要的:第一学校,第二学校,第三还是学校。

（俄）列夫·托尔斯泰:《安娜·卡列尼娜》

（57）完善的教育可能使人类的身体的、智力的和道德的力量得到广泛的发挥。

（俄）乌申斯基:《人是教育的对象》

康德像

（58）人只有靠教育才能成人。人完全是教育的结果。

（德）康德:《康德教育论》

夸美纽斯著《大教学论》

（59）植物的形成由于栽培,人的形成由于教育。

（法）卢梭:《爱弥尔》

（60）只有受过一种合适的教育之后,人才能成为一个人。

（捷克）夸美纽斯:《大教学论》

二、师道篇

(1)教者必以正。

(战国)孟轲:《孟子·离娄(上)》

注:正:正道。

译析:执教的人一定要采用正道教人。

(2)天之生此民也,使先知觉后知,使先觉觉后觉也。

(战国)孟轲:《孟子·万章(上)》

注:①生:养育。 ②使:让。 ③觉:第一、三个"觉"作"启发"讲,其余作"领悟"讲。

译析:上天养育了这些民众,是让先知的人启发后知的人,让先领悟的人启发后领悟的人。

(3)礼者所以正身也,师者所以正礼也。

(战国)荀况:《荀子·修身》

注:①礼:社会生活中由于风俗习惯而形成的行为准则、道德规范和各种礼节。 ②正:第一个"正"作"端正"讲,第二个"正"作"使……正"讲。

译析:人的行为准则、道德规范和各种礼节,是用来端正自身的行为品德的,而教师则是用来使那些不合礼仪的行为、道德正过来。

(4)教也者,长善而救失者也。

《礼记·学记》

注:①也者:语气助词,表提示。 ②长:增进,发扬。 ③救:帮助。
④失:过失,过错。

译析:教育,就是发扬学生好的方面,帮助他们改正过错。

(5)达师之教也,使弟子安焉、乐焉、休焉、游焉、肃焉、严焉。

《吕氏春秋·诬徒》

注:达:通达事理。

译析:通达事理的老师教育学生时,既能使学生学得安心、高兴,又能休息、游玩,还能庄重、严肃。

(6)师之教也,不争轻重尊卑贫富,而争于道。其人苟可,其事无不成,所求尽得,所欲尽成。

《吕氏春秋·劝学》

注:①争:计较。 ②轻重:喻贤愚。 ③苟:如果。 ④成:第一个"成"作"成果"讲,第二个"成"作"实现"讲。

译析:老师施行教育时,不应计较学生的贤愚、尊卑、贫富,而应看重他们争着接受理义的情况。他们如果能很好地接受理义,对他们的教诲就不会没有成果,所追求的完全能够得到,所希望的完全能够实现。

(7)为师之务,在于胜理,在于行义。

《吕氏春秋·劝学》

注:①务:事业,工作。 ②行:传布。 ③义:道德规范。

译析:做教师的事业,在于充分掌握高明的事理,在于传布道德规范。

(8)所加于人,必可行于己,若此,师徒同体。

《吕氏春秋·诬徒》

注:同体:比喻无区别;一致。

译析:凡是要求别人做到的,定要自己先做到,如果做到这一点,那么师生就能和谐一致了。

(9)子曰:"有教无类。"

《论语·卫灵公》

注:①教:教诲。 ②无类:不分类别。

译析:孔子说:"受教育不分贵贱、贤愚,机会均等。"这是孔子著名的受教育机会均等的人才原则。他认为人的天赋素质是相似的,个性差异是后天造成的,故有此主张。成语"有教无类"即出于此。

(10)所养非所用,所用非能养,理家必弊,在国必危。

(唐)陈子昂:《上策机要事》

陈子昂读书台

注:①养:培养教育的。 ②弊:败。

译析:所培养的人才不是所需要用的,而所用的人才又不是所培养的,那么治家必败,治理国家也必定危险。

(11)人非生而知之者,孰能无惑? 惑而不从师,其为惑也,终不解矣。

(唐)韩愈:《昌黎先生集·师说》

注：①之：代词，指知识和道理。　②其为惑也：那些成为疑难的问题。

译析：人不是生下来就懂得道理和知识的，谁能没有疑难问题呢？有了疑难问题却不去请教老师，那些疑难的问题就始终不能解决了。

(12)师者，所以传道受业解惑也。

（唐）韩愈：《昌黎先生集·师说》

注：①所以：用来……的。　②受：同"授"。

译析：老师，是传授道理、教授学业、解释疑难问题的。这句名言是韩愈独到的精辟立论，在这之前，从来没有人对教师的职责说得这么明确。

(13)师道立，则善人多；善人多则朝廷正而天下治矣。

（北宋）周敦颐：《通书·师第》

注：师道：指师之地位、作用及尊师之风尚。

译析：师道确立了，善良的人就会多；善良的人多了，朝廷就有了正气，国家就会政治清明，社会安定。

(14)所谓教之之道何也？苟不可以为天下国家之用，则不教也；苟可以为天下国家之用者，则无不在于学。此教之之道也。

（北宋）王安石：《王文公文集·上皇帝万言书》

注：①道：主张、措施。　②苟：假设，如果。

译析：所谓教育的主张、措施是什么呢？如果对天下国家无用的，就不在教育内容之列；如果对天下国家有用的，就不会不在学习的范围之内。这就是教育的主张、措施。

(15)学校之中，惟以成德为是。

（明）王守仁：《答顾东桥书》

注:惟:是。

译析:学校教育,应当是把学生培养成有道德的人为目的。

(16)人不能生而知,必待学而后知;人不能皆好学,必待教而后学。故作之君,作之师,所以教养也。

(近代)孙中山:《上李鸿章书》

注:①知:知识。　②待:依靠。　③好(hào 浩):喜爱。　④作:担任。　⑤教养:教育培养。

译析:人不是生来就有知识的,必须依靠不断学习才能掌握知识;人不可能都是喜爱学习的,必须依靠教育后才能激发他勤奋学习。所以作为君主和作为教师的职责,是要教育培养人的。

(17)教育是帮助被教育的人,给他能发展自己的能力,完善他的人格。

(近代)蔡元培:《蔡元培全集·教育独立议》

(18)重精神,贵德育。

(近代)梁启超:《南海康先生传》

注:①重:重视;推崇。　②贵:珍视;贵视。

蔡元培像

译析:要重视思想意识的培养,要重视道德品质方面的教育。

(19)发达其身体,而萎缩其精神,若发达其精神,而罢敝其身体,皆非所谓完全者也。完全之人物,精神与身体必不可不为调和之发达。

(近代)王国维:《王国维遗书·论教育之宗旨》

注:罢敝:疲劳困敝(非常疲乏)。罢:古同"疲"。

（20）教师应该严格，不要严厉。

徐特立：《徐特立文集·各科教学法讲座》

（21）教育之真理无穷，能发明之则常新，不能发明之则常旧。

陶行知：《陶行知文集·试验主义与新教育》

（22）我们的教育方针，应该使受教育者在德育、智育、体育几方面都得到发展，成为有社会主义觉悟的有文化的劳动者。

毛泽东：《毛泽东著作选读·关于正确处理人民内部矛盾的问题》

（23）现行教育不等于"应试教育"，我国的现行教育中确实相当普遍地存在着"应试教育"的弊端。"应试教育"这一概念是对单纯以考试为目的而产生的诸多弊端的教育现象的概括。"应试教育"把学生考试成绩绝对化，作为教育价值的终极判断的标准。依照这种教育价值观进行的教育必然带来诸多弊端，这些弊端干扰了全面素质的实现，扭曲了培养目标和教育过程，使得我国的教育方针难以全面的贯彻。

陶西平：《由应试教育向全面素质教育转变》

（24）作为实施科教兴国战略的具体目标，《纲要》明确规定要"改革人才培养模式，由应试教育向全面素质教育转变"。这是以法律性文件的形式确定了素质教育的地位，规定了实现由"应试教育"向素质教育转变的方向。因此，实现这种转变就成为当前我国教育改革，特别是基础教育改革的目标。

陶西平：《由应试教育向全面素质教育转变》

注："纲要"：指八届全国人大四次会议批准的《关于国民经济和社会发展第九个五年计划和 2010 年远景目标纲要》。

（25）教师是"伯乐"，伯乐善于相马，教师也要善于认识每位学生的个性；但是，教师又不能只是伯乐，伯乐相马的目的是挑选出千里马,而淘汰其余,教师却必须对每个学生负责。因此,素质教育不是选择适合教育的儿童,而是创造适合每个儿童的教育。

陶西平:《由应试教育向全面素质教育转变》

(26)人类有禽兽的一面,也有天使的一面。教育家的目的就在锻炼一个人的灵魂,以天使的一面打垮禽兽的一面。

(伊朗)巴禾乌拉:《答客问》

(27)有许多种的教育与发展,而且其中每一种都具有自己的重要性,不过道德教育在它们当中应该首屈一指。

(俄国)别林斯基:《别林斯基教育》

(28)我们教育者的伟大而光荣的使命,就是在每一个受教育者的心上培植崇高的理想。应当使他们的心灵中反映出人民形象的缩影。谁要是成功地做到了这一点,他就可以满怀信心地说:我理解了教育的目的。

(前苏联)苏霍姆林斯基:《心头最珍贵的东西》

(29)教育者的任务在于发现每个受教育者身上一切最美好的东西,发展它们,不去用学校里的条条框框限制他们,鼓励独立的工作——进行创造。

(前苏联)苏霍姆林斯基:《要相信孩子》

蔡汀编著《苏霍姆林斯基》

(30)教学的最高的、最后目的包含在这一概念之中——德行。

(德)赫尔巴特:《论世界的
美的启示为教育的主要工作》

(31)教育的最大秘诀,是使身体锻炼和思想锻炼相互调剂。

(法)卢梭:《爱弥儿》

(32)教育必须基于道德与智慧。道德是为了支撑美德,智慧是为了防止自己遭到不道德的侵凌。

(法)桑弗:《格言与反省》

(33)学校没有纪律,就像水磨没有水一样。

(捷克)夸美纽斯之言,引自《夸美纽斯的生平和教育学说》

(34)只用专业知识教育人是不够的。通过专业教育,他可以成为一种有用的机器,但是不能成为和谐发展的人。

(美籍德国人)爱因斯坦:《创造心理学》

(35)药物既可治病,也能伤人——倘若用之不当;教育既可以育人,也能误人——倘若教之不当。

(中国谚语)

三、师德篇

(1)能为人则者,不为人下者。

《左传·昭公元年》

注:①则:楷模。　②人下:在人之下。

译析:能够成为众人楷模的,就永远不会遭人轻视。

(2)教不倦,仁也。

(战国)孟轲:《孟子·公孙丑(上)》

注:①倦:懈怠。　②仁:仁爱。

译析:教诲别人不知疲倦,就称得上有仁爱的心了。

(3)以其昏昏,使人昭昭。

(战国)孟轲:《孟子·尽心(下)》

注:①昏昏:模模糊糊。 ②昭昭:明明白白。

译析:自己还模模糊糊,却去教别人明白。这句名言是孟子告诫人们要严于律己,对学问自己弄得清清楚楚,教别人才能教得明明白白。

(4)君子正身以俟,欲来者不距,欲去者不止。

(战国)荀况:《荀子·法行》

注:①正身:端正自身。 ②俟(sì 寺):等待。 ③距:通"拒",拒绝。④去:离去。 ⑤止:阻止。

译析:君子端正自身的品德行为等待别人求教,想来求教的不拒绝,想要离去的不阻止。

(5)善教者……反己以教,则得教之情矣。所加予人,必可行于己,若此,则师徒同体。

《吕氏春秋·诬徒》

注:①反己:反回头来要求自己。 ②情:真实的情况。

译析:善于教育人的人……应反过来把自己作为受教育者,这样就能掌握教育的真实情况。凡是要求让别人做的事,必定自己也能够做到,若能这样,就可以做到教师学生和谐了。

(6)学而不厌,诲人不倦。

《论语·述而》

注:①厌:满足。 ②诲:教诲。 ③倦:厌倦。

译析:努力学习而不满足,教诲求学的人应尽心尽力,永不厌倦。

(7)师者,人之模范也。

（西汉）扬雄:《法言·学行》

注:①者:语气助词,表提顿,无实在意义。 ②模范:榜样,表率。

译析:教师,是人们的榜样。

(8)不能自律,何以正人。

（唐）张九龄:《贬韩朝宗洪州刺史制》

注:自律:遵守法度,自加约束。

译析:不能遵守法律、自加约束,怎么去纠正别人。

(9)春蚕到死丝方尽,蜡炬成灰泪始干。

（唐）李商隐:《无题》

注:①蜡炬:蜡烛。 ②泪:指烛泪,即蜡燃烧时流下的烛油。

译析:春蚕直到死时才停止吐丝,蜡烛燃尽时才停止滴烛泪。这句名言喻教师为教育事业鞠躬尽瘁,死而后已的崇高精神。

(10)宽而不畏,严而见爱。

（南宋）朱熹:《宋名臣言行录》

注:见爱:被喜爱。

译析:宽容而不使人畏惧,严厉而又被人喜爱。

(11)教不严,师之惰。

（南宋）王应麟:《三字经》

注:惰:懈怠。

译析:教学不严格,是老师懈怠的表现。

(12)必以修身为本,然后师道立。

(元)王艮:《心斋语录》

注:修身:努力提高自己的品德修养。

译析:教师一定要以完善自身的品德修养为根本,然后方能树立师道。

(13)古人不敢轻自为师,以柳子厚之文章而避师之名,何北山为朱子之再传,而未尝受人北面,亦不敢轻师于人……师之为道慎重如此。

(清)黄宗羲:《南雷文定·广师说》

注:①柳子厚:唐代文学家柳宗元。 ②名:名分。 ③何北山:宋代学者何塞。 ④朱子:宋代理学家朱熹。 ⑤受人北面:指接受地位比他低的人向北面对他拜谒;因古人礼制是尊者坐北朝南。

译析:古代人不敢轻易以老师自居。柳宗元有盖世的文学才华,却避开老师的名分;何塞是朱熹的再传弟子,也不敢轻易为师接受别人的拜谒……他们为师之道是这样的慎重。

(14)师弟子间,以道相交而为人伦之一。故言必正言,行必正行,教必正教,相扶以正,义定而情自合。

(清)王夫之:《四书训义》

注:①弟子:指学生。 ②正言:说实话。 ③正行:正直的行为。

译析:老师学生之间,以道义交往才是人伦的一条大道。因此,说话定要说实话,行为一定端正,所教的知识一定是正确的,相互间以正理扶持,道义既定那么自然就合于师生之情。

(15)如果一个教师没有树立起一个比他的学生更崇高的人生观,就不能讲授。

(俄)列夫·托尔斯泰,引自《托尔斯泰传》

(16)教师是学校里最重要的师表,是直观的最有教益的模范,是学生的最活生生的榜样。

(德)第斯多惠:《德国教师教育指南》

(17)做导师的人自己便当具有良好的教养,随人,随时,随地,都有适当的举止和礼貌。

(英)洛克:《教育漫话》

(18)教育上的错误正和错配了药一样,第一次弄错了,决不能借第二次、第三次去补救,它们的影响是终身洗刷不掉的。

(英)洛克:《教育漫话》

(19)教师不仅是知识的传播者,而且是模范。

(美)布鲁纳:《教育过程》

(20)教师的影响是永久的,教师决不能停止自我感化。

(美)亚当斯:《亚当斯论教育》

简析:这句名言忠告教师应严于律己,不断完善自己的品德和学识,成为德才兼备的人才,对学生才能起到表率的作用,使学生健康成长。

(21)真正的教师,须极力防止自己的坏习性及于学生。

(美)奥尔波特:《神秘的格言》

(22)学高为师,身正为范。

(中国古谚)

启功题写的北京师范大学校训

(23)学校无小事,事事有教育;教师无小节,处处是楷模。

(中国谚语)

(24)模仿是儿童的天性,示范是最佳的语言。

(中国谚语)

四、师资篇

(1)师术有四,而博习不与焉。尊严而惮,可以为师;耆艾而信,可以为师;诵说而不陵不犯,可以为师;知微而论,可以为师。

(战国)荀况:《荀子·致仕》

注:①师术:为师之道。　②惮(dàn 但):威盛。　③耆(qí 旗)艾:尊长,泛指老年人;唐颜师古《汉书经》中云:"六十曰耆,五十曰艾。"④陵:凌乱。　⑤知微:能看出事物发生变化的隐微征兆。

译析:为师之道有四点,广博学识不在其内。庄重严肃又威盛,可以做老师;尊敬长者而又有威信,可以做老师;诵读和讲说有条不紊而又不违犯礼法,可以做老师;能看出事物发生变化的隐微征兆又能进行议论,可以做老师。荀子对做老师提出要端正自身仪表、注重品德行为、善于诵读、讲解、掌握深奥知识等条件,是有一定道理的。

(2)记问之学,不足以为人师。

《礼记·学记》

注:①记问之学:指为应付他人之问难而预为之记诵之学(谓无真知之学)。　②不足:不能。

译析:只能记诵诗书以待发问而自己并未贯通的人,不能做别人的老师。

(3)所谓治国,必先齐其家,其家不可教,而能教育人者,无之。

《礼记·大学》

注:齐:整治。

译析:所说的治理国家,必须先整治好自己的家庭,自己的家人都不能教育好,却想教育好别人,是不会有的事。

(4)君子既知教之所由兴,又知教之所由废,然后可以为人师也。

《礼记·学记》

注:①兴:成功。　②废:失败。

译析:有道德修养的人既了解教学成功的原因,又知道教学失败的原因,然后就可以做别人的老师了。这句名言说明教师要切实掌握教学规律,随时总结教学经验,不断改进教学方法,提高教学质量。

(5)师必胜理、行义,然后尊。

《吕氏春秋·孟夏纪·劝学》

注:①理:道理、知识。　②尊:尊重。

译析:老师必须具备丰富的知识、高尚的德行,才会受到人们的尊重。

(6)温故而知新,可以为师矣。

《论语·为政》

注:温故:温习旧的知识。

译析:温习旧的知识能从中得到新的知识,这样就可以做别人的老师了。

(7)善为师者,既美其道,有慎其行。

(西汉)董仲舒:《春秋繁露·玉杯第二》

注:①道:道义(道德和正义)。 ②行:行为。

译析:善于做老师的人,既须有完美的道义,又须有行为谨慎检点的态度。

(8)智如泉源,行可以为表仪者,人师也。

(西汉)韩婴:《韩诗外传》

注:表仪:表率,仪范。

译析:智慧像泉源一样永不枯竭,行为能作为众人的表率,这样的人就是人们的老师。

(9)恭德慎行,为世师范。

(唐)李延寿:《北史·杨播传论》

注:师范:学习的模范。

译析:具有谦恭的品德、谨慎的言行,就能成为世人学习的模范。

(10)弟子不必不如师,师不必贤于弟子,闻道有先后,术业有专攻,如是而已。

(唐)韩愈:《昌黎先生集·师说》

注:①不必:不一定。 ②贤:胜过;超过。 ③闻:懂得。 ④攻:学习,研究。

译析:弟子不一定不如老师,老师也不一定胜过弟子,懂得道理有先有后,学问和技艺上各有各的专门研究,如此罢了。

(11)己之才学为人所尊,乃可诲人以进修之要。

(南宋)袁采:《袁氏世范》

注:①诲:教导,指教。 ②要(yāo 腰):邀请;约请。

译析:自己的才能学问被人们所尊重,就可以接受教导别人进一步提高品德与知识水平的邀请。

(12)师儒之职不可滥授。此欲其成就人才德,古以模范称之。模范不正,其所造器,何能得正。

(明)朱高炽:《明仁宗宝训》

注:①滥授:乱传授,随便委任。 ②模范:楷模。

译析:教师的职务不能随便委任。这个职务是想让他培养人的德性和才能的,所以古代称他是楷模。楷模不正,他所造的器具或培养的人,怎么能会是优秀的呢?

(13)师者所以传道、受业、解惑者也,道之未闻,业之未精,有惑而不能解,则非师矣。

(清)黄宗羲:《南雷文定·续师说》

注:精:精通。

译析:老师是传授道理、教授学业、解释疑难问题的,如果他道理不懂,学业不精,有了疑难问题也不能予以解答,就不能称为老师了。

(14)欲明人者先自明。

(清)王夫之:《四书训义》

注:明人:使人明白。

译析:如果要想教别人明白事理,那么自己首先要明白事理。

(15)不论男女皆得为师,惟才能是视。导之以正义,广之以通学,绳之以礼法,虽于慈惠中而多严正之气。

(近代)康有为:《大同书》

注:①惟:只是。 ②通:整个;全部。 ③绳:约束。 ④礼法:礼仪法度。 ⑤慈惠:仁爱。

译析:无论是男是女都可以成为老师,只是要由他们的才能和智慧来决定。教导学生要主持正义,透彻全面的让学生掌握知识,用礼仪法度约束学生,即使在积善仁爱中也常常透出严肃正直的气概。

(16)惟必有学识,方可以担任教育。

(近代)孙中山:《提倡女子教育》

注:惟:只有。

译析:只有有学识的人,才可以担当起教育的重任。

(17)校长是一个学校的灵魂,要想评论一个学校,先要评论它的校长。

陶行知:《陶行知文集·半周岁的燕子矶国民学校》

(18)要有好的学校先要有好的教师。

陶行知:《陶行知文集·试验乡村师范学校答客问》

(19)惟有学而不厌的先生,才能教出学而不厌的学生。

陶行知:《陶行知文集·答山西铭贤学校徐正之先生书》

(20)要想学生好学,必须先生好学。

陶行知:《陶行知文集》

(21)小平同志说:"一个学校能不能为社会主义建设培养合格人才,培养德智体全面发展有社会主义觉悟、有文化的劳动者,关键在教师。"教师是素质教育的直接实施者,因此,教师的教育思想、教育科学和教育艺术的水平以及自身的基础素质水平对素质教育的实施起着直接的作用。

陶西平:《由应试教育向全面素质教育转变》

(22)至关重要的是教师自身的基础素质的培养。"教人先正己",教师的基础素质渗透在全部教育过程中,将对学生产生潜移默化的实际影响,正如加里宁所说:"教师的世界观,他的品行,他的生活,他对每一现象的态度都这样那样地影响全体学生。"

陶西平:《由应试教育向全面素质教育转变》

(23)渊博的学识、宽阔的眼界、对科学问题的兴趣——教师应当具备所有这些素养,以便在受教育者面前揭示知识、对象、科学和学习过程的吸引力。

(前苏联)苏霍姆林斯基:《巴甫雷什中学》

(24)只有具有坚定的性格,知道自己想要什么,为什么想要和用什么来实现自己意志的人——只有这样的人才能教育出坚定的、精力充沛和性格坚定的人来。

(德)第斯多惠:《德国教师教育指南》

(25)谁要是自己还没有发展、培养和教育好,他就不能发展、培养和教育别人。

(德)第斯多惠:《德国教师教育指南》

(26)如果说必须有耐心,作为教育者是不及格的。教育者必须有爱情和喜悦。

（瑞士）裴斯泰洛齐:《口头陈述意见》

(27)要给学生一杯水,教师得有一桶水。

（中国谚语）

(28)多深的基础多高的墙。

（中国谚语）

(29)师傅不高徒弟拙。

（中国谚语）

五、择师篇

(1)夫人虽有性质美而心辩知,必将求贤师而事之,择良友而友之。

（战国）荀况:《荀子·性恶》

注:①虽:即使。　②性质:禀性;气质。　③心辩:谓头脑清醒,明白事理。　④知:聪明;智慧。　⑤良友:品行端正的朋友。　⑥友:结交。

译析:一个人即使有好的禀性和清醒头脑,明白事理的智慧,也一定要寻找有德有才能的老师从事求学,选择品行端正的朋友交往。

(2)择师不可不慎也。

《礼记·学记》

译析:选择老师不能不慎重。

(3)玉虽有美质,在于石间,不值良工琢磨,与瓦砾无别。

(唐)吴兢:《贞观政要·政体》

注:①质:质地。 ②值:遇到。 ③琢磨:雕刻和打磨。

译析:玉石虽然有美好的质地,但存在于石头中间,不遇到良好工匠的雕刻和打磨,同破碎的砖瓦没有什么不同。这句名言是用比喻说明要选择良师,才能把自己培养成有用人才。

(4)无贵无贱,无长无少,道之所存,师之所存也。

(唐)韩愈:《韩昌黎全集·师说》

注:①无:无论。 ②道之所存:道(道理)存在的地方。 ③师之所存:老师在的地方。

译析:无论地位贵贱,无论年龄大小,谁懂得道理,谁就是老师。韩愈提出的这一观点是针对当时以门第相尚(相互推崇)、不重真才实学的弊俗,突破了封建的等级观念。

(5)庸匠误器,器可他求,庸妇误衣,衣可别制;庸师误子弟,子弟可复胚乎?

(南宋)许棐(fěi 菲):《樵谈》

注:①庸:平庸,不高明的。 ②误:第一、二个"误"作"错误"讲,第三个"误"作"耽误"讲。 ③别:另外。 ④胚(pēi 呸):初期发育的生物体,喻事情的开始。

译析:手艺不高明的工匠把器具做坏了,可以另寻其他工匠再做一个;手艺不高明的妇女把衣服做坏了,可以再找其他妇女另做一件;但是平庸的老师,耽误了人家子弟,难道还能恢复到人家子弟原来的样子吗?

(6)欲正天下之人心,须慎天下之师受。

(清)王夫之:《四书训义》

注:①正:端正。　②受:习学。

译析:要想端正天下人的思想、意念、感情,一定要谨慎地选择天下的良师来习学。

(7)中学之师,尤当妙选贤达之士。行谊方正,德性仁明,文学广博,思悟通妙,而又诲人不倦,慈幼有恒者,方当此任。

(近代)康有为:《大同书》

康有为《大同书》

注:①妙选:精心选择。　②贤达:有才德有声望的人。　③行谊:行为。　④德性:品性;品质。　⑤仁明:仁爱明察。　⑥文学:文才;才学。　⑦思悟:理解。　⑧通妙:透彻精微。　⑨慈幼:爱护年幼者。　⑩任:职务。

译析:中学教师,尤其应当选择有才有德有声望的人士。他们行为端正,品性仁爱明察,才学广博,理解问题透彻精微,而又能诲人不倦,爱护年幼学生有恒心的人,才可以担任这一职务。

(8)做好人,做好官,做名将,俱要好师、好友、好榜样。

(近代)蔡锷:《蔡锷集·〈曾胡治兵语录〉序及按语》

六、尊师篇

(1)不贵其师,不爱其资,虽智大迷。

《道德经·二十七章》

注:①贵:尊重,敬重。　②爱:仰慕。　③智:智慧,聪明。　④迷:糊涂。

译析:不敬重他的老师,不仰慕老师的才智,即使聪明也是个很糊涂的人。

(2)国将兴,必贵师而重傅;贵师而重傅,则法度存。国将衰,必贱师而轻傅,贱师而轻傅,则人有快;人有快,则法度坏。

(战国)荀况:《荀子・大略》

注:①将:第一个"将"作"打算"讲,第二个"将"作"将要"讲。 ②贱:轻视。 ③快:放肆。

译析:国家打算兴盛,必须尊重老师和师傅,尊重老师和师傅,那么法令制度就会得到推行。国家将要衰亡,必定会轻视老师和师傅,轻视老师和师傅,人就会放肆;人们放肆了,法令制度就会受到破坏。荀子这一尊师重长的思想,对我们今天进行精神文明建设仍有现实意义。

(3)水深而回,树落则粪本,弟子通利则恩师。

(战国)荀况:《荀子・致士》

注:①回:旋转。 ②粪:肥料。 ③本:草木的根。 ④通利:显达,顺利。 ⑤恩:感谢。

译析:水深了就有漩涡;树叶落下就成了树根的肥料,弟子显达顺利时,就应更加感谢老师的教益。

(4)凡学之道,严师为难。师严,然后道尊。道尊,然后民知敬学。

《礼记・学记》

注:①道:第一个"道"作"道理"讲,第二、三个"道"作"道义"讲。 ②严:尊敬。 ③敬:认真。

译析:凡是求学之道,最难做到的就是尊敬老师。老师受到尊敬,然后道德和正义才能受到重视。道德和正义受到重视,然后民众才知道严肃认真地对待学习。

(5)疾学在于尊师,尊师则言信矣。

《吕氏春秋·劝学》

注:疾学:努力学习。

译析:努力学习的关键在于尊重授业的老师,老师受到尊重,那么老师的言语就会被信服。

(6)古之圣王未有不尊师者也。尊师则不论其贵贱贫富矣。若此,则名号显矣,德行彰矣。

《吕氏春秋·劝学》

注:①圣王:古指德才超群达于至境之帝王。　②论:考虑。　③名号:名声。

译析:古代圣王没有不尊重老师的。敬重老师就不会考虑老师地位贵贱和贫富了。如果能这样,他的名声就会显达,德行就会彰明。

(7)致天下之治者在人材,成天下之材者在教化,职教化者在师儒。

(北宋)胡瑗:《松滋县学记》

注:①致:使达到。　②成:完成;实现。　③职:主管。　④教化:教育感化。

译析:能使国家达到政治清明社会安定在于人才,能完成培养好国家人才在于教化,主管教化的在于教师和有学问的人。

(8)古之学者必严其师,师严然后道尊。

(北宋)欧阳修:《答祖择之书》

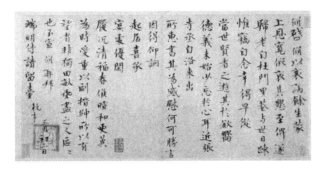

欧阳修书法

注:①学者:求学的人。 ②必:通"毕","都"的意思。 ③严:尊敬。
④然后:这样……才。

译析:古代求学的人都很尊敬老师,老师受到尊敬,老师传授的道理
才会受到尊奉。

(9)善之本在教,教之本在师。

(北宋)李觏:《广潜书》

注:①本:事物的根本或主体。 ②教:教导。

译析:使人为善的根本在于教育,教育的主体在于老师。

(10)师道既尊,学风自善。

(近代)康有为:《政论集·在浙之演说》

注:①师道:指老师之地位、作用以及尊师的风尚。 ②既:副词,已
经。

译析:老师的地位、作用及尊师的风尚已经受尊重,学习的风气自然
就会好起来。

(11)为学莫重于尊师。

(近代)谭嗣同:《浏阳算学馆增订章程》

注:为学:做学问,治学。

译析:做学问没有比尊敬老师更重要的了。

(12)一个好学生能够发现自己老师的错误,但是恭恭敬敬地保持沉默,因为正是这些错误对他有所裨益,使他走向大道。

(俄)屠格涅夫:《烟》

(13)我们没有注意到或很少注意到提高人民教师地位的问题,而不提高人民教师的地位,就谈不上任何文化,既谈不上无产阶级文化,甚至也谈不上资产阶级文化。

(前苏联)列宁:《日记摘录》

(14)老师不是教官,也不是上帝,他不是一切都知道,他也不可能一切都知道。假如他装作一切都知晓的样子,那么你们宽恕他就是了,但不要相信他,相反他若承认,他不是一切都知道,那你们要爱戴他! 因为他是值得你们爱戴的。

(德)卡斯特纳:《开学致词》

(15)必须首先考虑建立一个有健全文化的生活;而为此服务的培育工作必须占最高地位。

(英)斯宾塞:《教育论》

(16)教师是太阳底下无法再优越的职务。

(捷)夸美纽斯:《大教学论》

(17)学问无大小,能者为尊。

(中国古谚)

注:①大小:年长年幼。 ②能:有才能的人。

译析:这是清代作家李汝珍的著作《镜花缘》中引用的一句古谚,意思是说:求学问不论老师年龄大小,只要有才能就可以尊为师。

(18)一朝为师,终身为徒。

(中国古谚)

(19)天地为大,视师为尊。

(中国古谚)

注:视师为尊:把教师的职业看做是尊贵的。尊:尊贵。

七、教学篇

(1)谕教者取辟焉。

《管子·宙合》

注:①谕:告诉,使人知道。 ②取:采取。 ③辟:规矩,方法。

译析:告诉教师教育学生一定要采取相应的规矩、方法。

(2)君子引而不发,跃如也。

(战国)孟轲:《孟子·尽心(上)》

注:①引:拉开弓。 ②如:形容词词尾,表示"……的样子"。

译析:君子拉开弓但是不发箭,作出跃跃欲试的样子。这句名言是孟子用比喻说明教师教学要善于启发学生,不要马上告诉他们答案。成语"引而不发",即出于此。

(3)子深其深,浅其浅,益其益,尊其尊。

《墨子·大取》

注：子：对人的尊称，指墨子。

译析：墨子教人的方法是，用深一点的知识去教育程度深的人，用浅一点的知识去教育程度浅的人，用使其增长的方法对待人的长处，用尊重的态度去对待人的自尊之处。

(4)太学之法：禁于未发之谓豫；当其可之谓时；不凌节而施之谓孙；相观而善之谓摩。此四者，教之所由兴也。

《墨子》

《礼记·学记》

注：①太学：我国古代设于京城的最高学府。　②谓：叫做，称为。③豫：同"预"，预防。　④当：适宜，正逢。　⑤凌：越过。　⑥节：限度。⑦孙：顺。　⑧善：改善。　⑨摩：切磋；研究。

译析：太学里的教学方法：在问题没有发生时就加以制止，这叫做预防；正逢适宜的时机进行教育，这叫做适时；不超过学生的接受能力而进行教学，这叫做顺序；相互观摩学习，从而不断改善提高，这叫做切磋。这四点就是教学兴盛的原因。

(5)善问者如攻坚木，先其易者，后其节目，及其久，相说以解；不善问者反此。善待问者如撞钟，叩之以小者则小鸣，叩之以大者则大鸣，待其从容，然后尽其声；不善答问者反此。

《礼记·学记》

注：①节目：树木枝干交接处的坚硬而纹理纠结不顺部分，比喻有难度的重要问题。　②说：通"悦"，愉悦，高兴。　③叩：敲打。

译析：善于发问的人，如同砍伐坚硬的木头，先劈容易的，再劈枝干交接和有结的地方，时间长了，发问的人与被问的人关系融洽，疑难问题很容易得到解答；不善于发问的人与此相反。善于答问的人如同撞钟，敲打轻响声就小，敲打重响声就大，等到他敲打得从容不迫时，声音才能完全发出;不善答问的人与此相反。

(6)今之教者,呻其佔毕,多其讯,言及数,述而不顾其安,使人不由其诚,教人不尽其材。其施之也悖,其求之也佛。

《礼记·学记》

注:①呻:曼(长)声而吟,诵读。 ②佔毕:亦作"佔伴"、"佔哔",指经师不解经义,只视简上文字诵读以教人;东汉经学家郑玄注:"呻,吟也。佔,视也。简谓之毕……言今之师不晓经义,但吟诵其所视简之文,多其难问也。" ③讯:问,询问。 ④数:几(表示不确定数目)。 ⑤安:喜欢。 ⑥不由:不用。 ⑦诚:忠诚。 ⑧材:资质;本能。 ⑨悖(bèi背):违背。 ⑩求:招来,招致。 ⑪佛(fú服):通"拂",违背,不顺。

译析:现在教书的人,只是看着书简吟诵,自己没明白却提出许多问题难学生,自己只管讲却不管学生懂不懂喜欢不喜欢,不用忠诚教人,不充分考虑学生的资质能力。这种施教的方法违背了教学规律,它招来的必然是倒行逆施。

(7)不兴其艺,不能乐学。

《礼记·学记》

注:①兴(xìng幸):喜欢。 ②乐:乐意。

译析:不喜欢那种技艺,就不能乐意学习它、掌握它。这句名言说明教师教某种学科,首先要能激发起学生学这门学科的兴趣,以激发学生的求知欲,强迫学生去学,是收不到良好教学效果的。可以这样说:兴趣是最好的老师。

(8)君子之教,喻也,道而弗牵,强而弗抑,开而弗达。

《礼记·学记》

注:①喻:开导,晓谕。 ②道:引导,教导。 ③牵:牵引向前,拉。④强:勉力(鼓励)。 ⑤开:启发,开导。

译析:君子教育、开导别人用的方法是:引导而不硬拉着他,鼓励而不压抑他,启发而不直接把结论告诉他。

(9)不愤不启,不悱不发。举一隅不以三隅反,则不复也。

《论语·述而》

注:①愤:郁结于心;朱熹注:"愤者,心求通而未得之意。" ②悱(fěi 菲):想说而不能恰当地说出来。 ③发:开导。 ④隅(yú 余):角,这里当"道理"讲。

译析:不到他苦苦思索而想不通时,不去启发他,不到他想讲而不能恰当地讲出来时,不去开导他。列举一个道理而他不能类推出三个道理,就不急着回答他。这是孔子讲怎样运用启发式教学的话。成语"举一反三",就出于此。

(10)中人以上,可以语上也;中人以下,不可以语上也。

《论语·雍也》

注:语:谈论。

译析:中等才智以上的人,可以和他谈论高深的道理;中等才智以下的人,不可以和他谈论高深的道理。这句名言说明孔子主张对学生要因材施教。

(11)子以四教:文,行,忠,信。

《论语·述而》

注:①子:指孔子。 ②行:品行。

译析:孔子用四种教育内容教育学生:文化知识,品德修养,忠诚笃厚,坚守信约。这句名言是叙述孔子的教学纲要。

(12)夫子循循然善诱之,博我以文,约我以礼,欲罢不能。

《论语·子罕》

注:①夫子:老师(指孔子)。　②循循:有步骤的样子。　③博:丰富。　④文:文化。

译析:老师循序渐进地诱导人学习,用文化知识丰富我,用礼仪来约束我,我想停止学习都不能够。这是孔子的弟子颜渊说的话,赞叹孔子教学方法之高超,学问之精深,受到教益之大。成语"循循善诱",就出于此。

(13)非其地,树之不生;非其意,教之不成。

(西汉)司马迁:《史记·日者列传》

注:树:动词,栽种。

译析:在不适宜的土地上种植,即使栽上树木也生长不起来;如果教师讲的内容不符合学生的意向,即使认真地教导,也不会有所成就。这句名言说明教师教学应该根据学生的特性,有针对性地进行启发、诱导,这样才能增强学生的学习兴趣,收到良好的教学效果。

(14)弟子问仁,仲尼答之,人人异辞;盖因事托规,随时所急。譬犹治病之方千百而针灸之处无常。

(东晋)葛洪:《抱朴子·俞蔽》

注:①仁:对人亲善、仁爱;孔子以"仁"作为最高的道德标准。　②仲尼:孔子,名丘,字仲尼。　③异辞:不同的言论、意见;"辞"与"词"在"言词"这个意义上是相同的,在较古的时代一般只说"辞",不说"词",汉代以后逐渐以"词"代替"辞"。　④盖:大概是。　⑤因事:根据事情的不同情况。　⑥托:依靠。　⑦规:法度,准则。　⑧随时:按当时情况。　⑨所急:急需。

译析:弟子们先后向孔子请教什么是"仁",孔子回答了他们,但对每个人回答的言词不同;这大概是孔子根据不同人的情况和法则,按当时情势的急需作了回答。就好像用针灸治病,因不同的人而针治不同的穴位。这两句名言是讲孔子根据弟子颜渊、仲弓、司马牛、樊迟等人请问"仁",而根据他们的特性作了各有侧重的回答,说明孔子教学是针对学生的实际情况而因材施教的。

(15)教学之法,本于人性,磨揉迁革,使趋于善。

(北宋)欧阳修:《吉州学记》

注:①本:依据。　②人性:人的个性。　③磨揉:磨炼。　④迁革:变革。

译析:教学的方法,要依据学生的知识水平、思想、个性等特点,揣摩变革,促使它趋向完善。

(16)教人至难,必尽人之材,乃不误人。

(北宋)张载:《语录抄》

注:①至难:极难。　②材:资质。

译析:教育人是很难的事情,一定要根据人的智力水平施教,这样才不至于误人。

(17)为师者不烦,而学者有所得也。

(北宋)王安石:《王文公文集·书洪范传后》

注:①烦:烦劳,麻烦。　②学者:求学的人。

译析:做老师的不怕烦劳,求学的人才能有所收获。

(18)其问之不切,则其听之不专;其思之不深,则其取之不固。不专不固,而可以入者,口耳而已矣。

(北宋)王安石:《王文公文集·书洪范传后》

注:①问:询问。 ②切:急迫。 ③入:收益。 ④口耳:谓口说耳听。 ⑤善:善于,擅长。

译析:学生询问问题不迫切,那么他就不会专心听讲;他思考问题不深入,那么他所学的知识就不会牢固。听得不专心,学得不牢固,而所收益的仅仅是口说耳听的肤浅知识罢了。

(19)君子教学有序,先传以小者近者,而后教远者大者。

(南宋)朱熹:《朱子语类》

注:①近:浅近。 ②远:深奥。

译析:才德出众的老师教学是有次序的,一般先传授小的和浅近的知识,然后教授深奥和博大的知识。

(20)事必有法,然后可成。师舍是则无以教。

(南宋)朱熹:《四书集注·孟子集注》

注:①事:从事。 ②必:一定要。 ③是:指示代词,这。 ④无以:无从。

译析:从事任何工作一定要遵循法则,然后才能够成功。老师如果舍弃了这一点,就无法从事教育工作了。

(21)师长之于弟子,不患无教,但患不严。不严则弟子怠玩而不遵,志荒而业废矣。此为师之过也。

(明)王相:《三字经训诂》

注:①之于:对于。 ②患:忧患,担心。 ③但:只。 ④荒:弃置。

译析:师长对于学生来说,不用担心他不接受教育,而应担心教育不严格。教育不严格,学生就会懈怠贪玩儿不遵守纪律,志向就会扔在一边并且学业荒废了。这是老师的过错。

(22)因人而施之,教也。

(明)王守仁:《别生纯甫序》

注:①因:根据。　②施:施行。

译析:根据每个人的具体情况施行教育,这才是教学。

(23)授书不在徒多,但贵精熟。

(明)王守仁:《传习录》

注:①授:传授。　②书:知识。　③徒:只。　④精熟:精通熟习。

译析:传授知识不在于只为多,而重要的是使学生能精通熟习。

(24)教人为学,不可执一偏。

(明)王守仁:《传习录》

注:①为:研究。　②执一偏:局限一个方面。

译析:教别人研究学问,不可以局限一个方面或一种方法。

(25)今教童子,必使其趋向鼓舞,中心喜悦,则其进自不能已。

(明)王守仁:《训蒙大意》

注:①童子:儿童;未成年的男子。　②鼓舞:激励。　③已:停止。

译析:教导未成年的人,一定要激励他们的兴趣,从内心喜欢所学的内容,那么他们的进步就不会停止。

(26)善师者,学逸而功倍;不善师者,学劳而功半。

(清)陆世仪:《思辨录辑要》

注:逸:安闲;安逸。

译析:善于教学的老师,学生学习费力少而收获大;不善于教学的老师,学生学习劳累而收获少。

(27)知教育者,与其守成法,毋宁尚自然,与其求画一,毋宁展个性。

(近代)蔡元培:《蔡子民先生言行录·新教育与旧教育之歧点》

注:①守:停留。　②成法:一成不变的条文。　③毋宁:不如。　④尚:尊崇,崇尚。

译析:懂得教育的人,与其停留在一成不变的条文上,不如尊崇自然,与其追求整齐划一,不如因人而异发展个性。

(28)其授业也,循循善诱,至诚恳恳,殆孔子所谓诲人不倦者焉。

(近代)梁启超:《康有为传》

注:①殆(dài 怠):大概,恐怕。　②诲:教导。

译析:他(指康有为)传授学生学业时,循循善诱,态度极真诚恳切,这大概就是孔子所谓的教导别人特别耐心,从不疲倦吧。

(29)强迫不如说服,命令不如志愿,被动不如自动。

陶行知:《陶行知教育文选·我的民主教育观》

(30)教任何功课,最终目的都是在于达到不需教。

叶圣陶:《给〈中学语文〉的题词》

叶圣陶手迹

简析:这说明教学只是引个路,让学生能

独立地去探求学问。

(31)所谓教师之主导作用,盖在善于引导启迪,俾学生自奋其力,自致其用,非谓教师滔滔讲话,学生默默聆受。

叶圣陶:《叶圣陶序跋集·语文教学书简》

注:①俾(bǐ 比):使。　②聆:听。

(32)能力的长进得靠训练,能力的保持得靠熟悉。

叶圣陶:《叶圣陶序跋集·谈语文教本》

(33)教育之道,在于启发。

周恩来《论强权教育之无益》

简析:启发式教学是优秀教师必须掌握的技能之一,而且要贯彻到整个的教学过程中。据有关资料介绍,有一个英语教师在教学过程中,让每个英语水平低的而为此苦恼的学生造一个句子,教师写出前半句:"我的英语不行,但是……"学生完成后半句中必须加上"英语"这个单词。于是,在学生完成练习句中出现了"我的英语不行,但是英语字母写得很好"、"我的英语不行,但是我很崇拜会说英语的人"等等。通过这样富有启发性造句设计练习,所引发出的甚至连学生本人也未曾发觉的肯定、积极的成分,从而消除了学生学习英语中的自卑感,增强了努力学好英语的信心和力量。

(34)什么叫"名师"? 并不是手把手教就是名师,而是善于启发诱导,让你敢"创"。

钱三强:《在微观物理学思想史讨论会上的讲话》

(35)教师教学的功力主要在于:能用精炼、简明、生动而富有感情色彩的语言和新颖、深刻的科学知识紧紧地吸引住学生的注意力,调动起他们学习、研究的浓厚兴趣,达到互动的效应。

山河之言,引自《人生铭语》

(36)"三天不念口生,三天不练手生。"要把别人总结出来的知识,变为自己的东西,必须在理解的前提下,坚持不懈、锲而不舍地苦练才行。古今中外在学术上有所建树的人,无不是从勤学苦练中达到成功的。

山河之言,引自《光明日报》1978 年 4 月 25 日

(37)美国的学校从小鼓励孩子做研究,培养孩子的研究能力,因为美国老师认为做研究能培养孩子独立思考的能力,独立处理问题的能力。

黄全愈:《我看中美教育之异同》

(38)我刚回国的时候就发现,我在课堂上说什么,学生只知道点头。我对他们说,凡是老师讲过的东西,你们都要认真思考后再作结论。对于自然科学来说,没有永远的真理,真理就是不唯上,不唯书,只唯实。

胡敦欣之言,引自《追逐科学的历程》

(39)教育者同自己的教育对象的每一次接触都能激发他们心灵的热情。这件工作做得愈细致、愈有感情,从孩子心灵深处涌出的力量便愈大,他们便在愈大的范围内复现教师自身的形象。

(前苏联)苏霍姆林斯基:《心灵的劳动》

(40)如果一个人传授的知识没有一点是无用的,那他在这个领域就是一个非常出色的大师。

(德国)歌德:《歌德的格言和随想录》

(41)精神好比胃一样。凡是胃不能立刻开始消化的东西,也就是它完全不能消化的东西,这种东西只能使胃受到损害。

(德国)第斯多惠:《德国教师教育指南》

简析:这是用比喻说明教师在传授知识时,应该考虑学生的接受能

力,否则,学生不但不能获取教益,还可能会受到损害。

(42)教师的巨大技巧在于集中与保持学生的注意力。

（英）洛克:《教育漫话》

(43)教育的艺术是使学生喜欢你所教授的东西。

（法）卢梭:《爱弥儿》

(44)一株树木愈是多多吸取树汁,它便愈加长得强壮,反过来,它愈是长得强壮,它便愈能从它的纤维里面多多倾出树汁。

（捷克）夸美纽斯:《大教学论·教与学的彻底性原则》

简析:这是用比喻说明教师应运用各种手段、方法给予学生更多的知识,开阔他们的视野,培育他们的才智。

(45)教师的嘴就是一个源泉,从那里可以发出知识的溪流,由他们的身上流过,认为每逢这个源泉开放的时候,他们便把他们的注意当作一个水槽一样,放在它的下面,一点不让流出的东西跑掉。

（捷克）夸美纽斯:《大教学论·教学的简明性与迅捷性的问题》

简析:这是用比喻说明教师讲课应运用一些方法吸引学生,使学生能吸收所讲授的知识。

(46)专业越来越多,越来越细,小学、中学、大学都应该为此急速改变,每个大学都应该为此设立新的学科、新的专业。

（美籍中国人）杨振宁:《科技发展与新世纪》

(47)问号是催人攀登科学高峰的铜鞭,启发是引导学生勤学深思的钥匙。

（中国谚语）

(48)米靠碾,面靠磨,遇到难题靠琢磨。

(中国谚语)

(49)吃饭要细嚼慢咽,教材要深钻细研。

(中国谚语)

(50)知人才能善教。

(中国谚语)

(51)两年胳膊三年腿,十年练不好一张嘴。

(中国谚语)

简析:这说明教师必须加强口才的训练,讲课语言不仅要口齿清楚、明晰、准确、富有启发性,而且要有鲜明的感情色彩、悦耳的语音、起伏的语调、适当的节奏。

(52)水平低的教师仅是传授真理,水平高的教师是教学生发现真理。

(德国谚语)

八、育人篇

(1)君子之所以教育者五:有如时雨化之者,有成德者,有达财者,有答问者,有私淑艾者。此五者,君子之所以教也。

(战国)孟轲:《孟子·尽心(上)》

注:①以:用来。 ②时:及时。 ③财:通"才",资质,才能。 ④淑艾(yì 艺):使在学问上得益。

译析：君子用来教育人的方法有五种：有的像及时雨似的灌溉感化他，有的帮助他养成良好品德，有的引导发挥他的才能，有的尽量地给他解答疑难问题，有的以自身的品德、才学、治学方法影响使他获得教益。这五种形式都是君子教育人的方法。

(2)和易以思，可谓善喻矣。

《礼记·学记》

注：①和：温和。　②思：思考。　③喻：晓谕，开导。

译析：态度温和、平易近人地启发别人思考问题，可以说是善于开导人的了。

(3)礼徒如己，反己以教，则得教之情也。

《吕氏春秋·诬徒》

注：①礼：厚待。　②徒：弟子，门徒，学生。　③反：翻过来。

译析：对待学生要像对待自己一样，翻过来把自己放在学生的地位上来教育学生，就能掌握教育的方法。

(4)善说者若巧士，因人之力以自为力，因其来而与来，因其往而与往。

《吕氏春秋·顺说》

注：①巧士：擅长某种技艺的人。　②因：第一个"因"作"凭借"讲，第二、三个"因"作"顺"讲。

译析：善于劝说者像摔跤技艺高的人一样，凭借他人的力量作为自己的力量，顺着他的来势加以引导，顺着他的去势加以推动。

(5)凡说者，悦之也，非悦之也。

《吕氏春秋·劝学》

注:说(shuì 税):劝说别人听从自己的意见。

译析:凡劝说别人听从自己的意见,应该使对方心悦诚服,而不是生硬说教使人不高兴。

(6)传曰"蓬生麻中,不扶自直;白沙在涅,与之皆黑"者,土地教化使之然也。

(西汉)司马迁:《史记·三王世家》

注:①传:书传;著作;清赵翼云:"古书凡记事、立论及解经者皆谓之传。"　②蓬:草名,茎高尺余。　③麻:大麻,茎最直。　④涅(niè 蹑):黑泥。　⑤教化:喻环境影响。

译析:古籍中说"蓬草生长在大麻中,不用扶它自然长得很直,白沙放在黑泥中,就与黑泥一样黑",是地方环境影响使它这样的。这句名言里引用的是《荀子·劝说》中的话,说明"环境"对人的思想性格影响很大,表明荀子强调环境教育对人性有改造作用的教育思想。

(7)举人之善性,养而致之则善长;恶性,养而致之则恶长。如此,则情性各有阴阳,善恶在所养焉。

(东汉)王充:《论衡·率性》

注:①举人:推举。　②养:第一个"养"作"培养"讲,第二个"养"作"恣纵"讲。　③致:达到。　④长:第一个长(zhàng 杖)作"发扬"讲,第二个长(zhǎng 涨)作"滋长"讲。

译析:推举人的善良本性,通过培养和引导善良的本性就能发扬;恶的本性,通过恣纵和诱导恶的本性就会滋长。这样看来,情性各有正反两面表现,是善是恶在于教育培养。

(8)导人必因其性,治水必因其势。

(东汉)徐干:《中论·贵言》

注:①因:根据。　②势:情势,流势。

译析: 教导人必须根据人的性情,治理水必须根据水的流势。

(9)教之治性,犹药之治病。

(东晋)孙绰:《孙子》

注:①之:结构助词,取消句子的独立性。　②治性:修养,养性,此指修养情性。

译析: 教育能够修养情性,就好像用药治病那样,要对症下药,不能急躁。

(10)以身教者从,以言教者讼。

(南朝·讼)范晔:《后汉书》

注:①身教:用自身的模范行为教育别人。　②讼:争论。

译析: 用自身的模范行为做榜样进行教育,别人就会听从;教育人只停留在口头上,别人不会信服,还会引起争论不休。这句名言是说"身教"重于"言教",榜样的力量是无穷的,身教等于无言的命令。

(11)随风潜入夜,润物细无声。

(唐)杜甫:《杜少陵集·春夜喜雨》

注:①潜:悄悄地。　②润物:指滋润土地草木。

译析: 好雨悄悄地趁夜来了,滋润着土地庄稼一点没有声音。这是爱国诗人杜甫的《春夜喜雨》中的名句。全诗是写诗人在春夜发现"好雨"降临,想到它的"润物"作用,心里充满了喜悦之情。这里是借用诗句说明做思想工作的育人者,应像"知时节"的"好雨"一样,滋润着受教育者的心田,使其能得到"滋润",茁壮成长。

(12)善者一日不教,则失而入于恶;恶者勤而教之;则可使至于善。

（北宋）欧阳修:《答李诩书》

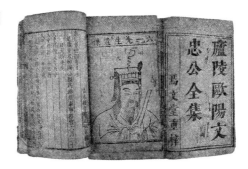

《欧阳修全集》

注:①善者:善良的人。②失:通"佚（yì 义）",放荡。③入:陷入。④勤:不断地做。

译析:本性善良的人,如果间断教育,就会放荡而陷入邪恶之列;本性邪恶的人,如果不断地进行教育,就可以使他变成善良的人。

(13)滞者导之使达,蒙者开之使明。

（北宋）欧阳修:《夫子罕言利命仁论》

注:①滞:思想停滞不进。②蒙:愚昧,无知。③开:开导。④明:明智。

译析:思想停滞不进的人,要进行教导,使其通达;愚昧无知的人,要进行开导,使其明智。

(14)人之才,譬如草木焉,雨以濡之,风以动之,则其长也。

（北宋）苏辙:《和试进士策问二十八首之四》

注:①濡（rú 如）:滋润。②则:才。

译析:人的才能,比喻草木,需要雨露滋润它,风儿吹动它,这样才能够生长。

(15)古之育才者不求其多才,而惟养其气,培之以道德,而使之纯。

（明）方孝孺:《送李生序》

注:①育才:培养人才。　②才:才能。　③多才:富有才智。　④惟:考虑。　⑤气:人的精神状态。　⑥纯:淳厚。

译析:古代培养人才的人不只要他富有才智,而是考虑培养他良好的精神状态,培养他有高尚的道德,使他能具有淳厚善良的品质。

(16)大抵童子之情,乐嬉游而惮拘检,如草木之始萌芽,舒畅之则条达,摧挠之则衰萎。

(明)王阳明:《王阳明全集》

注:①大抵:大都,表示总结一般的情况。　②拘:拘谨。　③检:约束。　④条达:枝叶纵横伸展,很繁茂。　⑤摧:折断。　⑥挠:弯曲。⑦衰萎:枯萎。

译析:大都儿童的心情,喜欢嬉戏游玩而害怕拘谨约束,像草木的萌芽时期,若是伸展畅快就长得枝叶纵横繁茂,折断弯曲就枝叶枯萎。这句名言是用比喻说明教育青少年要针对他们的年龄特征,因势利导,细心呵护培育。

(17)善启迪人心者,当因其所明而渐之通,毋强开启所蔽。

(明)洪自诚:《菜根谭》

注:①启迪:开导,启发。　②因:依据。　③强:迫使,勉强。　④蔽:不明是非之处。

译析:善于开导启发人心的人,应当依据他明白事理的状况而逐渐使之通晓,不要勉强地去开导他不明是非之处。

(18)虽有良剑,不锻砺则不铦;虽有良弓,不排檠则不正。

(明)庄元臣:《叔苴子外篇·卷一》

注:①锻砺:锤炼磨砺。　②铦(xiān 先):锋利。　③排檠(qíng 晴):矫正弓弩器具,此作动词,指矫正。

译析:虽然有良好的剑,但是不经常锤炼磨砺就会失去锋利;虽然有良好的弓,但是不经常用弓弩器具矫正用时就偏离方向射不中目标。这句名言是用比喻说明一个人即使有良好的素质,不经过磨炼,不进行教育,也会逐渐蜕变的。

(19)立教有本,躬行为起化之原。

(清)王夫之:《四书训义》

注:①立教:树立教化;进行教导。 ②躬行:亲身实行。 ③起化:改变社会风尚。 ④原:根本。

译析:进行教导要有一定的原则,老师亲自示范是改变学生思想品德学习风尚的根本。

(20)教思之无穷也,必知其人德性之长而利导之,尤必知其人气质之偏而变化之。

(清)王夫之:《张子正蒙注·中正》

注:①教思:对教育的思考。 ②德性:品性;品质。 ③偏:偏向。④气质:心理学名词,指人的生理、心理、风度等素质。

译析:对教育的思考是无穷无尽的,一定要了解被教育的人品质上的长处而加以引导,尤其必须了解那个人在气质上的偏向而且要有变化的引导他。

(21)攻人之过勿太严,要思其堪受;教人之善勿过高,要令其可从。

(清)李惺:《西沤外集·药言剩稿》

注:①攻:指责。 ②太:过分。 ③堪:能够。

译析:指责别人的过错不要过分严厉,要考虑别人能够接受;教导别人学习好的东西不要一下要求太高,要使别人经过努力可以做到。

(22)教弟子如植木,但培养浇灌之,令其参天蔽日,其大本可为栋梁,即其小枝亦可为小器具。

(清)王筠:《教童子法》

注:①弟子:学生。 ②参天:指树木等高耸在空中。

译析:教育学生像栽树一样,只要培育灌溉它,使它长成参天蔽日的大树,它的大树干可以做栋梁之材,即使它的小枝也可以做些小器具。

(23)教人者,成人之长,去人之短也。

(清)魏源:《默觚·治篇》

注:成:成全。

译析:教育人,应发展他的长处,克服他的短处。

(24)教以言相感,化以神相感。

(清)魏源:《默觚》

注:①感:感染。 ②化:教化。 ③神:精神。

译析:教育要用言语来感染对方,教化要用精神情感来感染对方。

(25)善于教育者,必能注意学生之道德,以养成其优美之品格,否则,仅仅以学问知识授于学生,自谓能其事,充乎其极,不过使学生成一能行之百科全书,或一具有灵性之鹦鹉耳,曷足贵哉。

(近代)容闳:《西学东渐记》

注:①充乎其极:犹言充其量。 ②耳:语气助词,罢了的意思。 ③曷:疑问代词,什么。

译析:善于教育的人,必然能够注意学生的道德品质,以使其具有优秀的品格,否则仅仅传授知识给学生,自认为他能够领会一些知识,充其量不过使学生成为一个能行走的百科全书,或具有灵性的学舌鹦鹉的书呆子罢了,有什么值得珍贵的啊。

(26)善为教者,则因人之情而利导之。

(近代)梁启超:《译印政治小说序》

注:①因:根据。 ②利导:引导。

译析:善于做教育工作的人,就会根据每人的不同情况进行引导。

(27)善化人者,心诚、色温、气和、词婉,容其所不及,而谅其所不能,恕其所不知,而礼其所不欲。

弘一大师:《格言别录》

注:①婉(wǎn 晚):通"婉",柔顺。 ②礼:厚待。 ③欲:爱好。

译析:善于用教育感化的方法改变人心与风俗的人,他们心地真诚、表情温和、态度和蔼、言辞柔顺,宽容他人一时赶不上来,原谅他人暂时还没有能力做到,宽恕他人还不知晓,厚待他人没有什么爱好。

(28)凡劝人不可遽指其过,必须先美其长;盖人喜,则言易入;怒,则言难入也。

弘一大师《格言别录》

注:遽(jù 拒):匆忙。

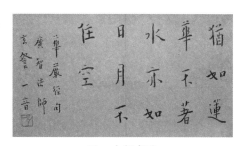

弘一大师书法

译析:凡是劝说别人不可以匆忙指责他的过错,一定要先赞美他的长处;等他高兴了,你的话他就容易接受;生气了,你的话他就难以接受。

(29)压服的事,由于强力;悦服的事,由于意志。

李大钊:《李大钊全集·平民主义》

(30)抓好教育和青少年学生的思想工作,直接关系到我们实施科教兴国战略能否取得成功,关系到我国社会主义现代化建设能否取得成功,大家都要从这样的高度来认识问题,开展工作。

江泽民:《关于教育问题的谈话》

(31)我所以说教育是个系统工程,就是说对教育事业,全社会都要来关心和支持。尤其是要加强对青少年学生进行爱国主义、集体主义、社会主义的思想教育,帮助他们树立正确的世界观、人生观、价值观。这项工作不仅教育部门要做,宣传思想部门、政法部门以及其他部门都要做,全党、全社会都要做。

江泽民:《关于教育问题的谈话》

(32)学校和学生中一定要发扬正气,绝不能让歪风邪气抬头。对学生中发生的不良行为,要加强思想教育,对违法行为,一定要依法严肃处理,千万不能姑息养奸。

江泽民:《关于教育问题的谈话》

(33)对于学生中存在的歪风邪气,学校和有关部门必须旗帜鲜明地加以反对,并要加强对学生家长的工作。要经常地在学生中开展纪律法制教育,增强他们的纪律法制观念,使他们懂得遵纪守法的道理。要切实保证学生有一个安静、和谐、健康的学习环境。

江泽民:《关于教育问题的谈话》

(34)学校与家庭要求和鼓励青少年勤奋学习,刻苦钻研是对的,不经过艰苦的学习和锻炼,年轻人是很难成长起来的,但一定要有正确的指导思想和教育方法。古时候,有刺股悬梁、穿壁引光、积雪囊萤、燃糠自照等勤奋好学的故事,主要是教育青少年树立好学上进的志向。

江泽民:《关于教育问题的谈话》

(35)教育者的责任不是干涉青年、儿童不许他们有任何理想和志愿,而是要善于培养他们的符合人民利益的高尚理想和志愿,把个人的前途和祖国的命运密切地联系起来。

程今吾:《青年应该成为什么样的人》

(36)育人须有爱心,从关心入手,教育着眼,耐心细致,尤其对后进者,决不能厌恶、急躁、粗暴、恨铁不成钢,这是无能的表现,而要想方设法地点燃起他们心灵深处那些善良、上进的火花,使其燃烧起来,变成追求希望的奋勇前进的精神力量。

山河之言,引自《中华名人格言》

(37)对于园丁来说,他培养花木的工作有一些法则,是必要地。园丁工作不仅依据每种植物的自然性的个别特点来思索,而且根据季节、天气和土壤性质去考虑。每种植物有着它本身的成长时期,园丁培养植物安排他的工作,应与植物本身成长时期相结合:当植物的茎还没有形成,园丁要接枝,一点不会成功,当植物已趋于枯萎,园丁也是嫁接不成的。

(俄国)别林斯基:《关于新年的礼物》

简析:这几句名言是用园丁栽培花木、植物需要根据其特点,说明教师教育学生也要根据具体情况施教,否则,也是"不成的"。

(38)教育是一种最为精细的精神活动。我们要把教育者对受教育者的影响比作音乐的影响。

(前苏联)苏霍姆林斯基:《巴甫雷什中学》

(39)重要的教育任务在于:把每一个受教育者的自尊感和自豪感都建筑在劳动成就的基础上。

(前苏联)苏霍姆林斯基:《我把心献给孩子》

(40)应当像对待同伴和朋友那样跟孩子们打交道,同他们一道分享胜利的喜悦和失意的忧伤。

(前苏联)苏霍姆林斯基:《巴甫雷什中学》

(41)没有教育素养,往往表现在教育者只知道对受教育者使用的语言的二、三种目的——准许、禁止、否定。教育能手与受教育者交往有着多种目的。其中,一个最常见的目的是阐明道德的原理、概念和规范。

(前苏联)苏霍姆林斯基:《关于共产主义教育的探讨》

(42)要创造爱书和尊重书的气氛,要对书怀着崇敬的感情——学校和教育工作的实质就在于此。

(前苏联)苏霍姆林斯基:《巴甫雷什中学》

(43)如果教师成了孩子的朋友,如果这种友谊因高尚的爱好和对于某种光明的、合理的事物的激情而得到升华,孩子的心灵里便永远不会出现邪恶的念头。

(前苏联)苏霍姆林斯基:《教育的艺术》

(44)铁匠铺里烧得很旺的炉火熔掉了铁条上的杂质,铁质就变软。等到它纯化了,就对它敲打和加压,然后又用清水淬火使它再度硬化。一个人在他老师手里经历的也是这种同样的过程。

(德国)歌德:《歌德的格言和感想录》

(45)说理是对待儿童的真正方法。

(英国)洛克:《教育漫话》

(46)教育不只是教人不懂的知识,而是举出实例,为知识拓路——其可贵在于不畏艰难,持续不止。

(英国)罗斯金:《语丝》

(47)在别人的思想里割一道小小的裂口,然后把自己的意见偷偷放在里边,这种技能叫做暗示法。

(法国)雨果:《笑面人》

(48)园丁也是用同样的原则,他不把修枝的剪子用到没有成熟的植物上去。

(捷克)夸美纽斯:《大教学论·论学校的纪律》

(49)一个音乐家不会用他的拳头或用一根棍棒去敲击他的七弦琴,他也不会因为琴声不谐便把它摔到墙上;他只根据科学的原则去工作,给它调弦,把它整理好。

(捷克)夸美纽斯:《大教学论·论学校的纪律》

简析:这句名言是用比喻说明教师对待有缺点的学生,应根据科学的原则,循循善诱,要用说服的方法,不能责骂、体罚学生。

(50)谁会看见过金匠只用锤子去制作艺术品呢?这是没有的事。……如果其中有应除掉的赘疣工匠并不施用暴力,他只接连地轻轻地去敲打,或是运用一把锉刀、一双钳子给去掉;最后,他把他的作品琢磨一番,工作才算完成。

(捷克)夸美纽斯:《大教学论·论学校的纪律》

简析:这几句名言是用金匠制作艺术品的耐心、细致的工作态度与方法说明教师对待有缺点的学生,决不能施以粗暴,要循循善诱地启发、教育他。

(51)如果不是采用强制和严格的手段来训练少年们的学习,而是引导他们的兴趣,那么他们将发现自己的志气。

(古希腊)柏拉图:《共和国》

(52)急躁是教育人的敌人。

(中国谚语)

(53)种花需知百花异,育人要懂百人心。

(中国谚语)

(54)话不说不透,灯不点不明。

(中国谚语)

九、相长篇

(1)惟敩学半,念终始典于学,厥德修罔觉。

《尚书·说命(下)》

注:①敩(xiào 孝):教;《孔传》:"敩,教也。教然后知所困,是学之半。" ②典:从事。 ③厥:代词,具,表领属关系。 ④修:完善。 ⑤罔觉:不觉得。

译析:教是学的一半,自始至终念念不忘学习,道德会不知不觉地逐步完善。这句名言是讲教别人时才会发现自己知识不足之处,还需要努力学习,也就是说"教"与"学"是互相促进、互相推动、相辅相成的,故云"惟敩学半"。

(2)学然后知不足,教然后知困。知不足,然后能自反也;知困,后能自强也。故曰:教学相长也。

《礼记·学记》

注:①困:贫乏。 ②自反:自己反省。 ③长(zhǎng 掌):增长,增进。

译析:学习之后才知道自己知识不足,教导别人后才知道自己知识贫乏。知道自己知识不足,然后才能反过来严格要求自己;知道自己知识贫乏,然后才能努力图强。所以说教和学是相互促进增长的。这几句名言说明教与学相互发生的辩证作用。教者通过教学发现一些预先没有料想到的问题,从而促使自己图强,加强备课,不断补充、提高知识水平和教学方法;学者听过老师讲授,知道知识不足,从而促使自己努力学习,不断扩大视野,提高自己的学识水平。

　　(3)先生创造学生,学生也创造先生。

　　陶行知:《陶行知文集·创造宣言》

　　注:创造:想出新方法、建立新理论、做出新的成绩或东西。

陶行知书法

　　(4)一面教,一面学,一面当先生,一面当学生。

　　毛泽东:《在中国共产党全国宣传工作会议上的讲话》

　　(5)在学校则要向学生学习,向自己教育的对象学习。

　　毛泽东:《在中国共产党全国宣传工作会议上的讲话》

　　(6)尊师爱生,教学相长,这是师生之间革命的同志式的关系。

　　邓小平:《在全国教育工作会议上的讲话》

　　(7)教人即教己。

　　(英国谚语)

第 五 部
为 学 卷

（共十二篇）

一、劝学篇

(1)人之有学也,犹木之有枝叶也。

《国语·晋语九》

译析:人有了广博的知识,就像树木长着繁茂的枝叶一样。这句名言是用树木扎根深就会长出繁茂的枝叶比喻人们通过读书学习,会变得聪慧美好,成为有用之才。

(2)学问之道无他,求其放心而已矣。

(战国)孟轲:《孟子·告子(上)》

注:①道:道理。　②求:寻求。　③放:丧失。　④心:良心。

译析:做学问的道理不是别的,就是为了寻回丧失的良心罢了。孟子的这句名言告诫人们,做人应通过学习提高认识,随时反省自己,完善自己,这样才能具有高尚的品格。

(3)少而不学,长不能也。

(战国)荀况:《荀子·法行》

注:能:才能。

译析:少年时期不努力学习,长大后就不会有才能。荀况的这句名言强调人们应从少年开始勤奋学习,长大后才能有智慧、有才能。

(4)吾尝终日而思矣,不如须臾之所学也;吾尝跂而望矣,不如登高之博见也。

(战国)荀况:《荀子·劝学》

注：①须臾(yú 鱼)：片刻，一会儿。 ②跂(qì 气)：抬起脚跟站着。
③博见：见得广。

译析：我曾经整天地沉思默想，却不如短时间内用功读书学习收效大；我曾经跂起脚跟远望，却不如登上高处看得更广。这是荀子强调读书学习的重要性。

(5)登高而招，臂非长也，而见者远；顺风而呼，声非加疾也，而闻者彰。假舆马者，非利足也，而致千里；假舟楫者，非能水也，而绝江河。君子生非异也，善假于物也。

（战国）荀况：《荀子·劝学》

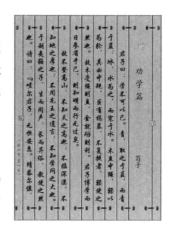

《荀子劝学篇》

注：①见者远：人在远处也能看见。 ②疾：强，这里指声音宏大。 ③假：凭借，借助，这里有利用的意思。 ④舆：车。 ⑤利足：脚走得快。 ⑥致：达到。 ⑦水：指游水。 ⑧绝：横渡。 ⑨生非异：本性通一般人没有什么差别。 ⑩物：外物，指各种客观条件。

译析：登上高处招手，手臂并没有增长，但是远处的人也能看见；顺着风向呼喊，声音并没有加强，但是远处的人却听得特别清楚。借助车马的人，并不是脚比别人走得快，但是能达到千里之外的地方；借助船只的人，并不是能游水，但是能横渡江河。君子的本性和一般人并没有什么差别，是因为他们善于借助外物啊。这几句名言是用比喻说明君子的天赋本性跟其他的人并没有什么不同，而是善于利用读书学习来改造自己的缘故，从而说明读书的重要。

(6)木直中绳，輮以为轮，其曲中规。虽能槁暴，不复挺者，輮使之然也。故木受绳则直，金就砺则利。

（战国）荀况：《荀子·劝学》

注:①中(zhòng 众)绳:(木材)合乎拉直的墨线,木工用拉直的墨线来取直。　②鞣(róu 柔):用火熏灼,加力扭压,使竹木等服从人的需要而变形称鞣。　③其曲中规:依圆规的要求使它弯曲。　④虽有(yòu 又同"又")槁(gǎo 稿"枯")暴(pù 铺"晒"):即使又晒干了。　⑤砺:磨刀石。

译析:木材直得合乎木匠的墨线,如果用火熏灼把它弯曲成车轮,它的弧度就可合乎圆规,即使又经风吹日晒枯干了,也不会再挺直,这是用人力使它弯曲成这样的缘故。所以木材用墨线量过之后,就能使它更直,金属制的刀剑放在磨刀石上磨过,就会使它更锋利。这几句名言用比喻说明后天不断地读书学习,对人的性格陶冶可以起到决定性的作用。

(7)玉不琢,不成器;人不学,不知道。

《礼记·学记》

注:①知:明白。　②道:道理。

译析:玉石不经过雕琢,就不可能成为精美的玉器;人不经过读书学习,就不会明白道理。这句名言是用比喻说明只有勤奋地读书学习,才能成才。

(8)虽有嘉肴,弗食不知其旨也;虽有至道,弗学不知其善也。

《礼记·学记》

注:①弗:不。　②旨:味美。　③至:最。

译析:即使有美好的菜肴,不吃就不知道它的味美;即使有最好的道理,不学习就不明白它好在哪里。这句名言是用比喻说明读书学习的重要。

(9)吾尝终日不食,终夜不寐,以思,无益,不如学也。

《论语·卫灵公》

注:①尝:曾经。 ②终日:整天。

译析:我曾经整天不吃饭,整夜不睡觉,用来苦思冥想,可是毫无益处,还不如努力学习。

(10)好仁不好学,其蔽也愚;好知不好学,其蔽也荡;好信不好学,其蔽也贼;好直不好学;其蔽也绞;好勇不好学,其蔽也乱;好刚不好学,其蔽也狂。

《论语·阳货》

注:①仁:仁德。 ②蔽:弊病。 ③愚:欺骗。 ④知:交游。 ⑤荡:放纵。 ⑥信:诚实。 ⑦贼:损害。 ⑧直:直率。 ⑨绞:急切。 ⑩乱:混乱。 ⑪狂:狂妄。

译析:爱好仁德不爱好学习,它的弊病是容易被人欺骗;爱好交游不爱好学习,它的弊病是容易放纵;爱好诚实不爱好学习,它的弊病是容易被人利用而受到损害;爱好直率不爱好学习,它的弊病是往往办事急切;爱好勇敢而不爱好学习,它的弊病是常常造成祸端;爱好刚强不爱好学习,它的弊病是容易使人狂妄。这几句名言是孔子告诫学生应努力学习,提高认识,修身养性。

(11)人皆知以食愈饥,莫知以学愈愚。

(西汉)刘向:《说苑·建本》

注:①愈:医治好病。 ②莫:不。 ③愚:愚昧。

译析:人人都知道用食品可以治好饥饿,却不知道用知识可治好愚昧。

(12)少而好学,如日出之阳;壮而好学,如日中之光;老而好学如炳烛之明。

(西汉)刘向:《说苑·建本》

注：①好(hào)：喜好。 ②阳：太阳。 ③光：光芒,光亮。 ④炳：点燃。 ⑤明：明亮。

译析：少年喜爱读书学习,像早晨刚升起的太阳,朝霞满天;中年喜爱读书学习,像中午的阳光充足,光芒四射;老年喜好读书学习,像晚间点燃的蜡烛似的,光彩明亮。这句名言是用比喻说明少年、中年、老年读书学习之益处。

(13)骐骥虽疾,不遇伯乐不致千里;干将虽利,非人力不能自断焉;乌号之弓虽良,不得排檠不能身任;人才虽高,不务学问不能致圣。

(西汉)刘向：《说苑·建本》

注：①骐骥(jì)：骏马。 ②干将：古代宝剑名。 ③乌号：古代良弓名。 ④檠(qíng 情)：通"擏",古代矫正弓弩的器具。

译析：骏马尽管跑得很快,如果不遇伯乐也不能达到日行千里的路程;宝剑尽管非常锋利,如果无人使用,也难以割断东西;乌号这种良弓质量虽好,如果不用檠这种矫正弓的器具加以整治,也不能射中远方的目标;人的天资即使极高,如果不努力读书学习,也不能成为学问广博、道德高尚的人。这里用三个比喻说明人要成才,必须努力读书学习。

(14)人而不学,虽无忧,如禽何!

(西汉)扬雄：《法言·学行》

注：禽：古代鸟兽的总称。

译析：如果人不读书求得知识,即使没有什么大的祸患,但这和禽兽有什么两样呢？这句名言用比喻说明不读书学习,便没有知识,不懂礼仪,失去人生的意义,强调了读书的重要性。

(15)人之不学,犹谷未成粟,米未为饭也。

(西汉)王充：《论衡·量知篇》

注:谷:庄稼和粮食的总称。

译析:人不读书学习,就好像粮食未长成米,米没有煮成饭一样。这句名言用"谷成粟"、"米成饭",比喻人们只有读书学习才能成才。

(16)人有知学,则有力矣。

(西汉)王充:《论衡·效力》

注:①知:知识。 ②学:学问。

译析:人有了学问,就有了实力或能力。

(17)工欲善其事,必先利其器;士欲宣其义,必先读其书。

(东汉)王符:《潜夫论·赞学》

注:①工:工匠。 ②善:好。 ③利:锋利。 ④器:工具。 ⑤宣:畅达。

译析:工匠要想制作精美的器皿,必须先把工具磨锋利;读书人要想通晓事理,必须先读好书。

(18)见事之广,而不肎读书,是犹求饱而懒营馔,欲暖而隋裁衣也。

(北朝·北周)颜之推:《颜氏家训·勉学》

注:①肎:通"肯"。 ②是:指示代词,这。 ③营:料理。 ④馔(zhuàn 撰):食物。 ⑤隋:通"惰"。

译析:阅历丰富的人,如不肯用功读书,这就像想吃饱肚子而懒得做饭,想穿得暖和而不愿裁剪衣服似的。这句名言用"求饱"、"欲暖"两个比喻说明"见事之广"的人,也需要读书学习。

(19)若不学,比如无目而视,无胫而走,无翅而飞,无口而

语,不可得也。

(唐)马总:《意林·正部》

注:①胫:泛指人或禽兽的腿。

译析:人如果不学习,就像没有眼睛却想看见东西,没有腿却要走路,没有翅膀却要高飞,没有嘴却要说话,这是根本不可能的事。这句名言用四个比喻说明要想成为有用的人才,必须努力读书学习。

(20)木之就规矩,在梓匠轮舆;人之能为人,由腹有诗书。

(唐)韩愈:《符读书城南诗》

注:①就:成功。　②梓(zǐ 姊)匠轮舆:古代对梓人、匠人、轮人、舆人的并称;梓人,专造乐器悬架、饮器和箭靶等;匠人,主制车轮;舆人,主造车厢。　③读书:《诗经》和《尚书》,泛指书籍。

译析:木工做活好是靠规格、标准,在于梓、匠、轮、舆等工匠的技艺;人能够成为有知识有德行的人,是由于腹中装有许多诗书。这句名言是用比喻说明想要成为有用的人,必须勤奋读书,掌握丰富的知识。

(21)人不读书,其犹夜行。

(唐)段成式:《酉阳杂俎》

译析:人不读书学习,就像深夜行路容易迷失方向。这句名句是用比喻说明读书学习能使人心明眼亮,认清事理,明辨是非。

(22)亡书久似失良朋。

(唐)司空图:《退栖》

注:亡,通"无",不。

译析:很久不读书,就好像失去了道德高尚知识渊博的朋友。这里用比喻说明读书学习的重要意义。

(23)学之染人,甚于丹青。

(北宋)李昉等:《太平御览》

注:①染:熏染;影响。 ②丹青:红色和青色的染料。

译析:读书学习能影响人的思想品德,其效果比丹青染物还要好。这句名言是用丹青染物说明读书学习对人的思想品德影响之大。

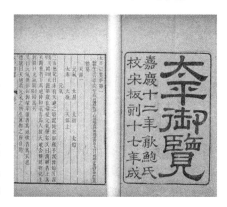

李昉等撰《太平御览》

(24)人生怀五常之性,好道乐学,故别于物。今饱食快饮,腹为饭坑,肠为酒囊,是则物也,与三百倮虫何以异乎!

(北宋)李昉等:《太平御览》

注:①五常:旧时指五种伦常道德,即父义、母慈、兄友、弟恭、子孝。 ②饭:同“饭”。常用以指人。 ③倮虫:赤体、身无羽毛鳞甲的动物,古代常用以指人。

译析:人生怀有父义、母慈、兄友、弟恭、子孝的本性,喜爱道理乐意学习,所以与别的动物不一样。现今有的人吃得饱饱,喝得痛快,肚子成为盛饭的坑,肠子成为装酒的囊,这是什么东西,和许多无羽毛无鳞甲的倮虫有什么不一样呀!这句名言是借倮虫无羽毛鳞甲护身的例子,比喻人饱食终日而不勤奋学习,没有思想,不能增长见识,活得毫无意义。

(25)腹有诗书气自华。

(北宋)苏轼:《和董传留别》

注:①诗书:《诗经》和《尚书》,泛指书籍,这里指“知识”。 ②华:光彩。

译析:腹中有了丰富的知识,气度自然与众不同,光彩照人。

(26)束书不观,游谈无根。

(北宋)苏轼:《李氏山房藏书记》

注:①束:绑,捆。 ②游谈:游说,劝别人采纳其意见、主张。

译析:把书捆置一边不看,游说别人就无根无据。

(27)书卷多情似故人,晨昏忧乐每相亲。眼前直下三千字,胸次全无一点尘。

(明)于谦:《观书》

注:①每:常常。 ②直下:径直看下去。

译析:好书很像富有感情的老朋友,朝夕陪伴着我帮我解忧助兴。目前,我径直地读了3000多字,胸中的一切杂念便一扫而光。这首名诗用比喻说明读书学习对人的思想净化起着重要作用。

(28)人而不好学,怅怅如行尸。

(清)袁枚:《小仓山房诗集·书怀》

注:怅怅(chàng 昌):迷惘不知所措,无所适从的样子。

译析:有的人不喜爱读书学习,整天游荡无所适从,如同行尸走肉似的。这句名言是用比喻说明人不喜欢读书学习,就必然庸碌无能,无所作为,生活就失去了价值。

(29)剑虽利,不厉不断;材虽美,不学不高。

(清)孙星衍:《孔子集语·持盈》

注:①利:锋利。 ②厉:磨刀石,意"磨砺"。 ③材:资质。

译析:宝剑虽然锋利,不磨砺也割不断东西;资质虽然很好,不努力学习也不会很高。

（30）真正有学问的人，没有不虚心学习的。无分古今中外，任何阶级，任何党派，只要有好的东西，我们都一样向他们学习。

徐特立之言，引自《中国青年》1964 年第 1～4 期

（31）为了获得知识，就必须学习。只有学习，才能使你们健康地成长起来。你们今天的学习问题也就是明天担负实际任务时的工作本领问题。现在在学校里学习得好一些，将来就能工作得出色一些。所以，你们就应该自觉地努力，大家都把学习当做对祖国的一种责任，当做实现理想的必由之路。

吴玉章之言，引自《中学生》1953 年 2 月号

（32）青年一代要掌握科学技术文化，必须认真向书本学习——学习前人总结的经验，同时还要虚心向老师傅学习，向周围的同志学习，把一切有用的知识都学到手。

朱德之言，引自《中国青年》1961 年第 13～14 期

（33）我们的青年必须有充实的文化知识，必须积极掌握科学技术，这是建设和保卫我们祖国所绝对必需的。

朱德之言，引自《毛泽东、周恩来、朱德论社会主义精神文明》

（34）青年的最主要任务是学习。

朱德：《朱德选集·青年的最主要任务是学习》

（35）不学习就会落后，就不能跟社会一道前进。

朱德：《朱德选集·在铁道兵第三次庆功大会上的讲话》

（36）获得知识的道路就是要努力学习。

朱德：《朱德选集·青年的最主要任务是学习》

（37）拒绝学习，自骄自傲，是必然不能进步的。

朱德：《在接见中央国家机关青年社会主义
建设积极分子大会代表时的讲话》

(38)学习外国文好比是配一副万里眼镜,这种眼镜每一位追求真理的青年都应该戴。

陶行知:《陶行知文集·学习外国文》

(39)形式上的学生生活虽然终结了,但我觉着我一辈子都还是学生。天地间值得我们学的事体太多,不到我的生命和世界告别时,我真正的学生生活是不会终结的,也不应该终结的。

郭沫若:《我的学生时代》

(40)自然界、机器和一切工作,对待没有知识的人,对待怯弱的人是很不客气的,甚至常常是粗暴的残酷的;但是它对待具有知识的人,对待健壮的和勇敢的人,则是非常驯顺的,承认你是主人,情愿为你服务。

宋庆龄:《宋庆龄选集》

(41)要使我们有知识、有经验和有预见,我们就必须学习。

刘少奇:《刘少奇选集·论党》

(42)学习是事业之基。

周恩来:《答友询学问有何进境启》

(43)青年是黄金时代,要学习、学习、再学习。

周恩来:《周恩来手迹选》

(44)学习是做好工作的一个条件,而且是一个必不可少的条件。

陈云:《陈云选集·学习是共产党员的责任》

(45)不学习前人的成果,就没有新的发明。

陈云:《陈云选集·干部要严格要求自己》

(46)尊重知识,欢迎知识,渴求知识,努力把知识变成建设新世界的巨大力量,应当成为我们共产党人和一切建设者所应有的优良素质。

胡耀邦:《在卡尔·马克思逝世一百周年纪念大会上的讲话》

(47)没有求知欲的学生,就像没有翅膀的鸟儿。

(波斯)萨迪:《蔷薇园》

简析:这句名言说明学生有了求知的欲望,才会像鸟一样展翅飞翔,才能显示出自己的聪明和才智。

(48)书,这是这一代对另一代人精神上的遗言,这是将死的老人对刚刚开始生活的青年人的忠告,这是准备去休息的哨兵向前来代替他的岗位的哨兵的命令。

(俄国)赫尔岑:《论文学》

简析:书,是"遗言",是"忠告",是"命令",三句话强调了书的重要作用。

(49)不去读书就没有真正的教养,同时也不可能有什么鉴别力。

(俄国)赫尔岑:《论文学》

简析:这句名言是说不读书的人就不会有真正的文化和品德的修养,也不会有鉴别是非好坏的能力。

(50)没有智慧的头脑,就像没有蜡烛的灯笼。

(俄国)列夫·托尔斯泰之言,引自《青年文摘》1985 年第 11 期

(51)书籍是人类进步的阶梯。

(前苏联)高尔基:《论文学》

简析:这句名言是用比喻说明只有不断地学习,努力地攀登,才能推动社会不断发展。

(52)读书,这个我们习以为常的平凡过程,实际上是人的心灵和上下古今一切民族的伟大智慧相结合的过程……

(前苏联)高尔基:《高尔基论青年》

(53)要热爱书,它会使你的生活轻松;它会友爱地来帮助你了解纷繁复杂的思想、情感和事件;它会教导你尊重别人和你自己;它以热爱世界、热爱人类的情感来鼓舞智慧和心灵。

(前苏联)高尔基:《高尔基论青年》

简析:这则名言是说书会给你的思想、生活、生命带来无穷无尽的智慧和力量。

(54)热爱书吧——这是知识的泉源!只有知识才是有用的,只有它才能够使我们在精神上成为坚强、忠诚和有理智的人,成为能够真正爱人类、尊重人类劳动,衷心地欣赏人类那不间断的伟大劳动所产生的美好果实的人。

(前苏联)高尔基:《高尔基论青年》

(55)我觉得,当书本给我讲到闻所未闻,见所未见的人物、感情、思想和态度时,似乎是每一本书都在我面前打开了一扇窗户,让我看到一个不可思议的新世界。

(前苏联)高尔基:《高尔基论青年》

(56)每一本书是一级小阶梯,我每爬上一级,就更脱离畜牲而上升到人类,更接近美好生活的观念,更热爱这本书。

(前苏联)高尔基:《高尔基论青年》

(57)书籍使我变成一个幸福的人,使我的生活变成轻快而舒适的诗,好像新生活的钟声在我生活中鸣响了。

(前苏联)高尔基之言,引自《中外名人治学的故事》

简析:这则名言是强调书籍能给人带来幸福,使人的生活展开了诗般的欢乐的想象,又似钟声伴随着人的新生活在不断地鸣响。

(58)人的知识愈广,人的本身也愈臻至完美。

(前苏联)高尔基:《文学的世界性》

(59)我们全都要从前辈和同辈学习到一些东西。就连最大的天才,如果单凭他所特有的内在自我去对付一切,他也不会有多大成就。

(德国)歌德:《歌德谈话录》

(60)天生的能力必须借助于系统的知识。直觉能做的事很多,但是做不了一切。只有天才和科学结婚才能得最好的结果。

(英国)斯宾塞:《教育论》

(61)阅读使人充实,会谈使人敏捷,写作与笔记使人精确。……史鉴使人明智;诗歌使人巧慧;数学使人精细;博物使人深沉;伦理之学使人庄重;逻辑与修辞使人善辩。

(英国)培根:《培根论说文集》

简析:这句名言是从阅读、交谈、写作、笔记、史鉴、诗歌、数学、博物、伦理、逻辑与修辞等多方面论证学习的重要性。

(62)精神上的缺陷没有一种是不能由相当的学问来补救的,就如同肉体上各种的病患都有适当的运动来治疗似的。

(英国)培根:《论学问》

(63)人的天赋犹如野生的花草,它们需要学问的修剪。

(英国)培根:《论学问》

简析:这则名言是用比喻说明人的天资虽是自然赋予,生来就具备,但也不能任其自然发展,它也需要知识的培育,才能使之发挥更大的才智。

(64)书籍是在时代的波涛中航行的思想之船,它小心翼翼地把珍贵的货物送给一代又一代。

(英国)培根:《论学问》

(65)学问是我们随身的财产,我们自己在什么地方,我们的学问也跟着我们在一起。

(英国)莎士比亚:《爱的徒劳》

(66)奇妙的学习不仅能使不愉快的事变得较少不愉快,而且也能使愉快的事变得更愉快。

(英国)罗素:《真与爱》

(67)不要等待运气来临,应该努力去掌握知识。

(英国)弗兰明之言,引自《外国科学家史话》

(68)只有知识——才能构成巨大财富的源泉,既使土地获得丰收,又使文化繁荣昌盛。

(法国)左拉:《左拉作品选》

(69)人不能像走兽那样生活着,应该追求知识和美德。

(意大利)但丁:《神曲》

(70)掌握无论哪一种知识对智力都是有用的。它会把无用的东西抛开而把好的东西保留住。

(意大利)达·芬奇《达·芬奇的笔记》

(71)图书馆使我得以有恒地研习而增进我的知识,每天我停留在里面一两个钟头,用这个办法相当地补足了我失掉的高等教育。

(美国)富兰克林:《富兰克林自传》

(72)在每个国家,知识都是公共幸福的最可靠的基础。

(美国)华盛顿:《华盛顿文选》

(73)真正的读书使瞌睡者醒来,给未定目标者选择适当的目标。正当的书籍指示人的正道,使其避免误入歧途。

(美国)卡耐基:《卡耐基妙语》

(74)知识是生活的灯塔。

(中国谚语)

(75)没有羽毛,多大翅膀也不能飞翔;缺乏知识,再美的理想也是空谈。

(中国谚语)

(76)造烛求明,读书求理。

(中国谚语)

(77)书到用时方恨少,事非经过不知难。

(中国谚语)

(78)不怕秀才衣衫破,就怕肚里没有货。

(中国谚语)

(79)水草好,牛羊肥;知识多,人聪慧。

(中国蒙古族谚语)

(80)日出唤醒了大地,读书清醒了头脑。

(中国蒙古族谚语)

(81)知识贵于金刚石。

(印度谚语)

(82)学问如金不会烂,财富成堆会花光。

(伊朗谚语)

(83)没有知识的生活,就像没有香味的玫瑰花。

（阿拉伯谚语）

(84)知识的用处犹如夜行人的火把。

（阿拉伯谚语）

(85)劳动是知识的源泉,知识是生活的光明。

（阿拉伯谚语）

(86)世界被太阳照亮,人被知识照亮。

（俄罗斯谚语）

(87)好书如挚友,终生不能忘。

（英国谚语）

(88)不爱学习的人,就是不长谷物的荒地。

（英国谚语）

(89)知识是恐惧的解毒剂。

（英国谚语）

(90)知识是万物中的指路明灯。

（非洲谚语）

二、学态篇

(1)好问则裕,自用则小。

《尚书·仲虺之诰》

注：①裕：充足，唐孔安国的《尚书·孔氏传》云："问则有得，所以足；不问专固，所以小。"　②自用：自以为是。　③小：狭隘；低窄。　④仲虺(huǐ悔)：成汤的左相。

译析：谦虚好问的人知识必然丰富，自以为是的人知识必然狭窄。

(2)尽信《书》，则不如无《书》。吾于《武成》，取二三策而已矣。

（战国）孟轲：《孟子·尽心（下）》

注：①书：《尚书》。　②于：对于。　③武成：《尚书》中的《武成》篇。④策：段落。

译析：完全相信《书》，那还不如没有《书》为好。我对于《书》上的《武成》篇，也只采用二三段文字罢了。这句名言是孟子告诫学生，读书须明大义，不要拘泥迂腐。这也就是现在批判的一切行动必以书本为依据的"教条主义"，形而上学。

(3)君子深造之以道，欲其自得之也。自得之，则居之安；居之安，则资之深；资之深，则取之左右逢其原，故君子欲其自得之也。

（战国）孟轲：《孟子·离娄（下）》

注：①深造：进一步学习以达到更高的程度。②道：途径，方法。　③居：占有，掌握。　④资：积蓄。　⑤原：水源，源泉。

张居正讲评《孟子》

译析：君子运用多种方法进一步学习以达到更高的程度，就是希望自己能够自觉获得学问。自觉获得学问，就能够牢固地掌握它；能牢固地掌握它，就能够积累得深厚；能积累得深厚，就能够像左右逢源一样地获得知识，所以君子应该自觉地去求得知识。

(4)知不知，上；不知知，病。

《道德经·七十一章》

注：①上：良好品质。　②病：弊病。

译析：知道自己不懂，这是良好品质；如果不懂装懂，这是一种弊病。

(5)知而好问，然后能才。

（战国）荀况：《荀子·儒效》

注：①知(zhì)：通"智"，聪明，智慧。　②才：有才能的人。

译析：聪明而又能向别人请教，然后才能成为有才能的人。

(6)善学者，师逸而功倍，又从而庸之；不善学者，师勤而功半，又从而怨之。

《礼记·学记》

注：①逸：安闲，安逸。　②庸：功劳。　③从：从而；因而。

译析：善于学习的人，老师很安闲，不用花费很大力气，却能得到双倍的效果，学生又能归功于老师的教导；不善于学习的人，老师很辛苦的教，而结果却是事倍功半，学生不检查自己反而埋怨老师。这句名言是告诫人们读书学习要勤奋动脑，成为"善学者"。

(7)博学之，审问之，慎思之，明辨之，笃行之。有弗学，学之弗能，弗措也；有弗问，问之弗知，弗措也；有弗思，思之弗得，弗措也；有弗辨，辨之弗明，弗措也；有弗行，行之弗笃，弗措也。人一能之，己百之；人十能之，己千之。果能此道矣，虽愚必明，虽柔必强。

《礼记·中庸》

注：①审：详细。　②笃(dǔ堵)：前一个作"忠实"讲，后一个作"彻底"讲。　③措：停止、放弃。　④得：得到，获得。　⑤柔：软、弱。

译析：广博地学习，详细地请教，缜密地思考，清楚地分辨，忠实地执行。不学就罢了,学了不掌握,就要不停地学;不问就罢了,问了仍然不懂,就要不停地问;不思考就罢了,思考了没有得到结果,就要不停地思考;不辨别就罢了,辨别了没有分辨清楚,就要不停地分辨;不实行就罢了,实行了没彻底做好,就要不停地踏踏实实地去做。别人学它一次就会,我学它一百次;别人学它十次就会,我就学它一千次。果真能按这个办法去做,即使是愚笨的人,也一定会变得聪明;即使是软弱的人,也一定会变得刚强。

(8)善问者如攻坚木,先其易者,后其节目,及其久,相说以解。不善问者反此。

《礼记·学记》

注:①节目:树木枝干交接处的坚硬而纹理纠结不顺部分。 ②相说:说,通"悦"。彼此和睦,融洽。 ③解:理解。

译析:善于提出疑问请教的人,如同劈坚硬的木头,先劈容易劈的地方,后劈坚硬而纹理纠结不顺的地方,时间久了,问的和被问的人关系融洽,彼此理解。不善问的人与此相反。这句名句是告诫读书学习的人,向人请教,提疑难问题时态度要诚恳,并注意方式、方法。

(9)善学者假人之长以补其短。

《吕氏春秋·孟夏纪·用人》

注:假:借。

译析:善于学习的人,必定会借别人的长处来弥补自己的短处,使自己的知识日趋全面、丰富。

(10)知之为知之,不知为不知,是知也。

《论语·为政》

注:①为:是。 ②知:前四个"知"作"知道"讲,后一个"知"作"明智"讲。

译析:懂了就是懂了,不懂就是不懂,这才是明智的。这句名言是孔子教育学生求学读书必须踏踏实实,不要不懂装懂。

(11)学如不及,犹恐失之。

《论语·泰伯》

注:①及:达到。 ②失:失掉。

译析:求学应像永不满足那样,学到后还担心忘记它。这句名言是孔子教诲学生应懂得"学无止境"的道理。

(12)敏而好学,不耻下问。

《论语·公冶长》

注:①敏:聪慧。 ②好(hào 浩):喜欢。 ③问:请教。

译析:聪慧而喜欢学习,向地位低下的人请教不怕别人耻笑。这是孔子称赞魏国大夫孔文子生前勤学好问的情操,以此勉励人们要勤学,要不耻下问。

(13)生而知之者,上也;学而知之者,次也;困而学之,又其次也;困而不学,民斯为下矣。

《论语·季氏》

注:①上:上等。 ②困:困难。 ③斯:就。 ④为:算是。

译析:生来就懂得知识的人,是上等资质的人;经过学习懂得知识的人,是次等资质的人;遇到困难再学习的人,是更次一等的人;有困难还不肯学习,这种人就是最下等的了。

(14)不能则学,不知则问,虽知则让,然后为知。

(西汉)韩婴:《韩诗外传·卷六》

注:①能:才能。 ②知:第一个当"知道"讲,第二、三个当"知识"讲。

译析:没有才能就应该勤奋地学,不懂就向别人请教,即便有了一些知识也应谦虚,这样以后才能成为有丰富知识的人。

(15)读书之法无他,惟是笃志虚心,反复详玩,为有功耳。

(南宋)朱熹:《学规类编》

注:①笃志:专心致志。 ②详玩:揣摩;玩味。 ③耳:语气词,表示肯定。

译析:读书的方法没有别的,只要专心致志,虚心好学,再三思考、揣摩,就定有功效。

(16)虽多闻博识,不以自负。

(南宋)陆九渊:《陆象山集·语录》

注:①从:连词,因此。 ②自负:自以为了不起。

译析:即使见多识广,也不要自以为了不起。

(17)学所以开人之蔽,而致其知。学而不知其方,则反以滋其蔽。

(南宋)陆九渊:《送杨通老》

注:①开:启迪,开导。 ②滋:滋长,增加。

译析:读书学习是为了启迪人们头脑中迷惑不解的问题,从而使人获得真知。学习不懂得方法,那么反而会使人更加迷惑不解。这句名言是告诫人们要懂得读书学习的目的与方法。

(18)学必无所蔽而后可。

(南宋)陆九渊:《杂说》

注:蔽:迷惑不解。

译析:读书学习必须达到没有迷惑不解的问题后,才可以说学好了。

(19)今之进学者,如登山,方于平易,皆能阔步而进,一遇峻险,则止矣。

《二程全书·粹言》

译析:现今求学的人,像登山一样,在平坦易行的地方,都能大步前进,一遇到艰难险阻,就停止不前了。这句名言是诫励人们在学习上遇到困难时,应迎难而上,不要畏惧退缩,否则很难取得成绩。

(20)聪与敏,可恃而不可恃也;自恃其聪与敏而不学者,自败者也。昏与庸,可限而不可限也,不自限其昏庸而力学不倦者,自力者也。

(清)彭瑞淑:《为学一首示子侄》

注:①敏:机智,敏捷。 ②恃:依靠,凭着。 ③庸:平庸。

译析:聪明与机智,是可以依靠而又不可以依靠,凡是依靠自己的聪明与机智而不肯学习的人,是自然要失败的。愚笨与平庸,是能限制人而又不能限制人,凡是不被自己的愚笨与平庸限制住而能努力坚持学习的人,是自然会勤奋上进的。

(21)境遇休怨我不如人,不如我者尚众;学问休言我胜于人,胜于我者还多。

(清)李惺:《西沤外集·药言剩稿》

注:①境遇:境况和遭遇。 ②休:不要。 ③胜:超过,胜过。

译析:在境况和遭遇上不要埋怨自己赶不上别人,赶不上自己的人还有很多;在学问上不要夸耀说自己超过别人,超过自己的人还有很多。这句名言是告诫人们在物质享受上不要过高要求,在学问上应谦虚力戒骄傲,应向比自己知识渊博者学习。

(22)英雄不失路,何以成功名?

(清)屈大均:《赠朱士雅》

注:①失路:比喻人生不得志、坎坷。 ②功名:功业和名声。

译析:英雄不经历一番人生坎坷,怎么能成就功业和名声呢?

(23)我读书的方法总是以"定量"、"有恒"为主。不切实际的贪多,既不能理解,又不能记忆。

徐特立之言,引自《愿你青春更绚丽》

(24)学习的敌人是自己的满足,要认真学习一点东西,必须从不自满开始。

毛泽东:《毛泽东选集·中国共产党在民族战争中的地位》

(25)工作忙就要"挤",看不懂就要"钻",用这两个法子来对付它,学习是一定可以获胜的。

毛泽东:《毛泽东文集·在延安在职干部教育动员大会上的讲话》

(26)知识的问题是一个科学问题,来不得半点虚伪和骄傲,决定的需要的倒是其反面——诚实和谦逊的态度。

毛泽东:《毛泽东选集·实践论》

(27)科学是老老实实的学问,任何一点调皮都是不行的。

毛泽东:《毛泽东选集·改造我们的学习》

毛泽东著《实践论》

(28)少年学问寡成,壮岁事功难立。

毛泽东:《毛泽东早期文稿·致萧子升信》

(29)读书忌死读,死读钻牛角,矻矻复孜孜,书我不相属。活读运心智,不为书奴仆,泥沙悉淘汰,所取唯珠玉。

叶圣陶:《读书二首》

注:①矻矻(kū 哭):勤奋不懈的样子。 ②孜孜:勤勉。

(30)人做了书的奴隶,便把活人带死了。……把书作为人的工具,则书本上的知识便活了,有了生命力了。

华罗庚之言,引自《光明日报》1960 年 7 月 8 日

(31)书籍之多,浩如烟海。要严格选择打算阅读的书籍和杂志。求知欲强和好学的人,什么都想读。然而,什么都读是不可能的。

(前苏联)苏霍姆林斯基:《给教师的一百条建议》

(32)学问学问不懂就问,不耻下问才有学问。

(中国谚语)

(33)学习要靠自己勤,老师只是搭桥人。

(中国谚语)

(34)学问如逆水行舟,不进则退。

(中国谚语)

(35)学习不怕根基浅,只要迈步总不晚。

(中国谚语)

(36)谁游乐无度,谁没空学习。

(法国谚语)

三、勤奋篇

(1)梓匠轮舆,能与人规矩,不能使人巧。

(战国)孟轲:《孟子·尽心(下)》

注:①梓(zǐ 姊)匠轮舆:古代对梓人、匠人、论人、舆人的并称。具体的解释见"劝学篇"中的韩愈《符读书城南》条目。 ②与:给予。 ③规矩:原指校正圆形和方形的两种工具,后引申为标准、准则。

译析:梓、匠、轮、舆等各种木工,能教给人标准、准则,但不能使人技巧高明。这句名言是用比喻说明教与学的关系,指出求学能否有成,就全看自己是否勤奋努力。

庄子像

(2)生也有涯,而知也无涯。

《庄子·养生主》

注:①涯:边际。 ②也:句中语气词,表语气停顿,以引起下文。 ③知:知识。

译析:人生有边际,而知识是无边无际的。这句名言用人生是有限的,映衬说明知识是无穷尽的。如果人们想有所建树,有所成就,别无他法,必须刻苦学习,努力向学术高峰攀登。

(3)学而时习之,不亦说乎!

《论语·学而》

注:①时习:按时地复习。 ②说(yuè 阅):通"悦",高兴,愉快。

译析:学了知识而按时地复习它,不也是一种高兴的事吗?这句名言是孔子教诲学生读书学习的基本道理,也就是说只有对学过的知识按时复习,才能记住它,从而应用它。

(4)宰予昼勤。子曰:"朽木不可雕也,粪土之墙不可杇也。于予与何诛?"

《论语·公冶长》

注:①宰予:孔子的学生。　②杇(wū 污):泥瓦工人用的抹子,这里作"粉刷"讲。　③予:宰予。　④诛:责备。

译析:宰予白天睡大觉。孔子说:"腐朽的木头不可能再雕刻了啊,粪土似的墙壁不可能再粉刷啊。我对宰予还有什么好责备呢?"这句名言是孔子痛斥宰予的懒惰和言行不一致。

(5)虽有良玉,不刻镂则不成器;虽有美质,不学则不成君子。

(西汉)韩婴:《韩婴外传·卷八》

注:镂:雕刻。

译析:即使有良好的玉石,不经过精心地雕刻就不能成为精美的器物;即使有美好的素质,不勤奋学习就不能成为有德有才的人。

(6)良匠能与人规矩,不能使人必巧也,明师能授人万书,不能使人必为也。

(东晋)葛洪:《抱朴子·内篇·极言》

注:①良匠:手艺精巧的工匠。　②规矩:一定的标准、成规。　③明师:贤明的老师。　④为:作为。　⑤书:书籍。

译析:手艺精巧的工匠能给人传授一定的标准、成规,但不能使人技艺一定灵巧;贤明的老师能给人讲授许多的知识,但不能使人一定有所作为。

(7)诗书勤乃有,不勤腹空虚。欲知学之力,贤愚同一初。由其不能学,所入遂异闾。两家各生子,提孩巧相如,少长聚嬉戏,不殊同队鱼。年至十二三,头角稍相疏,二十渐乖张,清沟映汙渠。三十骨骼成,乃一龙一猪。

(唐)韩愈:《符读书城南》

注:①乃:才。 ②腹:比喻内心。 ③遂:就,于是。 ④闾:民户聚居处;里巷。 ⑤提孩:幼儿,儿童。 ⑥巧:灵巧。 ⑦头角:比喻青少年的才华。 ⑧疏:分开,差别。 ⑨乖张:不相合。 ⑩汙:不清洁;肮脏。 ⑪映:显现。

译析:读诗书勤奋才能够有所收获,不勤奋学习内心就会感到不充实。想知道读书学习尽力情况,有才德的人与愚昧的人刚出生时都一样。后来因为有的人不勤奋读书学习,所以同住一个里巷也会有差别。有两家人各自生了孩子,幼儿时他们同样聪明灵巧,略微长大便聚在一起游戏,如同一起游动的鱼一样,看不出有什么区别。年龄到十二三岁时,他们的才华稍微有些不同,到了20岁他们就不相合了,像清澈沟水里映显出的脏渠。30岁时骨骼成熟,于是一个是条龙一个是头猪。这几句名言深刻说明人从小应培养勤奋读书刻苦学习的良好习惯,否则就不能成为有用的人才。

(8)业精于勤,荒于嬉。

(唐)韩愈:《进学解》

注:①业:学业。 ②嬉:嬉戏,游戏。

译析:学业的精通在于勤奋,学业的荒废则由于嬉戏。这句名言讲明了勤奋能增长才干,嬉戏必然荒废学业的道理。

(9)千淘万漉虽辛苦,吹尽狂沙始到金。

(唐)刘禹锡:《浪淘沙》

注:①淘:用水冲洗,消除泥沙、渣滓等。 ②漉:过滤,水慢慢地渗

下。　③狂沙：纷乱的沙。

译析：千次万次淘洗过滤虽然很辛苦，但是去尽纷乱繁多的沙粒才能得到真金。这句名言是用比喻说明要获取丰富的知识，必须付出像淘金那样辛勤的汗水。

(10)玉之为物，有不变之常德，虽不琢以为器而犹不害为玉也。人之性，因物则迁，不学则舍君子而为小人。

(北宋)欧阳修：《诲学说》

注：①为：作为。　②物：物品。　③常德：固定的德行。　④因：根据。　⑤物：事物。　⑥小人：见识浅的人。

译析：玉石作为物品，具有固定的德性，即使不雕琢成玉器，仍不失为玉石。人的特性，根据事物的变化而变化，不肯勤奋读书学习就不能成为德才出众的人，而成为见识浅的人了。

(11)一亩之稼，则粪溉者先牙，一丘之禾，则后种者晚实。

(北宋)沈括：《梦溪笔谈·药议》

注：①稼：庄稼。　②牙：芽。　③丘：田垄。　④禾：禾苗。　⑤实：成熟。

译析：同一亩地里的庄稼，上过肥和浇过水的就先发芽；同一田垄上的禾苗，后种的便晚成熟。这句名言用比喻说明天资相同的人，能及时培养勤奋学习的良好习惯，在学业上便能早日取得成就。

(12)学问勤中得，萤窗万卷书。

(北宋)汪洙：《神童诗》

注：①学问：知识。　②萤(yín 印)窗：晋人车胤家贫苦读，因买不起灯油以囊盛萤，用萤光照明夜读，后以"萤窗"形容勤学苦读，亦借指读书之所。

译析:知识是从勤奋中获得来的,学习"萤窗"精神攻读万卷书。

(13)君子之学,不为则已,为则必要其成,故常百倍其功。

(南宋)朱熹:《四书集注·中庸二十章》

注:①学:学问。　②为:做。　③则已:就罢了。　④成:完成。
⑤功:工夫。

译析:才德出众的人研究学问,不去做就罢了,做就一定要完成,所以
通常花费百倍的工夫。

(14)谚云:"成人不自在,自在不成人。"此言虽浅,然实切至之论,千万勉之!

(南宋)罗大经:《鹤林玉露》

注:自在:贪图安逸。

译析:民间谚语说:"人要有所成就,就不能贪图安逸;贪图安逸,就不
能有所成就。"这句话虽然浅显,但却是切实的至理名言,千万时时用这话
勉励自己!

(15)读书如销铜,聚铜入炉,大鞴扇之,不销不止,极用费力。

(元)程瑞礼:《学作文》

注:①销:熔化金属。　②聚:聚集。　③鞴(bài 拜):古代鼓风吹火
的皮囊,俗称风箱。

译析:读书学习像熔化铜一样,聚集许多铜放在火炉里,用大风箱扇
炉火,不熔化不停止,需用很大气力。这句名言是用比喻说明读书学习要
费大力气,须一遍一遍地认真阅读,直到读懂为止。

(16)只有功夫深,铁杵磨成针。

(明)曹雪伒:《蜀中广记·上川南道彭山县》

注:①深:久,时间长。 ②铁杵(chǔ楚):铁棒。

译析:只有肯长久地下工夫,铁棒也能磨成绣花针。这句名言是用比喻说明肯下工夫读书学习,在学业上就能取得优异的成绩。

(17)读书全要精勤,懒惰游戏作辍,必无有成之理。

(明)朱舜水:《朱舜水集》

注:辍(chuò绰):停止。

译析:读书学习全靠精心勤奋,懒惰、游戏、玩耍、停止不学,必然没有成功之理。

(18)讲之功有限,学之功无已。

(清)颜元:《总论诸儒讲学》

注:①功:功力。 ②无已:无穷。

译析:讲授的功力是有限的,学习的功力是无穷的。

(19)天下事有难易乎? 为之,则难者亦易矣;不为,则易者亦难矣。人之为学有难易乎? 学之,则难者亦易矣;不学,则易者亦难矣。

(清)彭瑞淑:《白鹤堂集·为学一首示子侄》

注:这段话后,还运用一个小故事说明"不为则难"、"为之则易"的道理。四川边境地方有两个和尚,一个和尚穷,一个和尚富。穷和尚告诉富和尚说:"我想去南海,你看怎么样?"富和尚说:"你凭什么去?"穷和尚说:"我只要一个水瓶、一个饭钵就足够了。"富和尚说:"我几年来想租船沿着长江往下游去,直到现在还没有去成。你凭什么去!"到了第二年,穷和尚从南海回来了,把自己到过南海的事告诉那个富和尚。富和尚显出惭愧的神色。这说明一个人立志去做某件事,只要不怕困难勇敢地去做,就能成功。

译析：天下的事有困难与容易之分吗？如果去做，那么难的也变得容易了；如果不去做，那么容易的也变得困难了。人们做学问有困难与容易之分吗？如果肯努力地读书学习，那么难学的也变得容易了；不肯努力地读书学习，就是容易的也会变得困难。

(20)我一生的嗜好，除了革命之外，只有好读书，我一天不读书，便不能生活。

　　　孙中山之言，引自《愿你青春更绚丽》

(21)倘能生存，我当然仍要学习。

　　　　　鲁迅：《鲁迅全集》

(22)好问，是好的。……如果自己不想，只随口问，即能得到正确答复，也未必受到大益。所以学问二字，"问"放在"学"的下面。

孙中山手迹

　　　　　谢觉哉：《不惑集》

(23)我们平时说："勤学苦练。"苦，并不是"傻"的意思，而是说：练功时，第一，不要怕吃苦；第二，要苦思。

　　　　　　　　盖叫天：《粉墨春秋》

(24)在我们懒惰的人看来，多以为省出来的时间，只是为休息休息，那知人家工作之外，还要读书。省出来的时间愈多，就是读书的时间愈多，使工不误读，读不误工，工读打成一片，才是真正人的生活。

　　　　　　李大钊：《李大钊选集·工读》

(25)形成天才的决定因素应该是勤奋。……有几分勤学苦练，天资就能发挥几分。天资的充分发挥和个人的勤学苦练是成正比例的。

　　　　郭沫若之言，引自《中国青年》1962年第12期

(26)求学贵勤。

周恩来:《一生之计在于勤论》

(27)治学有没有诀窍？那么我想,勤和恒就是最基本的诀窍。

夏衍:《〈学人谈治学〉序》

(28)应知学问难,在乎点滴勤。

陈毅:《陈毅诗词选集》

(29)读书要与懒惰作斗争。

陈云:《陈云文选·学习是共产党员的责任》

(30)学习外语并不难,学习外语就像交朋友一样,朋友是越交越熟的,天天见面,朋友之间就亲密无间了。

高士其:《和科学文化知识交朋友》

(31)他爱惜寸阴,努力学习,在两三年时间里,掌握了佛教哲学的基本知识。

吴晗:《杰出的学者玄奘》

(32)天才就是这样,终身劳动,便成天才。

(俄国)门捷列夫之言,引自《外国科学家史话》

(33)如果不想在世界上虚度一生,那就要学习一辈子。

(前苏联)高尔基:《文学书简》

(34)求知识越来越有兴趣;
　　这只是一个习惯问题。
　　就像婴儿吃娘的奶,
　　开头也不怎样愿意,
　　但不久就吃得非常愉快。

(德国)歌德:《浮士德》

(35)勤勉而顽强地钻研,永远可以使你百尺竿头更进一步。

（德国）舒曼:《舒曼论音乐和音乐家》

(36)重复是学习之母!

（德国）狄慈根:《狄慈根哲学著作选集》

(37)老师不是魔术家,而是一个园丁。他可以并且将抚育和培植你们,但成长全靠你们自己。

（德）卡斯特纳:《开学致词》

(38)记忆不应当得到休息,因为没有一种能力比它更易动作,更能由动作得到发展的。你要每天找点东西给记忆去记忆,因为你愈是多给它记,它便愈能诚实地记住,你愈少给,它便记得愈不诚实。

（捷克）夸美纽斯:《大教学论》

(39)勤学和智慧是双胞胎。

（中国谚语）

(40)莫嫌天涯海角远,但肯着鞭有到时。

（中国谚语）

(41)勤能补拙是良训,一分辛苦一分才。

（中国谚语）

(42)知识好比常青树,辛勤浇灌果自甜。

（中国谚语）

(43)学海无边勤为路,攀登高峰苦作梯。

（中国谚语）

(44)不怕不会,只怕不学。

（中国谚语）

(45)书山有路勤为径,学海无边韧作舟。

(中国谚语)

(46)日日行,不怕千万里;时时学,不怕万卷书。

(中国谚语)

(47)好记性不如烂笔头。

(中国谚语)

(48)学习是打开知识宝库的钥匙,勤奋是攀登知识高峰的阶梯。

(中国谚语)

(49)知识是一匹无私的骏马,谁能驾驭它,它就属于谁。

(中国蒙古族谚语)

(50)学习如推车登山,一步也不能松劲。

(日本谚语)

(51)即使智慧远在中国,人们也要去寻找。

(阿拉伯谚语)

(52)学科学像恋爱,需要激情。

(俄罗斯谚语)

(53)学问根是苦的,果实却是甜的。

(英国谚语)

(54)爱好是获得知识的第一步。

(葡萄牙谚语)

四、致志篇

(1)今夫弈之为数,小数也;不专心致志则不得也。弈秋,通国之善弈者也。使弈秋诲二人弈,其一人专心致志,惟弈秋之为听。一人虽听之,一心以为有鸿鹄将至,思援弓缴而射之,虽与之俱学,弗若之矣。

(战国)孟轲:《孟子·告子(上)》

注:①弈:下棋。 ②数:技巧。 ③弈秋:人名,善下棋。 ④鸿鹄(hú 胡):大天鹅。 ⑤援:拿起。 ⑥缴(zhuó 苗):拴在箭上的生丝绳。

译析:现在下棋这种技巧,是种小技巧;不专心致志,就很难学会。棋手弈秋,是全国著名的围棋能手。现在让他同时教两个学生下棋,其中一个学生专心致志,一心一意听弈秋讲解。另一个学生虽然也在听讲,可是一心认为外面有只大天鹅要飞来了,想着拿弓箭去射杀它,虽然他俩一起学习,但后者却比不上前者的成绩。这几句名言,强调学习必须专心致志,只有专心致志地勤奋学习,才能取得优秀成绩。

(2)大马之捶钩者,年八十矣,而不失豪芒。大马曰:"子巧与? 有道与?"曰:"臣有守也。臣之年二十而好捶钩,于物无视也,非钩无察也。"

《庄子·知北游》

注:①豪芒:毫毛的尖端;豪,通"毫",比喻极细微。 ②子:对人的尊称,相当于现在的"您"。

译析:大司马家中有个锻打腰带钩的工匠,年纪都已 80 岁了,可是他做的带钩没有丝毫差错。大司马问他:"你是技术高明? 还是另有诀窍?"那工匠说:"我遵守我自己得出的经验和道理。我从 20 多岁就喜欢锻制带钩,每次锻制时眼睛专心盯着带钩,对于其他东西不去看,不是带钩决不去观察。"这几句名言是用比喻说明无论是研究学问或做事情,都必须专心致志,一心一意,这样才能做好。

(3)蚓无爪牙之利,筋骨之强,上食埃土,下饮黄泉,用心一也。蟹六跪而二螯,非蛇鳝之穴无可寄托者,用心躁也。

(战国)荀况:《荀子·劝学》

注:①跪:蟹脚,六跪:六条腿,实际上蟹是八条腿,有的人说蟹后面的两条腿只会划水,不能用来走路或自卫,故不能算在"跪"里面。 ②螯(áo):蟹钳。 ③躁:浮躁,不专心。

译析:蚯蚓没有锋利的爪牙,坚强的筋骨,它之所以能上吃泥土,下饮泉水,是由于用心专一的缘故;螃蟹有六条腿,两只大螯,然而没有蛇和鳝鱼的窝就没有地方托身,是由于它浮躁的缘故。这几句名言是用比喻说明读书学习必须专心致志,用心专一,才能获得成功。

(4)君子壹教,弟子壹学,亟成。

(战国)荀况:《荀子·大略》

注:①壹:专一,专心。 ②亟(jí急):疾速。

译析:君子专心一意教学,弟子专心一意学习,很快就能取得好成绩。

(5)心不在焉,视而不见,听而不闻。

《礼记·大学》

注:焉:兼有介词加代词的功能,相当于介词的"于"加代词的"此"。

译析:心思不在这里,虽然望着东西却没有看见,虽然听着讲话却没有听见。这句名言是告诫学生学习必须专心致志,精力集中,否则什么也学不到。成语"心不在焉"就出于此。

(6)口念书而心他驰,难乎有得矣。

(明)薛瑄:《读书录》

注:①心:思想。 ②他:别的。 ③驰:向往。 ④得:获得。

译析:嘴里念着书脑子里却想着别的地方,很难获得知识。

蒲松龄塑像

(7)书痴者文必工,艺痴者技必良。

(清)蒲松龄:《聊斋志异·阿宝》

注:①痴:入迷。 ②工:精妙。 ③艺:技能。

译析:对书入迷的人,写的文章必然精妙;对技能入迷的人,技艺必然精良。

(8)学习专业要专心致志,废寝忘食,有一股傻劲,对自己的专业要有兴趣,钻进去,搞它十年、八年,搞它一辈子,才能有成绩。

陈毅之言,引自《中国青年》1961 年第 7 期

(9)所谓天才人物指的是具有毅力的人、勤奋的人、入迷的人和忘我的人。

(日本)木村久一:《早期教育和天才》

(10)生活的全部意义,在于无穷地探索尚未知道的东西,在于不断地增加更多的知识。

(法国)左拉之言,引自《中国摄影》1981 年第 5 期

(11)不痴难成才。

(中国谚语)

简析:"痴",为极度迷恋某种事物,也就是说要将全部精力献身于所

从事的专业,只有这样才能学有所成,对人类社会作出巨大的贡献。中外古今许许多多著名学者成功的事迹充分证明了这一论断的正确。

(12)针无两头锋利,人无两副身心。

(中国谚语)

(13)天下无难事,只怕有心人。

(中国谚语)

五、恒心篇

(1)源泉混混,不舍昼夜,盈科而后进,放乎四海。

(战国)孟轲:《孟子·离娄(下)》

注:①混混:同"滚滚",水奔流不绝的样子。　②科:坎;坑。

译析:源头的泉水滚滚而来,不分日夜地奔流,注满低洼的地方又往前流,一直流到海洋。这句名言是用比喻说明只要能坚持不懈地读书学习,终能获取渊博的知识。

(2)山径之蹊间,介然用之而成路;为间不用,则茅塞之矣。

(战国)孟轲:《孟子·尽心(下)》

注:①蹊(xī希):小路,引申为走过,践踏。　②介然:坚持地。　③为间:有顷,一会儿,引申为一段时间。

译析:山坡上的小道,只要有人经常地走,就会变成大路;如果有一段时间不走,茅草便会堵塞它了。这句名言是用比喻说明读书学习必须持之以恒,否则就会荒废学业。

(3)虽有天下易生之物也,一日曝之,十日寒之,未有能生者
也。

(战国)孟轲:《孟子·告子(上)》

注:曝(pù 铺):晒。

译析:即使有天下最容易生长的植物,如果你把它拔出来曝晒一天,
再把它冻上十天,它就不可能存活了。这句名言是用比喻说明办事情或
读书学习,不能专心致志,持之以恒,也不能取得成效。成语"一曝十寒"
即出于此。

(4)骐骥一跃,不能十步;驽马十驾,功在不舍。锲而舍之,
朽木不折,锲而不舍,金石可镂。

(战国)荀况:《荀子·劝学》

注:①骐骥:骏马。 ②驽马:劣马。 ③驾:马拉车一天所走的路程
叫"一驾"。 ④锲(qiè 切):刻。 ⑤镂:雕刻。

译析:骏马跳跃一次,不能超过十步;劣马拉车走十天也能走很远,它
的成功在于走个不停。如果刻东西刻几下就丢掉,腐朽的木托也不能刻
断;如果不停地刻下去,金石也能刻成功。这两句名言用比喻说明读书学
习必须持之以恒,才能取得成效。

(5)譬如为山,未成一篑,止,吾止也。譬如平地,虽覆一篑,
进,吾往也。

《论语·子罕》

注:①篑(kuì 馈):盛土的竹筐。 ②覆:倾倒。

译析:好比用土堆山,只差一筐土就要成功了,如果停止,那是自己放
弃了。比如用土平地,即使刚倾倒一筐土,能决心前进,这是自己要前进。
这句名言是用比喻说明做什么事情,应持之以恒,不可中途而止,读书学
习也必须如此,才能有所收获。

(6)日知其亡,月无忘其所能,可谓好学也已矣。

《论语·子张》

注:①亡:通"无",没有。 ②能:才能,技能,这里指学到的知识。

译析:每天学习些自己没有的知识,每月温习一下自己已经学过的知识,就可以说是好学习了吧。这句名言是孔子的学生子夏强调读书学习应持之以恒。

(7)行百里者半九十。

《战国策·秦策五》

注:东汉《战国策》训诂家高诱云:"逸《诗》言之百里者,已行九十里,适为行百里之半耳。譬若强弩,至牙上,甫为上弩之半耳。终之尤难,故曰末路之难也。"

译析:要走100里路的人,如果走到90里就放弃,那只能算是走了一半路程。这是秦武王的谋臣策士对他说的话,意思是最后的路很难走,不能骄纵。后来常用此话比喻事情越接近成功,越是困难,越应认真对待。读书学习也是这样,在接近成功困难重重时,应用恒心、毅力去迎接成功喜悦时刻的到来。

(8)木熙者非眇劲,淹浸渍渐靡使然也。

(西汉)刘安:《淮南子·修务训》

注:①熙:茂盛。 ②眇(miǎo秒)劲:轻捷有力。 ③淹:浸渍。④浸渍:渗透,比喻渐进。

译析:树木茂盛并不是天生就这样生机盎然,勃勃有力,而是年年月月吸收水分、养分、阳光而长成这样的。这句名言用比喻说明要想成才,必须坚持不懈、持之以恒地读书学习,修养品德。

(9)学而不已,阖棺乃止。

(西汉)韩婴:《韩诗外传》

注:①已:停止,完毕。　②阖(hé 何)棺:盖棺,指死亡。

译析:学习不能停下来,直到死亡才能停止。这句名言是告诫人们治学是无止境的,需要活到老、学到老。

(10)夫事辍者无功,耕怠者无获也。

(西汉)桓宽:《盐铁论·击之》

注:①事:做事情。　②辍(chuò 绰):停止。

译析:做事情中途停止的人不会成功,耕种土地偷懒的人不会有好收获。这句名言用比喻说明读书学习必须持之以恒,长久不懈,才能取得好成绩。

(11)凿不休则沟深,斧不止则薪多。

(西汉)王充:《论衡·命禄》

王充著《论衡》

注:①凿:挖掘。　②休:停止。

译析:不停止地挖掘,才能挖成深沟;不停止地砍伐,就能获得很多的柴。这句名言用比喻说明办事或学习,只要勤奋不断地努力,就能取得丰硕成果。

(12)君子之于学也,其不懈,犹上天之动,犹日月之行。

(东汉)徐干:《中论·治学》

注:动:变化。

译析:君子对于自己的学业,始终坚持学习,孜孜以求之,如同自然界的变化、日月的运行。这句名言用比喻说明君子对待学习是坚持不懈、始终如一的。

(13)运行潦而勿辍,必混流乎沧海矣。

（东晋）葛洪:《抱朴子·勖学》

注:①潦(lǎo 老):雨水。　②沧海:大海。

译析:雨水日夜不停地向东奔流,最后必然流入浩渺无垠的大海。这句名言是用暗喻说明只要坚持不懈地读书学习,终归能成为博学者。

(14)千仓万箱非一耕所得,干天之木非旬日所长。

（东晋）葛洪:《抱朴子·极言》

注:①干:树干。　②旬日:十天,亦指较短的时间。

译析:一次耕耘不能收获千仓万箱的粮食,参天大树不是短时间能长成的。这句名言用暗喻说明攻读学业必须持之以恒。

(15)如彼登山,乃勤以求高;如彼浮海,乃勤以求远。

（东晋）葛洪:《意林·典论五卷》

注:①彼:那。　②乃:表假设,若,如果。　③浮:水上航行。

译析:如同那登山,若能勤奋不断攀登就能登上高峰;如同那航海,若能不畏惊涛骇浪坚持往前扬帆行进,就能到达远方的大海。这句名言是用比喻说明读书学习想取得成就,必须像"登山"、"浮海"那样勤奋努力,勇往直前。

(16)井不达泉则犹不掘也,一步未至则犹不往也。

（东晋）葛洪:《抱朴子·极言》

注:犹:如同,好比。

译析:挖井没有挖到泉眼如同没挖,想到某地只差一步未到如同没去。这句名言是用比喻委婉说明办事治学贵在善始善终,否则就会功亏一篑。

(17)虽咫尺以进而不辍,则山泽可越焉。

(东晋)葛洪:《抱朴子·勖学》

注:①咫(zhǐ只):周制八寸为咫,比喻距离很近。　②泽:聚水的洼地。

译析:即使一小步一小步地往前走,但永不停止,就是千山万水也能越过,最终到达目的地。这句名言用比喻说明读书学习,只要持之以恒,终会取得好成就。

(18)此织生自蚕茧,成于机杼。一丝而累,以至于寸,累寸不已,遂成丈匹。今若断斯织也,则捐失成功,稽废时日。夫子积学,当"日知其所亡",以就懿德;若中道而归,何异断斯织乎?

(南朝·宋)范晔:《后汉书·烈女传》

注:①机杼(zhù祝):织布机。　②杼:织布机的梭子。　③斯:此,这。　④捐:除去。　⑤稽:拖延,延迟。　⑥亡:同"无"。　⑦懿:(yì益)美,好。　⑧这几句名言前有这样一则故事:古代河南郡(今河南省洛阳市一带)有一个名叫乐羊的人,一天,走路的时候捡到一块金子,回到家就把金子交给妻子,妻子说:"我听说有志气的人不饮盗泉的水,廉洁的人不接受'嗟来'之食,何况捡取别人的失物,谋得好处,来玷污自己的品行呢!"羊子听后十分惭愧,就把金子丢弃在野外,到远处去寻师求学。过了一年羊子回来,妻子跪着问他回来的原因,羊子说:"出门久了很想念你,没有别的事。"妻子就拿起刀来,走到织布机跟前说了上述这段话。羊子听了妻子的话很受感动,便回去修完了自己的学业。

译析:这些织物是从养蚕纺丝开始,再在织布机上织成。一根丝一根丝地积累起来,便织成寸,一寸一寸积累起来,才成丈成匹。现在如果割断这织物,就失去了已有的成就,白费时光。你做学问,应当"每天学到自己所不知道的东西",用来成就你的美德;如果中途回家,跟割断这织物有什么不同呢?这几句名言说明读书学习,必须日积月累,持之以恒,不可半途而废,否则学业无成。

(19)灵珠如豆,不见其长,叠岁而大。

(北朝·北齐)刘昼:《刘子·崇学》

注:①灵珠:美珠。 ②叠(dié 迭):重复地堆,累积。

译析:美珠起先如豆大,平日没看见它增长,可是几年后它就长大了。这句名言是用比喻说明渊博的知识不是一蹴而就,只要有好的开始,在持续不断的读书学习中孕育着知识的积累与增长。

(20)越剑性利,非淬砺而不铦;人性谖惠,非积学而不成。

(北朝·北齐)刘昼:《刘子·崇学》

注:①淬(cuì 翠)砺:本指磨炼刀的锋刃,炼钢时烧红入冷水为淬。②铦(xiān 先):锋利,快。 ③谖(xuān 宣):聪明,有智慧。

译析:越国宝剑特点是锋利,不经过淬火磨砺不能那样快;人的本性聪慧,不经过长期学习的积累就不能成为有才干的人。

(21)鹿驰走无顾,六马不能望其尘,所以及者,顾也。

(唐)马总:《意林·尸子》

注:①走:奔跑。 ②顾:回头看。

译析:当鹿一直向前飞快地奔跑时,六匹马拉的车也追赶不上,就连鹿奔跑飞扬起来的尘土都看不见,后来所以被赶上了,是因为鹿停步往后看的缘故。这句名言是用比喻说明读书学习贵在有恒心,勇往直前,永不停止。

(22)绳锯木断,水滴穿石。

(南宋)罗大经:《鹤林玉露》

译析:绳子能锯断木材,水滴能穿透石头。这句名言是用比喻说明弱小的力量,只要持续不断,坚持到底,就能取得成绩,从而进一步证明读书学习贵在持之以恒,一曝十寒是不行的。

(23)夫恒者入圣之道,小艺无恒,且不能成,况学乎?

（明）高贲亨:《高提学洞学十戒》

注:①夫:发语词,无意义。　②乎:语气词,呢。

译析:恒心和毅力是通晓圣贤道理的保证,小小技艺没有恒心尚且不能成功,何况是做学问呢?

(24)汝等常勤精进,譬如小水长流,则能穿石。

（清）瞿灏:《通俗编·地理》

注:等:用在人称代词后表示多数。

译析:你们要经常地精心地勤奋进取,就像小小长流水,能穿透石头。这句名言用比喻说明读书学习要持续不断,有滴水穿石的精神,才能取得成效。

(25)要记住:
　　　　每一天
　　　　是一个阶梯,
　　　是新的一步
　　　　走向预定的目的。

（前苏联）马雅可夫斯基:《我们的进行曲》

(26)刀子要快多加钢,知识要深工夫长。

（中国谚语）

(27)人贵有志,学贵有恒。

（中国谚语）

(28)恒心是知识的保管。

（泰国谚语）

(29)田园需要辛勤耕耘,知识需要不懈探索。

（尼泊尔谚语）

(30)学问是无底之井。

（前苏联谚语）

(31)有学问的人仍需学习,就像雄狮虽壮仍需吃肉。

（埃塞俄比亚谚语）

(32)又小又柔的水滴却能洞穿坚硬的大理石。

（英国谚语）

六、广博篇

(1)不登高山,不知天之高也;不临深谿,不知地之厚也;不闻先王之遗言,不知学问之大也。

（战国）荀况:《荀子·劝学》

注:①深谿:"谿"同"溪",深谷。　②临:靠近,走进。　③先王:指古代贤明君主。

译析:不登上高山,不知道天是那么高远;不走近深谷,不会明白地是那么深厚;不听说古代贤明君主的遗言,即不阅读典籍,就不会知道学问的广博。这个复合性名句用"不登……""不临……"作比喻,说明只有阅读典籍,博览群书,才能开阔视野,掌握丰富知识,才能使自己成为博学多才的人。

(2)天下无粹白狐,而有粹白之裘,掇之众白也。

（西汉)刘安:《淮南子·说山训》

注:①粹:纯粹。 ②掇(cuō 多):选取。

译析:天下没有纯白的狐狸,却有纯白的狐狸皮毛,这是猎人从猎取了许多狐狸皮中选取拼凑而成的。这句名言是比喻学业上取得成就,必须博览群书,致力知识的积累。

(3)人不博览者,不闻古今,不见事类,不知然否,犹目盲耳聋鼻痈者也。

（西汉)王充:《论衡·别通》

注:①事类:指文章中引用古事故实以类比事理。 ②痈:毒疮。

译析:人不能广泛地阅览,就不能了解古今的世事,就不能用自己的见解类比事理,不知道事情的正确与否,如同双目瞎了、两耳聋了、鼻子长痈一样。

(4)博览多闻,学问习熟。

（西汉)王充:《论衡·超奇》

注:习:通晓。

译析:广博地阅读和多方听取,学问就能达到通晓而熟练。

(5)耕夫多殖嘉谷,谓之上农夫;其少者,谓之下农夫。学士之才,农夫之力,一也。能多种谷,谓之上农;能博学问,谓之上儒。

（西汉)王充:《论衡·别通》

注:①殖:种植。 ②上农:古代种植条件较好、收益较多的农民。③学士:读书的人。

译析：农夫多种植好五谷,称为收益多的上等农民;种植少的农民,称为收益差的下等农民。读书人的才能,农民的力气,从某种意义上讲是一样的。能够多种好谷的,称为上等好农民;能够掌握广博知识的,称为渊博的著名学者。

(6)多闻而体要,博见而善择。偏修一事不足必赖也。

(东晋)葛洪:《抱朴子·内篇·微旨》

注：①偏:片面。 ②修:钻研学习,研究。

译析：多听但要体会它的要点,多看但要好好选择精华。片面地只钻研学习一件事情,不能作为依靠的根据。

(7)男儿须读五车书。

(唐)杜甫:《题柏学士茅屋》

杜甫像

注：五车书:用以形容读书多,学问渊博。

译析：男子汉大丈夫必须阅读许多书。这句名言是勉励那些读书的男子,应严于律己,使自己成为博览群书的有志气、有节操、有作为的人。

(8)读书破万卷,下笔如有神。

(唐)杜甫:《奉赠韦左丞丈二十二韵》

注：①破:尽;遍。 ②下笔:落笔。

译析：认真阅读了万卷诗书,落笔敏捷似有神力相助。这句名言是清代学者仇兆鳌在《杜甫详注》中讲的,它的含义概括为"三破":一是读书要"突破",意谓要博览群书。二是读书要"磨破",意谓要反复多遍地阅读。三是读书要"识破",意谓要精思深悟,透彻理解书的精髓。

(9)读书患不多,思义患不明。患足己不学,既学患不行。

(唐)韩愈:《赠别元十八协力六首》

注:患:怕,担忧,忧虑。

译析:读书学习只怕不广泛,思考道理就怕不明晰。担忧满足了不再学习,学习了最怕不去实践。

(10)口不绝吟于六艺之文,手不停披于百家之编。记事者必提其要,纂言者必钩其玄。贪多务得,细大不捐。焚膏油以继晷,恒兀兀以穷年。

(唐)韩愈:《进学解》

注:①六艺:即六经,包括《诗》、《书》、《礼》、《乐》、《易》、《春秋》。 ②百家:即诸子百家。 ③纂言者:指理论性的著作。 ④捐:放弃。 ⑤焚膏:点灯。 ⑥晷(guǐ轨):日影。 ⑦兀兀(wù悟):犹矻矻(kū枯),勤勉的样子。

译析:口中从不停止吟诵"六经"的文章,手头从不停止翻阅"百家"的著述。阅读记事的作品必定列出提纲要领,钻研立论的著作必定探索深奥的宗旨。贪恋广博的知识,力争更大的收获,大处小处都不放过。点起灯烛而夜以继日,勤劳不懈而终年不休。

(11)登山始觉天高广,到海方知浪渺茫。

(北宋)王溥:《谢进士张翼投诗两轴》

注:渺茫:因辽阔无边而远得看不清楚。

译析:登上高山才觉察到天的崇高和广大,到了海边才知道大海辽阔无边。这句名言用比喻说明博览群书能开阔视野,站得高,看得远,对问题认识深刻。

(12)看书如服药,药多力自行。

(元)陈秀明:《东坡文谈录》

注:服:服药、吃药。

译析:读书学习如同吃药,吃药到了一定数量药力自然散发。

(13)任何裂缝,任何坑道,
　　识宝者都要去走一遭,
　　哪怕就在地狱近旁。

(德国)歌德:《浮士德》

(14)一个科学家,假如只知道自己搞的那一门,对其他事情一概不知,你的思想怎样开阔呢?

(美籍中国人)李政道之言,引自《青年文摘》1985 年第 11 期

(15)读书越多,精神越旺。

(中国谚语)

(16)我们要像海绵一样吸收有用的知识。

(前苏联谚语)

七、渐进篇

(1)若升高,必自下;若陟遐,必自迩。

《尚书·太甲下》

注:①升:登。　②陟(zhì 治)遐(xiá 霞):远行,长途跋涉。　③迩(ěr 尔):近。

译析:如果登高,一定从下面开始;如果行远,一定要从近处起步。这个复合句名言,用比喻说明无论做什么事情都应从基础做起,读书学习也应先易后难,由近及远,循序渐进,这样才能取得成效。

(2)流水之为物也,不盈科不行。

(战国)孟轲:《孟子·尽心(上)》

注:①物:事物,东西。 ②科:坎,坑。

译析:流水这种事,不填满地上坑它是不会前进的。这句名言用比喻说明读书学习要由浅入深,逐步前进。

(3)不学操缦,不能安弦。

《礼记·学记》

注:操缦(màn 慢):操弄琴弦。

译析:不学调协弦音,就不能安放琴弦。这是用比喻说明读书学习应从根本入手,打好基础,循序渐进。

(4)为山者基于一篑之土,以成千丈之峭;凿井者起于三寸之坎,以就万仞之深。

(北朝·北齐)刘昼:《刘子·崇学》

注:①为:堆砌。 ②"基"与后句的"起":皆为起始、开始。 ③篑(kuì 愧):古时盛土的竹筐。 ④峭(qiào 俏):山又高又陡。 ⑤仞(rèn 认):古时以八尺或七尺为一仞。

《刘子》

译析:堆砌一座山从一筐土开始,后来才逐渐成为千丈高的山;挖掘一口井从三寸的坑穴开始,后来才逐渐完成万仞深的井。这是用比喻说明渊博的知识是从低层、浅显的基础学起,不断积累,循序渐进,逐步获得的。

(5)夫还乡者必务见家,不可以一步至也。

(北朝·北齐)刘昼:《刘子·崇学》

注:还:归回。

译析:久居外地归回家乡的人必定想马上就能见到家人,但不可能一步就到家。这是用比喻说明读书学习不能急于求成,必须按照规律,遵循一定的步骤,按部就班,循序渐进。

(6)读书之法,莫贵于循序而致精。

(南宋)朱熹:《性理精义》

注:致精:达到精通。

译析:读书学习的方法,哪一种也比不上按照顺序渐进而达到精通的方法好。

(7)循序而渐进,熟读而精思。

(南宋)朱熹:《读书之要》

注:循:顺着,沿着。

译析:学习需顺着次序逐渐提高,反复熟练地阅读而后精细周密地思考。

(8)人之知识,若登梯然,进一级,则所见愈广。

(南宋)陆九渊:《象山全集·语录》

译析:人学知识,如攀登梯子那样,登上一级,所见到的景物就愈广。这句名言用比喻说明读书学习,像登梯子一样,由低向高,循序渐进,一级一级向上攀登,这样才能逐渐见多识广,成为渊博的学者。

(9)学者读书,先于易晓处沉涵熟后,切己致思,则他难晓者,涣然冰释矣。若先看难处,终不能达。

(南宋)陆九渊:《陆象山集·语录》

注:①沉:深。 ②涵:包含,包容。 ③切己:密切联系自身。 ④致思:集中精神思考。 ⑤涣然冰释:像冰冻遇热似的一下子消融,比喻疑难问题消除。 ⑥达:通晓。

译析:学业上有一定造诣的人读书,先对饱含深刻内容容易明白的问题熟悉后,再密切联系自己集中精力思考,那么其他难以明白的地方就像冰遇热似的一下子就消融了。如果先阅读难以理解之处,就始终不易通晓。

(10)人生学随时进,如春花秋实,自有节次。

(清)申涵光:《荆园小语》

注:节次:次序。

译析:人生读书学习随着时间而增长、丰富,就像春天开花秋天结果那样,自有它的节令次序。这句名言用比喻说明读书学习不能急于求成,要根据学习先易后难等的本身规律,循序渐进。

(11)读书如将兵,当先讲纪律。将军扫群寇,势如风雨疾。

(清)法式善:《读书四首·之四》

注:①将:统率,指挥。 ②兵:军队。 ③寇:入侵者。

译析:读书学习像统率军队,首先应当注重纪律。指挥军队消灭一群入侵者,气势就像暴风雨似的迅猛。这里用比喻说明读书学习必须遵循拟定的目标,遵守科学的学习计划,严格执行,毫不动摇。

(12)人言松柏黛参天,谁知铁根霜干蟠九泉?

(清)魏源:《读书吟示儿者》

注:①黛(dài 代):青黑色。　②霜干:傲霜挺立的树干。　③蟠(pán 盘):盘结,弯曲。　④九泉:指地下极深处。

译析:人人都说苍松古柏青翠欲滴高耸云天非常可爱,可谁知它是依靠像铁一样坚硬的根盘结于地下极深处及傲霜挺立的树干为其提供的养分。这是用比喻说明欲在学业上取得成就,必须打好基础,循序渐进。

(13)欲求木之长,必固其根本。欲求水流远,泉源须博深。若无底石坚,安得山高峻? 向使基础薄,何求塔千层?

(清)无名氏:《学喻》

注:①长:高。　②安得:怎么能够。　③向使:假使。

译析:想求树木长得高大,必须牢固它的根部。想要求水流得长远,泉水源头必须宽广深渊。如果没有最底部基石的坚固,怎么能有山势的高耸陡峭? 假使建筑基础薄弱,怎么能有千层的宝塔? 这句名言从多方面用比喻说明读书学习要奠定好基础,基础不好必然影响学习成绩的提高,也难以获得渊博的知识。

(14)学习要抓住基本知识,即不好高骛远,而忽略基本的东西。喜马拉雅山是世界著名的高山,因为它是建立在西藏高原上,是基盘广大的高原上的一个高峰;假如把喜马拉雅山建立在河海平原或江淮平原上,八千公尺的孤峰是难于存在的,犹如无源之水是易于枯竭的。

徐特立:《徐特立教育文集》

(15)没学会走先学跑是不成的,不但跑不快,跑不好,而且要摔跟头,反倒停滞不前。

荀慧生:《荀慧生演剧散论·漫谈培养戏曲界青年一代》

(16)要循序渐进! 我走过的道路,就是一条循序渐进的道路。

华罗庚:《寄语青年人:超过华罗庚》

(17)千丈的绳子还需从头搓起。

(中国谚语)

(18)万丈高楼平地起,全靠牢牢打地基。

(中国谚语)

(19)根深才能叶茂,本固才能枝荣。

(中国谚语)

(20)要造就高深学问,必须从字母学起。

(美国谚语)

八、深思篇

(1)心之官则思,思则得之,不思则不得也。

(战国)孟轲:《孟子·告子(上)》

注:①心:古人以心为思维器官,故后沿用为"脑"的代称。　②官:器官;官能。

译析:脑的功能就是思考,精心思考就能有所收获,不精心思考就什么也得不到。这句名言是孟子告诫人们读书学习要精心阅读,深入思考,这样才能有所收获。

(2)学而不思则罔,思而不学则殆。

《论语·为政》

注:①罔(wǎng 往):无,无所得。　②殆(dài 代):疑惑。

译析:学习时不思考就没有收获,只是空想而不学习,就始终疑惑不解。这是孔子提示人们"读书"与"思考"应并重,不可偏废。所谓"思",即是主体对客体对象之思,是主观精神对客观对象的积极介入,没有这种主观的"思",就像有人所说的:至多不过是"书虫"罢了。

(3)涉浅水者见虾,其颇深者察鱼鳖,其尤甚者观蛟龙。

(西汉)王充:《论衡·别通》

注:①涉:进入;趟着水走。　②其:如果。

译析:进入浅水的人只能见到虾,如果进入相当深的水中就能看到鱼鳖,如果再进入非常深的水中就能看到蛟龙。这句名言用比喻说明读书学习要深入,要精读,只有这样才能掌握作品的精神实质,有所收获,切忌浅尝辄止。

(4)浚井不渫,则泥汙滋积;嘉谷不耘,则黄莠弥蔓;学而不思,则疑阂实繁。

(东晋)葛洪:《抱朴子·博喻》

注:①浚:深。　②渫(xiè 泄):清除污泥。　③泥汙:烂泥;污泥。④黄(tí 题):草木初生的叶芽。　⑤莠(yǒu 有):一种有害于农作物生长的杂草。　⑥阂:阻碍。

译析:深井不清除污泥,那么污泥就会堆积;好庄稼不勤耕耘除草,那么有害农作物的杂草就会蔓延;读书学习不动脑思考,那么阻碍理解书中内容的疑难问题就会越积越多。这是用比喻说明读书学习要精读深思,这样才能深入理解书的内容,获得教益。

(5)学非探其花,要自拔其根。

(唐)杜牧:《留诲曹师等诗》

注:①探:看。　②拔:拔出来。

译析:读书学习不只看花外表美丽,要自己动手拔出它的根来研究。

这是用比喻说明读书学习不能停留在表面上,而要精心地阅读,反复深思,寻根究底。

(6) 于不疑处有疑,方是进矣。

（北宋）张载:
《经学理窟·义理》

张载祠

注:①疑:怀疑,不相信。
②方:方始,方才。

译析:读书时在一般认为没有怀疑的地方有了疑问,这样学识才能有长进。

(7)故书不厌百回读,熟读深思子自知。

（北宋）苏轼:《送安惇诗》

注:①百:反复多次。　②子:你。　③自:自然。

译析:因此优秀的书要反复多次认真阅读,熟读深思你自然会理解书的内容实质。

(8)含其英,茹其实,精于思,贯如一。

（北宋）杨时:《龟山集》

注:①含其英:细细体味,领会书中的精华。　②茹(rú 如):吃,吞咽。
③贯如一:始终如一。

译析:细细体会,领会全书的精华,吞咽其中果实,精心地思考,始终如一地这样做。

(9)多闻识者,犹广储药物也,知所用为贵。

（北宋）杨时:《二程粹言·论学》

注:①识:知识,见识。 ②为:是。 ③贵:重要。

译析:见闻广知识多的人,像广泛储备药物一样,知道药物用途是最重要的。这句名言用比喻说明学习不但要掌握丰富的知识,而且还应通过深思,进一步知道知识的用途与价值。

(10)学而不化,非学也。

(南宋)杨万里:《庸言》

注:化:消化,比喻理解、领会、吸收所学的知识。

译析:读书学习不能融会贯通,不是卓有成效的学习。

(11)读书无疑者须教有疑,有疑者却要无疑,到这里方是长进。

(南宋)朱熹:《朱子全书·读书法》

注:①教:使。 ②长进:进步。

译析:读书学习没有发现疑问的地方必须深入思索使它有疑问,有了疑问要通过深思解除疑问,达到这种地步才算是在学问上有了进步。

(12)读书有三到,谓心到、眼到、口到。

(南宋)朱熹:《训学斋规》

注:到:到达,达到,做到。

译析:读书学习有三点要做到,叫做心要到位,眼要到位,口要到位。这句名言是说读书精力专注,眼看仔细,口诵认真,深入思索。

(13)读书譬如饮食,从容咀嚼,其味必长;大嚼大咽,终不知味也。

(南宋)朱熹:《朱子全集·读书法》

注:长:长时间。

译析:读书学习好比吃饭,不慌不忙细嚼慢咽,饭菜的味儿在较长时间的细嚼中必然品尝出来;如果大口大口地狼吞虎咽,吃到最后也难知道饭菜的味儿。这句名言用比喻说明读书学习应深入精读,揣摩体会,才能理解书的内容真谛。

(14)大抵观书须先熟读,使其言皆若出于吾之口;继以精思,使其意皆若出于吾之心,然后可以有得尔。

(南宋)朱熹:《读书之要》

注:①大抵:大都,表示总括一般的情况。 ②尔:表示肯定语气,相当现代汉语的"了"。

译析:看书首先必须仔细反复地阅读,让书中的话都像从自己口中说出来似的,接着精细地思考,让书中的见解意图都像出于自己的心中,这样就可以获得裨益了。

(15)为学固不可迫切,亦当有穷究处,乃有长进。

(南宋)陆九渊:《陆象山集·语录》

注:①为:做。 ②固:本来。 ③穷究:深入钻研。

译析:做学问本来不能急于求成,应当有深入钻研的地方,只有这样,才能有所长进。

(16)善学者,如关津不可胡乱放人过也。

(南宋)陆九渊:《陆象山集·语录》

注:关津:水路要道的关卡。

译析:善于读书学习的人,要像把守水陆要道关卡,不能随便让乱人过那样对待书中的重要地方。这句名言用比喻说明读书学习对书中疑难之处,不能轻易放过,必查清弄懂。这样才能有所收获。

(17)为学患无疑,疑则有进。

(南宋)陆九渊:《陆象山集·语录》

注:患:怕。

译析:读书学习最怕没有疑问,有了疑问,经过思考解决就会有进步。

(18)侯均积学四十年,每读书,必熟诵乃已。尝言,人读书不至千遍,经于己无益。

(明)宋濂等:《侯均传》

注:①积学:积累学问。 ②乃:才。 ③已:算完,罢了。

译析:侯均积累学问 40 年,每逢读书,定要反复地诵读才算完。他曾经说,人读书不到千遍,最终对于自己没有好处。

(19)学莫善于自得,自得而后能化。

(明)方孝孺:《送周景琰入试序》

注:自得:自己有心得体会。

译析:读书学习没有能比得上通过精读深思而有自己的心得体会好,有了自己的心得体会才能算是对知识融会贯通了。

(20)读书贵精熟,不贵贪多。

(明)胡居仁:《居业录·学问》

注:贵:崇尚。

译析:读书学习崇尚精通熟练,不崇尚贪婪求多。

(21)饭食不化,积腹成闷;闻见不化,积胸成惑。

(明)庄元臣:《叔苴子·内篇》

注:闻见:知识。

译析:吃饭不消化,郁积腹中使人不舒服;学的知识不消化,不理解,积聚心中使人迷惑不解。这句名言用比喻说明读书学习要通过思考,理解书的内容,才能有收获而感舒心。

(22)读书不知味,不如束高阁。蠹鱼尔何如,终日食糟粕。

(清)袁枚:《随园诗话补遗》

注:①味:旨趣;意义。 ②束:捆、绑。 ③蠹(dù 杜)鱼:虫名,亦称衣鱼,蛀蚀书籍、衣服。 ④尔:同"迩",近。 ⑤糟粕:指粗劣无用之物。

译析:读书不知道它的意义,不如把书捆起来放在高架子上。蠹鱼近况怎么样,整天在那里像吃糟粕似的无味地啃书。这是用比喻说明读书学习要精读深思,理解书的要旨,吸收其有价值的东西,不然就像蠹鱼那样不能吸收精华,只吃糟粕。

(23)熟读唐诗三百首,不会吟诗也会吟。

(清)孙洙:《唐诗三百首序》

注:熟读:反复阅读。

译析:反复地诵读唐诗三百首,不会吟诵诗歌也会吟诵。

(24)学习不仅要广,还要精,要真正打中自己的要害。

谢觉哉之言,引自《革命前辈谈修养》

蘅塘退士《唐诗三百首》

(25)做学问的功夫,是细嚼慢咽的功夫。好比吃饭一样,要嚼得烂,才好消化,才会对人体有益。

陶铸:《理想情操·精神生活》

(26)在泥土下面,黑暗的地方,才能发现金刚钻,在深入缜密的思考中,才能发现真理。

(法)雨果:《悲惨世界》

(27)书要精读,田要细管。

(中国谚语)

(28)读书不知意,等于啃书皮。

(中国谚语)

(29)海洋深处鱼儿大,书海深处学问多。

(中国谚语)

(30)求知如挖井,越深水越涌。

(中国谚语)

(31)疑点就像老鼠,一发现就要紧紧抓住。

(英国谚语)

(32)怀疑——知识的钥匙。

(英国谚语)

(33)毫无价值的东西才像稻草一样浮游在水面上;要寻找珍珠的人必须潜游到水里去。

(英国谚语)

(34)知识好像砂石下的泉水,掘得越深越清澈。

(丹麦谚语)

九、积累篇

(1)合抱之木,生于毫末;九层之台,起于累土;千里之行,始于足下。

《道德经·六十四章》

注:①合抱:两臂环抱。 ②毫末:毫毛的末端,喻极细微。 ③九层:九重,九级,喻极高。 ④台:土筑的高台,供观察瞭望用。 ⑤累:堆积。 ⑥行:路程。 ⑦足下:脚站立的地方。

译析:两臂环抱粗大的树木,它的生长是从极细微开始的;九重高台,是一筐土一筐土堆积起来的;千里远的路程,是从脚立的地方开始走的。这几句名言是用比喻说明知识是日积月累丰富起来的。

(2)邱山,积卑而为高;江河,合水而为大。

《庄子·则阳》

注:①邱山:泛指山;邱,同"丘",土山。 ②卑:微。

译析:邱山,一点一点地积累也能成为高山;小的江河水,汇聚在一起也能变成大江大河。这句名言是用比喻说明任何成就都是由于持续不断地点滴积累而取得的。

(3)大山之高非一石也,累卑然后高。

《晏子春秋·内篇》

注:①大山:泰山,清代经学家孙治让训诂引苏时学云:"大山即泰山。" ②卑:微小。

译析:泰山巍峨峻峭并不是一块石头形成的,而是由积土累石才使其这样高峻。这句名言是用比喻说明广博的学识是不断积累而后取得的。

(4)积土成山,风雨兴焉;积水成渊,蛟龙生焉;积善成德,而神明自得,圣心备焉。故不积跬步,无以至千里;不积小流,无以成江河。

(战国)荀况:《荀子·劝学》

注:①兴焉:从这里兴起。 ②渊:深水。 ③蛟龙:古代传说中能发洪水的一种龙。 ④神明:精神和智慧。 ⑤跬(kuǐ 傀):半步,跨出一脚为"跬",跨两脚为步。

译析:积土成为山岭,风雨就会从那里兴起;积水成为深潭,蛟龙就会在那里生长;积累善行养成良好的品德,精神、智慧就得到发展,圣人的思想就具备了。所以不积累每一小步,就不能远达千里;不汇聚涓涓细流,就不能成江海。这两句名言是从正反两个方面用比喻说明读书学习贵在知识的积累,是使人成才的重要一点。

(5)真积力久则入,学至乎没而后止。

(战国)荀况:《荀子·劝学》

注:①真积:认真积累。 ②力:尽力。 ③入:入门,有成就。 ④没:同"殁",死。

译析:认真地积累并尽力持久地做就能取得成就,学习知识直到死才能停止。

(6)水积则生吞舟之鱼,土积则生梗楠豫樟;学积亦有生焉。

(战国)尸佼:《尸子·劝学》

注:梗(pián 骈)楠豫樟:又作豫樟之木。梗木与楠木,皆大木;豫樟:亦作"豫章",枕木与樟木并称。

译析:水积得多积得深就会生长出吞船的大鱼,土积多了就会生长出梗楠豫樟的大树;学问积累多了也能产生卓越的人才。这句名言是用比喻说明积累知识对研究学问和成长为有用之才的重要性。

(7)虽庶民之子孙也,积学而正身,行能礼仪,则归之士大夫。

(西汉)韩婴:《韩诗外传·卷五》

注:①庶民:平民,百姓。　②正身:端正自身。　③归:归属。　④士大夫:旧时指官吏或较有声望、地位的知识分子。

译析:即使是平民百姓的子孙,能够积累学问、端正自身,做事情又能够遵循礼节和仪式,就可归属出于有学问有声望的知识分子行列。

(8)千金之裘,非一狐之皮;台庙之榱,非一木之枝。

(西汉)刘向:《说苑·建本》

注:①千金:极言钱财多。　②榱(cuī 崔):古代之椽子。

译析:价值千金的狐狸皮衣,不是一只狐狸腋下的毛皮能够制成的;宏伟庙宇的椽子,不是用一棵树木的枝条就能建成的。这句名言是用比喻说明欲想取得学业上的成就,必须广泛积累知识才行。

(9)盈乎万钧,必起于锱铢;竦秀凌霄,必始于分毫。

(东晋)葛洪:《抱朴子·博喻》

注:①盈:富裕,有余。　②万钧:形容分量重或力量大;钧:古代重量单位之一,30 斤为一钧;这里引申为钱财极多。　③锱(zī 资)铢(zhū 朱):都是古代重量单位,六铢等于一锱,四锱等于一两;喻极少的钱。④竦(sǒng 怂):高起,高耸。

译析:家里钱财极富有,必然是一点一点积累起来的;苍松高耸云霄,定是一分一毫成长起来的。这是用比喻说明读书学习知识,必须坚持积累。

(10)积学以储宝,酌理以富才。

(南朝·梁)刘勰:《文心雕龙·神思》

注:①宝:指人的知识。　②酌:斟酌,研究。

译析:认真学习来积累自己的知识,研究其中的道理来丰富自己的才华。

(11)大木百寻,根积深也;沧海万仞,众流成也;渊智达洞,累学之功也。

(唐)马总:《意林·唐子十卷》

注:①寻:古代长度单位,一般为八尺或六尺、七尺。　②仞:古代长度单位,一般为七尺或八尺。　③智:有智慧的人。

译析:大树能高耸云天,因其根扎在九泉之下;大海能辽阔无边,是由于众多河流汇集而成;知识渊博的睿智学者见识通达,是由于不断积累知识的功绩。这句名言是用比喻说明勤奋积累知识对成就学业的重要。

(12)千里始足下,高山起微尘。

(唐)白居易:《续座右铭·并序》

注:①起:开始。　②微:细小。

译析:千里远的路程是从足所立之处起步,崇高的大山是从极细小的尘土开始积累的。这句名言用比喻说明学识渊博者是从点滴知识积累逐渐培养成的。

(13)积学于己,以待用也。

(北宋)程颐:《为家君作试汉州策问之三》

注:①于:对于。　②以:为。

译析:积累学问对于自己来说,为的是等待需要时用。

(14)学如富贾在博收,仰取俯拾无遗筹。

(北宋)苏轼:《代书答梁先》

注:①贾(gǔ古):商人。 ②仰取俯拾:随时随地拾取,多形容善于积聚资财。 ③遗筹:失算。

译析:读书学习要像富有的商人那样不断广博地收取,随时随地拾取、积累从不失算。这句名言用比喻说明读书学习必须随时随地注意积累知识,这样才能成为知识渊博的学者。

(15)夫学犹织,寸丝丈尺。由贤希圣,其道在积。一日间断,其功必隳。毋忽寸阴,分亦惜之。

(南宋)姚勉:《雪坡文集》

注:①犹:如同。 ②贤:有道德有才能的人。 ③圣:具有最高智慧和道德的人。 ④隳(huī挥):破坏。

译析:学习如同织布,由寸到尺到丈。从贤人希望达到圣人的境界,其方法就在于积累。一天间断了,它成功的希望就必然遭到破坏。不要忽视了寸阴,一分光阴也应该珍惜它。

(16)海是众水积,圣亦涂人为。

(元)胡翰:《示项生》

注:涂人:最普通的人。

译析:浩瀚的大海是由许多江河水逐渐汇积起来的,普通的人只要坚持不懈地勤奋学习,也可以成为德才极高的理想人物。

(17)聪明在于学习,天才在于积累。

华罗庚:《自学成才之路·序》

华罗庚像

(18)古今中外有学问的人,有成就的人,总是十分注意积累的。知识就是积累起来的,经验也是积累起来的。

邓拓之言,引自《人民日报》的《忆邓拓》

(19)积累知识,也应该有农民积肥的劲头,捡的范围要宽,不要限制太多⋯⋯牛粪、羊粪、人粪都一概捡回来,让它们统统变成有用的肥料,滋养作物的生存。

邓拓之言,引自《人民日报》的《忆邓拓》

(20)一锹挖不出一口水井,知识需一点一滴集聚。

(中国谚语)

(21)蓓蕾在枝叶上孕成,知识在学习中积累。

(中国谚语)

(22)高楼大厦是一砖一瓦建造的,渊博知识是一点一滴积累的。

(中国谚语)

(23)葡萄是一点一点成熟,知识靠一天一天积累。

(中国维吾尔族谚语)

(24)积水可以成为潭,积累知识可以使人变得聪明。

(日本谚语)

(25)涓流之水也能盈罐。

(印度谚语)

十、专攻篇

(1)仲尼适楚，出于林中，见佝偻者承蜩，犹掇之也，仲尼曰："子巧乎！有道邪？"曰："我有道也。五六月累丸二而不坠，则失者锱铢；累三而不坠，则失者十一；累五而不坠，犹掇之也。吾处身也，若厥株拘；吾执臂也，若槁木之枝。虽天地之大，万物之多，而唯蜩翼之知。吾不反不侧，不以万物易蜩之翼，何为而不得？"孔子顾谓弟子曰："用志不分，乃凝于神。其佝偻丈人之谓乎！"

《庄子·达生》

注：①适：到……去。　②佝(gōu 勾)偻(lǒu 楼)：驼背。　③承(zhěng 整)蜩(tiáo 条)：以竿取蝉。　④承：通"拯"。　⑤蜩：古书上称蝉。　⑥掇(duō 多)：拾取。　⑦邪(yé 爷)：疑问语气词，相当于现代汉语的"吗"、"呢。"　⑧锱(zī 资)铢(zhū 珠)：古代的重量单位，一说六铢为一锱，四锱为一两；比喻细小。　⑨厥(jué 决)：代词，那个。　⑩株拘：亦作"株枸"、"株驹"，枯树根。　⑪槁(gǎo 高)木：草木枯干。　⑫丈人：对长辈的尊称。

译析：孔子去楚国的途中，路过一片树林时，看见一个驼背老人正用长竹竿粘树上的蝉，他粘蝉就像拾取地上的东西一样得心应手，蝉一个也跑不掉。孔子赞叹地说："您真灵巧啊！是不是有诀窍呢？"那个驼背老人说："我是有诀窍的。我初练习粘蝉时，在竹竿的尖梢放一个小小的粘丸，力求平稳、竹竿不抖、粘丸不掉；练到五六个月时，就能叠放两个粘丸而不掉落下来，练到这个程度，从我手中跑走的蝉不过几个；练到能在竿梢稳稳叠放三个粘丸时，再去粘蝉，跑走的蝉不过是十分之一。后来，我练得能在竿梢放五个粘丸而不掉落，这时去捉蝉，就像在地上拾东西一样得心应手了。粘蝉时，我站着身体就像树桩一样稳固，我伸出的手臂，能像枯树的枝条一样丝毫不动；在这时候，天地虽然大，万物虽然多，我的精神却要专注集中,眼睛所看、心里所想的只有蝉的翅膀。我绝不左顾右盼,不因任何事物影响我对蝉的注意,这怎么会捉不到蝉呢?"孔子听完,回过头来对学生们说:"只有不分心他物,才能思想高度集中。这大概就是眼前的驼背老人总结出来的吧!"庄子用这个故事说明无论做事或研究学问,只要专心致志用心地去学习、苦练某种过硬本领,就能实现自己的意愿和理想。

(2)昔者瓠巴鼓瑟而流鱼出听,伯牙鼓琴而六马仰秣。故声无小而不闻,行无隐而不行。

(战国)荀况:《荀子·劝学》

注:①瓠(hù 户)巴:传说是古代齐国善鼓瑟的人。　②流鱼:沉鱼,流,作"沉"讲。　③伯牙:传说是古代楚国善鼓琴的人。　④六马:谓驾车之马众多。　⑤仰秣(mò 末):谓马正在低头吃草料,听到伯牙琴声,竟把头抬起来听。

译析:从前齐国善鼓瑟的人瓠巴鼓瑟时,在水底游动的鱼都浮出水面听;楚国善鼓琴的人伯牙鼓琴时,正在低头吃草料的拉车众马都抬起头来听。所以说不论声音多么小,没有听不见的,不论行为多么隐蔽没有不显露出来的。这是用比喻说明学习研究,要专心致志,有所专精,才能收到良好的效果。

(3)虽小道,必有可观者焉,致远恐泥,是以君子不为也。

《论语·子张》

注:①道:技艺。　②观:取法。　③致:达到。　④泥:滞陷。

译析:即使是小技艺,也一定有可以借鉴的地方,但因为担心小技艺影响远大事业,所以君子不去学这些小技艺。这句名言是孔子的学生子夏强调研究学问,应有所专攻,不要分散精力。这样才能取得成效。

(4)攻乎异端,斯害也已。

《论语·为政》

注:①攻:深入钻研。　②异端:异端邪说。　③斯:这。　④害:祸害,害处。

译析:一心深入钻研异端邪说,这是有害的呀! 这是孔子提示人们读书学习要有正确的目标,不可盲目自学。

(5)专于其所及而及之,则其及必精。

(北宋)苏洵:《明论》

注:①专:纯一,集中,这里作"专心致志"讲。　②所及:力所能及。

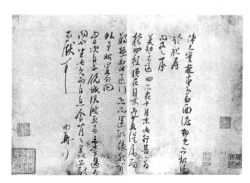

苏洵《陈元实夜来贴》

译析:专心致志于他力所能做到的事并认真去做,那么他就能达到精通。

(6)人之才,成于专而毁于杂。

(北宋)王安石:《上皇帝万言书》

注:毁:挫败,毁坏。

译析:人的才干,因术业有专攻而取得成就,因所学繁杂而挫败。

(7)学贵专,不以泛滥为贤。

(北宋)程颐:《为家君作试汉州学策问之二》

注:①泛滥:指大水漫出,四处乱流,这里喻指没有一定目标乱阅读。②贤:良,美善。

译析:研究学问贵在有专攻,并不是以漫无目的乱翻阅为好。

(8)不一则不专,不专则不能。

(北宋)苏轼:《应制举上两制书》

注:①不一:不专心于一门技艺。 ②专:专攻。 ③能:才能。

译析:不专心于一门技艺就没有专攻,没有专攻就不会有高超的才能。

(9)书富如入海,百货皆有,人之精力,不能兼收尽取,但得其所欲求者尔。故愿学者每次作一意求之。

(北宋)苏轼:《东坡文集事略》

注:①富:多。 ②百货:喻各种各类知识。 ③但:只,仅。

译析:书籍多得像大海一样,各种各类知识都有,但人的精力有限,不能样样吸取过来,只能获取所需求的。因此希望学者一心一意地把它学好。

(10)每一书皆作数次读之,书之富如入海,百货皆有,人之精力不能尽取,但得其所求者尔。

(南宋)沈作喆:《寓简·卷八》

译析:每部书都阅读多次,书籍多得像大海一样,各种各类的知识都有,然而由于人的精力有限不能什么知识都吸取,只能获取所需求的。

(11)宇宙名物有切己者,虽锱铢不遗;不切己者,虽泰山不顾。

(清)章学诚:《文史通义·假年》

注:①宇宙:天下。 ②名物:有名的事物。 ③切己:切身。 ④锱(zī资)铢(zhū铢):古代重量单位,比喻极微小。

译析:天下著名的事物于己关系密切的,即使是锱铢似的微小东西也不能抛弃;于己无关的,即使是重如泰山也不必关注。这句名言是用比喻说明研究学问要根据自己的专题需要,重点专攻,才能研究深透。

(12)用功譬若掘井,与其多掘数井而皆不及泉,何若老守一井,力求及泉而用之不竭乎?吾弟之病,病在掘井太多,而皆不及泉。此后勿求博杂,当求专一的方法。

(清)彭玉麟:《彭刚直公书牍·致弟论修学方法》

注:①及:至,到达。　②何若:哪里比得上。　③老:一直。　④竭:完,尽。　⑤博:众多。　⑥杂:混杂。

译析:用功就好比挖井,与其多挖几口井而都挖不到泉水,哪里比得上一直守一口井挖下去,力求挖到泉水而且水用不完啊?我弟弟的毛病,就在于挖井太多,却没有挖到泉水。今后学习不要求博而杂,而应当力求专一。这是彭玉麟写给其弟信中引用曾国藩的话,用挖井的道理,说明治学要专一的方法。

(13)夫为学之道,用志不能不一,用力不能不专。

(清)平步青:《霞外攟屑·格言》

注:①用志:用心。　②用力:花费精力。　③专:完全,全部。

译析:做学问的道理,用心不能不专一,花费精力不能不是全部。

(14)一个人做事不专,这样弄一点,那样弄一点,既要翻译,又要做小说,还要做批评,并且也要做诗,这怎么弄得好呢?

鲁迅:《对于左翼作家联盟的意见》

(15)无所不能的人实在是一无所能,无所不专的专家实在是一无所专。

邹韬奋:《邹韬奋文集·无所不专的专家》

(16)加紧学习,抓住中心,宁精勿杂,宁专勿多。

周恩来:《周恩来选集·我的修养要则》

(17)研究学问或某种技能,切要专一勿杂。水滴之所以能够穿石,不仅仅是因为持续不断,而且更重要的是目标始终专一。当然这不是拒绝博采众长,博采众长也是为了将专一的目标习研得更深刻更精彩。

山河之言,引自《中华精英格言名典》

(18)一只狗同时追赶几只野兔,必然一只也抓不到。

(英国谚语)

十一、研究篇

(1)**毋意,毋必,毋固,毋我。**

《论语·子罕》

注:①意:猜测。　②必:断定。　③固:固执。　④我:自以为是。

译析:不随意猜测,不主观臆断,不拘泥固执,不自以为是。这句名言是孔子注意随时修正自己的错误的四个方面,对我们今天研究学问也是很有借鉴意义的。

(2)**择焉而不精,语焉而不详。**

(唐)韩愈:《原道》

注:①择:选择,挑选。　②焉:语气助词,无意义。

译析:对前人的学说有所选取然而并不见精当,有所论述却并不详尽。这句名言是韩愈对荀况、扬雄阐述"道"的评论,对今天怎样研究学问亦甚有启示意义。

(3)博观而约取,厚积而薄发。

(北宋)苏轼:《杂说·送张琥》

注:①博观:广泛地观察或观览。 ②约取:取其精华。 ③厚积:广泛储备。

译析:博览群书而吸取其精华,广泛储备知识而不轻易发表。

(4)人之为学,不可自小,又不可自大。

(清)顾炎武:《日知录》

注:①小:轻视。 ②自大:自尊大;自负。

译析:一个人做学问,不可以自我轻视,更不可以自尊自大。

顾炎武《日知录》

(5)学者当自树其帜。

(清)郑燮:《与江宾谷江禹九书》

注:学者:在学术上有一定造诣的人。

译析:在学术上有一定造诣的人,应当自己树立旗帜。这句名言是说研究学问应力求创新,有自己的主张、见解,不要重复别人的看法和观点。

(6)学古之道,犹食笋而去其箨也。

(清)魏源:《默觚·治篇五》

注:箨(tuò 唾):竹笋上的皮。

译析:学习古代的道理,要像吃竹笋须剥掉它的皮一样。这句名言用比喻说明学习古代文化典籍，要舍其糟粕、取其精华，做到古为今用。

（7）古今之成大事业、大学问者，必经过三种之境界："昨夜西风凋碧树，独上高楼，望尽天涯路。"此第一境也。"衣带渐宽终不悔，为伊消得人憔悴。"此第二境也。"众里寻他千百度，回头蓦见，那人正在灯火阑珊处。"此第三境也。

（近代）王国维：《人间词话》

注：①凋：草木衰落。　②天涯：指极远的地方。　③度：量词，表示次数。　④阑珊：暗淡。

译析：古今成就大事业和大学问的人，在研究学问方面必然经历三种境界。第一种境界为："昨夜一阵猛烈的西北风吹过后树木碧绿的叶子完全凋落，独自登上高楼，远远看到天边无尽头的路。"第二种境界为："为了探求知识，废寝忘食，耐得消瘦，衣带渐宽也不后悔。"第三种境界为："在知识的海洋里千百次探求遨游，豁然有所领悟，求得知识、取得成就的欢乐。"这几句名言所表述的三种境界，形象说明研究学问必然经历的过程：首先必须奋发读书学习，掌握丰富的知识和资料，这就像登上高楼，站得高，看得远，认识深；其次，在掌握丰富的知识和资料的基础上，进行去粗取精、去伪存真地分析研究，为了探求真谛，无论遇到什么难关，决不退缩，不惜耗尽自己全部心血；再次，经过多次艰苦探求，终于有所发现，研究出成果，享受到欢乐。

（8）学习和钻研，要注意"两个不良"，一个是"营养不良"，没有一定的文史基础，没有科学理论上的准备，没有第一手资料的搜集，搞出来的东西，不是面黄肌瘦，就是畸形发展；二是"消化不良"，对于书本知识无论古人今人或某个权威的学说，要深入钻研，过细咀嚼，独立思考，切忌囫囵吞枣，人云亦云，随波逐流，粗枝大叶，浅尝辄止。

马寅初之言，引自《北京晚报》

（9）专攻一技一艺的人，只知一样，除此之外，一无所知。这一类的人,影响社会很少,好有一比,比一根旗杆,只是一根孤拐,孤单可怜。

胡适:《中国哲学史》

(10)有一些人广泛博览,而一无所专长,虽可以到处受到一班浅人的欢迎,其实也是一种废物。这一类人,也好有一比,比一张很大的薄纸,禁不起风吹雨打。

胡适:《中国哲学史》

(11)理想中的学者,既能博大,又能精深。精深的方面,是他的专门学问。博大的方面,是他的旁搜博览。博大要几乎无所不知,精深要几乎惟他独尊,无人所及。他用他的专门学问做中心,次及于直接相关的各种学问,次及于间接相关的各种学问,次及于不很相关的各种学问,以次及毫不相关的各种博览。这样的学者也有一比,比埃及的金字三角塔,那金字塔高 480 英尺,底边各边长 760 英尺。塔的最高代表最精深的专门学问,从此点依次递减,代表那旁搜博览的各种相关或不相关的学问。

胡适:《中国哲学史》

(12)科学上没有平坦的大道,真理长河中有无数礁石险滩。只有不畏攀登的采药者,只有不怕巨浪的弄潮儿,才能登上高峰采得仙草,深入水底觅得骊珠。

华罗庚之言,引自《光明日报》1978 年 6 月 28 日

注:骊(lí丽)珠:即宝珠,传说出自骊龙颔下,故名。(《庄子·列御寇》:"夫千金之珠,必在九重之渊,而骊龙颔下。")

(13)科学的灵感,决不是坐等可以等来的。如果说,科学上的发现有什么偶然的机遇的话,那么这种"偶然的机遇"只能给那些学有素养的人,给那些善于独立思考的人,给那些具有锲而不舍的精神的人,而不会给懒汉。

华罗庚之言,引自《文汇报》

(14)"难"也是如此,面对悬崖峭壁,一百年也看不出一条缝来,但用斧凿,能进一寸进一寸,得进一尺进一尺,不断积累,飞跃必来,突破随之。

华罗庚:《学习,学习,再学习》

(15)攀登科学高峰,就像登山运动员攀登珠穆朗玛峰一样,要克服无数艰难险阻,懦夫和懒汉是不可能享受到胜利的喜悦和幸福的。

陈景润之言,引自《北京日报》1978 年 4 月 2 日

(16)一切真正的天才,都能够蔑视毁谤;他们天生的特长,使批评家不能信口开河。害怕大雨的,只不过是假花而已。

(俄国)克雷洛夫:《克雷洛夫寓言》

(17)正确的道路是这样:吸取你的前辈所做的一切,然后再往前走。

(俄国)列夫·托尔斯泰之言,引自《俄国文学史》

(18)只有经过长时间完成其发展的艰苦工作,并长期埋头沉浸于其中的任务,方可望有所成就。

(德国)黑格尔:《小逻辑》

(19)在科学的入口处,正像在地狱的入口处一样,必须提出这样的要求:

"这里必须根绝一切犹豫;这里任何怯懦都无济于事。"

(德国)马克思:《政治经济学批判——序言》

(20)在科学上没有平坦的大道,只有不畏劳苦沿着陡峭山路攀登的人,才有希望达到光辉的顶点。

(德国)马克思:《〈资本论〉法文版序言》

(21)作为一个科学家来说,我的成功……最主要的是:爱科

学——在长期思索任何问题上的无限耐心——在观察和搜集事实上的勤勉——相当的发明能力和常识。

（英国）达尔文之言，引自《达尔文生平及其书信集》

(22)发现者,尤其是一个初出茅庐的年轻发现者,需要勇气才能无视他人的冷漠和怀疑,才能坚信自己发现的意义,并把研究继续下去。

（英国）贝弗里奇之言，引自《科学研究的艺术》

(23)聪明的资质、内在的干劲、勤奋的工作态度和坚忍不拔的精神。这些都是科学成功所需要的其他条件。

（英国）贝弗里奇之言，引自《科学研究的艺术》

(24)犯错误是无可非议的,只要能及时察觉并纠正就好。谨小慎微的科学家既犯不了错误,也不会有所发现。

（英国）贝弗里奇之言，引自《科学研究的艺术》

(25)研究人员探测知识的疆界需要很多与开拓者同样的品格:事业心和进取心。

（英国）贝弗里奇之言，引自《科学研究的艺术》

(26)要记住:历史上所有伟大的成就,都是由于战胜了看来是不可能的事情而取得的。

（英国）卓别林:《卓别林自传》

(27)打开一切科学的钥匙都毫无异议的是问号;我们大部分的伟大发现都应归功于如何,而生活的智慧大概就在于逢事都问个为什么。

卓别林

（法国）巴尔扎克之言，引自《外国名作家传》

(28)天才是百分之一的灵感,百分之九十九的血汗。

(美国)爱迪生之言,引自《外国科学家史语》

(29)科学研究好像钻木板,有人喜欢钻薄的,而我喜欢钻厚的。

(美籍德国人)爱因斯坦之言,引自《爱因斯坦传》

(30)我没有什么特别的才能,不过喜欢寻根刨底地追究问题罢了。

(美籍德国人)爱因斯坦之言,引自《爱因斯坦传》

(31)光踩别人脚印走,难以闯出自己路。

(中国谚语)

十二、实践篇

(1)不闻不若闻之,闻之不若见之,见之不若知之,知之不若行之。

(战国)荀况:《荀子·儒效》

注:若:如。

译析:没有听说过不如亲耳听听,听说了不如亲眼看看,亲眼看了不如通过深思认识了,认识了还不如亲身实践一下。这句名言强调读书学习必须重视实践。

(2)闻之不见,虽博必谬;见之而不知,虽识必妄;知之而不行,虽敦必困。

(战国)荀况:《荀子·非十二子》

注:①谬:错误,荒谬。 ②妄:荒诞,荒谬。 ③敦:厚,多。

译析:如果只是听见了而不去亲眼看看,即使听得很多,必然是会有错误的;如果只是看见了而没有认识,即使见得再多,必然是会荒诞的;如果知道了正确的道理而不去实践,即使知识再渊博,也必然是处于困境的。这句名言是强调读书学习应重视实践,深刻理解,身体力行。

(3)善学者尽其理,美行者究其难。

(战国)荀况:《荀子·大略》

注:①尽:达到极点,这里是"彻底"的意思。 ②究:探求,研究。

译析:善于学习的人彻底了解其中的道理,善于实践的人探求事物的艰难之处。

(4)诵《诗》三百,授之以政,不达;使于四方,不能专对;虽多,亦奚以为?

《论语·子路》

注:①诵:熟读。 ②授:交给。 ③以:第一个"以"当"把"讲,第二个"以"作"用"讲。 ④达:办成。 ⑤使:派遣。 ⑥四方:指四方诸侯之国。 ⑦专:独立。 ⑧奚:疑问代词,什么。 ⑨为:句末语气词,表反问"呢"。

译析:熟读《诗经》三百篇,交给他政治任务,却办不成;派他出使诸侯国家,又不能独自应付;这样,即使读书很多,又有什么用处呢? 这句名言是孔子强调读书要学以致用,轻视那种只知死读书,不会在实践中运用知识的人。

(5)非之力行而不惑者,寡矣。

(唐)韩愈:《伯夷颂》

注:①力行:努力实践。 ②惑:迷惑不解。

译析:没有努力实践而不迷惑的人,是很少的啊。

(6)学者贵于行之,而不贵于知之。

(北宋)司马光:《答孔文仲司户书》

注:行:实践。

译析:学习知识的人贵在把获得的知识用到实践中去,而不贵在仅仅了解知识。

(7)古人学问无遗力,少壮工夫老始成。

  纸上得来终觉浅,绝知此事要躬行。

(南宋)陆游:《冬夜读书示子聿八首之三》

陆游书法

注:①纸:喻指书籍。 ②绝:尽,穷尽。 ③知:认识。 ④躬:亲自。

译析:古人学习知识研究学问是不遗余力的,年轻力壮时下的工夫到老年才做出成就。

从书本上获得的知识终究感觉太肤浅,我深深认识到学问这件事非亲自实践不可。

(8)学而不用,涂车刍灵也。

(南宋)罗大经:《鹤林玉露》

注:①涂车:亦写"塗车",泥车,古代送葬用之物。 ②刍(chú 除)灵:用茅草扎成的人和马,为古代送葬之物。

译析:读书学到的知识而不能实际运用,就像送葬用的涂车、刍灵一样,徒有虚名。这句名言用比喻说明读书学到知识应重视运用,身体力行,不然就没有什么实用价值。

(9)曾读《荔枝谱》,品品堪第一。较量滋味论高低,大抵闻名不如实。

(南宋)扬朏:《玉泉院荔枝轩》

注:①品品:犹每样。　②堪:可以,能够。　③实:实在;实践。

译析:曾经阅读《荔枝谱》一书,书中记载荔枝每样妙味都能够称为第一。但比较一下它们味道的优劣,大都是只听说它的好名声,没有亲自吃过。这是用比喻说明读书学习不仅要掌握书本知识,还应亲自实践,这样才能体会深刻。

(10)知者行之始,行者知之成。

(明)王守仁:《传习录》

注:①知:认识。　②行:做,执行,这里是"实践"的意思。

译析:认识是实践的开始,实践是认识的完成。

(11)读书做人,不是两件事,将所读之书,句句体贴到自己身上来,便是做人的法,如此,方叫得能读书的人。

(清)陆陇其:《清献公示子弟帖•示大儿定征》

注:①贴:补偿。　②法:常理。

译析:读书和做人,不是两件孤立的事,将自己所读过的书,句句都能运用到自己欠缺之处,这便是做人的常理,这样,才算得上是善于读书的人。

(12)学者读书穷理,须有实见;然后验于身,体而行之;不然,无异买椟还珠也。

(清)张伯行:《薛敬轩先生传》

注:①穷理:深刻钻研事物的道理。　②买椟(dú 读,匣子)还珠:《韩

非子·外储说左上》:"楚人有卖其珠于郑者,为木兰之柜,熏以桂椒,缀以珠玉,饰以玫瑰,辑以翡翠。郑人买其柜,而还其珠。"后以此比喻取舍不恰当。

译析:学业上有一定造诣的人读书深究其理,必定有自己的见解;然后经过自己的实践进行验证,身体力行;不这样,就像郑国人到楚国去买珠一样,买了匣子,却把珠子还给了卖主有什么两样。这句名言用比喻说明读书学习必须重视实践。

(13)书多弗能读,贾肆浪奢侈。能读弗能行,蠹枯成敝纸。

(清)刘岩:《杂诗》

注:①贾肆:商店。　②蠹(dù 渡):蛀蚀书的虫子。　③枯:指被蛀虫蛀得破碎。　④敝:破旧。

译析:买书很多但不认真阅读,像在商店里乱花钱买东西似的。能够认真读书却不去做,就像蠹虫蛀破的旧废纸。这句名言是用比喻告诫人们读书要重视实践,不要做空头的理论家。

(14)鲁叟读经史,白发死章句。问以治国策,茫如烟雾迷。

(清)无名氏:《鲁叟》

注:①叟:古代对老头的称呼。　②经史:古代将图书分为经、史、子、集四大部类;经部,也称"甲部",包括儒家的经典和小学方面的书;史部,也称"乙部",包括各种历史书和某些地理书。子部,也称"丙部",包括周末以来诸子百家及释道宗教之著作;集部,也称"丁部",包括历代作家的散文、骈文、诗词、散曲等集子和文学评论、戏曲等著作。　③死:死板,不灵活。

译析:鲁国老头阅读经史书籍,白发时还死背章节佳句。问他有关治理国家的策略,他像烟雾那样茫然无所知。这两句名言告诫人们读书学习要善于运用,要理论与实践结合。

(15)倘只看书,便变成书橱,即使自己觉得有趣,而那趣味其实是已在逐渐硬化,逐渐死去了。

鲁迅:《而已集·读书杂谈》

(16)学和行本来是有机联系着的,学了必须要想,想通了就要行,要在行的当中才能看出自己是否真正学到了手。否则读书虽多,只是成为一座死书库。

谢觉哉:《谢觉哉杂文选》

(17)读书是学习,使用也是学习,而且是更重要的学习。

毛泽东:《毛泽东选集·中国革命战争的战略问题》

(18)有知识的人不实践,等于一只蜜蜂不酿蜜。

（波斯）萨迪:《蔷薇园》

(19)眼看十遍,不如手做一遍。

（中国谚语）

(20)有了知识不会用,如同耕地不播种。

（中国谚语）

(21)知识是一匹无私的骏马,谁能驾驭它,它就会为谁效力。

（中国蒙古族谚语）

(22)学者不付诸实践等于树木不结果。

（土耳其谚语）

(23)知识是一座宝库,而实践是开启宝库的钥匙。

（英国谚语）

(24)求学如同吃东西一样,得益的是自己去做的人,并不是看人去做的人。

（英国谚语）

第 六 部
事 业 卷

（共九篇）

一、立业篇

(1)必有忍,其乃有济。

《尚书·君陈》

注:济:成功;成就。

译析:一定要有忍耐精神,所做之事才能成功。

(2)必有忍也,若能有济也。

《国语·周语》

注:①若:指示代词,此。　②有:取得。　③济:成功。

译析:凡事一定要有忍耐之心,这样才能取得成功。

(3)民之从事,常于几成而败之。慎终如始,则无败事。

《道德经·六十四章》

译析:许多人做事,常常在快要成功的时候失败了。假如他们在最后关头仍像开始一样谨慎从事,应该是不会失败的。这两句名言告诫人们做事,应有始有终,始终谨慎从事,即便遇到困难,也要坚持忍耐,不要犯虎头蛇尾的错误。要知道人生中有很多貌似灾难的困厄,其实都是人生转折的天赐良机。

(4)道虽迩,不行不至;事虽小,不为不成。

(战国)荀况:《荀子·修身》

注:①迩(ěr 尔):近。　②成:完成。

译析:道路虽然近,不走就不能到达目的;事情虽然小,不做就不能完成。这句名言是告诫人们无论做什么事,必须脚踏实地努力去做,这样才会有成功的希望,也就是人们常说的治疗"绝望"之病最好的药物是行动。

(5)跌而不振,则悔之亡及也。

(西汉)晁错:《言兵事疏》

注:振:奋起;振作。

译析:跌倒了如果不立即振作爬起来,过后悔恨就来不及了。这句名言告诫人们立业时受到挫折要抓住时机图谋振兴,否则,时机一失,不利条件丛生,就难以恢复了。

(6)不自强而成功者,天下未之有也。

(西汉)刘安:《淮南子·修务》

注:自强:自己努力奋发图强。

译析:自己不努力图强而能够成功的人,天下是从来没有的。这句名言告诫人们生活在大千世界,无论身处何种环境,从事何种工作,只要能不懈地追求,勇于创造,就会拥有一片光明,收获宝贵的精神财富或物质财富,否则,必一事无成,生活困顿、无趣、悔恨。

(7)人生天地间,如何不植立。

(南宋)陆九渊:《语录下》

注:植:建立。

译析:人生活在世界上,为什么不能有所建树。这句名言是勉励人们一生应始终奋发图强,为国家、为人民作一些贡献。

陆九渊像

(8)欲做精金美玉人品,定从烈火中锻来,思立掀天揭地的事功,须向薄冰履过。

(明)洪应明:《菜根谭》

注:①精金美玉:比喻纯洁完美的人。　②从:经过。　③立:成就。④向:朝着。

译析:想做纯洁完美人品的人,一定要经过极端艰难困苦生活环境的磨炼,想建立惊天动地的大事业和功绩,必须得有朝着极端险要困境走过的谨慎态度和非凡气魄、胆识。

(9)人生万事须自为,跬步江山即寥廓。

(元)范梈:《王氏能远楼》

注:①自为:自己做。　②跬步:迈步,举步。　③寥廓:辽阔的天空。

译析:人生在世一切事情都需要自己奋发努力去做,只要始终迈步往前走就能走出一片辽阔的天地。

(10)丈夫无所耻,所耻在无成。

(明)宋懋澄:《送洪二北上》

注:丈夫:指男子汉。

译析:大丈夫没有什么感到耻辱的,唯一的耻辱就是一事无成。这句名言是勉励男子汉生在世上应开创一番事业,有所成就,一事无成是最大的耻辱。

(11)在创业过程中,遇到哪些非礼行为,切要冷静,克制激动情绪,才能保持头脑清醒,排除一切不必要地烦恼,一心一意地谋划、干好自己的事业。

山河之言,引自《中华精英格言名典》

(12)在人类生活中,竞争心是具有重大意义的东西。

(印度)普列姆昌德:《普列姆昌德短篇小说选》

(13)事业常成于坚忍,毁于急躁。

(波斯)萨迪:《蔷薇园》

(14)凡是新的事情在起头总是这样的,起初热心的人很多,而不久就冷淡下去,撒手不做了。因为他已经明白,不经过一番苦工夫是做不成的,而只有想做的人,才忍得过这番痛苦。

(俄国)陀思妥耶夫斯基之言,引自《托尔斯泰与陀思妥耶夫斯基》

(15)宜从大处着墨,莫向针头削铁。

(中国谚语)

简析:意指创业要有大志,有切合实际价值的大目标;“针头削铁”喻毫无意义的小目标。创业时避免为那些毫无价值的小目标劳心费神。

(16)事业可以考验人,也可以造就人。

(英国谚语)

二、敬业篇

(1)敬慎无忒。

(春秋)管仲:《管子·内业》

注:①敬:严肃,慎重。 ②忒(tè 特):差错。

译析:严肃谨慎地对待工作,就不容易出现差错。

(2)执事敬,与人忠。

《论语·子路》

注:①执事:从事工作。 ②忠:尽心竭力。

译析:从事工作慎重认真,为别人服务尽心竭力。

(3)人生在世,事业为重。一息尚存,决不松劲。

吴玉章之言,引自《解放军报》1988 年 6 月 11 日

(4)戏比天大。

常香玉之言,引自中央电视台 2004 年 6 月 10 日"新闻联播"

说明:这是一种十分珍贵的敬业精神,有了这种精神做什么工作都能出色地完成。比如,医生把治病看做比天大,教师把教育学生看做比天大,当领导的把工作看做比天大,尽职尽责,依此类推,我们国家、社会就能更加美好、幸福。反之,不是把事业看得比天大,而是把捞钱看得比天大。比如,个别医生处心积虑、不择手段捞钱,病人那可就遭了罪啦。不过,这样的医生,可能一时得逞,但终究会受到报应的。

(5)永远战战兢兢,永远如履薄冰。

张瑞敏:《关于国际化战略、关于网络经济、关于流程再造》

简析:这是海尔集团首席执行官张瑞敏信奉的经营信条。此句语出《诗经·小雅·小旻》,意指对待事业唯恐祸殃随时到来,惴惴自危,如同面临无底深渊,如同脚踏薄冰之上,时刻担心、谨慎、奋发、努力。

(6)生命1分钟,敬业60秒。

牛玉儒之言,引自2005年12月4日中央电视台
"焦点访谈"《优秀革命干部牛玉儒》

(7)"努力"对我来说是护身符,除此之外再没有别的了。

(日本)乙羽信子之言,引自《乙羽信子自传》

(8)天才是由于对事业的热爱而发展起来的,简直可以说,天才就其本质而论——只不过是对事业、对工作过程的热爱而已。

(前苏联)高尔基之言,引自《心理学》

(9)威信只能由责任感里产生出来。

(前苏联)马卡连柯:《普通学校的
苏维埃教育问题·个别影响的教育方法》

(10)人的灵魂在他的事业上。

(挪威谚语)

(11)为伟大事业献身的人,永远不会被人们遗忘。

(美国谚语)

《马卡连柯论青少年教育》

简析:"永远不会被人们遗忘",就是精神永远放射光辉,就是永垂不朽,也就是我国古代著名思想家、道家学派创始人老聃说的:这就是长寿。

三、诚信篇

(1)忠信,所以进德也。

《周易·乾》

注:进:前进,这里是提高的意思。

译析:忠实和诚信,是提高道德品质的主要内容。

同仁堂药店对联

(2)夫信,民之所庇也,不可失也。

《国语·晋语四》

注:庇:庇护。

译析:君主说话讲信用,民众就会依赖其庇护,因此君主对民众不能失信。

(3)信不足焉,有不信焉。

《道德经·二十三章》

注:①焉:语气词。 ②有:产生或发生某种情况。

译析:一个人诚信不足,人们就产生对他不信任。这句名言深层次的含义是:最容易损害一个人的威信,莫过于人们发现了他在欺骗。

(4)反身而诚,乐莫大焉。

(战国)孟轲:《孟子·尽心(上)》

注:反身:反问自己。

译析:如果反问自己确实是诚实的,那就没有比这更快乐的了。

(5)诚者,君子所守也,而政事之本也。

(战国)荀况:《荀子·不苟》

注:政事:政务。

译析:诚信,君子遵守的法则,政务的根本。

(6)君子诚之为贵。

《礼记·中庸》

译析:君子把诚信作为最宝贵的品德。

(7)诚之者,择善而固执之者也。

《礼记·中庸》

注:①善:善行。 ②固执:坚守不失。

译析:能做到诚信的人,往往是选择善行而坚持不渝实行的人。

(8)诚者,天之道也;诚之者,人之道也。

《礼记·中庸》

注:道:自然的道理。

译析:诚信,是天生的道理;做到诚实守信,这才是做人的根本道理。这句名言告诫人们为人处世应"诚实守信"。

(9)言必信,行必果。

《论语·子路》

注:①信:守信用。　②行:办事。

译析:说话必须守信用,办事一定要果断。

(10)与朋友交,言而有信。

《论语·学而》

译析:与朋友交往,说话要守信用。

(11)信则人任焉,敏则有功。

《论语·阳货》

注:①信:讲信用。　②任:信任。　③敏:勤敏。

译析:与人交往讲信用就会得到大家的信任,做事勤敏就会取得成功。

(12)言忠信,行笃敬,虽蛮貊之邦,行矣。言不忠信,行不笃敬,虽州里,行乎哉?

《论语·卫灵公》

注:①笃(dǔ 睹):厚道。　②蛮貊(mò 莫):亦作"蛮貉"、"蛮貊",古代称南方和北方落后部族。　③州里:古代 2500 家为州,25 家为里,泛指乡里或本土。

译析:说话忠诚守信,行为厚道严肃,即使到了南方和北方落后部族,也行得通。说话不忠诚守信,行为不厚道严肃,即使在本乡本土,能行得通吗?

(13)人而无信,不知其可也。大车无輗,小车无軏,其何以行之哉?

《论语·为政》

注:①輗(ní 泥):大车辕端与横木相接处的活销。　②軏(yuè 岳):

古代大车辕与横木相连接的关键。

译析:做一个人不讲信用,我不知道这样做是怎么可以的。就好像大、小车没有横木活销一样,怎么能使它走动呢?这句名言是孔子教导人们要讲究信用,失去了诚信原则就失去了做人的根本。在今天的市场经济中,就其实质来说,也是一种道德经济,法律经济,在经商和其他的事业中,应该重视信誉,做到我国合同法中提出的"诚实信用"原则和历来所说的"童叟无欺"。2002 年 2 月 24 日新华社一幅传真照片载:北京元宵展卖活动时的一处展卖点,一家信誉好的老字号摊位前人头攒动,另一家"门庭冷落"。这是道德力量的使然,也让我们看到讲诚信、守信誉所带来的市场效益已在竞争中凸显出来。

(14)弓调而后求劲焉,马服而后求良焉,士必悫而后求智能焉,不悫而多能,譬之豺狼不可迩。

《孔子家语·五仪解第七》

注:①调(tiáo 条):使协调。　②悫(què 却):诚信。　③迩(ěr 尔):近。

译析:弓调试好,然后要求它强劲;马驯服了,然后要求它精良;士人必须诚信,然后要求他的智慧能力;如果不诚信却很有能力,就好像豺狼一样不可以接近。

(15)言贵实,使人信之,舍实何称乎?

《孔丛子·记义》

注:①舍:放弃。　②称(chèn 趁):符合,配得上。

译析:说话贵在诚实,让人相信,放弃了诚实怎么能与事实相符呢?

(16)祸莫大于无信。

(西晋)傅玄:《傅子·义信》

译析:祸患没有比不诚信更大的了。

(17)一诺许他人,千金双错刀。

(唐)李白:《叙旧赠江阴宰陆调》

注:①一诺:一口答应。
②千金双错刀:比喻答应的话
像千万钱财一样贵重,必须遵
守;千金,极言钱财多;错刀,汉
王莽所铸钱币名,一刀值五千。

译析:一口答应他人的话,
像千万钱财一样贵重,必须遵
守。

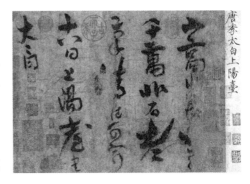

李白书法

(18)信全则天下安,信失则天下危。

(唐)王士源:《亢仓子·政道》

注:全:完全,都。

译析:诚信能全做到,天下就安定,诚信丧失,天下就危险。

(19)自古以来,未有不信其言而能有大功者。

(唐)韩愈:《论捕贼行赏表》

译析:自古至今,没有说话不守信的人却能建立大功业的。

(20)孔子欲存信去食;人非食不生,尚欲舍生以存信,况可无故而轻弃也。

(唐)韩愈:《论捕贼行赏表》

译析:孔子为了保持信用宁可舍弃食物;人不吃食物就不能生存,孔子尚且想舍弃生命来保存信用,其他人怎能无故轻易地舍弃信用呢?

(21)言而无实,罪也。

(唐)柳宗元:《上桂州李中丞荐卢遵启》

译析:说话不符合真实情况是罪过。

(22)信者,成万物之道也。

(北宋)谭峭:《化书》

注:①万物:指宇宙间的一切事物。　②道:先导。

译析:诚信,是办成各种事情的先导。

(23)一语为重万金轻。

(北宋)王安石:《商鞅》

译析:君子一句话的份量比万金都重。这句名言用比喻说明许下的诺言一定要做到。

(24)自古驱民在信诚,一言为重百金轻。

(北宋)王安石:《商鞅诗》

注:①驱民:使民众听从意旨。　②信诚:诚实不欺。　③百金:形容钱多。

译析:自古以来能让民众听从意旨在诚信,说出的一句话比百万钱财都贵重。

(25)成事在理不在势,服人以诚不以言。

(北宋)苏轼:《拟进士对御试策》

译析:办成事情在于道理而不在于权势,让人信服在于诚恳而不在于说得好听。

(26)人不忠信,则事皆无实,为恶则易,为善则难,故学者必以是为主焉。

(南宋)朱熹:《四书集注》

注:①实:真实。 ②是:代词,指忠信。 ③主:事物的根本。

译析:人如果不忠诚信实,那么事情都不会真实,这样干坏事就容易,做好事就困难,所以学习的人一定要以忠信为根本。

(27)有所许诺,纤毫必偿;有所期约,时刻不易,所谓信也。

(南宋)袁采:《袁氏世范》

注:①纤(xiān 先)毫:比喻非常细微的事物或部分。 ②易:改变。

译析:对人许下的诺言,一丝一毫也必须实现;与他人约定的时间,一时一刻也不能改变,这就是所谓的守信。

(28)与人交,和易简谅,言必可复。

(元)揭傒斯:《萧景能墓志铭》

注:①和易:温和平易。 ②简谅:简朴质直。 ③复:实践诺言。

译析:同人交往,要温和平易、简朴质直,说了话一定要实践诺言。

(29)德者事业之基。

(明)洪应明:《菜根谭》

译析:道德是事业的基础。

(30)信,国之宝也,民之所凭也。

(明)冯梦龙等:《东周列国志》

注:凭:依托。

译析:诚信是治理国家的珍宝,是老百姓的依托。

(31)诚信是人生处世的行为准则,是政府施政的根本,是工商业户经营的生命;如果人失去了诚信,就难以立身;政府施政失去了诚信,就得不到人民群众的信任;工商业户经营失去了诚信,就会生意败落乃至倒闭。

山河之言,引自《中华当代美德格言诗文选》

(32)企业的信用,离不开人,而对一个人来说,没有信用,就不能和他交往,俗话说,人无信不立,就是这个意思。在发达国家,一个人如果不守信用,就会寸步难行,对一个企业来说,它面对的是整个社会,不讲信用,社会就不会承认,自然就难以生存。

鲁群生之言,引自《听鲁群生诠释企业信用》

(33)得黄金百斤,不如得季布一诺。

(中国古谚)

注:季布:汉初楚人。楚汉战争中为项羽部将,后归汉,任河东郡守。布以任侠著名,轻财仗义重然诺,故有此谚语。现嬗变为"一诺千金",意为答应了的事,必须做到,表示办事必须讲信用。

(34)人无信不立。

(中国谚语)

简析:守信用,讲信誉,是立身之本、立业之根,同时也是中国传统文化的精髓之一,我们在社会生活中都应牢记:信誉易毁恢复难。

(35)一言既出,驷马难追。

(中国谚语)

简析:驷马:古代称同拉一辆车的四匹马。一句话既然说了,就是套四匹马的车也难追上。形容一句话说出口,无法再收回,说了就要算数。

(36)君子一言,快马一鞭。

（中国谚语）

简析:这则谚语是用比喻说明德才出众的人是言而有信的。

(37)宁可丢钱袋,也不失诺言。

（柬埔寨谚语）

(38)弯曲的桦树留不住雪,不善良的人常食言。

（俄罗斯谚语）

(39)履行了诺言,犹如还清了欠债。

（英国谚语）

(40)信用堕地,就像镜子打碎了不能重圆。

（丹麦谚语）

简析:这是告诫人们应珍惜诚信,一旦失去再恢复就很难。

四、实干篇

(1)无德而望其福者,约;无功而受其禄者,辱。祸必握。故曰:矜功不立,虚愿不至。

《战国策·齐策》

注:①望:盼望。　②约:贫困。　③禄:官吏的薪俸。　④握:通"渥",厚,重。　⑤矜(jīn 今):夸耀。　⑥立:成功。　⑦至:达到。

译析:没有优秀品德却盼望得到幸福的人,只能遭受贫困;没有功劳却接受俸禄的人,必然受到羞辱。这样受到的祸患一定多。所以说:夸耀自己功劳的人事业不能成功,空想不做的人愿望不能实现。

(2)临河而羡鱼,不若归家织网。

《淮南子·说林》

注:临:从高处往低处看。

译析:站在河岸看,羡慕河里游动的鱼,不如回家去织网。

(3)贫生于富,弱生于强,乱生于治,危生于安。

(西汉)王符:《潜夫论》

注:治:管理,处理。

译析:贫穷是从富贵中产生的,弱小是从强大中产生的,动乱是从安定中产生的,危险是从平安中产生的。这句名言说明矛盾对立面的双方可以互相转化,但由坏转化为好不是坐等而来的,而是要实干,要努力争取,创造转化的条件才行。

(4)巨大的建筑,总是由一木一石叠起来的,我们何妨做做这一木一石的工作呢?我时常做些零碎事,就是为此。

鲁迅:《鲁迅书简》

(5)神圣的工作在每个人的日常事务里,理想的前途在于从一点一滴做起。

谢觉哉之言,引自《散文选》

鲁迅像

(6)凡事都要脚踏实地去做,不骛于空想,不骛于虚声,而惟以认真的态度作踏实的工夫。以此态度求学,则真理可明,以此态度做事,则功业可就。

李大钊:《祝你成才》

注:骛(wù务):追求。

(7)说真话,鼓真劲,做实事,收实效。

周恩来:《周恩来选集·下卷》

(8)多做实事,少说空话。

邓小平:《结束过去,开辟未来》

(9)美好的前景如果没有切实的措施和工作去实现它,就有成为空话的危险。

邓小平:《在全国教育工作会议上的讲话》

(10)实现中华民族伟大复兴是一项光荣而艰巨的事业,需要一代又一代中国人共同为之努力。空谈务国,实干兴邦。

习近平:《2012年11月30日在参观复兴之路展览时的讲话》

(11)全面建成小康社会要靠实干,基本实现现代化要靠实干,实现中华民族伟大复兴要靠实干。

习近平:《2012年12月11日在广东考察时的讲话》

(12)在我们的时代,做一个空谈的懦夫是可耻的。一个战士,不管在什么时候,都应该找到能够发扬火力的阵地。

吴运铎:《把一切献给党》

(13)人在事业上有了美好的追求,又能排除外界干扰、非难、误解和困苦,有毅力、用心血、执著地一步步地去实践,事业硕果迟早会结出来的。

山河之言,引自《人生铭语》

(14)切实苦干的人往往不是高谈阔论的,他们惊天动地的事业显出了他们的伟大,可是在筹划重大事业的时候,他们是默不作声的。

（俄国)克雷洛夫:《克雷洛夫寓言》

(15)少说些漂亮话,多做些日常平凡的事情。

（前苏联)列宁:《列宁全集》

(16)要成就一件大事业,必须从小事做起。

（前苏联)列宁:《列宁斯大林论新爱国主义》

(17)把希望建筑在意欲和心愿上面的人们,二十次中有十九次都会失望。

（法国)大仲马:《红屋骑士》

(18)要干出点事来,虽然不是轻而易举,但只要你锲而不舍,努力奋发,便会惊异地发现,在一个自由的社会里,只要你想得到,就一定能办得到。

（美国)李·艾柯卡之言,引自《李·艾柯卡自传》

(19)眼是草鸡猫,手是英雄汉。

（中国谚语)

说明:草鸡:含义有二:①母鸡。②比喻怯懦萎缩。全句意思:比喻眼睛像怯弱、馋懒的猫似的,看某一件要做的事情有难度,便发憷、畏缩、不愿意做,而实干家的手,不怕苦累,亲手勤奋地去做,很快就做成了。

(20)愿望是美丽的彩虹,行为才是浇灌果实的雨水。

（英国谚语)

五、奋进篇

(1)天行健,君子以自强不息。

《周易·乾卦》

清华大学校训石刻

注:①天行:自然界的运动变化。　②健:强有力。　③自强不息:亦作"自彊",谓自己努力向上,永不停息。

译析:自然界昼夜不停地在强有力地运动变化,才德出众的人也要努力向上,永不停息。这句名言是说,人生处世,对生活、对事业要有积极态度,有理想有抱负,碰到危难、挫折,不颓废,不动摇,始终保持奋发向上的精神和豁达开朗的处世态度。

(2)人病不求耳。

《孟子·告子(下)》

注:①病:就怕。　②求:进取。　③耳:语气词。

译析:人就怕自己不肯进取呀。

(3)茹荼历辛,自是儒生本色。须打清心地以图大业。万勿为琐琐萦怀。

(明)吴麟征:《家诫要言》

注：①茹（rú 如）茶（tú 途）：比喻受尽苦难。　②自是：自然是，原来是。　③打：除去。

译析：遭受尽辛酸苦难，自然是读书人的本色。必须排除杂念静心地为远大事业而奋斗。千万不要把利益得失的细碎小事放在心中。

(4)不奋苦而求速效，只落得少日浮夸，老来窘隘而已。

（清）郑板桥：《郑板桥集》

注：①浮夸：虚夸，不切实际。　②窘隘：穷困。

译析：不奋发劳苦地去做而想谋求很快取得成效的，只会落得年轻时不切实际的虚夸、老年时处境十分穷困罢了。

(5)什么是路。就是从没路得地方踏出来的，从只有荆棘的地方开辟出来的。

鲁迅：《生命的路》

(6)愿中国青年都摆脱冷气，只是向上走，不必听自暴自弃者流的话，能做事的做事，能发声的发声。

鲁迅：《鲁迅全集》

(7)任何新生事物的成长都是要经过艰难曲折的，在社会主义事业中，要想不经过艰难曲折，不付出极大努力，总是一帆风顺，容易得到成功，这种想法，只是幻想。

毛泽东：《关于正确处理人民内部矛盾的问题》

(8)世界上没有直路，要准备走曲折的路，不要贪便宜。

毛泽东：《毛泽东选集·卷四》

(9)不怕困难，不怕挫折，坚持奋斗，就能获得进步与成功！

毛泽东：《毛泽东题词墨迹选》

(10)世上无难事,只要肯登攀。

毛泽东:《水词歌头·重上井冈山》

(11)我们必须从现实做出发点,我们既不能像孙行者的摇身一变脱离这个现实的世界,翻个筋斗到天空里去,那末我们只有向前干的一个态度,只有排除万难向前奋斗的一个态度。

邹韬奋:《从现实做出发点》

(12)人生一征途耳,其长百年,我已走过十之七八。回首前尘,历历在目。崎岖多于平坦,忽深谷,忽洪涛,幸赖桥梁以渡。桥何多欤? 曰奋斗。

茅以升之言,引自《茅以升》

(13)人生赖奋斗而存。

周恩来:《周恩来书信选集》

(14)一帆风顺是不能磨炼人的。

周恩来:《周恩来经济文选》

(15)既然我们要工作,就必须准备迎接困难,克服困难。青年人应当有这样的勇气。

周恩来:《周恩来教育文选》

(16)对坏的作充分估计,遇到困难和挫折才不会感到意外,以至愁眉苦脸,唉声叹气,而是有力量去克服。

周恩来:《周恩来教育文选》

(17)我们在生活方面应该知足,但是,在革命事业上我们总是不应该满足的,总是要不断地前进。

周恩来:《周恩来教育文选》

(18)我绝不悲观。我要争取多活。我要为我们社会主义祖国工作到生命的最后一息。

巴金:《怀念萧珊》

(19)困难
　　这是一种愚蠢而又懦怯的东西，
　　它惯于对着惊恐的眼睛
　　卖弄它的威力，
　　而只要听见刚健的脚步声
　　就像老鼠似的，
　　悄悄向后缩去……

郭小川《郭小川诗选》

(20)既要坚定不移地向目标迈进，又要有稳健的作风，对待每一件事情都认为很可能失败，才会有最后的成功。如果没有精彩的局部，就不可能有波澜壮阔的全局。

张瑞敏之言,引自《跨越蔚蓝——张瑞敏和海尔告诉我们的故事》

(21)生活已经不是快乐的筵席,节日般的欢腾,而是工作、斗争、穷困和苦难的经历。

(俄国)别林斯基:《论俄国中篇小说和果戈理君的中篇小说》

(22)历史的道路不是涅瓦大街上的人行道,它完全是在田野中前进的,有时穿过尘埃,有时穿过泥泞,有时横渡沼泽,有时行经丛林。

(俄国)车尔尼雪夫斯基之言,引自《车尔尼雪夫斯基》

(23)延缓速度,就是落后。而落后者是要挨打的。但我们不愿挨打。不,我们绝对不愿意!

(前苏联)斯大林:《列宁主义问题》

(24)谁要是游戏人生,他就一事无成;谁不能主宰自己,你永远是一个奴隶。

(德国)歌德:《人生就是奋斗》

(25)巨象的腿是为步行用的,不是为屈膝用的。

(英)莎士比亚:《特洛埃勤与克蕾雪达》

莎士比亚像

简析:这是用比喻说明人在创业中应奋发努力,克服种种困难,有志气,有骨气,不能向邪恶势力屈服。

(26)修凿可以使道路平直,但只有崎岖的未经修凿的道路,才是天才的道路。

(英国)布莱克:《布莱克诗选》

(27)当我像嗡嗡作响的陀螺一样高速旋转时,就自然排除了外界各种因素的干扰,抵抗着外界的压力。

(法国)比埃尔·居里之言,引自《工人日报》1980年11月5日

(28)我只惋惜一件事:日子太短,过得太快。一个人从来看不出做成了什么,只能看出还应该做什么。

(法国籍波兰人)居里夫人之言,引自《居里夫人传》

(29)成功的人,都有浩然气概,他们都是大胆的、勇敢的,他们的字典上,是没有"惧怕"两个字的。

(美国)卡耐基:《卡耐基妙语》

(30)最甜美的葡萄串挂在最高的树梢。

(中国维吾尔族谚语)

(31)如果被鳄鱼吓住,就采不到名贵的珍珠。

(菲律宾谚语)

(32)怕鸟,就别播种。

(土耳其谚语)

简析:这则谚语告诫人们在创业过程中,必须具有大无畏的精神,不怕前进中艰难困苦。

(33)不幸是一所最好的大学。

（俄罗斯谚语）

(34)小孩是经过跌倒,再跌倒,才逐渐长大的。

（俄罗斯谚语）

(35)一磅勇气,值得一桶幸福。

（英国谚语）

(36)懦夫像水注,小风也会把它的水溅出来。

（英国谚语）

六、拼搏篇

(1)丹崖翠壁千万丈,与公上上上上上。

（南宋)文天祥:《生日谢朱约山和来韵》

吉安文天祥纪念馆

注:①丹崖:绮丽的岩壁。　②翠壁:绿色的峭壁。　③上:登。

译析:满眼花红叶绿的千万丈高山,同诸公沿着崖壁,一个劲地向上攀登攀登再攀登。这句名言中的"上上上上上",就是"战胜自我,超越自我"的拼搏精神。"拼搏",就是全力搏斗、拼命争取,就是奥运会提倡的"更高、更快、更强"、"挑战极限"的精神。一个人具有这种可贵的精神,在创业中,每天都奋发努力,对每件事、每个细节,都尽力做好,那还有什么事做不成呢?

(2)山高自有客行路,水深自有渡船人。

（明）吴承恩:《西游记》

注:①自:自然,自会。 ②渡船人:指摇船过渡的,又称"艄公"。

译析:山再高自然也会有旅客行走的路,水再深自然也会有摇船过渡的艄公。这句名言说明一切事物都是相对存在的。山再高也并非绝对高不可攀,水再深也并非绝对深不可渡;山高有路,水深有船,充分体现了事物的相对性,而不是绝对的。因此,面对困难,不能绝望,要坚忍,要想方设法,积极拼搏,走出困境,迎接光明。

(3)事无全利,亦无全害。

（明）张居正:《陈六事疏》

注:全:完全,全部。

译析:事情没有全是有利益的,也没有全是有祸害的。这句名言说明凡事既有利,也必然有害,利和害是相反相成的。认清这一点,我们就能一分为二地看待一切事情,并通过积极的主观努力,奋发拼搏,尽可能消除其害处,而设法使事情朝着有利的方面转化。

(4)在创业时期中必须靠自己打出一条生路来,艰苦困难即此一条生路上必经之途径,一旦相遇,除迎头搏击外无他法,若畏缩退避,即等于自绝其前进。

邹韬奋:《韬奋文集》

简析:这句名言使我们又联想到奥运会所提倡的"更高、更快、更强"的口号,它除了希望人类挑战极限之外,也是希望运动员能够战胜自我,超越自我。如果一个人能够战胜自我,超越自我,怎么不能取得最大的成功呢?

(5)闯将是不能缺少的,要是没有人敢于一马当先飞奔向前,大家都看风色,看行情,袖手旁观,那么就绝不会有新的气象和新的局面。

巴金:《我的希望》

(6)作为一个人,要是不经历过人世上的悲欢离合,不跟生活打过交手仗,就不可能真正懂得人生的意义。

杨朔:《〈海市〉书后》

(7)越困难越要强调团结拼搏,女排首先要找回自己,你们现在要抬起头、挺起胸膛走路,不能躲着,那叫胜骄败馁。你们什么时候有说有笑回到自己位置上来,才能打胜仗。越困难越要做硬汉,越要要求严格。但不能埋怨,这一条对女排更为重要。

袁伟民之言,引自《谁也救不了你们——袁伟民"指点"中国女排》

说明:这是《青岛日报》2000 年 9 月 23 日从悉尼奥运会发的电讯《谁也救不了你们——袁伟民"指点"中国女排》中的一段话。中国女排曾创造了"五连冠"的奇迹,为中国人民引以为豪的集体,然而在 2000 年悉尼奥运会上,表现却不尽如人意,让人们大失所望,时为奥运会代表团长袁伟民严肃地对女排总教练和领导进行了"指点"。

(8)一切真正美好的东西都是从斗争和牺牲中获得的,而美好的将来也要从同样的方法来获取。

(俄国)车尔尼雪夫斯基之言,引自《车尔尼雪夫斯基》

(9)没有战胜过困难,没有负过重荷的人,不能成为真正的人。

(前苏联)苏霍姆林斯基:《给儿子的信》

(10)如果斗争只是在有极顺利的成功机会的条件下才着手进行,那末创造世界历史未免就太容易了。

(德国)马克思:《马克思恩格斯书信选集》

(11)要记住,历史上所有伟大的成就,都是由于战胜了看来不可能的事情而取得的。

(英国)卓别林:《卓别林自传》

(12)要想吃蜜,就要不怕蜂叮。

(中国谚语)

简析:意指事业发展,必须拼搏,不怕吃苦,迎着困难奋勇向前。

(13)要想摘玫瑰,就要不怕刺。

(瑞典谚语)

七、创新篇

(1)道行之而成,物谓之而然。

《庄子·齐物论》

注:行:行走。

译析:路是人们走出来的,事物名称是人们叫出来的。

(2)苟日新,日日新,又日新。

《礼记·大学》

注:①苟:如果。　②又:副词,表示重复或继续。

译析:如果能每天更新,就天天更新,每天不断地新。这句名言出自商朝的盘铭。"日新"原指道德上的日日更新,实际事业上更需要这种创新精神,只有不断地创新,才能不断地进步,对企业来说,创新是企业的生命力。

(3)随人作计终后人,自成一家始逼真。

(北宋)黄庭坚《以右军书数种赠丘十四·诗》

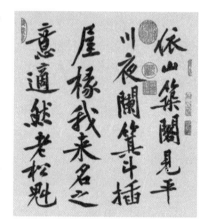

黄庭坚书法

注:①作计:谋划,考虑。 ②自成一家:谓在学术或技艺上有独特的创见或风格。 ③始:才。 ④真:未经人为的东西。

译析:跟随他人谋划终归在人家后面学,自己能独特创出一种新的风格才是自己独创的。这句名言是鼓励人们在事业上应勇于探索,大胆创新。

(4)所谓革命精神就是创造性,要懂得世界上的一切都需要创造,要前进就不能坐着等待,就要去创造。而要创造就要克服困难,不能贪图好环境、好条件。

徐特立:《徐特立教育文集》

(5)什么事情总要有人试第一个,才能开拓新路。试第一个就要准备失败,失败也不要紧。

邓小平:《视察上海时的谈话》

(6)胆子要大,步子要稳。所谓胆子大,就是坚定不移地搞下去;步子要稳,就是发现问题赶快改。

邓小平:《政治上发展民主,经济上实行改革》

(7)创造性必须和实事求是相结合,否则就会华而不实,不能真正地前进。

陈云:《保证基本建设工程质量的几个重要问题》

(8)要提倡创新思维,正确与否交给实践去检验。

钱学森之言,引自《钱学森与中国军事高科技》

(9)解放思想,实事求是;积极探索,勇于创新;艰苦奋斗,知难而进;学习外国,自强不息;谦虚谨慎;不骄不躁;同心同德,顾全大局;勤俭节约,清正廉洁;励精图治,无私奉献。

江泽民:《在八届人大一次会议上的讲话》

简析:这是江泽民同志在八届人大一次会议上专门论述大力倡导和发扬创业精神的 64 个字,字字是凝聚人心、团结人力、鼓舞人志的思想财富,是激励着全国人民实现民族伟大复兴的进军旗帜和号角。

(10)在新经济条件下,速度决定企业生死。哪个企业不打破常规,对此作出创新性的反应,就必死无疑。市场不给你改错的机会,也不给你改错的时间。

张瑞敏之言,引自《创新的海尔》

(11)海尔的创新是全方面的。战略创新是方向,技术创新是手段,管理创新是基础,组织创新是保证,而观念创新是先导。伴随着海尔成长壮大的,首先是观念创新。我们今天所听到的有关海尔的诸多理念,都是观念创新的结果。诸如"只有淡季的思想,没有淡季的市场"的市场观念,"有缺陷的产品就是废品"的质量观念,"先卖信誉后卖产品"的销售观念,"用户零距离"的服务观念,"挑战自我经营自我"的员工自主创新意识等等,都是令人耳目一新的崭新企业理念,这些理念也成了海尔全体员工普遍的价值理念和行为准则。

张瑞敏之言,引自《跨越蔚蓝——张瑞敏和海尔告诉我们的故事》

(12)企业在市场上的位置好比放在斜坡上的球,一个企业越做越大,必须依靠两个力:一个是止动力,不能让球滑下来,这是基础管理,另一个是"上升力",这个"上升力"就是创新。

张瑞敏之言,引自《跨越蔚蓝——张瑞敏和海尔告诉我们的故事》

(13)目标一定要远大,要成为一个国际化的公司,成为一个世界品牌,这个目标不管有多艰难,必须坚定。

张瑞敏之言,引自《跨越蔚蓝——张瑞敏和海尔告诉我们的故事》

(14)创造性或创造力是指能打破常规产生出具有现实意义的东西之特性或能力,所谓"创",就是打破常规,所谓"造",就是在打破常规的基础上产生出具有现实意义的东西。

黄全愈:《我看中美教育之异同》

(15)新的事情开始通常总是不顺利的。

(前苏联)列宁:《给农村贫民》

(16)社会需要的不是精神萎靡不振的灰溜溜的人、心灰意懒的人、像会计账本上的表格纸一样的人。

(前苏联)柯切托夫:《青春常在》

(17)人生所有的欢乐是创造的欢乐,爱情,天才,行动——全靠创造这一团烈火迸射出来的。

(法)罗曼·罗兰:《约翰·克利斯朵夫》

(18)别人骑马我骑牛,独辟新径自己走。

(中国谚语)

八、办事篇

(1)善气迎人,亲如兄弟;恶气迎人,害于戈兵。

《管子·心术(下)》

注:①善气:和悦的神色。　②恶气:怨气;怒气。　③戈兵:兵器。

译析:以和悦的神色迎接人,相互间亲如兄弟;以怒冲冲的态度迎接人,能导致相互间动兵器。

(2)量力而动,其过鲜矣。

《左传·僖公二十年》

注:①量:衡量。 ②鲜(xiǎn 显):少。

译析:衡量自己的力量再行动,他的过失就少了。

(3)慎始而敬终,终以不困。

《左传·襄公二十五年》

注:①敬:严肃,慎重。 ②困:困窘。 ③终:第一个当"结束"讲,第二个当"自始至终"讲。

译析:办事情一开始就谨慎,并能一直谨慎到结束,自始至终都不会陷入困窘。

(4)水因地而制流,兵因敌而制胜。

(春秋)孙武:《孙子·虚实》

注:①因:依照,根据。 ②制流:控制水流向。 ③制胜:制服对方以取胜。

译析:水根据地形而控制着它的流动方向,军队根据敌情而制服对方以取胜。这句名言说明事物运动变化是受到一定客观条件制约的,所以我们想办好一切事情,都不能贸然行事,应从调查研究、了解情况入手,然后从实际出发想好策略,否则就不能取胜。

(5)有为者辟若掘井,掘井九轫而不及泉,犹为弃井也。

(战国)孟轲:《孟子·尽心(上)》

注:①为:作为。 ②辟:通"譬",比如,打比方。 ③轫(rèn 任):通"仞",8 尺。

译析:欲要有所作为,就要像挖井一样不要停止,如果只挖七八尺没有挖到泉水就不挖了,那就等于是一口废井。这句名言是孟子勉励学生做事一定要坚持成功为止,不能因为遇到困难便半途而废。

(6)图难于其易,为大于其细。天下难事必作于易,天下大事必作于细。

《道德经·六十三章》

注:①图:设法对付,克服。 ②于:介词,从。 ③细:微小。 ④作:开始。

译析:设法对付困难的事情,需从它的易处着手;欲想做成大事,需从它的小处做起。因为天下困难之事,必然开始于易处;天下的大事,必然开始于小处。

(7)应之以治则吉,应之以乱则凶。

(战国)荀况:《荀子·天论》

注:①应:适应。 ②之:指自然界的客观规律。 ③治:指正确的措施。 ④乱:指错误的措施。 ⑤凶:不吉祥。

译析:制定措施适应自然界客观规律就吉祥,违反自然界客观规律就不吉祥。

(8)事以微巧成,以疏拙败。

(战国)韩非:《韩非子·难言》

注:①微:细。 ②巧:灵巧。 ③疏:粗。

译析:办事因为细致、灵巧而成功,因粗疏、笨拙而失败。这句名言所说的"事以微巧成"的素质,须从儿童时就注意培养,成为习惯。法国"银行大王"恰科立志要做一个银行家,然而他大学毕业后,把所有的银行都跑遍了,却没有一家愿意聘用他。就在他第52次被拒绝的那一天,走出银行时,看见大门前的地上有一枚大头针,便弯腰把它捡了起来,没想到,这家银行第二天就给他发来了录用通知书。原来,恰科弯腰捡大头针的行为,恰好被该银行董事长看见了。董事长认为,精细小心正是银行职员必须具备的素质。

(9)循天则用力寡而功立。

(战国)韩非:《韩非子·用人》

注:①循:遵循。 ②用力:使用力气。

译析:遵循自然规律办事,使用力气少,但能取得成功。

(10)思虑熟则得事理,得事理则必成功。

(战国)韩非:《韩非子·解老》

注:①熟:周详。 ②事理:办成事情的道理。

译析:思索考虑周详就能获得办成事情的道理,掌握了办成事情的道理再去办事,就一定能成功。这句名言让我们联想到一次培训班一位管理学教授讲的一件事:李先生和刘先生同时到一家超级市场工作,都从最底层干起,可不久李先生一再提升,从领班到部门经理。刘先生工作也很认真,但岗位一动不动,一怒之下,刘先生向总经理提出辞职,并向总经理反映了这样那样的不满之意。

总经理仔细听着。他知道这个小伙子干活挺卖力,可总觉得在他身上缺着一些东西,与李先生有较大差异,简单地说明刘先生是不会服气的,于是他想了一个办法:

"刘先生,请您先别谈其他问题,马上到集市上去,看看今天有卖什么的?"

刘先生马上去了集市,很快就回来了,说:"刚才集市上只有一个农民拉了车土豆在卖。"

"一车大约有多少袋,多少斤?"总经理问。

刘先生又跑回去,回来说40袋。

"价格是多少?"刘先生又跑去了集市。

回来后,总经理劝他休息一会儿,把李先生叫了过来:"你到集市上去,看看今天有卖什么的?"

李先生去了一小会儿,回来汇报说:到现在为止只有一个农民在卖土豆,共有40袋,价格适中,质量很好。农民说一会将弄几箱西红柿上市,价格还公道,可以进一些货。说着将带回来的几个样品,递给总经理看,而且把那个农民也一同带来了在外面等候。

李先生一边说,刘先生的脸一边红,羞愧地将辞职书收回来了。

这件事生动形象地对这句名言作了诠释,也就是"思虑熟""则得事理","得事理"办事则必成。须注意的是,这种"能力"的培养,也不是一蹴而就的,而是靠日常的培养渐臻佳境的。

(11)右手画圆,左手画方,不能两成。

(战国)韩非:《韩非子·功名》

译析:用右手画圆形,用左手画方形,不可能两个都画成功。这句名言用比喻说明办事要集中精力,踏踏实实,否则一件事情也办不好。

(12)事之难易,不在大小,务在知时。

《吕氏春秋·首时》

注:①务:一定。 ②时:合于时宜,适当时机。

译析:事情的难易,不在于事情的大小,一定要抓住适当地时机去做。

(13)无欲速,无见小利。欲速则不达,见小利则大事不成。

《论语·子路》

注:①欲:图,想要。 ②见:贪求。 ③欲速则不达:性急求快反而不能达到目的。

译析:不要性急图快,不要贪求小利。性急图快反而不能达到目的,贪求小利就办不成大事。

(14)和为贵。

《论语·学而》

注:和:和顺。

译析:以和顺为可贵。这句名言是孔子的弟子有若的话,他认为"礼"是各种关系的基础,但礼要做到和顺才会有价值。据 1988 年 10 月 21 日《参考信息》载《日本企业家谈日企经营方式中的儒家思想》的文章:著名的企业经营者日立化成工业公司总经理横山亮次说:终身就业制和年功序列制(指按工作年限和成绩增薪)是"礼"的思想体现,企业内工会是"和为贵"思想的体现。日本各企业内广泛开展的合理化建议运动和质量管理小组活动,则是在最基层把"和为贵"和自由竞争完美地统一起来的良好形式。

(15)知者之举事也,转祸而为福,因败而成功者也。

《战国策·燕策》

注:①知(zhì 至):通"智",聪明,智慧。　②举:兴办;办理。

译析:聪明的人办理事情,能变祸患为福气,变失败为成功。

(16)事有易成者名小,难成者功大。

《淮南子·修务》

注:①有:作形容词词头,助词,无意义。　②名:名声。

译析:事情容易办成的,名声必然很小;事情难办而办成的,功绩必然很大。

(17)不广基,而增其高者覆。

《淮南子·泰族》

注:①广:扩大。　②覆:翻倒。

译析: 不扩大它的基础,却增加它的高度,最终会翻倒。这句名言用比喻说明做任何事情都要打好基础,才有可能取得成功。

(18)事不豫辨,不可以应卒。

(西汉)桓宽:《盐铁论·业务》

注:①豫:预先。　②辨(bàn 办):治理,办理,这个意义后来写为"辨",现简化为"办"。　③应:应付。　④卒:同"猝",指突变。

译析: 无论办理什么事情,不预先做好一切准备,就不可能应付突然发生的情况。

(19)事辍者无功,耕怠者无获。

(西汉)桓宽:《盐铁论·击之》

注:辍:停止。

译析: 办事半途而废的人不会成功,种地偷懒的人不会有收获。

(20)先忧事者后乐,先傲事者后忧。

(西汉)刘向:《说苑·丛谈》

注:①忧:担忧。　②傲:轻视。

译析: 先担忧事情成败而能有所准备的人,事后得到的是快乐;先轻视事情的成败而不做任何准备的人,事后得到是忧患。

(21)诚无垢,思无辱。

(西汉)刘向:《说苑·敬慎》

注:①诚:诚实。　②垢(gòu 够):耻辱。　③辱:过失。

译析:为人诚实就不会遭受耻辱,办事缜密思考就不会出现过失。

(22)和气致祥,乖气致异。

(东汉)班固:《汉书·刘向传》

注:①和气:温和的气度。 ②致:招引,引来。 ③乖气:邪恶之气,不详之气。

译析:温和的气度可招来吉祥,邪恶之气会招来不好的结果。

(23)志不求易,事不避难。

(南朝·宋)范晔:《后汉书·虞诩传》

译析:立志不要追求容易实现的小目标,办事不要逃避艰难困苦。

(24)凡天下事,成于自同,而败于自异。

(唐)韩愈:《送许郢州序》

注:①凡:凡是。 ②成:成功。

译析:凡是天下的事情,成功在于自己和他人意见一致而共同努力,失败在于自己和别人意见不同而抵制。这句名言告诫人们立身共事,要想成功,在于"自同"。那么怎样才能"自同"呢? 首先,要气度宽宏,能容人、能听取不同的意见、能容忍朋友的过失、能关心帮助体贴人、能责己严对人宽;其次,要树立他人第一的思想,能设身处地为他人着想、能反躬自省、能自知自明;再次,在与朋友发生矛盾时,能主动检查自己,不文过饰非、推诿责任。

(25)东风不与周郎便,铜雀春深锁二乔。

(唐)杜牧:《赤壁》

注:①不与:不给。 ②周郎:三国时著名将领周瑜。 ③便:便利,方便。 ④铜雀:台名;曹操曾建铜雀台于邺城(今河北省临漳县西南),

以台上楼顶铸有大铜雀得名。 ⑤锁：幽禁。 ⑥二乔：东吴乔家二女（大乔、小乔），均为天姿国色，大乔嫁给孙策，小乔嫁给周瑜。

译析：如果不给周瑜提供东风的便利，那么乔家儿女就会被关在春色笼罩的铜雀台中了。这句名言说明即使是才能出众的英雄人物，也必须具备和争取创造一定的条件，这样事情才有可能取得成功。

(26)违众举事，又不审计而轻发，其百举百失而及于祸败。

（北宋）欧阳修：《为君难论上》

注：①举：兴办；办理。 ②审计：周密谋算。 ③轻发：轻率行动。④百：概数，言其多。 ⑤失：过错。

译析：违背众人意愿兴办事情，又不周密谋算就轻率行动，兴办多少事就会出现多少过错，直至遭受到灾祸和失败。

(27)忘其小丧而志其大得。

（北宋）苏洵：《强弱》

注：丧：损失。

译析：不要在意那些小的损失，而应志在得到那些大的收获。

(28)律己宜带秋风，处事宜带春风。

（清）张潮：《幽梦影》

简析：这句通俗易懂的名言，是用"秋风"比喻说明对自己应严格要求，用"春风"比喻说明为人处世应宽容、温和。

张潮《幽梦影》

(29)蜘蛛结网，于树之枝。大风忽起，吹落其丝，蜘蛛勿惰，

一再营之。人而不勉,不如蜘蛛。

(清)无名氏:《蜘蛛》

注:结:编织。

译析:蜘蛛编织丝网,结在树的枝头。骤然刮起大风,吹断它的丝条,蜘蛛毫不偷懒,一次再次地营织。人若不勤勉,连只蜘蛛都不如。这几句名言是用比喻说明无论学习还是做事,遇到困难,应该不怕挫折,勤奋克服,不偷懒,才能获得成功。

(30)办事的人不在多,在乎办得了、办得好、办得当,能够发挥很高的效率。

朱德:《建设一支强大的人民空军》

(31)工作要从一点一滴做起,踏踏实实,不能存侥幸心理,不能希望一蹴而就。

陈云:《学会领导方法》

(32)遇事不要慌张,也不要松弛。

陈云:《学会领导方法》

(33)只有蠢人,才有办不到的事。

(美国)亨利·福特之言,引自《亨利·福特》

(34)空铁桶敲起来分外响。

(阿拉伯谚语)

简析:这句谚语讽喻那些喜欢夸夸其谈,只说空话,不办实事的人。

(35)迅速是办事的灵魂。

(英国谚语)

九、时机篇

(1)得时无怠,时不再来,天予不取,反为之灾。

《国语·越语下》

注:①怠:怠慢。 ②时不再来:时机一失不会再来,激励人要抓紧时机。 ③取:捕捉。

译析:获得了时机不要怠慢,时机一失不会再来,上天给予的良好时机不去捕捉住,反而会成为灾害。这句名言告诫人们必须善于捕捉时机。我们纵观中外古今在事业上有所成就的人士,他们无不都是善于捕捉时机并及时作出反应的能手。

(2)时不可失,丧不可久。

《国语·晋语》

注:①失:错过;放过。 ②丧:丧失;失去。

译析:时机不能放过,错过了也不要延误太久。

(3)知者善谋,不如当时。

《管子·霸言》

注:①知:智。 ②当:适宜。 ③时:时机。

译析:有智慧的人善于谋划,不如抓住适宜的时机。

(4)虽有智慧,不如乘势;虽有镃基,不如待时。

(战国)孟轲:《孟子·公孙丑(上)》

注:①乘:趁着,凭借。　②镃(zī 资)基:亦作"镃錤",农具名,大锄。

译析:即使有智慧,不如趁着良好的情势;即使有锄犁,不如等待适当的农时。这是孟子引用齐国当时的一句谚语,说明齐国当时施行仁政时机正适宜,应抓住这一时机。

(5)得时者昌,失时者亡。

《列子·说符》

注:①时:时机。　②昌:昌盛。

译析:获得时机的人就能昌盛,失去时机的人就会败亡。

(6)人虽智而不遇时无功。

《吕氏春秋·首时》

注:虽:即使。

译析:一个人即使很有智慧,如果碰不到适当的时机,也不会有什么大功绩。

(7)时之变则间不容息,先之则太过,后之则不及。

《文子·道原》

注:①时:时机。　②间:间隔。　③容:容许。　④息:喘息。

译析:时机变化很快,其间隔不容许有喘息的工夫,动作稍早点就超过,稍晚点就来不及。这句名言是告诫人们必须适时抓住时机,而要做到这点,就必须提高自己洞察和判断能力。

(8)功者难成而易败,时者难得而易失。

(西汉)司马迁:《史记·淮阴侯列传》

注:①功:功业。 ②时:时机,机会。

译析:取得成功不容易而很容易失败,良好时机难遇到而很容易失掉。

(9)君子失时,白首抱关。

(东晋)陶渊明:《读史述九章·韩非》

注:①失时:错过时机。 ②白首:犹白发,表示年老。 ③抱关:监门,借指小吏的职务,亦借指职位卑微。

译析:一个有德有才的人,如果错过良好的时机,即使到了老年也只能任卑微之职。

(10)时来易逝,赴机在速。

(唐)房玄龄:《晋书·慕容垂载记》

注:①易:快。 ②赴机:把握机会。

译析:时机出现很快就会消逝,把握时机贵在迅速。

房玄龄等撰《晋书》

(11)投机之会,间不容镺。

(北宋)欧阳修、宋祁等:《新唐书·屈突通张公瑾等传赞》

注:①投机:切中时机。 ②镺:通"墬(zhuì 缀)",丧失。

译析:正好抓住了时机,片刻也不能等,否则便会丧失。

(12)时未可而进,谓之躁,躁则事不审而上必疑;时可进而不进,谓之缓,缓则事不及而上必违。

(北宋)王安石:《上蒋侍郎书》

注:①进:进展(事情向前发展)。 ②审:清楚。 ③违:怨恨。

译析:时机不可以进展时而进展,叫做急躁,急躁就对事审查不清楚而上级必然生疑心;时机可以进展时而不进展,叫做缓慢,缓慢事情就办不成而上级必然怨恨。

(13)禾熟则获,果熟则剥。

(南宋)崔敦礼:《刍言·卷上》

注:剥(pū 仆):通"扑",击,打。

译析:谷子熟后才能收获,果子熟后才可击落。这句名言是用暗喻说明做重大的事情,切勿急躁,要等待时机,把握时机,不能操之过急。

(14)临事贵敏,匪缓匪急。缓则失机,急则伤物。惟能明理,动则不括。何以能明,惟学之力。

(南宋)彭龟年:《止堂集》

注:①临事:遇事或处事。 ②匪:同"非",不,不是。 ③贵:重要。 ④物:人;众人。 ⑤明理:明察事理。 ⑥括:阻滞。

译析:遇事重要的是要敏捷,不要缓慢也不要着急。缓慢就失掉机会,着急就会伤害人。只有能够明察事理,行动才能不受阻滞。怎样才能明察事理,只有努力学习。

(15)投机之会,间不容穟。乘时不为,将隳乃事。脐弗可噬,驷弗可追。

(南宋)姚勉:《雪坡文集》

注:①投机:切中时机。 ②会:时机,机会。 ③乘时:乘机;趁势。 ④隳(huī 挥):毁坏。 ⑤脐(qí 齐)弗可噬(shì 是):意思是咬自己的肚脐是够不着的,比喻后悔莫及。 ⑥驷(sì 四):古代一车套四匹马,因此亦称驷。

译析:正好抓住了时机,片刻也不能再等。乘这时机不做,将要破坏了你的事业。那时你后悔莫及,驷马都不可能追回。这几句名言的第一句,北宋的欧阳修、宋祁等著的《新唐书》中也有,并作了注释。

(16)天道有盈虚,智者乘时作,取果半青黄,不如待自落。

(清)顾炎武:《子房》

注:①盈虚:特指月之圆缺。　②乘时:乘机;趁势。

译析:天体运动有月圆月缺,聪明人创业须乘机而作,果实只半青黄就硬摘,不如等果实熟了自落。这几句名言是用比喻说明欲想事业取得成功,应抓住像果实成熟的时机,切忌不顾客观条件硬干。俗话说"欲速则不达",就是这个道理。

(17)猎人在捕鹿的时候,知道该在什么时候射击最好;律师懂得,在法庭上他们的辩护词什么时候最起作用。

(印度)普列·姆昌德:《舞台》

(18)苹果青的时候是不应该摘取的。它熟的时候,自己会落的,但你在青的时候摘取,便是损害了苹果和树,并且要使牙齿发酸的。

(俄)列夫·托尔斯泰:《战争与和平》

简析:这两句名言是用比喻说明办事、创业,应抓住成熟时机。

(19)生活就好比打仗,它的规律很简单,不要坐失良机。

(前苏联)高尔基:《可笑的奇闻》

(20)好花盛开,应该尽先摘,慎莫待美景难再,否则一瞬间,它就要凋零萎谢,落在尘埃。

(英)莎士比亚:《维纳斯与阿都尼》

（21）在开端起始时善用时机,再没有比这种智慧更大的了。

（英）培根:《培根论说文集・论迟延》

（22）一个人的幸运造成,主要还是在他自己的手里。所以诗人说,"人人都可以成为自己的幸运的建筑师"。

（英国）培根:《培根论说文集》

注:幸运:出乎意外的好机会。

（23）事情到了执行的时候,迅速就是最好的保密之方;这就好像一颗弹丸在空中的飞行一样,其飞行之迅速为人目所不及也。

（英）培根:《培根论说文集・论迟延》

（24）幸运的时机好比市场上的交易,只要你稍有延误,它就将掉价了。

（英）培根:《培根论人生》

（25）智者创造的机会比他得到的机会要多。

（英）培根:《论礼貌》

（26）如果有人错过机会,多半不是机会没有到来,而是因为等待机会者没有看见机会到来,而且机会过来时,没有一伸手就抓住它。

（法）罗曼・罗兰:《母与子》

（27）有时候一分钟里发生的巧事比整整一年的苦苦追求还管用。

（法）小仲马:《茶花女》

（28）一个非常重要的才能在与他善于抓住迎面而来的机会。

（法）蓬皮杜:《中国的大趋势》

(29)智者创造机会,强者把握机会,弱者等待机会,蠢者失去机会。

（中国谚语）

(30)苹果尚绿且莫摘,待到熟时自会落。

（俄罗斯谚语）

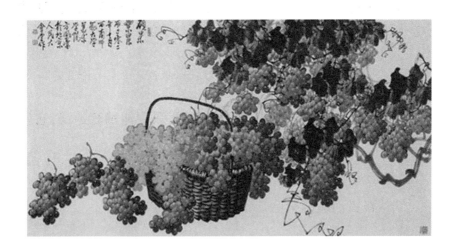

第 七 部
人 才 卷

（共六篇）

一、贵才篇

(1)以天下与人易，为天下得人难。

（战国）孟轲：《孟子·滕文公（上）》

注：①与：给予。 ②得人：得到德才兼备的人。

译析：把天下让给别人容易，帮助天下人民找到人才却困难。

(2)尚贤为政之本。

《墨子·尚贤中》

注：①尚：尊重。 ②为政：执掌国政。

译析：尊重有德才的人是执掌国政的根本。据《中国改革报》报道：目前世界发达国家不惜代价在全球范围内网络智慧性强人的同时，一些发展中国家正遭受着日益严重的"人才惶恐症"的折磨，损失难以估量。有关专家指出，在人才竞争日趋激烈的今天，发展中国家要想求生存求发展必须先求人才。求人才的基点应放在培养人才、招回人才、留住人才上。

(3)一沐三握发，一饭三吐哺，起以待士，犹恐失天下之贤人。

（西汉）司马迁：《史记·鲁周公世家》

注：①沐：洗头。 ②吐哺：吐出口中的食物。

译析：洗头时须多次握住已散的头发，吃饭时多次吐出口中的食物，匆忙地起来礼待贤士，还唯恐失掉天下的贤才。这是西汉著名史学家司马迁记述西周初年大政治家姬旦礼贤下士的一句名言，后世省略称"吐哺握发"或"吐握",用以表示统治者礼贤下士。

(4)天地间,人为贵。

(三国·魏)曹操:《度关山》

译析:天地之间,人才是最珍贵的。

(5)古称国之宝,谷米与贤才。

(唐)白居易:《杂诗三首·之三》

注:①称:称作,号称。　②谷米:指粮食。

译析:古代号称国家的珍宝,是粮食和有德才的人。

(6)夫材之用,国之栋梁也,得之则安以荣,失之则亡以辱。

(北宋)王安石:《材论》

注:栋梁:比喻担负国家重任的人。

译析:人才得到正确使用,国家便有了栋梁,得到栋梁人才,国家就安定繁荣,失去栋梁人才,国家就会衰亡受辱。

(7)政无大小,以得人为重。

(北宋)苏辙:《王念光禄志丞》

注:①政:主持政事。　②无:不论。　③得人:得到德才兼备人才。

译析:主持的政事不论大小,以得到德才兼备的人才为最重要。

(8)人无元气则死,国无人才则亡。

(明)王文禄:《海沂子·真才论》

注:元气:指人的精神、精气。

　　译析：人没有了元气就能死亡,国家没有人才就会衰亡。这句名言是以比喻说明人才的重要,告诫执政者应爱才、尊才、贵才。

　　(9)为国的得人为急,人臣以忧国为先。

　　　　　　　　　　　　(明)钱谦益:《董应举授中大夫制》

　　注：①为国:治国。　②急:要紧;重要。　③人臣:臣子。　④忧国:为国事而忧劳。

　　译析：治理国家以得到人才为重要的,臣子以为国忧劳是首要的。

　　(10)九州生气恃风雷,万马齐暗究可哀。我劝天公重抖擞,不拘一格降人才。

　　　　　　　　　　　　(清)龚自珍:《己亥杂诗》

《龚自珍己亥杂诗注》

　　注：①九州:古代中国分为九州,其说法不一;《尚书·禹贡》为冀、兖、青、徐、扬、荆、豫、梁、雍;《尔雅·释地》有幽、营州而无青、梁州;《周礼·夏官·职方》有幽、并州而无徐、梁州;后以"九州"泛指天下,全中国。　②暗(yīn音):亦作"瘖",哑无声息。③究:终究。　④抖擞:振作。　⑤拘:拘泥。⑥降:降生,涌现。

　　译析：中国生机勃勃的局面要依靠大批像风神雷神那样的人才出来进行社会变革,然而现在社会却像无数的马一样全哑无声息终究是值得悲哀的。我劝天老爷重新振作起来,要不拘泥于陋习,让大批有志改革的德才兼备的人才涌现出来吧!

　　(11)我们不仅要有政治上、文化上的巨人,我们同样需要有自然科学和其他方面的巨人。

　　　　　　　　　　　　郭沫若:《科学的春天》

(12)我国要建设,干部、人才就成为一个决定性的因素。

周恩来:《必须加强文化教育工作》

(13)要建立经济体系,掌握尖端技术,关键在于人才。

周恩来:《目前社会主义建设的四项任务》

(14)任何事情都是人干的,没有大批的人才,我们的事业就不能成功。

邓小平:《邓小平文选·卷二》

(15)靠空讲不能实现现代化,必须有知识,有人才。

邓小平之言,引自《现代思想政治工作手册》

(16)人才不断涌出,我们的事业才有希望。

邓小平:《邓小平文选·卷三》

(17)珍视劳动,珍视人才,人才难得呀!

邓小平:《邓小平文选》

(18)人才难得又难知,就是要爱惜人才,就要用人不疑。

周扬:《周扬近作》

(19)科学技术的竞争,关键是知识和人才的竞争,是开发和创新能力的竞争。

江泽民:《在国家科学技术奖励大会上的讲话》

(20)人才是现代化建设成败的关键。

万里:《在全国教育工作会议上的讲话》

(21)国家兴盛,人才为本。要全国实施人才强国战略,大力加强人力资源能力建设,加大投入力度,完善工作措施,重点培养人的学习能力、实践能力,着眼提高人的创新能力,努力造就大批优秀人才。

胡锦涛:《牢固树立社会主义荣辱观》

(新华社 2006 年 4 月 27 日电)

(22)"功以才成,业由才广。"建设创新型国家,关键在人才,尤其是创新型科技人才,没有一支宏大的创新型科技人才队伍作支撑,要实现建设创新型国家的目标是不可能的。

胡锦涛:《在中国科学院第十三次院士大会

和中国工程院第八次院士大会上的讲话》

(23)贤乃国家宝,儒为席上珍。

（中国古谚）

(24)山要好看靠绿树葱茏,国要光彩靠学者众多。

（中国谚语）

(25)国家中有才华的人,如同矿藏里的黄金。

（英国谚语）

二、识才篇

(1)知人则哲,能官人。

《尚书·皋陶谟》

注:①知人则哲:能鉴察人的品行才能,即可谓明智。　②官:任用。

译析:能鉴察臣下的品行才能即可谓明智,就能任人唯贤。

(2)知人者智,自知者明。

《老子》

注:①知:了解。　②智:聪明。　③明:明智。

译析:能了解别人的人是聪明的,能自己了解自己的人是明智的。这句名言是指用人之时,对别人既要了解他的缺点,更要了解他的优点与才智;对自己要正确估计自己。

(3)左右皆曰贤,未可也;诸大夫皆曰贤,未可也;国人皆曰贤,然后察之;见贤焉,然后用之。

(战国)孟轲:《孟子·梁惠王下》

译析:左右的人都说他好,不可轻信;众位大夫都说他好,也不可轻信;全国人都说他好,这样可以去考察他;看见他确实有贤能,就可以重用他。

(4)知贤之谓明,辅贤之谓能。勉之强之,其福必长。

(战国)荀况:《荀子·解蔽》

注:①知:识别。　②辅:辅助。　③勉之强之:尽力而为。

译析:能识别有道德有能力的人,这可以说是明智;能辅助有道德有能力的人,这可以说是有才能。能尽力地去做,他的福气一定会长久。

(5)听其言而观其行。

《论语·公冶长》

注:其:他。

译析:不光听他说的话,还要观察他的行为。

(6)众恶之,必察焉;众好之,必察焉。

《论语·卫灵公》

注:察:考察。

译析:大家都厌恶他,一定要考察一下;大家都喜欢他,也一定要考察考察。

(7)大智似愚而内明。

(三国·魏)刘劭:《人物志·八观》

注:明:明白,清楚。

译析:具有很高智慧的人外表看好像愚笨,实际内心对一切都清清楚楚。

(8)盖闻王者莫高于周文,伯者莫高于齐桓,皆待贤人而成名。今天下贤者智能,岂特古之人乎?患在人主不交故也,士奚由进。

(西汉)刘邦:《求贤诏》

注:①周文:周文王姬昌。 ②伯:同"霸",霸主。 ③齐桓:齐桓公,春秋五霸之一。 ④人主:君主。 ⑤奚由:由奚,从哪里。

译析:听说古代做帝王的没有超过周文王的,古代称霸主的没有超过齐桓公的,他们都是依靠贤人帮助而成名的。现在天下的贤人也很有智慧才能,难道仅仅古代的贤人有智慧才能吗?问题在于君主不去结交他们,贤士从哪里进身呢?

(9)策之不以其道,食之不能尽其材,鸣之而不能通其意,执策而临之,曰:"天下无马。"

呜呼!其真无马耶?其真不知马也!

(唐)韩愈:《杂说四》

注:①策:马鞭,这里作动词用,意思是驾驭和使用。 ②之:其,指"马"。 ③食:同"饲"。 ④材:才能。 ⑤鸣之:马嘶叫。 ⑥通:知晓。

溥儒《伯乐相马图》

译析:驾驭马不根据它的特性,不喂饱它就不能使它充分发挥才能,马嘶叫又不能够知晓马意,手执马鞭站在它的跟前,叹息道:"天下没有千里马。"唉!果真没有千里马吗?还是确实不能识别千里马呢!这几句名言是用比喻手法,把千里马隐喻人才,从而说明识才的重要性。

(10)爬罗剔抉,刮垢磨光。

(唐)韩愈:《进学解》

注:①爬罗:搜罗。 ②剔(tī 踢)抉(jué 决):识别选拔。 ③刮垢磨光:刮去尘垢,磨出光亮。

译析:搜罗鉴别人才,刮去蒙在他们身上的污垢,使他们的德才发出夺目光辉。

(11)试玉要烧三日满,辨材须待七年期。

(唐)白居易:《放言五首·之三》

注:①"试玉"句,作者原注:"真玉烧三日不热。"《淮南子·俶真》云:"钟山之玉"用炉炭烧三天而"色泽不变"。 ②"辨材"句,作者原注:"豫章木生七年而后知。"《史记·司马相如传》的"正义"云:"豫今之枕木也;章,今之樟木也;二木生至七年,枕、樟乃可分别。"

译析:识别玉的真伪,需烧三天;辨别枕木与樟木需经七年。这句名言是用"试玉"、"辨材"说明识别人才,不能看一时的表现,要经过长期的考验,认真辨识,才能辨别出他们言行的真伪。据史书记载,北宋真宗年间,李沆(hàng航)任宰相,号令严明的寇准任副相。这时寇准多次向李沆提出重用丁谓,说他是个人才。李沆根据丁谓的人品认为不适重用,对寇准说:"将来有朝一日,你会想起我今天说的话。"后来寇准任宰相,便提升丁谓任参知政事(副宰相)。一次,中书省(丞相府)举行宴会,羹污寇准须,丁谓忙起身替他抹去。寇准笑曰:"参政,国之大臣,乃为官长抹须耶?"丁谓甚愧。第二年,寇准便遭丁谓构陷,被罢相位。丁谓当了宰相,大权在握,便对寇准一贬再贬,欲置之死地而后快,并干了许多坏事。时人作歌曰:"欲得天下宁,须拔眼中钉("钉"与"丁"谐音),欲得天下好,莫如召寇老。"历史证明,李沆对丁谓认识是正确的,寇准虽然爱才,但识才不明,忽略了对人品的考察。

(12)玉经琢磨多成器,剑拔沉埋便倚天。

(五代·后汉)王定保:《唐摭言》

注:①琢磨:雕刻和磨治玉。　②成器:器物。　③拔:拔出来。　④沉埋:埋藏。　⑤便:就。　⑥倚天:靠着天,引申为显示出巨大威力。

译析:玉石经过雕刻和磨制大多能成为精美的器物,宝剑从埋藏的泥土拔出来就显出极大的威力。这句名言说明在日常工作中,要善于识别人才,并能注意培养,使他不断提高,才能充分发挥出他的才华

(13)善于发现人才,团结人才,使用人才,是领导者成熟的重要标志之一。

邓小平:《改革科技体制是为了解放生产力》

(14)只有有天才的人才能发现天才的幼芽,发展这些幼芽,并善意地给予他们以必要的援助。

(法国)圣西门:《一个日内瓦居民给当代人的信》

(15)龙游浅水遭虾戏,虎落平原被犬欺。

(中国谚语)

三、举才篇

(1)贤者举而尚之,不肖者抑而废之。

《墨子·尚贤中》

注:①举:推荐。　②尚:尊重。　③废:罢官。

译析:对有德才的人推荐他尊重他,对无德才的人限制他的权势或罢免他的官职。

(2)举贤以临国,官能以敕民,则其道也。

《晏子春秋·内篇》

注:①临:治理。　②敕:治,理。

译析:举荐贤德人才治理国家,任用有才能的人去管理民众,这就是治理好国家的方法。

(3)见贤而不能举,举而不能先,命也。

《礼记·大学》

注:①命(màn 慢):通"慢",轻忽,疏慢。

译析:发现了贤能的人才而不能举荐他,举荐了却不能先任用他,这就是轻慢了人才。

(4)其有意称明德者,必身劝,为之驾,遣诣相国府,署行、义、年。有而弗言,觉,免。

(西汉)刘邦:《求贤诏》

注:①遗(wèi 味)诣(yì 亿):送到……去。　②署行、义、年:写明履历、相貌、年龄;行:行状;义:同"仪",容貌。

译析:对那些确有美好名声和称得上德行贤明的人,应该亲自劝勉他们出来,并为他们备好车马,派人送到丞相府,写明他们的履历、相貌、年龄。如果有这样的贤士郡守不向上级报告,发觉后,就要受免职的处分。

汉高祖刘邦塑像

(5)荐贤贤于贤。

(西汉)韩婴:《韩诗外传·卷七》

注:荐:推荐。

译析:推荐贤人的人比贤人更为贤能。

(6)知贤,智也;推贤,仁也。

(西汉)韩婴:《韩诗外传 ·卷七》

注:仁:对人亲善,仁爱。

译析:发现贤才,是聪慧的表现;推荐贤才,是亲善、仁爱的表现。

(7)盖有非常之功,必有非常之人。故马或奔碹而致千里,士或有负俗之累而立功名。夫泛驾之马,跅弛之士,亦在御之而已。其令州郡,察吏民有茂材异等,可为将相及使绝国者。

(西汉)武帝刘彻:《求茂材异等诏》

注:①碹(dì 帝):踢。　②负俗:被世俗人讥讽嘲笑。　③泛驾:翻车,亦喻马不受驾驭。　④跅(tuò 唾)弛:放荡不守规矩。　⑤茂才:即秀才。为避东汉光武帝刘秀讳称茂才,这里泛指优秀人才。　⑥异等:出类拔萃的人才。　⑦绝国:极远的国家。

译析:要建立非凡的功业,必须依靠有非凡才能的人。有的马虽然狂奔乱踢难以驾驭,却能日行千里,有的读书人虽然受到世俗的讥讽,却能建功立业。难以驾驭的烈马,放纵不羁的有识之士,不过在于能否驾驭罢了。现在命令各州郡的长官务必在吏民中认真考察举荐那些具有特殊才能的人才,可以担任将相和出使远邦国家的使者。

(8)身贤者,贤也;能进贤者,亦贤也。

(西汉)刘向:《说苑·臣术》

注:①身:自身,自己。　②贤:有德行;多才能。　③进:推荐。

译析:自己是有德才的人,是贤人;能推荐有德才的人,也是贤人。

(9)与闻国政而无益于民者斥,在上位而不能进贤者退,此所以劝善黜恶也。

(东汉)班固:《汉书·武帝纪》

注:①与闻:谓参与其事并且得知内情的。　②国政:国家的政事。③斥:贬斥;驱逐。　④劝善:勉励为善。　⑤黜(chù 触)恶:贬斥邪恶。

译析:参与国家的政事而对百姓没有好处的人应驱逐,在上位而不能推荐有德才的人应罢黜,这就是勉励为善贬斥邪恶。

(10)多贤乃能进善,进善乃能退恶。

(东汉)班固:《白虎通义·考黜》

注:①多:重视。　②进善:进举贤善之人。　③退:罢黜。

译析:重视有德之人,才能进举贤善之人,进举了贤善之人才能罢黜坏人。

(11)明扬仄陋,唯才是举。

(三国·魏)曹操:《求贤令》

注:①明扬:发现并推荐。　②仄陋:指有才德而地位卑微的人。

译析:发现、举荐有才德而地位卑微的人,只要有才能就举用。

(12)世有雷同之誉而未必贤也,俗有**讙詊**之毁而未必恶也。是以迎而许之者,未若鉴其事而试其用;逆而距之者,未若听其言而课其实。则佞媚不以虚谈进,良能不以孤弱退。

(东晋)葛洪:《抱朴子·外篇·广譬》

注:①世:世间。　②雷同:泛指相同。　③俗:一般人的。　④讙(huān)詊:喧哗;大声说话或叫喊。　⑤是以:连词,因此,所以。　⑥迎:荐举;选用。　⑦许:称许。　⑧逆:排斥;拒绝。　⑨课:考核。　⑩退:罢黜。

译析:受到世间赞许的人而未必是有才德的,受到一般人诋毁的人而未必是不好的。因此,荐举而称许他,不如考察他的所作所为而试用他;排斥而拒绝他,不如先听听他的意见而考核他的实际能力。那么,巧言谄媚的人不能因他虚妄的谎言蒙蔽而被进用,贤良的人不能因他孤单软弱而被贬低排斥。

(13)见善必进,有才必举,无或噤默,退后议论,颁告天下,咸悉此意。

(隋)杨坚:《见善必进有才必举诏》

注:①举:推荐,推举。　②噤默:闭口不说话。　③颁:公布,颁布。

译析:今后看到好的事情定要呈报,有贤才的定要举荐。不要闭口不言,背后议论。公布告知天下人,都要知晓这道旨意。

四、选才篇

(1)任官唯贤材。

《尚书·咸有一德》

注:唯:只有。

译析:任命官职,只有选取有德有能力的人才。成语"任人唯贤"即出于此。

(2)正法则,选贤良。

(战国)荀况:《荀子·王制》

注:①正:使……正。　②贤良:有德行有才能的人。

译析:要使法则公正,必须选拔有德行有才能的人。

(3)无德不贵,无能不官。

(战国)荀况:《荀子·王制》

注:①德:道德,品行。　②贵:尊重,敬重。　③能:才能。

译析:没有高尚的品德不能受到尊重,没有一定的才能不能担任官职。

(4)贤能不待次而举。

(战国)荀况:《荀子·王制》

注:①待次:按顺序排列,等次。　②举:提拔。

译析:对有德有才的人不能按顺序排列进行提拔,需不拘一格。

(5)无求备于一人。

《论语·微子》

注:备:完美。

译析:对一个人不能要求完美无缺。

(6)举直错诸枉,能使枉者直。

《论语·颜渊》

注:①错:放置。 ②枉:邪曲。

译析:选拔正直的人放在不正直的人之上,可以使不正直的人变正直。

(7)国家存亡之本,治乱之机,在于明选而已矣。

(东汉)王符:《潜夫论·本政》

注:①治乱:安定与动乱。 ②机:事物的关键。 ③明选:严明地选任官吏。

译析:国家的生存和灭亡的根本,安定与动乱的关键,在于严明地选任官吏罢了。

(8)为官择人,唯才是与。苟或不才,虽亲不用……如有其才,虽仇不弃。

(唐)李世民之言,引自《中国历代应用文章名篇赏析》

注:①唯……是……:表示"只这样做"的意思。 ②与:用。 ③苟或:假如,如果。

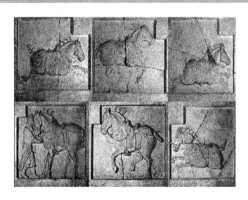

昭陵六骏石雕

译析：做官选择人才，只要有才能就任用。如果没有才能，即便是亲人也不任用……如果有才能，即便是仇人也不舍弃。

(9)以臣之愚，以为宜求纯信之士，骨鲠之臣，忧国如家。

（唐）韩愈：《论今年权停举选状》

注：①愚：谦称己之所虑。　②以为：认为。　③纯：淳厚。　④骨鲠（gěng哽）：比喻刚直。　⑤忧国：为国家事而忧劳。

译析：根据臣的愚意，认为应该寻求淳厚诚实的读书人，刚直不阿的忠臣，能为国事而忧劳像对家事一样。

(10)择才不求备，任物不过涯。

（唐）元稹：《遣兴》诗之三七

注：①备：齐备，全。　②任：使用。　③物：此指人物。　④涯：极限。

译析：选择人才不能求全责备，使用人才不能超过他的能力极限。

(11)不才者进，则有才之路塞。

（北宋）欧阳修、宋祁等：《新唐书·韦思谦传》

注:①进:提升,进用。　②塞:堵塞。

译析:没有才能的人被提升任用,那么有才能人的路就会被堵塞了

(12)夫建学校以养贤,论材德而取士,此皆有国之本务。

(北宋)欧阳修:《议学状》

注:①贤:有道德有才能的。　②论:衡量。　③材德:才与德。　④取士:选取士人。　⑤有国:国家;有,词头。　⑥本务:根本事务。

译析:设立学校是培养有道德有才能的人,衡量才与德来选取人才,这都是国家的根本事务。

(13)才者,德之资也;德者,才之帅也。

(北宋)司马光:《资治通鉴·卷一》

注:①资:凭借。　②帅:统帅。

译析:才能,是品德的凭借;品德,是才能的统帅。这是司马光评论智伯联合韩康子、魏桓子攻打赵襄子结果大败时说的一句话,阐述了德与才的关系,认为智伯的失败原因是他的才能超过了品德。

(14)为国无强于得人,用人莫先于求旧。

(北宋)苏辙:《范镇可侍读太乙宫使》

注:①为国:治国。　②强:好。　③先:首要。　④旧:有经验人才。

译析:治理国家没有比得到德才兼备的人更好的了,选用人才没有比寻求有经验的人更重要的了。

(15)用人惟其才,故政无不修。

(北宋)苏辙:《王存磨勘改朝散郎》

注:①政:政事。　②修:美好。

译析:选用人才只要根据他的才能,因此政事没有治理不好的。

(16)正心在务学,治国在用人。

(元)脱脱:《宋史·章谊列传》

注:①正心:使人心归向于公正无私。　②务:致力。

译析:使人心归向公正无私在于致力学习,治理好国家在于选用人才。

(17)为治者不患乎无才,而患乎聚天下之才而不能教;用天下之才而不能择。

(明)方孝孺:《逊志斋集·杂著·明教》

注:患:忧患,担忧。

译析:治理天下不担心没有人才,担心的是有了天下之才却不能合理地教导指点,任用天下之才而又不能合理选择。

(18)以细行律身,不以细行取人。

(清)魏源:《默觚下·治篇》

注:①细行:小节;小事。　②律身:约束自己;要求自己。　③取人:选择人。

译析:在一些小节小事上也要严格要求自己,但不能以小节小事来选拔人才。

(19)要抛弃个人恩怨来选择人,反对过自己的人也要用。

邓小平:《组成一个实行改革的有希望的领导集体》

(20)在选人的问题上,要注意社会公论,不能感情用事。

邓小平:《组成一个实行改革的有希望的领导集体》

五、育才篇

---

(1)君子能长育人材,则天下喜乐矣。

《诗经·小雅·菁菁者莪序》

注:①长(cháng 常):擅长。 ②人材:有才能的人。

译析:君子能够擅长培养人才,那么天下人就会无忧无虑的欢乐了。

(2)材虽美,不学不高。

(西汉)韩婴:《韩诗外传·卷三》

注:材:资质。

译析:人的资质虽然很好,但不经过学习培养就不会有很高的成就。

(3)低仰之驷,教之功也;鸷击之禽,习之驯也。

(东晋)葛洪:《抱朴子·勖学》

注:①低仰:高低起伏,形容马疾驰时上下之貌。 ②驷(sì 四):古代同驾一辆车的四匹马。 ③教:教练。 ④鸷(zhì 志):凶猛的鸟,如鹰、雕等。 ⑤驯:顺从,听从指挥。

译析:能让驾一辆车的四匹马协调地疾驰,是驯服的功效;能让凶猛老鹰、大雕听从指挥进行搏击,是驯化的结果。这句名言用比喻说明,只要科学地进行教育培养,能使人明达事理、掌握某种技能,成为有用之才。

(4)荆山之璞虽美,不琢不成其宝。

(唐)房玄龄等:《晋书·景帝纪》

注:①荆山:在今湖北省南漳县西部,山上有抱玉岩,相传为楚人卞和得璞处。 ②璞:未雕琢的玉。 ③虽:纵然。

译析:荆山上的璞石纵然很美,但不经过雕琢就不能成为珍贵的美玉。这句名言用比喻说明人需要经过教育培养,才能成为有用之才。

(5)水性虽流,不导则不通;人生虽智达,不教则不达。

(唐)马总:《意林·成败志》

注:①导:疏导。 ②智达:聪慧敏达。

译析:水的本性是自行流动,但不疏导就不会畅通;人虽然聪慧敏达,但不教导就不能充分发挥他的聪明才智。

(6)致天下之治者在人才,成天下之才者在教化。

(北宋)胡瑗:《松滋县学记》

注:致:使达到。

译析:使国家达到政治清明社会安定在于人才,成就天下人才在于教育感化。

(7)金在矿,何足贵耶? 善活锻而为器,人乃宝之。

(北宋)欧阳修等:《新唐书·魏徵传》

注:①矿:指原始矿山。 ②活:活计。 ③锻:锻造。 ④宝:以之为宝。

译析:金玉在原始矿山的野岭里,有什么值得可宝贵的? 只有经过善于锻造活计的工匠用锤子敲打成了金器,人们才把它看成珍贵的宝物。

这句名言用比喻说明光靠人的天赋聪颖还不行,必须经过认真的教导培养才能成为人才。

(8)不素养士而欲求贤,譬犹不琢玉而求文采也。

(北宋)司马光:《资治通鉴·汉记》

注:养士:培养人才。

译析:平日不注意培养人才却想得到贤才,就像不细心琢玉而想得到华丽宝玉一样。这句名言用比喻说明育才的重要。

(9)寒之之日长而暴之之日短,植之之人寡而拔之之人多。

(北宋)王安石:《再乞表》

注:①寒:阴不见日。 ②暴(pù铺):通"曝",晒。 ③植:种植,栽种。

译析:阴不见阳光的日子长而受到温暖照射的日子短,栽种树木的人少而拔毁树木的人多。这句名言用比兴手法说明培养教育人的人少,排挤摧残人才的人多,意为应注意人才的爱护与培育。

王安石像

(10)要创造一种环境,使拔尖人才能够脱颖而出。

邓小平:《改革科技体制是为了解放生产力》

(11)现在要求培养一批科技帅才,即是一批工程师加科学家、思想家的人才;当帅才的在领导实现一个明确的目标时,应该从基础应用到工程实践,都能考虑到。

钱学森之言,引自《钱学森与中国军事高科技》

(12)只有加强综合管理,多管齐下,形成一种有利于青少年

学生身心健康发展的社会环境,年轻一代才能茁壮成长起来。

江泽民:《关于教育问题的谈话》

(13)培养造就创新型科技人才,要全面贯彻尊重劳动、尊重知识、尊重人才、尊重创造的方针,以建设创新型国家的需求作为基准,遵循创新型科技人才成长规律,用事业凝聚人才,用实践造就人才,用机制激励人才,用法制保障人才,不断发展壮大科技人才队伍,努力形成江山代有才人出的生动局面。

胡锦涛:《在中国科学院第十三次院士大会和
中国工程院第八次院士大会上的讲话》

(14)一个领导重要的不是怎样去识别人才,而是应该建立一个制度,创造一种氛围,使它可以"出"人才。

张瑞敏之言,引自《跨越蔚蓝——张瑞敏和海尔告诉我们的故事》

(15)要使山谷肥沃,就得时常栽树。我们应该注意培养人才。

(法国)约里奥·居里之言,引自《外国科学家史话》

六、用才篇

(1)人之有能有为,使羞其行,而邦其昌。

《尚书·洪范》

注:①羞:进用,推荐。 ②使羞其行:让他们施展才能。

译析:如果某人有才能有作为,就要让他施展才能,这样国家就会繁荣昌盛。

(2)心休休焉，其如有容。人之有技，若己有之。人之彦圣，其心好之，不啻若自其口出。是能容之，以保我子孙黎民，亦职有利哉！

《尚书·秦誓》

注：①休休：形容宽容，气魄大。 ②有容：有所包容；宽宏大量。③技：技能。 ④彦圣：善美明达之士。 ⑤不啻(chì赤)：不仅。 ⑥职：助词，犹"当"、"尚"。 ⑥职：助词，犹"当"、"尚"。

译析：胸怀宽广，能容纳人。见人有技能，就好像自己有一样。见人善美明达，从心里喜欢他，不仅口头称赞而且荐举他。这样能够容人，任用他们来保护我的子孙众民，也是能为子孙和民众谋福利的啊！

(3)官不及私昵，惟其能。

《尚书·说命中》

注：①及：涉及。 ②昵(nì逆)：亲近，亲爱。

译析：官职不能授予自己亲近的人，应只看他的才能。

(4)使能，国之利也。

《左传·文公六年》

注：使能：任用有才能的人。

译析：任用有才能的人，对国家有利。

(5)诗曰："恺悌君子，遐不作人。"求美也夫。作人斯有功绩矣。

《左传·成公八年》

注：①恺(kǎi凯)悌(tì替)：亦作"恺弟"，和乐平易。 ②遐：通"何"，怎么。 ③作人：指鼓励、培养、造就、善用人才。

译析:《诗经》篇中说:"一位和乐平易的君子,怎么能不善用人才呢?"这大概就是指求贤才吧! 因为能够重用贤才就会创下政绩。

(6)善用人者为之下。

《道德经·六十八章》

注:下:谦恭。

译析:善于用人的人,在下人面前也很谦恭。

(7)任人之长,不强其短;任人之工,不强其拙。

《晏子春秋·内篇·问上》

注:①任:任用。 ②强(qiǎng 抢):勉强,硬要。 ③工:精。 ④拙:不善于。

译析:任用人应让他做专长的工作,不勉强让他做不擅长的工作;任用人应让他做精通的工作,不勉强他做不善于做的工作。

(8)不恤亲疏,不恤贵贱,唯诚能之求。

(战国)荀况:《荀子·王霸》

注:①恤:顾及(照顾到)。 ②诚能:指确实有才能的人。

译析:不顾亲近与疏远,不顾高贵与卑贱,只谋求任用确实有才能的人。

(9)听其言,迹其形,察其所能而慎予官,此谓事能。

《墨子·尚贤中》

注:①迹:考核;推究。 ②形:表现。 ③慎:慎重。 ④事:使用。

译析:听他说的话,考核他的表现,考察他的才能而慎重地授予官职,这就是所说的使用人的本领。

(10)君子易事而难说也。说之不以道,不说也;及其使人也,器之。小人难事而易说也。悦之虽不以道,说也;及其使人也,求备焉。

《论语·子路》

注:①事:做事。　②说:通"悦",高兴。　③道:正道。　④器:量才使用。　⑤及:等到。　⑥使:使用。

译析:在君子手下做事容易但很难讨他喜欢。不用正道讨他喜欢,他是不会喜欢的;等到他使用人的时候,他能量才使用。在小人手下做事很难但很容易讨他喜欢。即使用不正当的方式去讨他喜欢,他也会喜欢;等到他使用人的时候,他总是求全责备。这句名言是孔子谈君子与小人在对待人、使用人时的不同态度。

(11)德不优者,不能怀远;才不大者,不能博见。

(西汉)王充:《论衡·别通篇》

注:①优:优良。　②怀:胸怀。　③博见:见得多,看得远。

译析:品德不优良的人,不能够胸怀远大理想;才能不大的人,不能够见得多看得远。

(12)任贤而理,任不肖而乱。

(南朝·宋)刘义庆:《世说新语·规箴》

注:①理:治理得好;秩序安定。　②肖:不贤。

译析:任用有德有才能的人能治理得秩序安定,任用不贤的人社会必然混乱不安。

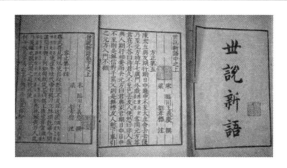

刘义庆《世说新语》

(13)才者璞也,识者工也。良璞授于贱工,器之陋也;伟才任于鄙识,行之缺也。

(五代·后汉)王定保:《唐摭言》

注:①璞:未雕琢过的玉。 ②识:认识。 ③陋:粗劣;丑陋。 ④伟才:具有卓越才能的人。 ⑤任:担任。 ⑥鄙:浅陋。 ⑦行:做。

译析:人才就像未雕琢过的宝玉,认识它的人是治玉的工匠。好的宝玉给予技术低下的人雕琢,雕琢的器具必然粗劣;具有卓越才能的人在见识浅陋的人手下担任职务,他的才能不能够得到发挥。

(14)用人之术,任之必专,信之必笃,然后能尽其材,而可共成事。

(北宋)欧阳修:《为君难论上》

注:①术:方法。 ②笃(dǔ 睹):坚定。

译析:使用人才的方法,任用他定要专一,信任他必须坚定,这样才能将他的才能全部发挥出来,并共同把事情做成功。

(15)圣人之官人,犹匠之用木也,取其所长,弃其所短,故杞梓连抱而有数尺朽,良工不弃。

(北宋)司马光:《资治通鉴》

注:①圣人:具有最高智慧和道德的人。 ②官人:选取人才给以适当的官职。 ③长:长处,优点。 ④杞(qǐ 企)梓(zǐ 子):均为树木名称,其木材都可以做器具。

译析:具有最高智慧与道德的人,选取人才授予官职,就像木工用木材一样,选取木材好的部分,丢弃木材无用的部分,所以有数粗的杞、梓,即使有好几尺朽烂了,技艺精的木工也不会丢弃它。这句名言告诫各级领导者,用人要充分发挥他的长处,想方设法帮助他克服缺点,达到人尽其才,才尽其用。

(16)古之君知其如此,故不以为天下无材,尽其道以求而试之耳。试之之道,在当其所能而已。

(北宋)王安石:《材论》

注:①试:任用。 ②之之:前一个"之"作代词,后一个"之"作助词。 ③在当(dàng 档):在,在于;当适当,恰当。

译析:古代仁君懂得这个道理(指懂得骏马、劣马如何区别,喻能识别优、劣人才),所以不认为天下没有人才,而用尽办法来寻求人才任用人才。任用人才的方法,在于给他适合于他才能的工作罢了。

(17)用得其当谓之得人,用失其当谓之失人。

(明)刘基:《杂解》

注:失:失误,失掉。

译析:用人适当可以说是得到了人才,用人失误可以说是失掉了人才

(18)游鱼须大海,猛虎须深山。

(明)祁理孙:《折杨柳词》

注:须:需要。

译析:游鱼需要大海,猛虎需要深山。这两句词用比喻说明对有大志雄才的人需要给他们创造能充分施展才能的广阔天地。

(19)人既尽其才,则百事俱举;百事举矣,则富强不足谋也。

孙中山:《孙中山全集》

(20)我们说资本主义社会不好,但它在发现人才、使用人才方面是非常大胆的。它有个特点,不论资排辈,凡是合格的人才就使用,并且认为这是理所当然的。从这方面来看,我们选拔干部的制度是落后的。论资排辈是一种习惯势力,是一种落后的习惯势力。

邓小平:《邓小平文选》

(21)量才的原则是用其长,不是用其短。发挥长处是克服短处的最好的办法。

陈云:《关于干部工作的若干问题》

(22)一个人的长处里同时也包括某些缺点,短处里同时也含着某些优点。用人就是用他的长处,使他的长处得到发展,短处得到克服。

陈云:《论干部政策》

(23)要进一步优化人才发展的环境,不拘一格选人才,建立健全育才、引才、聚才、用才的体制机制,形成鼓励人才干事业,支持人才干成事业,帮助人才干好事业的社会氛围,开创人尽其才、才尽其用、用当其时、人才辈出的局面。

胡锦涛:《牢固树立社会主义荣辱观》

(24)兵随将转,无不可用之人。我认为人人是人才,作为一个领导者,你可以不知道下属的短处,但你不能不知道他的长处,用人之长,并给他创造发挥才能的条件,此所谓"你能翻多大跟头就给你搭多大的舞台"。

张瑞敏之言,引自《跨越蔚蓝——张瑞敏和海尔告诉我们的故事》

第八部
家政卷

（共六篇）

一、齐家篇

(1)父父,子子,兄兄,弟弟,夫夫,妇妇,而家道正,正家……定矣。

《周易·家人》

注:①第二个"父":指尽到做父亲的义务和责任。第二个"子、兄、弟、夫、妇"与上述解释雷同。　②家道:指家庭赖以成立与维持的规则和道理。　③正家:谓使家庭关系正常有序。

译析:父亲尽到做父亲的义务和责任,子女尽到做子女的义务和责任,兄长尽到做兄长的义务和责任,弟弟尽到做弟弟的义务和责任,丈夫尽到做丈夫的义务和责任,妻子尽到做妻子的义务和责任,而维持家庭的规则和道理很正确,家庭关系就会正常有序,安定幸福。

(2)积善之家,必有余庆;积不善之家,必有余殃。

《周易·坤》

注:①善:善行。　②余庆:指留给子孙后辈的德泽。　③余殃:留下的祸害。

译析:积累善行的家庭,必然留给子孙后辈德泽,积累不善的家庭,必然给子孙后辈留下祸害。

(3)终身之计,莫如树人。

《管子·权修》

注:①终身:一生。　②树:喻培养人。

译析:人一生最重要的事情,莫过于培养人。

(4)治家,无用之物不能动其计,则资有余。

(战国)韩非:《韩非子·解老》

注:①治家:持家;管理家事。　②动:改变。　③计:谋略。　④资:资财。

译析:管理家事,对一时没有用的东西不能改变勤俭持家的谋略而随便扔掉,那么资财就能有剩余。

(5)欲治其国者,先齐其家。

《礼记·大学》

注:①欲:想要。　②齐:整治,整理。

译析:想要治理好自己国家的人,首先要想治好自己的家庭。

(6)欲齐其家者,先修其身。

《礼记·大学》

注:①齐:治,整顿。　②修起身:陶冶自己心身,涵养自己的德性。

译析:想要治理好自己家庭的人,首先要陶冶自己的身心,涵养自己的德性。

(7)父慈子孝,夫信妇贞,家之福也。

《战国策·秦策三》

注:信:信义。

译析:父亲慈爱,儿子孝顺,丈夫讲信义,妻子有贞操,这是家庭的幸福。

（8）严正有礼法，家庭肃然。

（南朝·梁）萧子显：《南齐书·皇后传·高昭刘皇后》

注：①严正：严格公正。　②礼法：礼仪法度。　③肃然：指安定平静，秩序良好。

译析：治家严格公正而有礼仪法度，家庭便会安定平静，秩序良好。

（8）物壮诚有衰，势雄良易报。

（唐）陈子昂：《度峡口赠乔补阙如之王二无意》

注：①诚：的确，确实。　②良：很。

译析：事物再兴盛确实也有衰败的时候，势力再强大也容易走向衰弱。这句名言是说明万事万物都有一个由产生到发展，再由兴盛到衰亡的过程，这是客观规律。但是，从齐家、教子方面来说，怎样才能使家庭不衰败呢？具体分析，请见"教子篇"中"富不过三代"李嘉诚先生的具体做法。

（10）潞州有一农夫，五世同居，太宗讨并州，过其舍召其长，讯之曰："若何道而至此。"其长对曰："臣无他，惟忍耳。"太宗以为然。

（北宋）王得臣：《尘史·治家》

注：①潞（lù 路）州：今山西省。　②五世：曾祖、祖、父、子、孙五代。③讨：讨伐。　④召：召见。　⑤讯：问。　⑥以为：认为。

译析：潞州地方有一家农民，曾祖、祖、父、子、孙同住一起，唐太宗讨伐并州时，经过他们的房舍，召见他们的家长，问他说："你用什么方法管理这一大家人。"他回答说："我没其他的方法，只是处处容忍。"唐太宗认为这样做是对的。

（11）执事以高年厚德主家政，一门之内英才异能者如云。

（明）方孝孺：《与朱苓先生书·之二》

注:①执事:对对方的敬称。 ②高年:年岁大。 ③厚德:施以深厚的恩泽。 ④家政:家庭事务的管理工作。 ⑤英才:才智出众的人。⑥异能:杰出的才能或才干。

译析:您以年高德厚对家施以深深的恩泽来管理家庭事务,一家之内培养出许许多多才智出众的子孙。

(12)夫拮据勤家、与夫事姑、相夫训子敦族之类,恒妇人之有知识者皆能之。

(明)袁宏道:《王氏两节妇传》

注:①拮据:劳苦操作;辛劳操作。 ②与:帮助;援助。 ③事姑:服侍婆婆。 ④相:辅助;佑助。 ⑤敦:密切、和睦。 ⑥类:族类(指同族)。 ⑦恒:寻常;普通。 ⑧妇:女性通称。 ⑨能:有能力做到。

译析:劳苦操作勤俭持家、帮助丈夫服侍公婆、佑助丈夫教育子女、亲厚和睦同家族的人,普通家庭有知识的妇女都有能力做到这些。这句名言告诫人们治家要突出一个"情"字。上对老人须体贴入微地关爱、孝顺,下对子女须爱护、引导、鼓励,夫妻之间须相互理解、帮助、情爱。家庭是一个讲情理的地方,"情"字在前,是主要的,"理"字在后,是基础,是统帅,既讲亲情,又讲道理,"情"中融合着"理",情理交融,合情合理。这样家庭才能和谐、幸福,充满生气,洋溢着欢乐。

(13)不会齐家会做官,只因情法有严宽。

(清)李渔:《风筝误·闺哄》

注:①齐家:治家。 ②情法:感情与法律。

译析:不会治理家庭而会做官,只是因为感情与刑法的严厉与宽容不同。

李渔《风筝误》

(14)家庭是社会的一个天然的基层细胞,人类美好的生活在这里实现,人类胜利的力量在这里滋长,儿童在这里生活着、生长着——这是人生的主要的快乐。

(前苏联)马卡连柯:《父母必读》

(15)家庭的管理同政权的管理一样,粗暴的专制所要镇压的罪行大部分是由它本身引起的,反之,和善的、开明的统治既免除了引起分裂的许多原因,也使情调缓和,使犯罪的倾向减少。

(英国)斯宾塞:《教育论》

(16)贤内助最大的功劳,是能够分担丈夫在办公室里不能发泄的心事。

(美)卡内基夫人:《女性的力量》

(17)所谓幸福的家庭,不是在物质上的丰富,乃是充满"爱"、"了解"和"适应新环境的能力"的家庭。

(美)卡内基夫人:《女性的力量》

二、亲睦篇

(1)妻子好合,如鼓瑟琴。
兄弟既翕,和乐且湛。
宜尔室家,乐尔妻帑。
是究是图,亶其然乎。

《诗经·小雅·常棣》

注:①好(hào 号):情投意合。 ②如鼓瑟琴:像弹奏瑟、琴那样声律和谐,比喻夫妻情笃交好。 ③翕(xī 吸):聚合。 ④湛(dān 丹):喜乐;

毛传:"湛,乐之久。" ⑤宜尔室家:夫妇和谐,家人平安,室家:左传曰"'女有家,男有室。'室家,谓夫妇也。" ⑥帑(nǔ 努):通"努",儿女。⑦究:穷;深。 ⑧图:谋;努力探求。 ⑨亶(dǎn 胆):诚然;实在。

译析: 妻儿和谐恩情深,如奏锦瑟如弹琴。

兄弟友爱庆欢聚,和睦无间甚喜乐。

家人平安情交好,妻儿相依乐陶陶。

深思熟虑理自明,妻儿真胜兄弟情。

(译析参考好友袁梅先生赠的新出版的《诗经译析》)

(2)二人同心,其利断金。

《周易·系辞上》

丰子恺《步调一致》

注:利:锋利;锐利。

译析: 两个人能同心同德,它产生的锋利能将金属割断。

(3)辅车相依,唇亡齿寒。

《左传·僖公五年》

注:辅:附于车辐的直木,用以加固。

译析: 车轮外的两条直木和车轮是相互依赖的,就像嘴唇没有了牙齿就会觉得寒冷一样!这句名言说明任何事物都是一个统一体,其内部的双方总是相互联系,相互依靠。如果失去一方,另一方则就会受到深切的影响。比如,夫妻之间应该互相关爱,相互包容,和睦相处,这样生活才能美满幸福。

(4)乡田同井,出入相友,守望相助,疾病相扶持 ,则百姓亲睦。

(战国)孟轲:《孟子·滕文公(上)》

注:①鄉田:共井田的各家。 ②亲睦:亲近和睦。

译析:同乡之田,共井之家,早出晚归相互友爱,相互帮助防备盗贼,有疾病大家关心照顾,那么百姓关系便会亲爱和睦。

(5)兄弟无理,不能久同。

《晏子春秋·外篇一》

注:同:和睦。

译析:兄弟间不讲礼仪,不能长久的和睦。

(6)父子无礼,其家必凶。

《晏子春秋·外篇一》

译析:父子间不讲礼仪,他们的家庭必然不吉利。

(7)兄弟敦和睦,朋友笃信诚。

(唐)陈子昂:《座右铭》

注:①敦:亲密。 ②和睦:和好相处。 ③笃:忠诚,厚道。 ④信诚:诚实不欺。

译析:兄弟之间应亲密无间和睦相处,朋友之间应忠实厚道诚信不欺。

(8)内睦者家道昌,外睦者人事济。

(北宋)林逋:《省心录》

注:①内睦:家庭内部和睦相处。 ②外睦:家庭以外的人友好往来。③济:成功。

译析:一家人能和睦相处,家境就会兴盛;与外人能和睦相处,各种事情就容易办成功。

(9)恭谨忍让,是居乡之良法。

(清)王士禛:《池北偶谈·谈献二·魏尚书格言》

注:①恭谨:恭敬谨慎。 ②忍让:容忍退让。 ③安:安居。

译析:恭敬谨慎容忍退让,是能够安居乡里的良好方法。这句名言告诫人们邻里之间应"恭谨相让",对一些鸡毛蒜皮的小事不要较劲,要宽容、忍让。家庭内部、夫妻之间,要想亲睦相处,该忍让要忍让。音乐界享有"词坛泰斗"美誉的乔羽老先生偕夫人佟琦,做客中央电视台"夫妻剧场"时,主持人问乔老与夫人"相濡以沫、白头偕老"的秘诀时,乔老笑着回答:"一个字——忍!"夫人佟琦马上抢答:"我是四个字——一忍再忍!"回答得诙谐幽默,寓意深刻。夫妻几十年相处,难免会有言差语错之事,相互忍让之中蕴含着理想、谅解、宽容、大度,深藏着对爱情的凝重与积淀。

(10)太太外出要跟从,太太命令要服从,太太说错要盲从;太太化妆要等得,太太生日要记得,太太购物要拎得,太太打骂要忍得。

胡适之言,引自《老年生活报》2001 年 2 月 27 日

简析:这是胡适笑谈男性"三从四德"的几句话。这里不是鼓吹"大女子主义",而是转引其中内涵的谦恭之意,对夫妻和睦相处还是有借鉴意义的。据引用胡适这句话的文章作者讲,一位 77 岁的老人给报社来信说:他的老伴因为偶然事情突然与他发生冲突,并对他一阵扑打。他情急之下想一顿老拳把她打个四脚朝天,但忍住了。过后,他把老伴轻揽入怀,笑着说:"打人犯法,警察会来抓你的。"老伴扑哧笑了,并主动道歉。最后,以老伴亲吻他的额头和双颊结束了这场"战斗"。作者很佩服这位老人迂回解决矛盾的方法,而引用了胡适的这几句话,说明夫妻争吵应互相谦让为好。

(11)最美满的家庭,最理想的婚姻,就是夫妻二人都善于宽容。

王洛宾之言,引自《宽容价更高》

(12)在充满着体贴和关心的家庭中,永远不会为鸡毛蒜皮的事情发生争执,伤感情。

(前苏联)苏霍姆林斯基:《论爱情》

(13)家庭生活的乐趣是抵抗坏风气毒害的最好良剂。

(法国)卢梭:《爱弥儿》

(14)和睦的家庭空气是世上的一种花朵,没有东西比它更温柔,没有东西比它更优美,没有东西比它更适宜于把一家人的天性培养得坚强、正直。

(美国)德莱赛:《嘉莉妹妹》

(15)我懂得了一个亲密无间的家庭可以给人以力量;我懂得了奋斗,即使时运不济,也不可绝望,哪怕天崩地裂;我懂得了世上没有免费的午餐;我懂得了辛勤工作的价值。

(美)李·艾柯卡之言,引自《李·艾柯卡自传》

(16)秤杆不离秤砣,老头不离老婆。

(中国谚语)

　　简析:这则谚语说明老夫老妻相互依赖的重要性。因为人到了老年,身体一般都会出现这样那样的疾病,而且子女大都不在身边,这就更需要两人都珍惜从风风雨雨中携手步入老年这份缘分情感,相搀相扶,体贴照顾,过好幸福晚年生活。据报载:四川省泸州市纳溪区丰乐镇64岁的高贤良,老伴曾芳英三年前落下偏瘫,还伴有说话障碍。高贤良为了让老伴能随时到外面散散心,看看风景,便在板车上固定了一把竹椅,拉着老伴到处转转。试了几次,他又对竹椅做了改动,降低了高度,做上扶手和脚踏板,坐在上面非常舒服。妻子曾芳英在高贤良悉心照顾下,身体状态和精神状态非常好。高贤良对老伴体贴照顾的事迹,感动了当地民众,人们称赞他为泸州最好的男人。

(17)妻贤夫祸少,子孝父心宽。

(中国谚语)

(18)父子同心,黄土变金。

（中国谚语）

(19)家和万事兴。

（中国谚语）

(20)夫妻间的口角就像面包上的盐。

（俄罗斯谚语）

简析:夫妻争吵说起来是一种更有透明度的相互了解,但不可多用,就像面包上的盐不可多撒一样。婚前,人们更多注重的是对方的形象,而婚后生活过日子则全靠双方性格的相互兼容。

三、和乐篇

(1)乐易者常寿长,忧险者常夭折。

（战国)荀况:《荀子·荣辱》

注:①乐易:和乐平易。　②忧险:心中忧危。　③夭折:短命早死。

译析:和乐平易的人常常寿命长,忧患危难的人常常寿命短。

(2)饭疏食,饮水,曲肱而枕之,乐亦在其中矣。不义而富且贵,于我如浮云。

《论语·述而》

注:①饭疏:粗劣的食品。　②肱(gōng 公):指胳膊。

译析:吃粗劣的食品,喝白水,弯着胳膊当枕头睡,快乐也就在其中了。用不义的手法得来的财富和尊贵,对我来说如同浮云一样。成语"富贵浮云",即出自此处。

(3)能从朝至暮常有所为,使之不息乃快,但觉极当息,息复为之,此与导引无异也。

(南朝·梁)陶弘景:《养性延命录·教诫篇》

注:①但:不过。 ②导引:导气引体,古医家、道家的养生术,即呼吸和躯体运动相结合的体育疗法;近年出土的马王堆三号汉墓帛画有导引图。

译析:人如果从早到晚都有事做,使自己不停息才感到快乐,不过感到太疲倦了就应当休息,休息之后再去做事,这样就同导气引体的呼吸和躯体运动相结合的体育疗法一样,没有什么不同。

(4)世人欲识卫生道,喜乐有常嗔怒少;心诚意正思虑除,顺理修身去烦恼。

(唐)孙思邈:《卫生歌》

注:①卫生:养生;保护生命。 ②嗔(chēn 沉):怒,生气。 ③顺理:遵循道理。

译析:世人想懂得保护生命之道,就要经常高兴快乐生气少;心诚意正排去过度的思虑,遵循情理修养身心除烦恼。

(5)胸中泰然,岂有不乐。

(南宋)黎靖德:《朱子语类》

注:泰然:安宁。

译析:胸中安宁,怎么能不快乐呢。

(6)但得身心收敛,则自然和乐。

(南宋)黎靖德:《朱子语类》

注：①但：只要，表示假设或条件。　②身心：身体或精神。　③收敛：检点行为；约束身心。　④和乐：平和安适。

译析：只要能检点行为，约束身心，就自然能平和安适。

(7)　　莫要恼，莫要恼，
　　　　烦恼之人容易老。
　　　　世间万事怎能全，
　　　　只有痴人愁不了。
　　　　任你富贵与王侯，
　　　　年年处处埋荒草。
　　　　放着快活不会享，
　　　　何苦自己找烦恼。
　　　　莫要恼，莫要恼，
　　　　日月阴晴尚难保。
　　　　双亲膝下俱承欢，
　　　　一家大小都和好。
　　　　粗布衣，茶饭饱，
　　　　这个快活哪里讨？
　　　　富贵荣华眼前花，
　　　　何苦自己寻烦恼。

石成金著《传家宝全集》

(清)石成金：《和乐歌》

(8)求乐的人生观，才是自然的人生观、真实的人生观。我们应该顺应自然，立在真实上，求得人生的光明，不可陷入勉强、虚伪的境界。

李大钊：《现代青年的活动的方向》

(9)日出东海落西山，愁也一天，喜也一天；遇事不钻牛角尖，人也舒坦，心也舒坦；每月领取养老钱，多也喜欢，少也喜欢；小荤多素日三餐，粗也香甜，细也香甜；新旧衣服不挑拣，好也御寒,赖也御寒;常与知己聊聊天,古也谈谈,今也谈谈;内孙外孙同样看,儿也喜欢,女也喜欢;全家老少互慰勉,贫也相安,富也相安;早晚操劳勤锻炼,忙也乐观,闲也乐观;心宽体健养天年,不是神仙,胜似神仙。

赵朴初:《宽心谣》

(10)一种鼓舞,尤其是快乐的鼓舞,会使人增强力量。

(前苏联)高尔基:《我的大学》

(11)人们明理懂事就是快乐的泉源。

(意)薄伽丘:《十日谈》

(12)闲人愁闷多,懒人病痛多,勤人快乐多。

(中国谚语)

(13)乐观是养生的唯一秘诀。

(前苏联谚语)

(14)生气催人老,笑笑变年少。

(前苏联谚语)

(15)尽义务,然后有快乐。

(英国谚语)

四、理财篇

(1)不节若,则嗟若。

《周易·节》

注:①若:语气助词。　②嗟:叹息。

译析:不节俭,就会因为日子艰难而叹息。

(2)食之以时,用之以礼,财不可胜用也。

(战国)孟轲:《孟子·尽心(上)》

注:①礼:礼仪。　②胜:尽。

译析:饮食按照一定的时间,费用按照一定礼仪,财富就会使用不完了。

(3)务本节用财无极。

(战国)荀况:《荀子·成相》

注:①务本:古时经济以农为本,故指致力搞好农业。　②极:尽头,到极点。

译析:致力搞好农业生产,节省费用,就会非常富裕。

(4)侈而惰者贫,而力而俭者富。

(战国)韩非:《韩非子·显学》

注:①侈(chǐ耻):浪费。　②力:勤。

译析:浪费而懒惰的人必然贫困,勤劳而俭省的人必然富裕。

(5)家贫而学富家衣食多用,则速亡必矣。

《墨子·贵义》

注:①学:效法,模仿。　②多:过分的。

译析:家庭贫寒而效法有钱人家穿衣吃饭消耗过多的费用,那么家庭一定会很快败亡。

(6)生之有时,而用之亡度,则物力必屈。

(西汉)贾谊:《论积贮疏》

注:①时:季节,指春、夏、秋、冬。 ②亡(wú 无):通"无",没有。
③屈(jué 决):竭尽,缺乏。

译析:生产的物品是有季节的,而使用它没有限度,那么可供使用的
物资必将逐渐缺乏,以致竭尽。东汉班固的《汉书·食货志上》中亦有这
句话。

(7)圣人治理其财,用之有节。

(唐)孔颖达:《易·系辞下疏》

注:节:节制。

译析:极有道德有才能的人治理他的财物,使用它是有节制的。

(8)历览前贤国与家,成由勤俭破由奢。

(唐)李商隐:《咏史》

注:①历:逐个,一一地。 ②览:考察。

译析:一一地考察从前的贤人、国家和家庭,他们的成功是由于勤劳
节俭,败亡是由于奢侈浪费。

(9)俭虽勿固,浮费当惜。节用廉取,可以有余。

(南宋)姚勉:《雪坡文集》

注:①固:寒碜。 ②浮费:不必要的开支。

译析:俭省虽然不要到寒碜的程度,但不必要的开支还是应当爱惜。

节省费用买便宜的物品,可以使自己有富余。

(10)器具质而洁,瓦缶胜金玉;饮食约而精,园蔬愈珍羞。

(清)朱伯庐:《治家格言》

《朱柏庐治家格言》

注:①质:质地。　②缶(fǒu 否):瓦器。
③约:简单。　④愈:胜过。　⑤珍羞:即
"珍馐",珍奇贵重的食物;羞,食物。

译析:家庭用具质地牢固清洁,即便是
瓦器的用具也胜过金玉的;饮食简单而能精
心制作,即便是园中的蔬菜也胜过珍贵食物。

(11)勤俭持家,人人有责。

朱德:《朱德选集·勤俭持家》

(12)财产,如果不好好安排,幸福还是会像一条鳗鱼,从他的手里滑掉的。

(瑞士)裴斯泰洛齐:《裴斯泰洛齐教育文选》

简析:据报载:瑞士人的生活水平居世界前列,每人年均收入高达3
万多美元,但他们富而不奢,很注意节俭。即使那些拥有亿万家产的人,
很可能身着普通服装在超市里挑选价廉物美的商品。瑞士国家能源贫
乏,政府非常重视研究和宣传各种各样的节能方法;一些报刊告诉读者用
大锅烧开水要比小锅少用能源,还教人们用节能法煮鸡蛋。精打细算,节
约光荣,已在瑞士成为一条不成文的规定,而家家都遵照去做。

(13)勤俭持家为本,和顺齐家之道。

（中国谚语）

(14)吃不穷,穿不穷,算计不到才受穷。

（中国谚语）

说明:这一谚语还有另种说法:"吃不穷,穿不穷,算计不到一辈子穷。""穿不穷,吃不穷,打算不到一辈子穷。"

(15)勤是摇钱树,俭是聚宝盆。

(中国谚语)

(16)一天省一把,十年买匹马。

(中国谚语)

五、敬老篇

(1)父兮生我,母兮鞠我。
　　拊我畜我,长我育我,
　　顾我复我,出入腹我。
　　欲报之德,昊天罔极。

《诗经·小雅·蓼莪》

《诗经》意境图

注:①鞠(jū 居):生养;抚养。　②拊(fǔ 抚):抚爱。　③畜(xu 绪):养育。　④长(zhǎng 掌):抚育。　⑤复:通"覆",庇护。　⑥腹:怀抱。　⑦昊(hào 号):广大的天。　⑧罔极:无尽头。

译析:父亲啊生养我,母亲啊抚育我。

抚爱我养育我,培养我教育我,

照看我庇护我,出入皆怀抱我。

想报父母恩德,似苍天样辽阔!

这首诗中的"生我"、"鞠我"、"拊我"、"畜我""长我"、"育我"、"顾我"、"复我"、"腹我",极精炼地概括出"我"的成长过程和父母为"我"劳累的一生,字里行间洋溢着伟大的父母深情之爱和赤子的炽热之情。"欲报之德,昊天罔极!""我"仰望天空,心潮澎湃,欲要报答父母养育的大恩大德,像苍天那样辽阔无垠,怎么能报了! 这些精粹、隽永、质朴的语言,生情并茂地表述出我们祖先纯真的人性美和人情美。这就是我们祖先的孝道文化的真实写照。社会发展到今天,物质文明与精神文明都有了极大的提高,建设社会主义和谐社会,还必须用中华民族优良传统的尊老敬老孝道文化教育年轻的一代。

(2)见善从之,闻义则服。温柔孝悌,毋骄恃力。志毋虚邪,行必正直。游居有常,必就有德。

《管子·弟子职》

注:①服:敬佩,信服。 ②悌(tì 替):弟弟顺从兄长。 ③毋(wú 无):不要。 ④恃(shì 士):依靠。

译析:见到善行就跟着学,听到正义的事就敬佩。温和柔顺地孝敬父母、友爱兄弟,不仗势骄横。立志不虚妄邪恶,行为定要正直。游息起居要有规律,一定接近有德行的人。

(3)所谓老老者,凡国皆有掌老。年已七十已上,一子无征,三月有馈肉;八十已上,二子无征,月有馈肉;九十已上,尽家无征,日有酒肉。死,上共棺椁。劝子弟精膳食、问所欲、求所嗜,此之谓老老。

《管子·入国》

注:①老老:以敬老之道侍奉老人。 ②掌老:主管。 ③馈(kuì 愧):赠送。 ④已:同"以"。 ⑤棺椁:即棺材(棺:棺材,椁(guǒ 果):古

代棺材外面套的大棺材)。

译析:所说的敬老之道侍奉老人的事,大凡国家都有专门掌管敬老的部门。规定家中有 70 岁以上的老人,一个儿子不用征兵,每三个月国家赠送肉吃;家有 80 岁以上的老人,二个儿子不用征兵,每月国家赠送肉吃;家有 90 岁以上的老人,全家不用征兵,每日有酒肉。死后上级都给棺材。主管部门规劝子弟精心调理老人膳食、问老人有什么要求,设法满足老人的爱好,这就是所说的用敬老之道侍奉老人。

(4)老吾老,以及人之老;幼吾幼,以及人之幼。

(战国)孟轲:《孟子·梁惠王(上)》

注:①老:第一个"老"作"尊重"讲,第二个"老"指父母或老年人。②及:推及到。 ③幼:对儿童的爱护。

译析:尊敬自己的父母和老人,并且推及别人的父母和长辈;爱护自己的儿女,并且推及别人的儿女。

(5)事孰为大? 事亲为大。守孰为大? 守身为大。

(战国)孟轲:《孟子·离娄(上)》

注:①事:侍奉。 ②守身:保持品德和节操。

译析:侍奉谁最重要? 侍奉父母最重要。守护什么最重要? 守护自己的德行和节操最重要。

(6)孝子之养老也,乐其心不违其志,乐其耳目,安其寝处,以其饮食忠养之。

《礼记·内则》

注:①寝处:坐卧之处。 ②忠养:诚敬奉养。

译析:孝顺的子女奉养父母,要使父母心中快乐而不违背他们的意志,使他们耳闻目睹都高兴,使他们坐卧之处安适,用父母喜爱的饮食诚敬奉养他们。

(7)君子之所为孝者,先意承志。

《礼记·祭义》

注:①所为:作为。 ②先意承志:谓孝子先父母之意而承顺其志。

译析:君子作为孝敬的人,是在父母没有表示意思之前就知道他们的心意,提前就做了。

(8)为人子者,出必告,反比面。

《礼记·曲礼上》

注:①反:返回。 ②面:面见。

译析:作为子女的,出门之前一定要告诉父母,回家后一定要面见父母。这句名言意为免得父母挂念。

(9)凡为人子之礼,冬温而夏清,昏定晨省。

《礼记·曲礼上》

注:①清(qìng 庆):凉。 ②昏定晨省(xǐng 醒):指晚间铺床安枕,服侍就寝;早上省视问安。

译析:子女对父母的礼,冬天要想法使父母温暖,夏天要想法使父母清凉,晚上要为父母铺床安枕,早晨要向父母请安问候。

(10)子路曰:"伤哉!贫也!生无以为养,死无以为礼也。"孔子曰:"啜菽饮水,尽其欢,斯之为孝。"

《礼记·檀弓下》

注:①啜(chuò 辍):饮,吃。 ②菽(shū 叔):豆类总称。 ③尽其

欢:谓孝养父母尊长,极意承欢。

译析:子路说:"伤心啊! 贫穷啊! 父母在世没有好衣美食奉养,死了没有钱办丧事。"孔子说:"即便吃煮豆,喝清水,只要能让父母高兴,这就是孝顺。"

(11)君子式黄发。

《礼记·曲礼上》

注:①式:以手抚轼,古代的一种表示敬意的礼仪,即立乘车上,身子前俯,两手倚凭车前横木,表示敬意。 ②黄发:指老人。

译析:古代君子乘车路遇老年人,要立车上,俯身抚轼,表示敬意。

(12)生,事之以礼;死,葬之以礼,祭之以礼。

《论语·为政》

注:①生:生存;活。 ②事:侍奉。

译析:父母在世时,按礼仪侍奉他们;父母去世后,按礼仪安葬他们,按礼仪祭祀他们。这是孔子回答弟子孟懿子、樊迟请问孝道的答话。孔子认为父母在世与死后都应按礼仪对待,这是孝道的基本原则。

(13)孝弟也者,其为仁之本与!

《论语·学而》

注:①弟(tì 替):同"悌",敬爱哥哥。 ②与(yú 愚):句末语气词,表示疑问或感叹;这个意义后来写作"欤"。

译析:孝顺父母,尊敬兄长,这就是仁德的根本啊! 这是孔子的学生有若说的话。他认为君子重视根本,根本确立了道义就会产生。孝顺父母,尊敬兄长,就是仁德的根本。

(14)事父母,能竭其力。

《论语·学而》

注:事:侍奉。

译析:侍奉父母,要能够竭尽自己的力量。这是孔子的学生子夏说的。他认为做人应重视修养品德,提倡务实精神,孝顺父母只要"养亲必敬"、竭尽自己的力量就算尽孝了,毋须奢求力所不及之事。

(15)父母,唯其疾之忧。

《论语·为政》

注:惟:只,只有。

译析:做儿女的要特别注意父母的健康。这是孔子回答弟子孟武伯请教孝道的答话。孔子认为做儿女的应把父母的温暖放在心上,应经常关心父母的饭食起居、身体安康,使父母精神愉悦。

(16)色难。有事,弟子服其劳;有酒食,先生馔,曾是以为孝乎?

《论语·为政》

注:①色:脸色。 ②弟子:儿女。 ③服:承担。 ④先:父。 ⑤生:母。 ⑥馔:吃。 ⑦曾:难道。

译析:儿女在父母面前做到和颜悦色最难。父母有事情,儿女应承担他们的一切劳动;有美酒好饭,让父母先吃,难道这就可以认为是孝顺吗?这是孔子回答弟子子夏请问孝道时的答话。孔子认为"服劳"、"奉养"还不足为孝,平常能使父母感到高兴才算尽到了孝道。

(17)孝者,是谓能养。至于犬马,皆能有养。不敬,何以别乎?

《论语·为政》

注:至于:即使是;即便是。

译析:所谓孝子,只是做到所说的供养了父母还不够。即便是狗、马这些牲畜,都能得到饲养。如果对父母没有孝敬之心,那供养父母与饲养狗、马有什么区别呢?这是孔子回答弟子子游请问孝道的答话。孔子认为对待父母不仅仅只是衣食奉养上,还应有孝敬之心。

(18)父母之年,不可不知也。一则以喜,一则以惧。

《论语·里仁》

注:①年:年龄,年岁。　②知:知道。　③以:为。　④惧:担忧。

译析:父母亲的年龄,不可不记住。一方面是为他们高寿而高兴,一方面是为他们衰老而担忧。这句名言是孔子教导人们应关心父母亲的年龄及身体健康的状况。我们知道,在儒家倡导尊老的孝道中,提出许多具体要求。在今天每一个青年,都应该对千辛万苦养育自己成人的父母的年龄、生日、经历、爱好、身体状况关心,把中华民族优秀传统的尊老敬老的孝道文化发扬光大。

(19)上孝养志,其次养色,其次养体。

(西汉)桓宽:《盐铁论·孝养》

注:①养志:谓奉养父母能顺其意志。　②养色:谓子女孝顺,使父母愉快,常有笑容。　③养体:供给父母生活所需。

译析:最好的孝顺是奉养父母能顺其意志,其次的孝顺是能使父母愉快而脸上常有笑容,再次的孝顺是仅供给父母生活所需。

(20)事亲孝者,非谓鲜肴也,亦和颜色承意。

(西汉)桓宽:《盐铁论·孝养》

注:①事:侍奉。　②鲜肴:指美品佳肴。　③承意:迎合意旨(意思)。

译析:侍奉父母尽行孝道,不是只给他们做美味佳肴吃就行了,还要和颜悦色对待他们,迎合他们的意旨。

(21)未知养亲者,欲其观古人之先意承颜,怡声下气,不惮劬劳,以致甘腜惕然惭惧,起而行之也。

(北朝·北齐)颜之推:《颜氏家训·勉学》

注:①欲:须要。 ②先意承颜:本谓孝子先父母之意,而顺其志,后泛指揣摩人意,谄媚逢迎。 ③怡(yí 仪)声:和悦声气。 ④下气:态度恭顺。 ⑤惮(dàn 旦):害怕。 ⑥劬(qú 瞿):过分的劳累。 ⑦腜(ér 儿):熟烂。 ⑧惕然:警觉有悟。 ⑨惭:同"惭"。

译析:不晓得孝顺赡养父母的人,须要他们看看古代贤人是怎样揣测双亲心意而去做的,他们态度恭顺,说话声色和悦,不辞劳苦,奉上美好熟烂食物,以使不晓得孝顺父母的人能警觉醒悟,惭愧惶恐,开始做孝顺的子女。

(22)在周之兴,养老乞言,及其已衰,谤者使监。

(唐)韩愈之言,引自《中国历代应用文章名篇赏析》

注:养老乞言:古代帝王及其嫡长子对年高德劭(shào 绍)者按时饷以酒食,并向他们求教。

译析:在周朝兴盛时期,奉养年老有声望的人,乞求他们提意见;等到周朝已衰败时,批评国政的人就被监视杀害。这是韩愈于公元799年(唐德宗贞元十五年)写的《子产不毁乡校颂》中的一句话。文章通过对春秋时期郑国大夫子产不接受拆毁乡校来压制言论建议的赞颂,表现他对改革政治的要求,希望统治者广开言路,普施教化,努力把国家治理好的愿望,同时也侧面表现出西周兴盛时期敬老爱老的风气。

(23)祭而丰,不如养之薄也。

(北宋)欧阳修:《泷冈阡表》

注:①泷(shuāng双)冈:今江西永丰县沙溪市凤凰山。 ②阡表:墓表、墓碑,是表彰墓中人生前情况的文体。

译析:上供的东西再多再好,也不如父母亲活着时以微薄的力量尽到赡养的义务啊。这句名言是警劝那些对父母"生前不孝死后乱叫"的人:父母健在时,应尽孝道。

(24)夫养不必丰,要于孝。

(北宋)欧阳修:《泷冈阡表》

译析:奉养父母不一定衣食非丰厚不可,但要做到孝顺。

(25)极天下之欲,不足以解忧;而惟顺于父母,可以解忧。

(南宋)朱熹:《四书集注·孟子·万章上》

注:极:竭尽。

译析:竭尽满足了一切的欲望,不能消除忧愁;只有得到父母的欢心,才能够清除忧愁。

(26)人无不知爱亲敬兄,及为利欲所昏便不然。

(南宋)陆九渊:《象山先生全集》

注:①爱亲:爱护关心父母、尊长。 ②及:等到。

译析:人没有不知道应当尊重爱护关心父母、兄长的,但等到被利欲迷惑时就不这样做了。

(27)父母于其子幼之时,爱念抚育,有不可以言尽者,子虽终身承欢尽养,极尽孝道,终不能报其少小爱念抚育之恩。

(南宋)袁采:《袁代世范》

注:①爱:关爱,爱护。 ②念:惦念。 ③承欢:迎合人意,求取欢心。

译析:父母在子女年幼的时候,对子女关心惦念、抚养照料的情状,是用语言说不完的,子女即使终身求取父母欢心竭尽奉养,也不能回报自己小时候受父母疼爱的抚育之恩。

(28)尽欢菽水晨昏事,一寸光阴一寸金。

(元)同恕:《送陈嘉会·诗》

注:①尽欢:谓孝养父母尊长,极意承欢。　②菽(shū 疏)水:豆与水,谓所食只有豆和水,形容生活清苦。　③晨昏事:指朝夕服侍慰问双亲。

译析:父母年老生活虽清苦但能朝夕服侍慰问让其高兴,作为儿女必须珍惜能够和双亲相聚这段金贵时间。

(29)凡国中年七十以上,月致粟帛,加以饮食珍味,使人慰问安否。

(明)冯梦龙等:《东周列国志·第四九回》

注:①致:奉献。　②粟(sù 诉):粮食总称。　③帛(bó 柏):丝织物的总称。　④珍味:珍奇贵重的食物。

译析:凡是国内年龄在 70 以上的老人,每月按时奉献给粮食和丝织衣物,加上珍奇贵重的食物,按时派人去安慰问候老人。

(30)人——从生到死即从小到老,中间是"养人"——劳动力强壮时期,两头是"人养"——幼小时期和衰老时期。这是人类生活的自然规律,绝不因社会制度不同而改变。

谢觉哉之言,引自《革命前辈谈修养》

(31)养父母,不止是给他们穿吃,不冻不饿而已,还要有亲爱的诚意和敬意,使老人们感到愉快。

谢觉哉之言,引自《革命前辈谈修养》

(32)麦穗黄,女看娘,笼笼提的点心糖。

（中国民谣）

简析:中国陕西关中、陕北一带,从春节后到麦收前的这一段时间,每个村子都有自己的"看娘会",当地人称"过会"。每到这一天,家家户户出嫁的姑娘都要带上孩子,提着篮子,由丈夫陪着,回家看望自己的亲娘。这一民谣,正是这一习俗的真实写照,也表现了中华民族尊老敬老的传统美德。

(34)千孝不如一顺。

（中国古谚）

宋刻唐玄宗御注《孝经》

简析:"孝",是指尽心奉养父母,"顺",是指顺从父母的意志。也就是说'"孝"是照顾父母的起居饮食;"顺"是指抚慰父母的心灵,作为儿女孝敬父母,既要照顾好父母起居,还应该多方面满足父母的心愿,让老人晚年生活得顺心、顺意。据说香港一位实业家选用人才的第一标准,是看他(她)是否孝顺父母。他解释说:凡是孝顺父母的必然是好人,不会做违背道德的事,因为他孝顺父母,他一定好,用这样的人放心。

(35)养儿防老从来有,积谷防饥自古闻。

（中国古谚）

六、教子篇

(1)爱子,教之以义方,弗纳于邪。骄、奢、淫、佚,所自邪也。四者之来,宠禄过也。

《左传·隐公三年》

　　注:①义方:行事应该遵守的规范和道理。　②纳:接受。　③所自:来源。　④佚(yì义):放荡。　⑤宠禄:给予的宠幸和富贵。

　　译析:爱护子女,应教育他们遵守规范和道理,不能让他们接受邪恶的东西。骄横、奢侈、淫乱、放荡,都来源邪恶。这种种恶习,是由于宠爱和过分的物质享受所致。这几句名言诫嘱人们对子女抚养教育必须按道德规范,这样才能有利于孩子的成长。然而,现在有些年轻人生下孩子,便送给父母或公婆照看,自己落得清闲。下面摘录曹琪玲女士的这篇《韩国媳妇教子经》短文,对年轻父母是有一定启示的:

　　经不住我们的再三"逼迫",儿子终于决定回国发展,不过他去的时候是一个人,回来却是三个人。不但带回了一个会讲汉语的韩国媳妇朴恩贞,而且还给我带回一个可爱的胖孙子,我乐得嘴都合不拢。

　　说实话,对这个唯一的小孙子,我真是恨不得天天捧在手心里。我对儿媳说:"把永泰交给我们老夫妇来带。"没想到恩贞却说:"你们天天很辛苦不说,也没有养隔代的义务。"就这样,她把永泰送到了学校。上下学都由她接送。我和老伴闲得无所事事,不禁埋怨起她来。

　　一个周末,我和儿媳去商店买东西,小孙子非要跟着去,见我为孩子说情,她才勉强同意,但嘱咐永泰说:"你可以去,但不能见什么要什么。"永泰点头答应了。然而,他一看到五花八门的玩具,就挪不动步了。我想掏钱给他买件,恩贞却一把拉住我说:"妈,出门时,不是和永泰约好的吗?他必须遵守诺言,不能惯坏他。"看着永泰吧嗒吧嗒地掉着眼泪,一副委屈的样子,我十分心疼,心想:恩贞真是铁石心肠!我狠狠地抛给她一句"你真像一头母狮子",就泱泱地先回家了。

　　更让我不舒服的是,她每次接永泰回来,总是让他做这做那。我不禁责怪她:"孩子那么小,就让他做这么多事情,受得了吗?""妈,我是让他体会一下什么是辛苦,学会感激长辈的恩情。"餐桌上,看着儿子乐呵呵地接过小孙子舀好的饭,我也不好意思再多说什么。恩贞知道我和老伴儿喜欢饭后喝杯茶。于是,她便倒好茶,让永泰双手捧着茶杯,恭恭敬敬地给我们敬茶,看着小孙子颤巍巍地端着茶杯,我的心都悬了起来:"你这个当妈的,太狠心了!就不怕孩子烫着?""妈,您别担心,孩子慢慢会习惯的,他是在表达对长辈的感激呀!"为此,我们不得不改掉饭后喝茶的习惯,对恩贞更加不满了。

　　可是,恩贞亦然我行我素。每天送孩子时,她都双手放在腹部,深深地向我们行鞠躬礼:"爸爸妈妈,我们走了。"小孩子也学着她的模样说:

"爷爷奶奶，我上学去了。"母子俩晚上回来也是如此。对此，我很不习惯："在中国，这种礼节就免了吧！""那怎么能免呢。您是长辈，我们理应尊敬您。"更让我惊奇的是，恩贞还给永泰胸前挂上了"孝行牌"，牌的正面是父母像，背面是孝敬父母的格言与规定。每晚，她要求永泰对照"孝行牌"默想自己的所作所为。有时我儿子因为工作忙回来晚，恩贞就让永泰把想要对爸爸说的话写好放到书桌上。有时，还让永泰看她记录的账本。上面记载的都是家人给他花费的费用。唉，他怎么能看懂呢？这分明是在折腾我的宝贝孙子！

中秋节那天，恩贞一早起来，就和儿子、小孙子穿上韩国的民族服装，敲响了我的房门，我和老伴还没回过神，他们就跪下来行叩拜礼了。我们连忙把他们扶起来，责怪儿子为何行如此大礼。儿子诚恳地说："因为今天也是韩国人的'感恩节'。父母养育我这么多年，从没受过我一拜。我是在学韩国人，感激你们给予我生命和养育之恩呵。"我和老伴儿眼里都盈满了激动地泪水。接着，他们又把准备好的礼物呈送过来。我看着永泰那张精美的卡片，歪歪斜斜写的都是感激爷爷奶奶的话。幸福地抱着孙子亲了又亲。晚上，他们还精心制作了韩国的米糕，说里面包含了他们的一片诚心、爱心和孝心。我们边赏月，边品尝米糕和月饼。真是快乐似神仙！

我细细想来，媳妇不仅自己孝顺，又带动了儿子和小孙子。虽然我嘴里没说，心里已经慢慢接纳了她那种特别的教育方式。

转眼寒假到了，恩贞提议去农村拜访一下我老伴儿的亲戚。由于我认为乡下不太讲卫生，所以几十年一直都没回去。我心里虽然有一百个不愿意，但为了支持儿媳妇的教育方式，不得不打点行装。开着车回了农村老家。老伴儿的弟弟见到我们，使劲地握着老伴儿的手抹眼泪，高兴得说不出话来。这时，永泰大声说"祝公公好"，并深深鞠了一个躬，使整个场面转悲为喜。

永泰非常有礼貌地见过所有的亲戚之后，我们又带着他四处转了转。村里的孩子好奇地围上来。他也不认生，不嫌弃这群穿得皱皱巴巴、揩着鼻涕的"土孩子"。老伴儿给孙子介绍说："农村孩子没有像样的书包和衣服，也不能上幼儿园。既是上学了，每天也要先给家里放完牛才能去……"恩贞乘机教育孩子说："你看，你比他们幸福多了。在城里，要什么应有尽有。应该时刻感到：我是幸运的。要学会感恩啊！"永泰默默地点了点头。

此情此景，让我由衷地感到，儿媳的教育方法，一定能把永泰培养成学会感恩、热爱生活的人。

(2)故君子居必择乡,游必就士,所以防邪僻而近中正也。

(战国)荀况:《荀子·劝学》

《孟母三迁》

注:①居:居住。 ②乡:区域;地方。 ③游:交际,交往。 ④就:接近。 ⑤所以:用以,用来。 ⑥邪僻:荒谬不正。 ⑦中正:正直;忠直。

译析:君子居住应当选择对自己或子女的成长有益的地方,交往必须是有道德有学问的人,这是用以防止自己或子女荒谬不正而应该亲近正直的人。

(3)今与不善人处,则所闻者欺诬、诈伪也,所见者污漫、淫邪、贪利之行也,身切加于刑戮而不知也,靡使然也。

(战国)荀况:《荀子·性恶》

注:①今:假设连词,犹言若。 ②欺诬:欺骗。 ③诈伪:奸诈虚伪。 ④污漫:亦作"汙漫",污秽,卑污。 ⑤刑戮(lù录):受刑罚或处死。 ⑥靡(mí迷):副词,不。 ⑦使然:使其如此。

译析:如若与不好的人相处,听到的尽是欺骗蒙蔽、奸诈虚伪的事情,看到的尽是污秽、淫邪、贪婪的行为,自己即将遭到刑罚还不知道是怎么造成的,能说不是环境使他这样的吗?

(4)生而同声,长而异俗,教使然也。

(战国)荀况:《荀子·劝学》

注:然:指示代词,这样,那样。

译析:小孩生下来哭声是一样的,长大了习俗就不相同了,是教育使他这样的。

(5)君子之于子,爱之而勿面,使之而勿貌,导之以道而勿强。

(战国)荀况:《荀子·大略》

注:①使:使唤。　②勿貌:不用好的脸色。　③道:道理。　④强:强制。

译析:君子对于自己的孩子,喜爱他但不要表现在脸面上,使唤他但不要用好的脸色,用道理引导他而不要强制他。这句名言的一些观点在今天看来有其片面性,只有最后一句甚有积极意义。

(6)母欺子,子而不信其母,非以成教也。

(战国)韩非:《韩非子·外储识》

注:①欺:欺骗。　②成:完成,实现。

译析:做母亲的欺骗儿子,做儿子的不信任他的母亲,这样就不能完成对子女的教育。

(7)今有不才之子,父母怒之弗为改;乡人谯之弗为动;师长教之弗为变。夫以父母之爱,乡人之行、师长之智,三美加焉而终不动,其胫毛不改。州部之吏操官兵、推公法而求索奸人,然后恐惧,变其节、易其行矣。故父母之爱,不足以教子,必待州部之严刑者。民固骄于爱、听于威矣。

(战国)韩非:《韩非子·五蠹》

注:①谯(qiào 教):责备。　②胫(jìng 径):意为一丝一毫,多指个人得失。　③州部:古代地方行政单位。　④推:执行。　⑤求索奸人:搜捕不守法的坏人。　⑥骄:自满、自高自大,引申为放纵。　⑦听:听从,接受。

译析：今有行为不端的少年，父母怒骂他，他不改；乡亲责备他，他不为所动；师长教育他，他不改变。以父母的关爱、乡亲的谴责、师长用自己的聪明才智开导他，三种好办法相加却始终不被感动，丝毫没有悔改之意。地方官带着官兵执行公法搜捕不守法的坏人，这样才使他感到恐惧，改变了他的操行、改正了他的行为。所以说父母之爱不足以教子，有时一定要有地方官府的严厉刑法才能使他改变行为。有的人是一受宠爱就放纵自己，往往听从于使人畏惧慑服的力量。

(8)少年若天性，习惯之为常。

《大戴礼记·保傅》

译析：少年时养成的习性，像天然生成的一样，一旦习以为常，就不易改变了。这句名言儆诫人们在子女少年时就应抓紧品德、性情的教育，循循善诱，勉励引导，才能使子女健康成长。这使我联想到现代作家梁晓声访问法国在巴黎遇到的一件事：

一次在法国，跟两个老作家一同坐着外交部的车去郊区。那天，刮着风，不时飘着小雨，前边有一辆旅行车，别致地坐着两个漂亮的法国女孩，不断地从后窗看着我们的车。车轮滚起的尘土，扑向我们的车窗，加上雨滴，车窗被弄得很脏。

我问司机："能超吗？"司机说："在这样的路上超车是不礼貌的。"正说着，前面的车停下来了，下来一位先生，对我们的司机嘀咕了几句，然后回到车上，把车靠边，让我们先过。我问司机："他刚才和你说什么了？"司机告诉我说："他说'一路上，我们的车始终在前面，这不公平。'他还说'车上还有我的两个女儿，我不能让她们觉得这是理所当然的'。"

法国的这位先生教育子女的精彩做法，形象地诠释了《大戴礼记》中的这句名言，很值得我们学习、借鉴。

(9)善歌者使人继其声，善教者使人继其志。

《礼记·学记》

注：①继：第一个"继"作"跟着"讲，第二个"继"作"继承"讲。 ②志：志向。

译析：善于唱歌的人能使人跟着他唱，善于教诲的人能使人继承他的志向。

(10)父母之爱子，则为之计深远。

《战国策·赵策四》

注：计：盘算，谋划。

译析：父母爱护自己的子女，就应替他们作长远谋划。这句至理名言应引起家长重视。比如"理财"，这是人生中十分重要的问题，从小就要注意培养。据专家讲，儿童从三岁起就有了"钱能换东西"的概念。如果孩子买不起玩具而大叫，家长不要心软，让他学会存钱买玩具的方法。上小学后，是建立各种财经技能的重要阶段。这时候，如何给孩子零用钱最重要，一定要根据需要跟孩子讨论怎样用钱，这是教孩子编列预算的第一步。上高中后，应考虑给孩子一定数额的零用钱，让他自由支配，教会孩子学会零存整用自行编列预算，处理所有的开支，以尝试"自立"。还可以帮助他们开存款账户，让他们练习收支相抵，养成储蓄习惯。据研究，越早学会理财的孩子，长大后也越会理财和赚钱。

(11)贤母使子贤也。

(西汉)韩婴：《韩诗外传》

注：贤母：有德才而慈善的母亲。

译析：有德才而慈善的母亲能教育孩子成为有才德的人。这句名言使我联想到《居里夫人传》中的一段记载：身为母亲的居里夫人，对子女的教育不仅重知识的积累，同时也重体育锻炼。她在家里设置了秋千、吊环和光滑的绳索，让她的两个女儿在游戏和运动中成长，并且陪伴她们骑脚踏车，训练她们的游泳技能。两个女儿在母亲的关怀和教育下，在运动和游戏中成长为著名的科学家。

(12)慈母有败子，小不忍也。

(西汉)桓宽：《盐铁论·周秦》

注：①慈：慈爱,和善。 ②忍：忍心。

译析：过分慈爱的母亲会教育出败家子,这是对孩子从小不忍心严加管教的缘故。

(13)茂林之下无丰草,大块之间无美苗。

（西汉）桓宽：《盐铁论·轻重》

注：①丰：茂盛。 ②块：土块。 ③美苗：指苗壮生长的禾苗。

译析：茂盛繁密的树林之下长不出旺盛的青草,大的土块下面长不出苗壮的好苗。这句名言用比喻说明在巨大的压力下,弱小者会受到抑制和侵害,不可能得到正常发展,教育孩子不能一味地对孩子施加压力,应"善于"关爱、启发、鼓励与引导。

(14)贤人智士之于子孙也,厉之以志,弗厉以诈;劝之以正,弗劝以诈;示之以俭,弗示以奢;贻之以言,弗贻以财。

（东汉）王符：《潜夫论·遇利》

注：①厉："励"的古字,勉励。 ②示：教导。

译析：贤明有识之士教育子孙,是勉励他们立志,不是教他们虚伪巧言;是劝导他们正直,不是让他们欺骗世人;是教导他们俭约,不是叫他们奢侈浪费;是赠送他们有益的教训,不是遗留给他们财产。

(15)子孙若贤,不待多富;若其不贤,则多以征怒。

（东汉）王符：《潜夫论·遇利》

注：①待：依靠。 ②征：争夺。

译析：子孙如果有道德有才能,就无须依靠财富多;如果他们没有道德才能,那么财富多了却会因争夺财产生气。

(16)祸不出所憎,常出所爱。

（东汉)傅干:《皇后箴》

注:①祸:祸害。　②爱:指宠爱。

译析:祸害不产生于自己所厌恶的人,而常常产生于自己所宠爱的人。

(17)有偏宠者,虽欲以厚之,更所以祸之。

(北朝·北周)颜之推:《颜氏家训·治家》

注:①偏宠:特别偏爱。　②厚:厚待,优待。　③更:反而。

译析:对子女特别偏爱的人,即使想要厚待子女,结果反而害了他。

(18)吾见世间无教而有爱,每不能然;饮食运为,恣其所欲,宜诫翻奖,应诃反笑。至有识知,谓法当尔。骄慢已习,方复制之;捶挞至死而无威,忿怒日隆而增怨。逮于成长,终为败德。

(北朝·北周)颜之推:《颜氏家训·教子》

注:①运为:所作所为。　②恣:放纵。　③翻:反而。　④诃(hē呵):大声斥责。　⑤法:做法。　⑥尔:语气词,表肯定。　⑦制:遏制。　⑧挞(tà 榻):打,用鞭子或棍子打。　⑨隆:升高;深。　⑩逮(dài 带):及至。

译析:我看到世间不知教育却只会溺爱子女的家长,常常不能正确地对孩子进行教育。对孩子的饮食和所作所为,却放纵地满足他们的欲望,应该训诫的反而予以奖励,应该大声斥责的反而一笑置之。等到孩子有了见识,就会认为这样的做法是应当的。孩子的骄傲怠慢已经成了习惯,才又来遏制他;即使用鞭子、棍子、拳头把他打死也树立不起威信,家长的愤怒情绪一天比一天升高,孩子的怨恨情绪也与日俱深。等到长大成人,结果是个道德败坏的人。

(19)当及婴稚,识人颜色,知人喜怒,便加教诲,使为则为,

使止则止,比及数岁,可省笞罚。父母威
严而有慈,则子女畏惧而生孝矣。

(北朝·北周)颜之推:《颜氏家训·教子》

注:①当:处在某个时候。　②颜色:表情;
神色。　③比及:等到。　④数:几,几个(表示
不确定的数目)。　⑤笞(chī吃):用竹板、荆条
打。

颜之推《颜氏家训》

译析:当孩子还处在婴儿的时候,就能识别
大人的神色,懂得大人的喜怒表情,就应该加以
教诲,让他做什么就做什么,让他不做什么就不做什么。这样等到几岁
时,就可以省去鞭笞责罚了。父母威严而慈爱,那么子女就敬畏谨慎而产
生孝心。

(20)人生小幼,精神专利;长成之后,思虑散逸。固须早教,勿失机也。

(北朝·北周)颜之推:《颜氏家训·勉学》

注:①专利:专注敏锐。　②逸:放纵,放荡。

译析:人生幼小的时候,精神专注敏锐;长大成人后,思想就闲散放纵
了。所以一定要在幼小时进行教育,不要失掉良机。

(21)古者圣王有胎教之法:怀子三月,出居别宫,目不邪视,耳不妄听,音声滋味,以礼节之。

(北朝·北周)颜之推:《颜氏家训·教子》

注:①圣王:古指德才超群达于至境之帝王。　②音声:音乐。　③
滋味:美味。　④礼:社会生活中由于风俗习惯而形成的行为准则、道德
规范和各种礼节。

译析:古代德才超群的帝王有"胎教"的方法:后妃怀孕三个月,就要

出外居住在别的宫室,眼不能看一些不正当事物,耳朵不能随便乱听,享用音乐和美味,都要以行为准则、道德规范和各种礼节来节制自己。

(22)父善教子者,教于孩提。

(北宋)林逋:《省心录》

注: 孩提:指幼儿时期。

译析: 善于教育子女的父母,都是从幼儿时期就开始教育。据史载,北宋著名文学家苏洵很注意孩子在儿童时期的教育,并注重方式方法。他的两个孩子苏轼与苏辙儿时十分贪玩,在多次教育不见成效的情况下,便针对孩子的好奇心入手。一天,他见两个孩子在玩耍,就躲在一个角落里读书,孩子过来时,迅速将书"藏"了起来。两个孩子出于强烈的好奇心,趁父亲不在家时,便将书"偷"了出来,从此他们渐渐地养成了读书习惯,并感受到了读书的无穷乐趣。最终,兄弟二人和父亲苏洵都成为著名的文学家,被世人称为"三苏",跻身"唐宋八大家"之列。

(23)父否母然,子无适从。

(北宋)宋祁:《杂说》

注: ①否:不是这样。　②然:是这样。　③子:子女。　④适:适合,适宜。

译析: 教育子女时,父亲说不是这样母亲说是这样,意见不一致,子女就不知道依从谁的话做好。这句名言告诫人们这样做对教育孩子十分不利。

(24)爱子不以道,适所以害之也。

(北宋)司马光:《资治通鉴》

注: 适:恰好,正好。

译析: 爱护孩子却不用高尚道德来教导他,恰好是害了他。

(25)善养子者,当其婴孩,鞠之使得所养,令其和气,及至长而性美,教之示以好恶有常。

(北宋)张载:《经学理窟》

注:①鞠:生养;抚育。　②养:教育;熏陶。　③乃至:以至。　④性:性情。　⑤常:永久的,固定的,引申为规律、标准。

译析:善于教育子女的人,当孩子还是婴儿的时候,抚育中就注意对他进行熏陶教育,使他生活在和气的氛围中,等到他长大后其性格必定和善,再教导他区分好坏的标准。

(26)仲永之通悟,受之天也。其受之天也,贤于材人远矣;卒之为众人,则其受于人者不至也。彼其受之天也,如此其贤也,不受之人,且为众人矣;今夫不受之天,固众人,又不受之人,得为众人而已耶?

(北宋)王安石:《王文公文集·伤仲永》

注:①卒:最终。　②耶:句末语气词,表疑问或反问。　③这两句名言前面讲述了一个富有哲理性的故事:金溪县有一农民叫仲永,他家世代种田。仲永长到五岁时,还不知道读书文具,但有一天,忽然哭着叫着要这些东西。他父亲感到很惊异,就向邻居去借了给他。后来仲永自己竟写了四句诗,并题上自己的名字。他的诗是把供养父母、收容接济族人作为题旨。这件事传出去以后,全乡的秀才都看过这首诗。从此,人们指定事物让他作诗,他立即能写出来,文采和道理都有可供欣赏的地方。县里的人对此都感到惊奇,有的人请他父亲去做客,有的人还送钱给他父亲。他父亲认为有利可图,就天天拉着仲永四处拜访县里的人,不再叫他读书学习。我听到这件事很久了。明道年间(公元1032~1033),我跟随先父回家,在舅舅家里见到方仲永;他已十二三岁了。我叫他作诗,这时仲永作的诗同以前听说的不相称了。又过了七年,我从扬州回来,再到舅舅家里,问起方仲永的情况,回答说:"完全同寻常的人一样了,没有什么特色。"

译析:仲永的聪明,是天赋的。他的天赋比一般有才能的人好得多;

结果后来成为一个平凡的人,这是他没有从别人那里受到教育的缘故。像他那样天赋聪明的人,因没有受到后天别人的教育,尚且成为平凡的人;现在那些天赋并不聪明的人,本来就是平凡的人,后天又不接受别人的教育,只能做得了一个平凡的人吧? 这几句名言告诫人们:知识才能并不是一成不变的,而后天的教育和勤奋学习在造就人才方面是十分重要的。

(27)藏书万卷可教子,遗金满籯常作灰。

(北宋)黄庭坚:《胡逸致虚庵》

注:①籯(yíng 迎):箱笼之类器具。　②灰:毁。

译析:藏书万卷可以用来教导子孙后代,传给后代许多钱财常会毁了他们。

(28)黄金满籯富有余,一经教子金不如。

(北宋)张景修:《送朱天锡童子》

注:籯:亦写作"籝(yíng 营)",笼箱之类的竹器。

译析:家中黄金满箱富有极了,但一经教育好子孙掌握了知识,家中的黄金就没有什么价值了。这句名言用比喻说明教诲子孙后代勤奋学习,博学多才比拥有金银财宝还可贵。

(29)爱其子而不教,犹为不爱也。

(明)方孝孺:《行善戒》

注:犹:如同。

译析:爱护自己的子女却不实行严格教育,就如同不爱他们。

(30)童蒙无先入之杂,以正导之而无不顺受。……故养正当于蒙。

(明):王廷相《雅述·上篇》

注:①童蒙:指天真无知的儿童。　②杂:混杂。　③先入:指先接收的一种说法或印象,就以为是正确的,有了成见,后来就不容易接受其他意见。

译析:天真无知的儿童还没有接受一些混杂的邪说时,用正确的道理进行教导,没有不顺从接受的。……所以培养教育子女应当从儿童开始。

(31)吾人立身天地间,只思量做得一个人,是第一义,余事都没要紧。

(明)高攀龙:《高氏家训》

注:①吾人:我们。　②立:生存。　③第一义:佛教语,指最上至深的妙理。

译析:我们生存在世界上,只要考虑怎样做好一个人,这是最深的道理,其余的事都是次要的了。这句名言是强调教育子女要做一个有道德有理想的好人。这和联合国教科文组织提出的教育要教学生学会生存、学会关心别人是有相通之处的。李江先生在《育子莫忘"第一义"》一文中,分析两位初中女生因考试成绩不理想便服药、割腕、自缢轻生的原因时说:造成这种悲剧的原因确实很多,也有偶发性,但在"捧大的一代"的氛围中,宠爱有加的家庭环境中,加重了一些孩子的"五小"实情,恐怕是不可忽视的一个重要原因。一小是"小脾气",稍有不顺心便怄起气来,甚至摔东西,家长不哄不吃饭;二小是"小记仇",在别人认为是些鸡毛蒜皮的小事,或生活中磕磕碰碰人家早已忘却的小纠葛,这类孩子会耿耿于怀;三小是"小眼光",生活圈子狭小,缺乏博览群书的兴致;四小是"小虚荣",爱慕虚荣,追求表面光彩,这种孩子常在心里钻牛角尖,很小就开始打扮,交往异性朋友,精力分散,学习成绩下降,还要叫别人说好;五小是"小自恃",对曾取得的某点成绩,总是念念不忘,嫉妒别人,不如人家,还不服气。……当然,人无完人,何况小孩子呢?但"千里之差,兴自毫端","微邪,大邪之所生也","祸自微而成",家长若忽视了从这些"微小"中加以正确引导,恐怕再好的"素质教育",也只能是空谈,发生类似上面的偶发事件,也就难以避免了。

(32)遗子黄金满籯^①,不如教子一经^②。

(明)朱舜水:《益广》

注:①籯(yíng 营):箱笼一类器具。 ②经:经书,亦代指专述一门技艺的书籍或技艺。

译析:给子女留下满箱黄金,不如教他学会一种技艺。这句名言是用比兴手法说明黄金用尽不会再生,而技艺是永远享用无穷的,须教育子女掌握一种专业知识和技能。

(33)教子须是以身率先^①。每^②见人家子弟,父兄未尝^③著意^④督率^⑤,而规模^⑥动定^⑦,性情好尚^⑧,辄^⑨酷肖^⑩其父,皆身教为^⑪之也。念及此,岂可不知自省^⑫?

(清)陆世仪:《陆桴亭思辨录》

注:①率先:首先。 ②每:常常。 ③未尝:未曾。 ④著(zhuó 浊)意:用心,集中注意力。 ⑤督率:监督领导,督促率领。 ⑥规模:亦作"规摹",指人物的才能气概。 ⑦动定:起居作息。 ⑧好尚:爱好和崇尚。 ⑨辄:副词,总是,每每。 ⑩酷肖:很像。 ⑪为:缘故。 ⑫自省:自我反省。

译析:教育儿女必须身教在先。常常看见人家的儿女,父兄未曾刻意督促教导,但他们的才能气概,起居作息,秉性气质,爱好崇尚,总是很像他们的父兄,这都是身教的缘故。想到这里,难道不值得自我反省吗?

(34)教子工夫^①,第一在齐家^②,第二在择师。

(清)陆世仪:《思辨录辑要·卷十》

注:①工夫:又作"功夫",指对某事务的研究、练习。 ②齐:整治。

译析:教育孩子的功夫,首先要整治好自己的家庭,其次要选择好老师。

(35)人各欲善其子,而不知自修,惑矣!

(清)张履祥:《愿学记》

注:①修:修养。　②惑:迷惑。

译析:人们都想教育好子女,但不了解要先自我修养,求取学识品德之充实完美,给子女做出表率,不然子女就会困惑。

(36)子弟童稚之年,父母师傅严者,异日多贤;宽者,多至不肖。

(清)张履祥:《训子经》

注:①童稚:年幼时期。　②异日:日后。　③至:通"致",导致。
④肖:不贤。

译析:子弟在年幼时期,如果父母老师对其严格要求,那么长大后大多贤能;如果对其放松纵容,那么长大后大多不能成才。

(37)子弟教不率从,必是教之不尽其道。为父兄师长者,但当反求诸己,未可全责子弟也。

(清)张履祥:《备忘》

注:①子弟:泛指年轻后辈。　②率从:服从,顺从。　③反求诸己:
从自己方面找原因。

译析:对年轻后辈教育他不顺从,定是教育他时没有完全按照教育规律。作为父兄师长,应当从自己方面找原因,不能完全责备年轻后辈。

(38)居身务其俭朴,教子要有义方。

(清)朱柏庐:《治家格言》

注:①居身:立身处世。　②义方:行事应遵守的规范和道理。

译析:立身处世一定要俭朴,教导子女行事要遵守规范和道理。

(39)吾家子弟,最宜常勖以立大规模,具大识见,不可沾沾焉贪目前,安卑近。朱子云:天下事坏于懒与私,最切今之弊。懒则不肯勤励,学殖荒而志气亦坠,私利自至亲间,尚分畛域,有利心,尚望其有器识,有所建立哉?

(清)蔡世达:《蔡梁村示子弟帖·寄示长儿》

注:①勖(xù 叙):勉励。　②规模:规划,计划,引申为"志向"。　③沾沾:自得的样子。　④学殖:学业。　⑤坠:丧失。　⑥畛(zhěn 珍)域:界限。　⑦器识:指器度见识。　⑧建立:建树。

译析:我们家的子弟,最应该经常勉励他们树立远大志向,具有远见卓识,不能为眼前的一点成绩就感到很得意,安于现状。宋代学者朱熹说:天下的一些事情就毁坏在懒惰和自私上,是最切中时弊的。人一懒惰就不肯勤劳奋勉,学业荒废而志气也就丧失了,为了私利亲人间也有了界限,有了自私自利的心,还能指望他有度量、见识和建立功业吗?

(40)宠子未有不骄,骄子没有不败。

(清)吴楚才、吴调侯:《古文观止注》

注:①宠:娇纵偏爱。　②骄:骄横。　③败:败坏。

译析:娇纵偏爱的子女没有不骄横的,骄横的子女没有不败坏家风的。

(41)富贵足以愚人,而贫贱足以立志而浚慧。

(清)郑燮:《潍县署中与舍弟墨第二书》

注:浚(jùn 君)慧:超人的智慧。

译析:富贵能够使人变得愚蠢,贫贱能够使人立志和发挥超人的智慧。

(42)爱子必以其道。

(清)郑燮:《潍县署中与舍弟墨第二书》

注:道:方法。

译析:爱护子女,必须用适当的方法进行教育。

(43)凡世家子弟,衣食起居无一不与寒士相同,庶可以成大器;若沾染富贵习气,则难望有成。
(清)曾国藩:《曾文正公全集》

《曾文正公家书》

注:①寒士:指出身寒微的读书人。
②庶:差不多。

译析:凡是显贵人家的年轻后辈,衣食起居没有一样不与出身寒微的读书人一样,差不多可以成为担当大事的人才;假若沾染了富贵的作风习气,那就很难希望有什么成就了。

(44)养体开智以外,又以德育为重。

(近代)康有为:《大同书》

注:①养体:养育身体。 ②开智:启发智力。 ③又:更。

译析:养育他的身体、启发他的智力,更应该重视对他进行道德品质的教育。

(45)正确教育子女的方法,我以为最重要的应该是爱和严相结合。

吴玉章:《新年话家常》

(46)人格教育,端赖六岁以前之培养。

陶行知:《陶行知文集·中华教育改进社创设试验乡村幼稚园》

注:端:的确。

(47)贝多芬之成为伟大的音乐天才,也是与他所受的家庭教育分不开的。

郭沫若之言,引自《革命前辈谈修养》

(48)对孩子绝不要娇养,粗茶淡饭足矣。

江竹筠:《示儿信》

简析:这是革命烈士江竹筠于1949年11月14日英勇就义前夕,写信给其表弟托付抚养云儿信中的话。这封信嘱告其表弟教育云儿从小要立大志,不要"娇养",不要宠爱放任、不加管教。

(49)人无压力轻飘飘,并无压力不出油。

王进喜之言,引自《劳动模范王进喜》

简析:这句名言使我想到有位家长在报刊上发表谈教育子女文章中说的一句话:"应该让孩子了解家长的压力。"我们认为适当地让孩子了解家长的一些压力,对孩子的成长是有好处的。有的家长溺爱子女,家里再艰难也不让孩子了解父母创业的艰辛,在吃穿用方面总是想方设法满足孩子的要求,就怕孩子受到委屈,背上思想包袱。实际上让孩子了解家庭情况,不但不会增加孩子的思想负担,还会促使孩子产生一种动力,更加珍惜学习的机会,立志奋发学习。

(50)"望子成龙"是中国父母千百年来的梦,是中国的父母解不开的情结。天才教育是"望子成龙"的共生物。其实,天才只是少数,天才教育并不适合大多数人。这是中国家庭教育的第一大误区。

"望子成龙"还是"望子成人",是中美家庭教育的本质区别。

素质教育绝不是仅仅属于少数人的天才教育,它更贴近凡人教育、平民教育,是把孩子们培养成各种各样的社会人才的教育。

黄全愈:《我看中美教育之异同》

(51)一个人的智商高低,基本是先天就由造物主"搞掂"了的,后天的智力开发只是把潜在的智力因素充分开发出来。大家都明白天才是少数人的道理,但很多善良的父母又认为孩子的潜力是很大的,于是就像挤牙膏一样在开发孩子的智力。

其实,一个人只要有健全的情商,即使智商一般也能成功,反之,一个有高智商但发表意见不健全的人是难以成功的。父母与其把注意力放在智力开发上,不如放在很大程度上决定一个人成功与否的情商教育。

孩子不可能都成"龙",也不可能都是天才;孩子会有这样那样的缺陷,因而很普通,但普通人会有普通的成功。

黄全愈:《我看中美教育之异同》

注:智商:心理学家用来表示3～16岁少年儿童智力发展的相对数据。它是由智力年龄除以实际年龄,乘以100而得到的。智力年龄是儿童智力发展水平的标志。在智力测验中,一个实足年龄为5岁的儿童在5岁组测验及格,而在6岁组测验不及格,那么他的智力年龄就是5岁,而他的智商就是5÷5×100＝100。如果他在6岁组测验也能及格,而在7岁组测验不及格,那么他的智力年龄便是6岁,他的智商就是6÷5×100＝120。智商在120以上的,被认为是聪明儿童,在80以下的,被认为是愚笨儿童。智商达到170的,便认为是天才儿童。但是,由于智力测验的内容往往不能完全适合在不同环境中成长的儿童,因此智商只能大体上反映生活条件、环境条件大体相同的儿童的智力差别,很难作为最后判断儿童智力的依据。

(52)社会是各色人等组成的,是什么神就归什么位,父母生育儿女,生下来养活了,施之于正常的教育就完成责任,而硬要是河不让流,盛方缸里让成方,装圆盆中让成圆,没有不徒劳的。如果人人都是撒切尔夫人,人人都是艺术家,这世界多么可怕?

接触这样的大人们多了,就会发现,愈是这般激烈地要培养儿女的人,愈是这人活得平庸。

贾平凹:《儿女的生命是属于儿女的》

(53)儿女的生命是属于儿女的,不必担心没有你的设计儿女就一事无成,相反,生命是不能承受之轻和之重的,教给他们做人的起码道德和奋斗精神,有正规的学校传授知识和技能,更有社会的大学校传授人生的经验,每一个生命自然而然地会发出自己灿烂的光芒的。

贾平凹:《儿女的生命是属于儿女的》

(54)有一种母亲,把孩子视为宝贝,因怕跌倒摔伤不让孩子滑冰,因怕溺水不让划船和游泳。这简直是把孩子用玻璃罩子罩起来,是非常错误的。这种教育方法只能使孩子成为废人。

(日本)木村久一:《早期教育和天才》

(55)母亲对于孩子是第一所学校。

(科威特)穆尼尔·纳索夫之言,引自《愿你生活更美好》

(56)坏事情一学就会,早年沾染的恶习,从此以后就会在所有的行为和举动中显现出来,不论是说话或行动上的毛病,三岁至老,六十不改。

(俄国)克雷洛夫:《克雷洛夫寓言》

(57)一个人若果没有被热烈的忠忱鼓舞着,是从不会做出伟大事业来的。

(俄)车尔尼雪夫斯基:《美学论文选》

简析:这句名言启示人们教子应鼓励多于批评,这样能增强孩子的上进心,有利于他们的成长。

(58)那些衣裳褴褛,鞋袜不整,自己舍不得看戏,一味抱着慈悲心肠为儿女牺牲一切的父母,可以算得上最坏的教育者。

(前苏联)马卡连柯:《马卡连柯全集》

(59)心平气和的、认真的和实事求是的指导,才是家庭教导技术的应有的外部表现,而不应该是专横、愤怒、叫喊、央告、恳求。

(前苏联)马卡连柯:《马卡连柯全集》

(60)没有时间教育孩子——就意味着没有时间做人。

(前苏联)苏霍姆林斯基:《家长教育学》

(61)不能把孩子的精神世界束缚于学习之中。如果我们孜孜以求的,是让孩子心灵的全部活力都耗费在各门功课上,那他的生活就会变得不堪忍受。他应当不仅成为一名学生,而且首先成为一个胸怀广泛兴趣、要求和志向的人。

(前苏)苏霍姆林斯基:《关于教育伦理的一封信》

(62)礼貌是儿童与青年所应该特别小心地养成习惯的第一件大事。

(英国)约翰·洛克:《教育漫话》

(63)我们最坏的恶德,是以幼小的坏习惯开始的。我们的主要教育在乳母手中。

(法国)蒙田:《随想录》

注:恶德:不良的品德。

(64)儿童第一步走向邪恶,大抵是由于他那善良的本性被引入歧途的缘故。

(法国)卢梭:《忏悔录》

(65)尊重是一道栅栏,既保护着父母,也保护着子女,使父母不用愁忧,使子女不用悔恨。

(法国)巴尔扎克:《巴尔扎克全集》

《巴尔扎克全集》

(66)我们给子女最好的遗产就是放手让他自己奔前程,完全依靠他自己的两条腿走自己的路。

(美)邓肯:《邓肯自传》

(67)严是爱,松是害,放任自流能变坏。

(中国谚语)

简析:教育子女光"严"不行,还需要根据孩子本身的特点,注意教育的方式方法。《时代青年》杂志刊载一篇回忆父母对他教育影响一生的事的文章,对父母如何教育好子女是有一定启示性的。现摘录如下:我上初中那年,喜欢上了《格林童话》丛书,并到了痴迷的地步。那时,父母微薄的工资早已被柴米油盐安排得所剩无几,哪里还有余钱去买一本不能吃又不能穿的书呢?

平时父母总是把钱放在写字台的抽屉里,而抽屉的钥匙就放在写字台上。几经犹豫之后,我试着用钥匙打开了抽屉,从里面拿去了一张一元的纸币。第二天,我从书店里买回了那套梦寐以求的《格林童话》。几天过去了,风平浪静,父母似乎并没有发现我拿钱的事。

不久,书店里又进了一批新书,其中《绿野仙踪》是我盼望已久的一本童话故事。禁不住"仙子"的诱惑,我如法炮制,当我再一次打开写字台抽屉时,却发现里面多了一张纸条:"峰儿,你是个好孩子,爸爸妈妈相信你会永远做一个好孩子。"我很惭愧,取出纸条,悄悄地锁上了抽屉。

从那以后,我再也没有犯过类似的错误。一张纸条成了我一生的警示,一张纸条给了我一生的尊严。

(68)火从小时救,树从小时修。

(中国谚语)

简析:这是用比喻说明教育孩子应从小时候就注意。美国教育家斯特娜夫人说:"孩子的心是一块神奇的土地,播上思想的种子,就会获得行为的收获;播上习惯的种子,就能获得品德的收获;播上品德的种子,就能获得命运的收获。"做家长的应重视在日常生活中从点滴生活小事入手,引导孩子健康成长。荣获上海市"十佳妈妈"称号的母亲,在电视上介绍了她"分苹果"的教子经验:给孩子分苹果,至少有以下三种分法。

第一种分法:家长面对争着要吃大苹果的孩子,却把那个大的给了假意谦让的孩子,且赞扬他非常懂事。

第二种分法:家长面对争着要吃大苹果的孩子,把那个最大最红的苹果举在手中:"这个苹果最大最红最好吃,谁都想得到它,这很好! 现在,让我们来做个比赛,我把门前的草坪分三块,你们三人一人一块,负责修剪好,谁干得最快最好,谁就有权得到它!"

第三种分法:妈妈要女儿把苹果给爷爷奶奶送去,剩下一个苹果,妈妈则只给女儿半个,另外半个呢,妈妈自己吃!

三种分法,产生的是三种不同的效果。第一种分法,让孩子误以为说谎话可得到想要的东西,从此就会撒谎,以后就有可能为了得到想得到的东西而不择手段,甚至学会打架、偷窃、抢劫;第二种分法,让孩子明白一个最简单最重要的道理,就是要想得到最好的,就必须努力争第一;第三种分法,则让孩子明白人与人之间是平等的,好的食物不是私有之物,应当和别人同享,决不可以从小就成为自私自利、唯我独尊的人。

(69)三岁看大。

(中国谚语)

简析:说明幼儿时期就应该正确地对孩子进行教育,使其养成良好习惯。日本也有一句类似的俗语:"三岁之魂是百岁之才",也是说明幼儿所学的东西,养成的习惯,几乎影响孩子的一生。

(70)有钱难买儿时贫。

（中国谚语）

简析: 这则谚语说的主要是指那些有志者。有志者在贫困中能激发自己树立奋发向上的意志,在创业时能吃大苦耐大劳,力争上游;而对那些无志的弱者来说,是万丈的深渊。故无论是富裕和贫困者都应注意教子立志。

(71)富不过三代。

（中国谚语）

简析: 这句古老的谚语,在今天教子有方的许多事实中,看来可以修正了,但是对有些家长还是有一定警示的作用。这里的"富",不仅是指十分富有的人,还包含稍微富裕者。亚洲第一富豪李嘉诚先生,在与一班修读中文大学工商行政管理硕士生谈话讲到教育子女,疼爱儿子不应单靠物质金钱去衡量时,透露两件事实:①他的儿子泽钜与泽楷留学斯坦福大学时,最初都是以单车代步,直至他赴美探望儿子,在雨中看到其中一个儿子骑单车在车群中"之"字形穿梭,险象环生,从那时起才让两个儿子学开汽车,买了一辆坚固但是旧款的新车。②两个儿子在外地读书时,他特别为他们在银行开了两个户头,其中的一个户头存放了一笔足够完成博士学位的费用,但不准两人随便动用,另一个户头动用前亦先要向他写信报告,因后来两兄弟功课太忙才"放松",改以电话说明。李嘉诚先生指出:父母的看法与教育对下一代的将来影响很大。现在李先生的两个儿子都事业有成,长子李泽钜任长江实业集团副主席,次子李泽楷是创造了香港科技神话的通讯盈科执行主席。这都是教子有方的结果。

(72)种瓜看秧,见崽知娘。

（中国谚语）

简析: 这则谚语是说父母的一言一行对子女的影响十分大,也正是人们常说的父母是孩子人生中的第一位老师。然而有些父母在教育子女上,不注意言传身教。他们对孩子要求成"龙",自己却不思长进;他们教育孩子要刻苦学习,专心求知,自己却不是邀朋唤友,吆五喝六,喷云吐雾,就是摆开牌局,通宵大战,看黄色书刊;他们告诫孩子要诚实守信,自己却经常当面一套,背后一套,谎话连篇。父母这种作为,必将在孩子幼小的心灵上留下阴影,产生迷惑不解,无所适从。足见,父母在思想品德、言行修养上给孩子作出表率,能起到潜移默化的示范作用,对孩子的成长十分重要。

(73)惯子如杀子。

(中国谚语)

简析:这则谚语让我想起英国大戏剧家萧伯纳在《人与超人》一书中的一句名言:"一生幸福,那将是人间地狱。"这句违反常规的名言,蕴含着深刻而丰富的人生哲理。据报载,一个13岁的花季少年,因逃学,遭受到父亲一顿责骂,便从四楼阳台纵身跃下。爱子如命的母亲因此头撞南墙,也倒在血泊中。这位少年从小到大没受过丝毫的委屈,生活在娇惯的环境中。父母、奶奶、爷爷对他百依百顺,从不打骂。畸形的幸福就像麻醉剂,使他难以承受一丁点的挫折。由此看来,父母对子女不能一味地溺爱娇惯,有必要对他进行一些"挫折"教育。

(74)刀不磨快不好砍柴,孩子不教育怎能成才。

(中国景颇族谚语)

(75)母亲的溺爱只能毁了孩子。

(英国谚语)

附录一

中国作者简介

一、春秋时作者

管仲(? —公元前 645)，名夷吾，字仲，一字敬仲，颖(yǐng 影)上(今安徽境内)人，春秋初期政治家。他在齐国进行一系列政治、经济方面的改革，使齐国实力大振，成为春秋时期第一位霸主。

老聃(dān 丹)(公元前 571—?)，字伯阳，小名李耳，楚国苦县(河南省鹿邑县东)人。春秋末期(周景王时期)思想家、哲学家，道家学派的创始人，道家奉其为教祖，尊为太上老君。

孔子(公元前 551—前 479)，字仲尼，春秋时期鲁国陬(zōu 邹)邑(今山东曲阜)人。儒家学派的创始者，我国春秋末期思想家、教育家。他的思想和学识，对中国的政治、思想、教育、文化、传统及社会礼仪等，都有巨大而深远的影响。

左丘明(约与孔子同时或其前后)，相传为春秋时期鲁国史官，双目失明，司马迁与班固都认为中国古代两本历史名著《左传》、《国语》都是他撰写的。

晏婴(? —公元前 500)，字平仲，夷维(今山东省高密市)人，曾任齐相，春秋时期的政治家、外交家。传世的《晏子春秋》是战国时人搜集他的言行编辑而成。

孙武(春秋末年)，字长卿，齐国人，春秋时吴国将领，著名军事家。他的《孙子兵法》一书，揭示了战争中一些重要规律，提出了一些颇有见地的战略战术，为后世兵家叹服，现在世界上一些军事家、哲学家颇为重视并进行研究。

二、战国时作者

墨翟(约公元前 468—前 376），相传为宋国人，长期住在鲁国。他是战国初期著名的思想家、政治家、儒家的主要反对派，墨家的创始人。他提倡"兼相爱，交相利"，痛恨侵略战争，主张"非攻"，认为只有这种相爱相助的社会，才会去掉祸敌，天下太平。在哲学观点上，他提出了"实"是第一性，"名"是第二性的正确观点，认为"耳目之实"的直接感觉经验为认识的唯一来源，"闻之见之，则必以为有，莫闻莫见，则必以为先"，这是人类认识发展史上一个很大的进步。

孟轲(约公元前 372—前 289），名轲，字子舆，邹（今山东邹县）人。我国战国时期的思想家、政治家、教育家、散文家，孔子之后儒家学派最重要的代表人物。

庄周(约公元前 369—前 286），名周，战国时期宋国蒙（今河南商丘县东北）人，战国时期哲学家、散文家、道家学派的代表人物。《庄子》一书又称《南华经》，道家经典之一，具有独特的艺术魅力，对后来的文学发展有较深的影响。

屈原(约公元前 340—前 278），名平，字原，战国时期楚人，相传故里在今湖北秭（zǐ 子）归，是中国历史上最早的诗人。作品有《离骚》、《九歌》、《天问》等。《离骚》是他的代表作，具有浓烈的浪漫主义特色，对中国文学发展有着深远的影响。

荀况(公元前 313—前 238），名况，时人称卿，学者称荀卿，后改为孙卿或孙卿子，战国赵（今山东南部）人，为儒家学派最后一位大师。他批判地继承了孔丘以来儒家的思想传统，又批判地吸收了道、法、墨各家学说，强调环境、教育对人性的改造作用，成为先秦集大成的古代唯物主义思想家、教育家。

　　韩非（约公元前 280—前 233），战国时韩国人，出身贵族，与李斯同受业于荀卿。著有《孤愤》、《五蠹》、《说难》等。文笔犀利，议论透辟，善于运用寓言故事和历史材料说明问题，标志着先秦论说文发展的新阶段。

　　尸佼（生卒年难考），战国时期著名的杂家（兼采各家之长，合聚成一家之言）。其所著《尸子》一书，兼有儒、法、道等三家之言，是战国时期杂家的重要著作之一。

　　孙膑（生卒年难考），战国时齐国阿（今山东阳谷东北）人，春秋末年杰出的军事家孙武的后代。著有《孙膑兵法》，亦称《齐孙子》，该书军事思想中包含着大量的朴素唯物论和辩证法的思想。

　　扁鹊（生卒年难考），姓秦，名越人，齐国渤海郡莫（mào 冒）州（今河北省任丘县北）人，战国时期著名民间医学家。由于他救活了许多濒于死亡的人，因此当时人们称他为神医。

　　上缭（生卒年难考），姓失传，名缭，原为魏大梁（今河南开封市）人。战国末年，入秦游说，被秦王政（秦始皇）任为国尉，掌全国军事，故称尉缭。战国末年的大军事家，对军事理论有很深研究。所著军事著作《慰缭子》，同《孙子》、《吴子》、《司马法》、《三略》、《六韬》、《唐李问对》等并列为军事教科书。

三、两汉时作者

　　刘邦（即汉高祖，公元前 256—前 195），字季，沛县（今江苏沛县）人，汉开国皇帝，为汉王 4 年，在帝位 8 年，平定英布叛乱中流箭受伤，伤口恶化而死。他在位期间，面对社会贫困的局面，采取休养生息政策，实行重农抑商、轻徭赋、释放奴婢、复原兵士等措施，有力地恢复发展了社会经济。群众说："皇帝从平民起事，拨乱反正，平定天下，是汉朝开创者，功劳最高。"故上尊号高皇帝，人们称他为汉高祖。

陆贾(约公元前240—前170),楚人,随高祖刘邦平定天下,并劝高祖以《诗》、《书》、文治天下,司马迁在《史记》中称其"当世之辩士",常为外交使者,游说诸侯,著有《新语》一书。

贾谊(公元前201—前169),洛阳(今河南洛阳)人,西汉杰出政治家、辞赋家、应用文章写作家。他的文章文笔雄放,议论精辟,在文学史和应用文章发展史上影响深远。

晁错(公元前200—前154),颖(yǐng 影)川(今河南禹县一带)人,西汉前期的政治家、散文家。鲁迅称贾谊、晁错的政论"皆为西汉鸿文"。

邹阳(生卒年难考),齐(今山东东部)人,西汉文学家。他的著名应用文章《上吴王书》、《狱中上梁王书》为传世之佳作。

司马相如(公元前179—前117),字长卿,蜀郡成都(今四川成都市)人,西汉著名辞赋作家。

刘安(公元前179—前122),沛郡丰(今江苏沛县东)人,汉高祖刘邦之孙,袭父封为淮南王,西汉思想家、文学家。他曾"招致宾客方术之士数千人",集体编写《淮南子》(也称《淮南鸿烈》)为传世佳作。公元前122年(武帝元狩年),因谋反事发自杀,株连被杀者数千人。

董仲舒(公元前179—前104),广川(今河北枣强县,一说景县)人,著名的经学家。
注:经学:指儒家经典《易》、《书》、《诗》、《礼》、《乐》、《春秋》等"六经"之学。因《乐》早已佚失,实际只有"五经"之学。

韩婴(约公元前200—前130),燕(今北京市)人,文学家。他是当时传授《诗经》的鲁、齐、韩(即韩婴)、毛四家之一,为研究《诗经》的学者,"韩诗"体例的创始人。《汉书·儒林传》中云:韩婴"推诗人之意而作内外传数万言",这是说"韩诗"有"内传"与"外传"。《韩诗内传》于南宋时已失传,无从考究其内容;《韩诗外传》的内容,是每章先讲一个故事,尔后引用《诗经》中的语句加以证实。所以说《韩诗外传》虽然关系到《诗经》,但并不是一部研究《诗经》的学术著作,而是开创了"韩诗"的一种体例。

刘彻（即汉武帝，公元前 156—前 87），为景帝刘启第三子，西汉第六位皇帝。他在位 54 年，继续推行父王景帝的政策，并进行了发展，采取了一些积极措施，使西汉王朝进入了鼎盛时期。但在统治后期，穷奢极欲，挥霍无度，大兴土木，兴建宫室，再加上对匈奴连年征战，将"文景之治"时期积蓄的财物消耗殆尽。

司马迁（约公元前 145 或前 135—?），字子长，夏阳（今陕西韩城县）人，著名史学家、文学家。其发愤所著划时代名著《史记》，开创了纪传体史书的形式，为后世著史者所遵循。

枚乘（? —前 140），字叔，淮阴（今属江苏）人，西汉著名辞赋家。其代表作《七发》，描写细腻，生动感人，颇有影响，被历代文论家所赞誉，后来沿袭这种体式写的文章，号称"七体"。

孔安国（约公元前 140 年前后在世），学子国，曲阜人，孔子后裔，经学家。

赵充国（公元前 137—前 52），字翁孙，陇西上邽（guī 归，今甘肃省天水市西南）人，西汉名将，著名军事家。

桓宽（公元前 73? —49?），字次公，汝南郡（今属河南）人，西汉散文家。他的《盐铁论》是研究西汉政治、经济等问题的重要史料，也是一部出色的对话体散文作品，在我国古代散文著作中具有独特的风格。

刘向（约公元前 77—约前 6），原名更生，字子政，沛（今江苏沛县）人，西汉文学家。著作《洪范五行传》、《新序》、《烈女传》、《说苑》等，叙事简约，说理通畅，对后世散文创作有一定影响。

扬雄（公元前 53—公元 18），亦作杨雄，字子云，蜀郡成都（今四川成都市）人。西汉著名辞赋家、哲学家、语言学家。

王充（约公元前 27—约 97），字仲任，会稽上虞（今浙江上虞县）人，东汉唯物主义哲学家、文学批评家。著《论衡》一书，以朴素唯物主义的自然观，批判当时盛行的鬼神迷信和谶纬神学，旁及天文、政治、医学、宗教等问题。

注：谶(chèn 衬)纬：谶，是秦汉间巫师、方士编造的预示吉凶的隐语；纬，是汉代神学迷信附会儒家经义的一类书。

班固(公元 32—92)，字孟坚，扶风按陵(今陕西咸阳东北)人，东汉杰出的历史学家、文学家。著作《汉书》为我国第一部纪传体断代史，其中《苏武传》写得可歌可泣，突出表现了《汉书》的文学成就。

张衡(公元 78—139)，字平之，南阳西鄂(今河南南阳)人，东汉杰出的科学家、文学家。他精通天文历算，创制世界上最早用水力推动的"浑天仪"和测定地震的"候风地动仪"。天文著作有《浑天仪图注》和《灵宪》，文学作品有《二京赋》及《四愁诗》、《同声歌》等。

王符(公元 85—162)，字节信，临泾(今甘肃镇原县)人，东汉思想家、社会批判思潮的开创者。著作《潜夫论》是论述政治、哲学问题的散文集，书中批判时政，揭露统治者的残暴，是一部有影响的传世作品。

李固(公元 94—147)，字子坚，汉中南郑(今山西南郑北)人，少时勤奋好学，为官清正，东汉名臣。

蔡邕(yōng 拥，公元 132—192)，字伯喈(jié 皆)，陈留圉(yǔ 雨，今河南杞县南)人。东汉著名文学家，书法家。

荀悦(公元 148—209)，字仲豫，颍川颍阴(今河南许昌)人，东汉史学家、文学家。他 12 岁能说春秋，家贫无书，每见篇牍，一览而能记诵。性格沉静，尤好著述。建安三年(公元 198 年)献帝以《汉书》文繁难省，命其依《左传》体删改，两年后完成《汉纪》30 篇，简明扼要，便于阅读，对后世编纂编年史书具有较大影响。

徐干(公元 170—217)，字伟长，北海(今山东寿光)人，东汉末年文学家、哲学家，建安七子之一。

仲长统(公元 180—220)，字公理，山阳高平(今山东金乡县)人，东汉散文家。作品《理乱篇》，结构严密，语言生动，是散文的精品。

傅干(生卒年难考),字彦林,少聪颖,父燮(xiè 谢)守汉阳时,傅干 13 岁,谏父曰:国家昏乱,兵不足自守,不如回至乡里,率义徒,具有道者而辅之,其父认为不可,后终被难。傅干几经磨难,亦官至扶风太守。

高诱(约公元 195 年前后在世),涿(zhuō 捉)郡涿县(今河北涿鹿)人,注疏学家。著有《战国策注》、《吕氏春秋注》、《淮南子注》,训诂简约,还纠正了些原书引证的错误。

赵晔(yè 业,生卒年难考),字长君,会稽阴(今浙江绍兴市)人。曾为县吏,后受师杜抚,学成后,不仕。东汉学者,史学家,著有《吴越春秋》等。

四、魏晋南北朝时作者

曹操(魏武帝,公元 155—220),字孟德,小名阿瞒(mán 馒),沛国谯(qiáo 桥,今安徽亳(bó 博)州)人。汉魏时期杰出的政治家,军事家和文学家。鲁迅说他是"一个改造文章的祖师"。他的作品《明罚令》、《求贤令》、《让县自明本志令》等,是应用文章传世的名篇。

吴质(公元 177—230),字季重,济阴(今山东定陶县西北)人。文学家。

曹丕(公元 187—226),字子桓,曹操次子,三国时魏国的建立者,即魏文帝。他爱好文学,在文学创作与文学理论上都有一定的成绩,他提出应用文章是"经国之大业,不朽之盛事"的著名论断。

刘劭(shào 劭,约公元 220 年前后在世),字孔才,邯郸人,文帝时为散骑侍郎,受诏集五经群书作皇览,明帝时为陈留太守,百姓称之。

曹植(公元 192—232),字子建,为曹操第三子。他才智过人,早年甚得曹操宠爱,一度欲立为太子,及至曹丕、曹睿(ruì 锐)先后称帝,备受猜忌压迫,郁郁而死。他的诗歌采华茂;感情曲折,为三国·魏杰出诗人、散文家。

王弼（bì 闭），公元 226—249），字辅嗣，三国魏山阳（今河南省焦作市）人。玄学家，著作有《周易注》、《老子注》等。

桓范（约公元 240 年前后在世），字元则，沛国（今安徽宿县）人。三国·魏文学家。

刘备（公元 161—223），字玄德，涿（zhuō 捉）县（今河北涿县）人，汉中山靖王刘胜之后代。父亲早逝，家庭贫困，与母亲靠贩卖草鞋、草席为生。后与关羽、张飞结拜为异姓兄弟，发誓要同生共死，干一番事业。公元 221 年刘备称帝，国号"汉"，在位 3 年病逝，谥号昭烈帝，史家称为刘先主。

诸葛亮（公元 181—234），字孔明，琅琊阳都（今山东沂南）人，年轻时在隆中（今湖北襄阳）山区过耕读生活。三国蜀国著名政治家、军事家、应用文章写作名家。他的文学造诣颇高，作品《隆中对》、《出师表》等文章，是应用文章传世精品，影响极深远。

傅玄（公元 217—278），字休弈，北地泥阳（今山西耀县东南）人，官至司隶校尉，封鹑（chún 纯）觚（gū 孤）子。西晋哲学家、文学家。

陈寿（公元 232—297），字承祚，又名长寿，巴西安汉（今四川南充）人。西晋杰出的史学家，纪传体断代分国史《三国志》的作者。

张华（公元 232—300），字茂先，范阳方城（今河北固安）人。西晋文学家。

傅咸（公元 239—294），字长虞，北地泥阳（今山西耀县东南）人，傅玄之子，曾任御史中丞，为官清廉。西晋哲学家、文学家。

潘岳（公元 247—300），字安仁，荥（xíng 形）阳中牟（今河南开封市附近）人。姿貌俊美，路途中常被妇女连手萦绕，投之以果，旧小说中常以其作为美男子典型。其擅长诗赋骈文，官至给事黄门侍郎。晋惠帝永康年间被赵王(司马伦)亲信孙秀构陷、杀害。作品有辑本《潘黄门集》。

陆机(公元 261—303)字士衡,吴郡华亭(今上海松江县)人,三国东吴丞相陆逊之孙,大司马陆抗之子。武帝(司马炎)泰康末年,与弟陆云同至洛阳,文才深受时人欣赏,誉称"二陆"。八王之乱时,成都王司马颖任其为河北大都督,兵败被谗,为颖所杀。他的诗作现存 104 首,文学论文《文赋》,是我国古代文学理论专著,颇有影响。

左思(约公元 250—约 305),字太冲,临淄(今山东淄博市)人。出身贫寒,但博学能文。其妹左芬,亦好学善文,武帝司马炎以文才召入内宫为妃,全家随居京都,官至秘书部。最后退出官场,从事诗赋著作。他构思 10 年写成《三都赋》,豪贵之家,竞相传写,据《晋书·文苑传》记载,洛阳为之纸价昂贵。他写的《咏史诗》语言简劲,形成了雄迈的艺术风格,《诗品》中有"左思风力"之誉。

挚虞(? —公元 311),字仲洽,京兆长安(今陕西西安北)人,西晋文章学家。著作有《文章流别集》、《文章流别志论》、《三辅决录注》等。

葛洪(公元 283—343),字稚川,自号抱朴子,丹阳句容(今江苏句容)人。东晋文学家、化学家、医学家、思想家、史学家及道教理论家。

孙绰(公元 314—371),字兴公,太原中都(今山西平遥)人。东晋文学家。

袁宏(公元 328—376),字彦伯,阳夏(今河南太康)人,曾任桓温大司马府记室,总理文书。东晋文学家。

陶渊明(公元 365—427),一名潜,字元亮,浔(xún 寻)阳柴桑(今江西九江)人。东晋伟大诗人、散文家。

范晔(公元 398—445),字蔚宗,顺阳(今河南淅川县)人,南朝·宋史学家、散文家。著作《后汉书》,博采东汉各家史书,叙事简明周详,文笔流畅生动。

刘义庆(公元 403—444)，南朝·宋代宗室，袭封临川王，彭城(今江苏徐州)人。编著《世说新语》(本名《世说新书》，也称《世说》)，对后代笔记文学很有影响。

何逊(? —518)，字仲言，东海郯(tán 谈，今山东省郯城县西)人，曾任庐陵王记室。南朝·梁诗人、文学家，著有《何记室集》

周兴嗣(公元? —521)，字思纂，陈郡项人，梁武帝时拜安成王国侍郎。南朝·梁文学家。

刘勰(约公元 465—约公元 532)，字彦和，原籍东莞莒县(今山东省莒县)，世居京口(今江苏镇江)，南朝·梁伟大文学理论批评家。他所著《文心雕龙》，总结了前人进步的文学理论批评，抨击当时创作界形式主义风气，见解精辟，体系完整，是我国古代文学理论批评的巨著，对文学创作及应用文章写作影响极大。

萧子显(公元 489—537)，字景阳，兰陵(今江苏常州)人。南朝·梁历史学家。

杨泉(生卒年难考)，字德渊，梁国(今河南商丘市)人。南朝·梁文学家、哲学家。

徐陵(公元 507—583)，字孝穆，东海郯(今山东郯城北)人。梁朝时为东宫学士，陈朝建国后，官至尚书、仆射中书监。其为官不畏权贵，注意荐贤举能；著文写诗、笔锋犀利，军檄诏策，皆出其手，为一代文宗。著作有《徐孝穆集》等。

魏收(公元 506—572)，字伯起，曲阳(今河北晋县)人。北朝·北齐历史学家。

刘昼(公元 514—565)，字孔昭，渤海阜城(今河北交河)人。北朝·北齐文学家。

庾(yǔ 雨)信(公元 513—581)，字子山，南阳新野(今属河南)人。他幼年聪慧,博览群书,擅长诗文辞赋,后官至骠骑大将军。北朝·北周著名文学家,著有《庾子山集》。

颜子推(公元 531—591),字介,琅琊临沂(今属山东)人,北朝·北周文学家、教育家、思想家。著作《颜氏家训》,叙述作者阅世的经验和对生活的看法,向全家指明生活准则。书中有许多好的见解,但也有一些宣扬封建伦理的内容。

五、隋唐五代时作者

杨坚(即隋文帝,公元 541—604),弘农华阳(今陕西华阴县)人,北朝大贵族隋国公杨忠之子。他自幼好学不倦,有才干,40 岁称帝后,很快统一了全国,结束了西晋以后近 300 年的分裂局面。他偃武修文,勤俭治国,精简机构,宽恤民力,创立科举制度,使隋朝的社会经济得到迅速恢复和发展。到晚年,雅好符瑞、崇信佛教,深居豪华的仁寿宫,思想趋于保守而喜怒不恒,过去的那种勤俭节约之风和明敏大略的度量,荡然殆尽。

王通(公元 584—617),字仲淹,号文中子,绛州龙门(今山西河津)人。隋朝教育家、哲学家,唐代有名的卿相皆出其门。

李百药(公元 565—648),字重规,定州安平(今河北安定)人,唐朝历史学家。他著有《北齐书》50 卷等。

房玄龄(公元 570—648),字乔,一说名乔,字玄龄,齐州临淄(今山东临淄)人。唐朝良相。

孔颖达(公元 574—653),字冲远,冀州衡水(今河北冀县)人。唐朝著名经学家、史学家。

魏徵(公元 580—643),字玄成,巨鹿曲城(今河北晋县西)人。唐朝杰出的政治家、历史学家,《旧唐书》赞他为"前代诤臣,一人而已。"

　　孙思邈(公元581—682),京兆华原(今陕西耀县)人,唐朝伟大的医学家。他70岁时,总结以前的临床经验和医学理论,完成了巨著《千金药方》,后又完成了《千金翼方》,以补充前书。这两部医学巨著,大大丰富了祖国的医学宝库。

　　李世民(唐太宗,公元599—649),唐高祖李渊次子,玄武门之变后,逼高祖禅位给他。他在位23年,采取一系列措施,使唐朝社会秩序较为安定,经济繁荣,国力强盛,出现"贞观之治"的富强昌盛的局面。但他在晚年,生活趋向奢侈,大兴土木,加重赋役,连年用兵,使阶级矛盾有所发展。51岁时,患痢疾而死。

　　李延涛(约公元607年前后在世),字遐龄,陇西相州(今河南安阳)人,唐朝史学家。他借助其父亲李大师遗稿,参照《史记》体例,删补南北朝八史,历时16年撰成《南史》、《北史》,又著《太宗政典》30卷,尚能秉笔直书,为世所称。

　　武曌(zhào 照,公元624—705),原名武则天,称帝后改名曌,并州文水(今山西文水)人,唐高宗皇后,后称帝。在位16年,实际执政了近半个世纪,是中国历史上唯一的女皇帝。

　　王勃(公元650—676),字子安,绛(jiàng 降)州龙门(今山西河津)人,唐代文学家。他文学才华出众,为"初唐四杰"之一。

　　刘希夷(约公元651—?),字延之,一说庭芝,汝州(今河南临汝)人,唐代诗人。他所写《代白头吟》(一说《代悲白头翁》)中名句"年年岁岁花相似,岁岁年年人不同",世代相传。

　　陈子昂(公元661—702),字伯玉,梓州射洪(今属四川)人。唐代杰出的文学家。

　　吴兢(公元670—749),汴州浚仪(今河南开封)人,唐朝史学家。著有《贞观政要》10卷,较新、旧《唐书》、《资治通鉴》等更为详尽,为研究唐初政治的重要参考史料。

张九龄(公元 673—740),字子寿,曲江(今属广东)人,中宗景龙年间进士,官至中书令,世称贤相。唐代政治家、诗人。

寒山(约公元 680—约 793),原称寒山子,一说为僧人,一说为道士,曾隐居天台唐兴县寒岩(翠屏山)。唐代诗人,著有《寒山子诗》。

孟浩然(公元 689—740),襄阳(今属湘北)人,唐代著名诗人。他的诗作多数是平淡自然地描写山水景物和农家生活的,不事雕琢,富有韵味,清新生动,引人入胜。

李白(公元 701—762),字太白,号青莲居士,祖籍陇西成纪(今甘肃天水),先世于隋末因罪流放西域,他生于安西都护府的碎叶城(伊塞克湖北楚河边,今俄罗斯托克马克)。他少年即显露才华,吟诗作赋,广览博学,并好行侠。天宝初年,经贺知章和道士吴筠推荐,应诏赴长安供奉翰林,但因蔑视权贵,遭谗去职。由于他长期漫游,对现实生活有体验,在诗歌中表现出对世俗的鄙夷,对黑暗腐朽的抨击,歌颂爱国英雄主义,描绘祖国山川壮丽,并善从民歌和神话传说中汲取营养,想象丰富奇特,语言清新自然,风格雄奇奔放,开创了屈原之后浪漫主义诗歌新的高峰。

张巡(公元 709—757),邓州南阳(今河南南阳)人,玄宗开元年间进士,曾任太子通事舍人,安史之乱起,率众誓死抵抗,后被俘不屈而死。

刘长卿(公元 709—780),字文房,河间(今属河北)人,开元年间进士,官至随州刺史,性刚直,后因得罪权贵下狱,并遭贬谪。唐代诗人。

颜真卿(公元 709—785),字清臣,琅琊临沂(今山东临沂市)人,北齐黄门侍郎颜之推之孙。他少勤学,善为文,唐代书法家,唐德宗在位时为太子太师。

杜甫(公元 712—770),字子美,自称少陵野老或杜陵野客,祖籍襄阳(今属湖北),出生于巩县(今属河南),唐代伟大诗人。其诗广泛而真实地反映了当时人民的痛苦生活,表达了人民的思想感情,发扬了崇高的爱国主义精神,写出了唐代由盛转衰的历史过程,文学史上称其诗为"诗史",称其人为"诗圣"。

岑参(公元714—770),南阳(今属河南)人,唐玄宗天宝年间进士,官至嘉州刺史,世称岑嘉州。唐代杰出诗人,有《岑嘉州诗集》。

吴筠(? —公元778),字贞节,华州华阴(今陕西华阴)人。因屡举不中,便隐居南阳倚帝山,攻读著述。玄宗天宝年间被召至京师,进见大同殿,献上《玄纲》3篇,玄宗甚悦,敕待诏翰林。因知天下将乱,恳请隐归嵩山,诏为立道馆。归山后,聚徒讲学,传播老子学说。其通经典,美文辞,唐朝教育家。

王士源("源"亦写"元",约公元742年前后在世),襄阳宜城(今属湖北)人。公元742年(天宝元年),唐玄宗下诏求《庚桑子》,王士源证实《庚桑子》即《亢仓子》,又从诸子之文中摘编成《亢仓子》9篇。公元745年(天宝四年)应诏入京,编校《孟浩然诗集》,并作序,为孟浩然诗的第一个集本,为后世研究孟浩然提供了重要资料。唐朝文学家。

元结(公元719—772,一说786),字次山,号猗玗子,因安史之乱曾避难入猗玗洞故,故又号漫郎、聱叟,河南(今河南洛阳)人,玄宗天宝年间进士,唐代著名文学家。他早年生活穷困,比较接近民间,其作品多能反映人民疾苦,内容充实,为伟大诗人杜甫所推崇。

元载(? —公元777),字公辅,凤翔岐山(今陕西岐山)人,家寒微,自幼好学,善为文,博览子、史,尤学道书。天宝(公元742～756)初,唐玄宗下诏求明老、庄、文、列四子学者,元载策入高第,补新平尉。后官迁升为相,生活日趋奢靡,妻戾子骄,恣为不法。唐代宗屡次深戒之,但怙恶不悛,大历十二年(公元777年),诏赐自尽,其妻及子多人皆赐死。

杜佑(公元735—812),字君卿,京兆万年(今西安市)人,唐朝历史学家。著作《通典》为我国第一部记述典章制度的通史。

孟郊(公元751—814),字东野,湖州武康(今属浙江)人,唐代著名诗人。他与唐代著名散文家韩愈交谊甚密,长于五言古诗,著有《孟东野集》。

陆贽(公元754—805),字敬舆,苏州嘉兴(今浙江嘉兴)人,自幼好学,博采广闻,18岁进士及第,后又登博学宏词制科及书判拔萃科,唐朝良吏、应用文章写作家。他任谏议大夫时,直言敢谏,指陈政弊,而言多激切,后被贬至忠州,此地多病疫,便著《陆氏验方》50卷行世。公元805年德宗病逝,太子李诵即位,大臣建议找陆贽回京,但诏书未至陆贽卒。

　　权德舆(公元759—818),字载之,天水略阳(今甘肃泰安东北)人,唐朝良臣。他无日不读书,为宰相时,常上疏指斥贪佞,请减免赋税、赈济灾民、革除弊政,并常纵论古今兴亡,以开悟皇帝。

　　马总(?—823),"总"一作"摠",字会元,岐州扶风(今属陕西)人,唐朝文学家、应用文章写作家。《新唐书·艺文志》收录其所著《奏议集》30卷。

　　韩愈(公元768—824),字退之,河阳(今河南孟县)人,祖上曾居昌黎郡,世称韩昌黎,唐代伟大散文家、杰出诗人、哲学家。他在文学史上影响极大,被后世人列为"唐宋八大家"之首。

　　张籍(约公元767—约830),字文昌,原籍吴郡(今江苏苏州)人,少时侨寓和州乌江(今安徽和县乌江镇),德宗贞元年间进士。唐代诗人。

　　刘禹锡(公元772—843),字梦得,洛阳(今属河南)人,自言系出中山(今河北定县)。唐代著名诗人、散文家、哲学家。

　　白居易(公元772—846),字乐天,晚年号香山居士,祖籍太原,生于新郑(今河南新郑县),后迁居下邽(guī归,今陕西渭南县境内)。唐代伟大诗人、新乐府运动的倡导者。

　　李绅(公元772—846),字公垂,润州无锡(今江苏无锡)人,唐宪宗元和六年进士,穆宗李恒时曾为翰林学士,武宗李炎时曾任宰相,后因病辞位。他进入官场以前的作品《悯农》,表现了作者对辛勤劳动的贫苦农民的同情与珍惜粮食的思想和态度。

　　柳宗元(公元773—819),字子厚,河东(今山西永济)人,世称柳河东,德宗贞元年间进士,唐代杰出文学家。他的诗、散文、应用文章,在文学史与应用文章发展史上均影响很大。

姚合（公元775—约855），陕州陕石（今河南陕县）人，姚崇曾孙，宪宗元和年间进士，官至秘书少监。诗人，著有《姚少监诗集》。

李子卿（约公元776年前后在世），唐代文章学家。

李纯（唐宪宗，公元778—820），初名淳，唐顺宗长子，宦官逼顺宗退位后，立他为帝。他继位后，力图削平藩镇割据，恢复唐朝统一，但在取得了一些成就后，便自以为立下了不朽功勋，想求生不老之药，永远过奢侈生活。在位15年，被宦官毒死。

元稹（公元779—831），字微子，河南（今洛阳市）人。幼年家贫，刻苦攻读，德宗贞元年间进士，曾任监察御史，与白居易友善，世称"元白"。唐代杰出的诗人。

李贺（公元790—816），字长吉，昌谷（今河南宜阳）人。唐代杰出诗人。

卢仝（约公元795—835），自号玉川子，范阳（今北京市）人。家境贫寒，读书刻苦，不愿仕进。唐朝诗人，著作有《玉川子集》。

杜牧（公元803—853），字牧之，京兆万年（今陕西西安）人。唐代著名文学家、诗人。他的《阿房宫赋》，以秦朝统治者荒淫奢侈终至亡国的教训劝告唐朝皇帝，作品在思想上与艺术上均很有特色。

李商隐（公元812—约858），字义山，号玉豁（xī 溪）生，怀州河内（今河南沁阳）人。唐代杰出诗人、散文家。

段成式（？—公元863），字柯古，临淄（今山东临淄）人。所撰《寅阳杂俎》是记述南北朝及唐朝野史秘闻轶事、交聘应对仪礼、民间婚丧嫁娶、风土习俗、中西交流及神话、传奇、陨星、化石、动植物等，《四库全书总目》推为自唐以来"小说之翘楚"。唐朝文学家。

皮日休(约公元834—883),字逸少,后改为袭美,襄阳(今属湖北)人,早年住鹿门山,自号鹿门子。他幼年家境贫苦,但勤奋好学,咸通年间进士,曾任太常博士。后参加黄巢起义,黄巢军进长安,任命其为翰林学士。旧史称其被巢军所杀,一说巢兵兵败后为唐军所害。他的诗歌为晚唐进步诗派的代表,散文措辞峭拔刚健,有强烈的反抗精神。唐朝文学家。

司空图(公元837—908),字表圣,河中(今山西永济)人,唐代诗人、著名诗论家。其所著《诗品》一书,对后代诗论影响颇大。

王贞白(公元875—958),字有道,号灵溪,信州永丰(今江西广丰)人,唐昭宗乾宁年间进士。唐代文学家。

王定保(公元870—941),洪州南昌(今属江西)人,唐末昭宗光化年间进士,五代文学家。其所著《唐摭言》,颇受历代学者重视。

刘昫(xù 叙,公元887—947),字耀远,涿州归义(今河北容城)人。五代后唐庄宗时拜为太常博士、翰林学士,后唐明宗时官至刑部尚书、宰相。五代文学家、史学家,著有《唐书》(即《旧唐书》)。

六、两宋时作者

(一)北宋时作者

孙光宪(约公元900—968),字孟文,号葆光子,贵平(今四川仁寿附近)人。北宋初年词人。

王溥(pú 朴,公元922—982),字齐物,并州祁县(今山西祁县)人,北宋历史学家。所撰《五代会要》30卷,开后世政书会要体裁之先河。

李昉(公元925—996),字明远,深州饶阳(今属河北)人,北宋世宗时期翰林学士,文学家、史学家、应用文章写作家。所编著《文苑英华》(总集,辑集南朝梁至唐代诗文)、《太平广记》(古代小说总集)、《太平御览》(类书,保存了大量古代有关政治、经济、文化、自然博物等方面资料),均为传世之作。

邢昺(bǐng 丙,公元 932—1010),字叔明,曹州济阴(今山东曹县)人。北宋经学家,著有《论语正义》、《孝经正义》、《尔雅义疏》等。

田锡(公元 940—1003),字表圣,嘉州洪雅(今属四川)人,北宋太平兴国三年进士,官至右谏议大夫,史馆修撰。他遇事敢言,不避权贵。著作有《咸平集》。

张泳(公元 946—1015),字复之,自号乖崖,濮州鄄(juàn 倦)城(今山东鄄城县)人,北宋太宗太平兴国年间进士,官至御史中丞。

谭峭(约公元 989 年在世)字景升,泉州(今属福建)人,唐朝国子监司业谭洙之子。北宋教育家,著有《化书》,又名《齐丘子》。

种放(? —1015),字名逸,洛阳(今属河南)人,北宋教育家。他沉默好学,父卒,以讲习束修奉养母亲。因才学名声颇大,多次应诏入朝,官至右谏议大夫。
注:束修:借指薪俸。

林逋(bū,公元 967—1028),字君复,钱塘(今浙江杭州)人。北宋诗人。

范仲淹(公元 989—1052),字希文,苏州吴县(今江苏苏州)人,少时孤贫,发愤自学,真宗大中祥符年间进士,北宋政治家、文学家。他为官廉正,关心人民;诗文文质皆美,为历代人传诵。

张先(公元 990—1078),字子野,乌程(今浙江省吴兴县)人。他早年喜写小令,和晏殊、欧阳修并称;晚年喜写慢词,和柳永并称。北宋词人,著有《张子野词》。

宋绶(公元 991—1040)字公垂,赵州平棘(今湖北赵县)人。他博通经史百家，为当时藏书大家之一，有 2 万卷书。曾为翰林学士，官至兵部尚书，参知政事。编著有《唐大诏令集》等。

晏殊（公元 991—1055），字同叔，临川（今江西省抚州市）人，少年以神童入试，赐同进士出身。公元 1022 年仁宗时，任中书门下平章事（宰相），兼枢密使。北宋词人。

胡瑗（yuàn 愿，公元 993—1059），字翼之，泰州海陵（今江苏如皋）人，世居陕西路安定堡，学者称安定先生。他家庭贫寒，但勤奋好学，曾去泰山与孙复、石介求学十余载。北宋教育家，著作有《尚书全解》、《春秋要义》等。

宋祁（公元 998—1061），字子京，安州安陆（今湖北安陆）人。北宋史学家。

余靖（公元 1000—1064），字安道，韶州曲江（今属广东）人，仁宗天圣年间进士。曾受命与王洙共校司马迁《史记》、范晔《后汉书》。因论范仲淹谪官事，与欧阳修等一同被贬。后官至工部尚书。著作有《武溪集》等。

梅尧臣（公元 1002—1060），字圣俞，宣城（今安徽宣城）人，北宋著名现实主义诗人。他的诗风平淡朴素，对宋诗起了革新作用。

田况（公元 1005—1063），字元钧，开封（今河南开封）人，仁宗天圣年间进士。他文武双才，治理成都声望颇高，蜀人谓之"照天蜡烛"，又谓之"不错事尚书"。

欧阳修（公元 1007—1072），字永叔，号醉翁、六一居士，庐陵（今江西吉安）人，北宋杰出文学家。他在中国古代文学史上的地位崇高，影响很大。

苏舜钦（公元 1008—1048），字子美，梓州铜山（今四川中江县）人，后迁居开封，仁宗景祐年间进士，北宋文学家。他的诗与梅尧臣齐名，并称"苏梅"；散文词句凝练，风格峭劲，欧阳修对他的诗、文评价很高。

李觏(gòu 够,公元 1009—1059),字泰伯,南城(今属江西)人,因南城在盱(xū 须)江边,故世称盱江先生。北宋散文家。

苏洵(公元 1009—1066),字明允,号老泉,眉山(今四川眉山县)人,北宋散文家。他与其子苏轼、苏辙在文学史上合称"三苏",俱被列入唐宋八大家。

周敦颐(yí 宜,公元 1017—1073),原名敦实,字茂叔,号濂溪,道州营道(今湖南道县)人,北宋哲学家、教育家、道学创始人。黄庭坚称赞其"廉于取宏而锐于求态,薄于微福而厚于得民"(《宋史》)。

曾巩(公元 1019—1083),字子固,建昌南丰(今江西南丰县)人,嘉祐年间进士。为地方官时,比较关心人民疾苦,后官至中书舍人,为唐宋八大家之一,北宋著名散文家。著有《元丰类稿》、《曾巩集》。

司马光(公元 1019—1086),字君实,号迂叟,陕州夏县涑水乡(今山西夏县)人,世称涑水先生,病逝后追封温国公。北宋政治家、史学家,作品有编年体史《资治通鉴》,具有很高的史学价值和文学价值。

张载(公元 1020—1077),字子厚,先人世居大梁(今河南开封),后迁居陕西凤翔郿县横渠镇(今山西郿县横渠乡),故世称横渠先生。北宋著名思想家、教育家。

王安石(公元 1021—1086),字介甫,晚号半山,抚州临川(今江西临川)人。北宋著名文学家、政治家、应用文章写作家,为"唐宋八大家"之一。

沈括(公元 1031—1095),字存中,钱塘(今浙江杭州)人,北宋科学家、作家。所著《梦溪笔谈》一书,内容涉及天文、数学、物理、化学、生物、地质、地理、气象、医学、工程技术、文学、音乐、美术等诸多方面,价值甚高。

程颢(hào 号,公元 1032—1085),字伯淳,人称明道先生,洛阳(今河南洛阳市)人。北宋思想家、教育家。他与程颐(其弟)同为北宋理学家之奠基者,人称"二程"。

程颐(yí 宜,公元 1033—1107),字正叔,洛阳(今河南洛阳市)人,学者们称其为伊川先生。北宋文学家,教育家。他讲学达 30 余年,其寿比兄程颢长 21 年,学业成就也比兄大。

王得臣(公元 1036—1115),字彦辅,自号凤亭子,安陆(今湖北安陆县)人,仁宗嘉祐四年进士,官至司农少卿,后因病告归。北宋文学家。

苏轼(公元 1037—1101),字子瞻,号东坡居士,眉山(今四川眉山县)人,苏洵长子。北宋著名散文家、书画家。

苏辙(公元 1039—1112),字子由,号栾城,又号颖滨,眉山(今四川眉山县)人,苏洵次子,苏轼之弟。北宋散文家。

黄庭坚(公元 1045—1105),字鲁直,号山谷道人、涪(fú 扶)翁,洪州分宁(今江西修水)人。北宋诗人、书法家。

杨时(公元 1053—1135),字中立,南剑州将乐(今属福建)人,神宗熙宁年间进士,官至龙图阁直学士。他晚年隐居龟山,学者称龟山先生,是程门(程颢、程颐)四大弟子之一,有《二程粹言》、《龟山集》等著作。

张景修(约公元 1090 年前后在世),字敏叔,常州人。北宋文学家。

汪洙(生卒年月难考),字德温,浙江鄞(yín 吟)县(今宁波)人,北宋文学家。据有的书记载,他八九岁就善于作诗为赋,自称神童,后世人将他的诗汇为一集,题名《汪神童诗》,流传过程中直称《神童诗》,其实《神童诗》也不是他一人所作,有的是李白作品,也有的为南朝·陈末代皇帝陈叔宝的作品。

郭茂倩(生卒年月难考),浑州须城(今山东东平县)人,北宋文学家。所编《乐府诗集》,对各种歌辞、曲调之起源、演变、发展、分类等均有考订,具有很大的资料性价值。

陈元靓(生卒年月难考),自署为广寒仙的后裔。

刘炎(生卒年月难考)，字子宣，括苍人，精研理学，著有《迩言》12章。

（二）南宋时作者

李清照(公元 1084—1151)，号易安居士，济南人，为南宋初期杰出的女词人。她的诗词，寄寓家国之思，流露出爱国思想和对美好生活的渴望；艺术上力求专精，富于创造性，形象鲜明生动，语言不雕琢，而音调流畅和美，风格婉约而兼有爽朗、豪放。

岳飞(公元 1103—1142)，字鹏举，相州汤阴（今属河南）人，南宋爱国名将。他的名词《满江红》，气势雄伟，声调悲壮，表达了他恢复中原的坚定意志，洋溢着高度的爱国情感，几百年来，一直起着鼓舞人民的积极作用。

崔敦礼(约公元 1131 年前后在世)，字仲由，通州静海（今江苏南通）人，宋高宗绍兴年间进士。南宋文学家。

李焘(公元 1115—1184)，字仁甫，一字子贞，号巽(xùn 训)岩，眉州丹棱（今四川丹棱）人，宁宗绍兴年间进士。他著述颇丰，有《易学》、《春秋学》、《历代宰相年表》、《续资治通鉴长编》等。

陆游(公元 1125—1201)，字务观，号放翁，越州山阴（今浙江绍兴）人，南宋伟大诗人。他一生留下 9000 多首诗，主要抒抗敌御侮、恢复中原的激越情怀，风格豪迈、气势雄浑。66 岁以后的 20 多年时间在家乡闲居，但报国信念始终不渝，最后抱着"但悲不见九州同"的遗恨去世。

周必大(公元 1126—1204)，字子龙，一字洪道，自号平园老叟，吉州庐陵（今江西吉安）人，高宗绍兴年间进士，官至右丞相，光宗封益国公。后人有《益国周文忠全集》。

杨万里(公元 1127—1206)，字廷秀，号诚斋，吉水（今属江西）人，南宋教育家、诗人。他的诗与尤袤(mào 冒)、范成大、陆游齐名，称南宋四家，作品有《诚斋集》等。

朱熹(公元 1130—1200)，字元晦，号晦庵、紫阳、云谷老人，徽州婺

(wù 物)源(今江西婺源)人,南宋理学家、文学家、教育家。其所撰理学、文论、词语训诂等著作,均有相当价值。《四书章句集注》为代表作。该书集历代名家对《大学》、《中庸》、《论语》、《孟子》之注释而编成,注疏中多有总结、考证、发明。

张栻(shì 示,公元 1133—1180),字敬夫,一字钦夫、乐斋,号南轩,汉州绵竹(今属四川)人,南宋宰相张浚之子。他曾任吏部侍郎兼侍讲,官至右文殿修撰。作品有《论语解》、《孟子说》、《南轩集》。

陆九渊(公元 1139—1193),字子静,江西抚州金谿(xī 吸)人,因曾讲学于贵溪县的象山,自号象山居士,世称象山先生。南宋教育家。

辛弃疾(公元 1140—1207),字幼安,号稼轩,历城(今山东济南)人。出生时山东已为金兵所占,21 岁参加抗金义军,英勇善战。后历任湖北、江西、湖南、福建、浙东等地安抚使等职,注重安定民生,训练军队,打击贪污强暴。后因遭当权者之忌和小人排挤,曾长期落职闲居,直至忧愤而死。为南宋伟大词人。

沈作喆(zhé 哲,约公元 1147 年前后在世),字明远,号寓山,湖州人,高宗绍兴五年进士。南宋文学家。

彭龟年(公元 1142—1206),字子寿,临江军清江(今江西清江)人,南宋孝宗乾道年间进士,历任焕章阁待制,湖北安抚使,卒谥忠肃。作品有《止堂集》。

陈亮(公元 1143—1194),字同甫,号龙川,学者称龙川先生,婺(wù 物)州永康(今属浙江)人,光宗绍熙年间状元,授官建康府判官,未到任病逝。南宋思想家、散文家,著有《龙川文集》、《龙川词》。

陈淳(公元 1153—1127),字安卿、功夫,号北溪,漳州龙溪(今属福建)人,泉州安溪主簿,但未赴任而卒。著有《语孟大学中庸口义》、《北溪大全集》等。

刘过(公元 1154—1206),字改之,好龙州道人,太和(今属安徽)人,一说庐陵（今江西吉安）人。南宋词人，作品风格豪放，寓意峻拔。

真德秀（公元 1173—1235），字景元，后改希元，号西山，世称西山先生，建州浦城（今属福建）人，宁宗庆元年间进士。南宋著名理学家、养生家，著有《西山集》、《三礼考》等。

普济（公元 1178—1253），字大川，奉化张氏子，初习儒，渊博能文。19 岁入香林院出家，嘉定十年 35 岁出主妙胜，历普陀、岳林、报恩、大慈、净慈、灵隐。宝祐元年（公元 1253 年）正月寂。南宋著名僧人，著有《五灯会元》一书。《五灯会元》为佛教禅宗（佛教宗派名）史籍。"五灯"指《景德传灯录》、《天圣广灯录》、《建中靖国续灯录》、《联灯会要》和《嘉泰普灯录》。以上"五灯"各 30 卷，内容繁复，普济删繁就简，为 20 卷，合五灯为一，故得名《五灯会元》。该书汇集禅宗语录，从传说中过去七佛到唐、宋时期各派禅宗所留下的"机缘"和语录，为研究禅宗思想史的重要史料。

许棐（fěi 诽，公元 1195—约 1245），字忱夫，号梅屋（因住屋周围种梅花而为号），海盐（今浙江省嘉兴市西南）人。南宋诗人。

王柏（公元 1197—1274），字会之，号长啸，后改鲁斋，婺（wù 物）州金华（今浙江金华）人，工诗善画，著述甚丰。作品有《鲁斋集》等。

姚勉（公元 1216—1262），字述之，一字成一，高安（今属江西）人，理宗宝祐年间廷对第一，官至太子舍人。他为人正直，指斥权奸，不顺从贾似道，被免除官职，遣送回乡。著有《雪坡文集》。

王应麟（公元 1223—1296），字伯厚，号厚斋，自号深宁居士，庆元府（今浙江宁波）人，理宗淳祐年间进士，官至礼部尚书。南宋文学家。他对经史百家、天文地理等皆有研究，熟谙（ān 安）掌故制度，考证颇为精切。

罗大经（约公元 1224 年前后在世），字景纶，庐陵（今江西省吉安市）人。南宋文学家、史学家。

文天祥（公元 1236—1283），字履善、宋瑞，号文山，南宋末年民族英雄、伟大的爱国诗人。他的著作甚丰，影响颇大。《过零丁洋》、《正气歌》

等诗,《指南录后序》等散文,皆为后人广泛传诵,文中表现出的矢志报国的满腔热情和对国家安危至为关切的爱国之情深深地教育激励着历代人民群众。

袁采(生卒年月难考),字君载,信安(今河北省霸县东北)人,进士,为官廉明,性刚直,所著《袁氏世范》,后人推为仅次《颜氏家训》。

黎靖德(生卒年月难考),永嘉(今浙江省温州市北)人,嘉祐年间为沙县主簿,博学能文,言词精切,编著有《朱子语类》。

吴曾(生卒年月难考),字虎臣,崇仁(今江西崇仁县,位抚州市西南)人。文学家,著有笔记《能改斋漫录》。

七、金元时作者

(一)金朝时作者

王若虚(公元1174—1243),字从之,号慵(yōng 拥)夫、滹(hú 呼)南遗老,藁(gǎo 稿)城(今属河北)人,章宗承安年间进士。金代文学家。

李俊民(公元1200年前后在世),字用章,自号鹤鸣道人,泽州(今属江西)人,章宗承安年间进士,应奉翰林文字,不久弃官,教授乡里。后元世祖以征召重望人赐乘的安车召见,仍乞还乡。卒赐谥庄靖先生。作品有《庄靖集》。

杨宏道(公元1198—约1270),字叔能,号素庵,淄川(今山东淄博市)人。金朝诗人,其诗在当时颇有名,作品有《小亨集》。

(二)元朝时作者

关汉卿(约公元1220—1300),曾任太医院院尹,与杂剧演员交往甚密,加入过民间艺人组织的书会,熟悉社会生活,创作的《单刀会》、《双赴梦》、《拜月亭》、《窦娥冤》等戏曲,思想性艺术性都很高,对世界戏剧的发展作出了重大贡献,是世界优秀的戏剧文学大师之一。

郝经(公元1223—1275),字伯常,泽州陵川(今属山西省)人,元朝官吏。他幼年遭受兵乱,金亡后迁河北,居元将张柔家,得读其藏书。后入忽必烈王府,甚受信任。宪宗死,力劝忽必烈北还争位。公元1260年(中统元年)的翰林侍读学士使宋,为贾似道扣留10余年。公元1275年(圣元十二年)得释,北还后病死。有《续后汉书》、《陵川集》等。

白朴(公元1226—约1297,一说为1306),原名白恒,字仁甫,后改名白朴,字太素,号兰谷。原籍隩(yù喻)州(今山西河曲),生于汴梁(今河南开封)。"元曲四大家"之一。

胡祗遹(yù预,公元1227—1293),字绍闻,号紫山、少凯,磁州武安(今属河北)人,性刚直,抑豪富,扶寡弱,官至按察使。所著诗文,自抒胸臆,有《紫山大全集》。

王恽(yùn运,公元1227—1304),字仲谋,号秋涧,卫州汲县(今属河南)人。元朝诗人。

赵孟頫(fǔ俯,公元1254—1322),字子昂,号松雪道人,湖州(今江苏吴江)人。宋朝宗室之后,宋亡闭门居家。公元1286年(元世祖至元二十三年),程钜夫在江南搜访遗才,举荐赵孟頫,次年被授兵部郎中,后官至翰林承旨。他是元代杰出的书画家、诗文家,还精于文物鉴赏、篆刻,著有《松雪斋集》等。

同恕(公元1254—1331),字宽甫,祖籍太原,后迁奉先(今浙江省宁波市南)。元代文学家。

程瑞礼(公元1271—1345),字敬叔,号畏斋,庆元觐(jìn禁)县(今属浙江)人。元朝文学家、教育家。

范梈(pēng砰,公元1242—1330),字亨父,一字德机,清江(今属江西)人,家贫,早孤,靠母亲抚养成人。公元1308年36岁,始游京师,卖卜燕市,中丞董士选延教家塾,并荐为翰林编修,后任南方地方官吏。59 岁病逝。为元诗四大家之一,著有《范德机诗》。

揭傒斯(公元 1274—1344),字曼硕,龙兴富州(今江西南昌)人。元代文学家。

王艮(gěn 跟,公元 1278—1348),字止善,绍兴诸暨(jì 记)人,为吏清廉,官至淮东道宣慰副使。元代诗人,著有《止止斋集》。

脱脱(公元 1314—1355),字大用,蒙古蔑里乞氏。元顺帝至正元年,任中书右丞相,后为总裁官,领修辽、金、宋三史。至正十五年,顺帝忌其权力过重,将他流放云南,十二月命人将其毒死。

胡助(约公元 1330 年前后在世),字履信,一字古愚,婺(wù 物)州东阳(今属浙江)人,历任美化书院山长、温州路儒学教授、翰林国史院编修官。著有《纯白斋类稿》。

高明(约公元 1354 年前后在世),字则诚,温州瑞安(一说永嘉平阳)人。元末明初戏曲作家。

郑廷玉(生卒年月难考),彰德(今河南安阳)人。元代戏曲作家。

陈秀明(生卒年月难考),元代学者,著有《东坡文谈录》。

胡翰(约公元 1368 年前后在世),字仲子,一字仲申,金华(今属浙江)人,洪武初年聘修《元史》。元末明初文学家、史学家。

八、明清时作者

(一)明朝时作者

宋濂(公元 1310—1381),字景濂,好潜溪,浦江(今浙江义乌县西北)

人。他少年家贫,借书苦读,博学多才,著作甚丰,散文典雅,常以自己苦学的经历策励后辈,恳切诚挚,很有教育意义。明代文学家、史学家。

刘基(公元 1311—1375),字伯温,青田(今属浙江)人,辅佐朱元璋推翻元朝,官至御史中丞兼太史令,封诚意伯,死后谥"文成"。明代散文家,著作有《诚意伯刘文成公文集》。

朱元璋(明太祖,公元 1328—1398),幼名重八,改名兴宗,字国瑞,濠(háo 毫)州钟离(今安徽凤阳县东)人。

方孝孺(公元 1357—1402),字希真、希古,人称正学先生,宁海(今浙江宁海)人。他为宋濂弟子,官至文学博士,燕王朱棣兵入京师(今江苏南京),想借助他的名声起草登基诏书,其坚决不肯,慷慨就义,被灭十族(包括学生)。其气节,贯金石,动天地。其文集《杂诚》、《逊志斋集》为后人所重。明朝文学家。

朱高炽(明仁宗,公元 1378—1425),成祖朱棣长子,成祖病逝后继位。即位后,平反冤狱,与民休息,修明纲纪,使社会呈现出升平景象。

朱有燉(dùn 顿,公元 1379—1439),号诚斋、锦窠老人、全阳翁,明太祖朱元璋之孙,周定王朱橚(cù 速)长子。明代戏曲作家,诗文作家。

薛瑄(公元 1389—1464),字德温,号敬轩,河津(今属河南)人,谥文清。明代学者、文学家,作品有《读书录》、《薛文清集》。

于谦(公元 1398—1457),字廷益,号节庵,钱塘(今浙江杭州)人。明代清廉正直的名臣。

胡居仁(公元 1454—1484),字叔心,号敬斋,余干(今属江西)人。明代学者。

王相(? —公元 1524 年),字懋卿,号介塘,鄞(yín 银)县(今属浙江)人,武宗正德年间进士,官至翰林编修。明朝文学家。

黄绾(wǎn 晚,公元 1471—1551),字淑贤,号久庵、石龙,黄岩(今属浙江)人。明朝教育家。

王守仁(公元 1472—1528),又名云,字伯安,余姚(今浙江余姚)人,因曾在故乡阳明洞中筑室攻读,世称阳明先生。明朝理学家、思想家、教育家。

李梦阳(公元 1472—1529),字天赐、献吉,号空同子,庆阳(今属甘肃)人,明孝宗弘治年间进士,授户部主事,因反对宦官刘瑾下狱,瑾死迁江西提学副使,以气节名世。明代著名文学家,著有《空同集》。

王廷相(公元 1474—1544),字子衡,号浚州,仪封(今河南兰考)人,孝宗弘治年间进士,博学好议论。明朝官吏、学者,著有《雅述》、《慎言》等,编入《王氏家藏集》。

高贲(bì 碧)亨(约公元 1506 年前后在世),字汝白,浙江临海人,明武宗正德年间曾任江西提学副使,故人称高提学。明臣,学者。

钱琦(约公元 1500 年前后在世),字公良,海盐(今浙江省嘉兴市西南)人,武宗定德年间进士,官至临江知府。学者,著有《钱子测语》、《祷雨录》等。

杨慎(公元 1488—1559),字用修,号升庵,新都(今四川省成都市北)人。明代文学家。

薛惠(公元 1489—1541),字君采,安徽亳州(今安徽亳县)人,武宗正德年间进士。明臣,学者。

王文禄(公元 1522 年前后在世),字世廉,海盐(今浙江省嘉兴市西南)人,世宗嘉靖年间举人。文章学家,著有《文脉》等。

吴承恩(约公元 1500—约 1582),字汝忠,号射阳山人,山阳(今江苏淮安)人。明代杰出小说家,所著《西游记》,是他在前人作品和民间传说基础上,经过加工创造写出的神魔小说,人物情节神奇,充满生活气息,具有浪漫主义精神和深刻的社会意义,深受广大读者喜爱。

文嘉(公元 1501—1583),明代著名山水画家,文徵明次子。

归有光(公元 1506—1571),字熙甫,号震川,昆山(今属江苏)人,人称震川先生,35 岁中举,但屡次应试不第,直至 60 岁中进士,官至南京太仆寺丞。明代著名散文家,著有《震川文集》。

唐顺之(公元 1507—1560),字应德、应修,武进(今属江苏)人,人称荆川先生。世宗嘉靖年间进士,后曾督领兵船在崇明抵御倭寇,以功升右佥都御史。他学识广博,所写散文词意明畅,叙中有议,隐含哲理。明朝散文家。

海瑞(公元 1514—1587),字汝贤、应麟,号刚峰,琼山(今属广东)人,回族,世宗嘉靖年间举人,官至南京吏部右侍郎和南京右佥都御史,一生力主严惩贪污。明朝良臣。

李时珍(公元 1518—1593),蕲(qí 其)州(今湖北蕲春)人,出身医药世家。明代著名的医药学家,经过 27 年的艰苦劳动,著成《本草纲目》。这部杰出的医药著作的问世,标志着我国医药学有了比较显著发展,并很快传到欧洲,后又被翻译成日、德、法、英、俄、朝等国文字,被誉为"东方医药学巨著"。

张居正(公元 1525—1582),字叔大,号太岳,湖广江陵(今属湖北)人,嘉靖年间进士,官至内阁首辅,推行"一条鞭法"改革,使社会经济有一定恢复和发展。著有《张太岳杂著》、《帝鉴图说》、《张文忠公全集》。

吕坤(公元 1536—1618),字叔简,号新吾,河南宁陵人,神宗万历年间进士。明朝理学家。

洪应明(约公元 1573 年前后在世),字自诚(亦写"成"),号还初道人。明朝散文家、思想家。著有《菜根谭》。1987 年《环球》杂志第 7 期刊载李荣标的《菜根谭在日本》一文中云:"当前在日本企业界又掀起一场《菜根谭》热。日本企业界认为每个企业家都应该很好地读一读中国古籍《菜根谭》,因为这本书在企业管理、用人制度、扩大商品销售市场、企业家自身修养等方面,都是一本不可多得的珍贵教材。"这说明日本企业界在经营管理上学习运用中国古籍《孙子兵法》、《三国》热后,出现的一个新的热潮。

袁黄(约公元 1573 年前后在世),字坤仪,以字子凡,吴江(今江苏吴江县,位苏州市南太湖东岸)人,神宗万历年间进士。明朝官吏、学者,著有《西行斋集》、《历法新书》、《皇都水利》、《评注八代文宗》、《群书备考》、《立令论》等。

周履靖(约公元 1573 年前后在世),字逸之,号螺冠子,秀水(今浙江省北部)人,隐居不仕,编篱引池,杂植梅竹,读书其中,自号梅颠道人。明朝文学家。

陈继儒(公元 1558—1639),字仲醇,号眉公、糜公,华亭(今上海市松江县)人,工书画,藏书颇丰。明朝学者。

高攀龙(公元 1562—1626),字云从、存之,号景逸,无锡(今江苏无锡市)人,常与顾宪成讲学于东林书院,世称"高顾"。明代学者。

袁宏道(公元 1568—1610),字中郎,号石公,公安(今属河北)人,神宗万历年间进士,官至礼部主事、稽勋郎中。明朝散文家,著有《徐文长传》、《满井游记》、《晚游六桥待月记》等。

宋懋澄(公元 1572—1622),字幼清,号稚源、自源,华亭(上海松江)人。明代文学家。

冯梦龙(公元 1574—1645),字犹龙,别署龙子犹、顾曲散人、墨憨斋主人等,长州(今江苏苏州)人。明代著名文学家、戏曲作家。

曹雪佺(quán 泉,公元 1574—1647),字能始,号石仓,侯官(今福建闽侯)人,神宗万历年间进士。明代文学家。

钱谦益(公元 1582—1444),字受之,号牧斋,晚号蒙叟,常熟(今属江苏)人,神宗万历年间进士。明朝文学家,所写诗文甚负盛名,著有《初学集》、《有学集》、《投笔集》等。

吴麟征(约公元 1625 年前后在世),字圣生,海盐(今浙江省嘉兴市西南)人,熹宗天启年间进士,官至太常少卿。明朝学者,著有《家诫要言》。

朱之瑜(公元 1600—1682),字鲁与,号舜水,余姚(今浙江省余姚县)人。明末清初学者,著有《朱舜水先生文集》、《朱舜水集》等。

祁理孙(约公元 1628 年前后在世),字奕喜,小字季郎,明亡,聚众谋复明,事泄被捕,流宁古塔,寻脱归,削发为僧,言明事辄恸哭。明朝学者,著有《风行风俗记》等。

庄元臣(生卒年月难考),明代学者。

苏浚(生卒年月难考),明朝学者,著有《鸡鸣偶记》等。

无名氏,历代"无名氏"皆指姓名不可考的人。鲁迅在《南腔北调·经验》中云:"人们大抵已经知道,一切文物,都是历来的无名氏所逐渐的造成。"

(二)清朝时作者

陈确(公元 1604—1677),字乾初,海宁(今浙江省北部)人。明末清初思想家。

黄宗羲(公元 1610—1695),字太冲,号梨洲、南雷,人称梨州先生,余姚(今属浙江)人。明末清初进步思想家、史学家、散文家,所著《明夷待访录》为传世佳作。

陆世仪(公元 1611—1672),字道成,号刚斋、桴(fú 浮)亭,太仓(今江苏省苏州市东北)人。清初教育家,著作有《思辨录》、《宗祭礼》、《三吴水利志》、《书鉴》、《诗鉴》、《桴亭全集》等,书中一再强调身教的重要性。

　　张履祥（公元 1611—1674），字考夫，号念芝，桐乡（今浙江省嘉兴市西南）人，世居杨园村，学者称其为杨园先生。清代理学家、农学家。

　　李渔（公元 1611—1769），字笠鸿、谪凡，号笠翁，兰溪（今浙江省中西部）人。清代戏曲理论家、作家。

　　顾炎武（公元 1613—1682），初名绛，字宁人，曾自署蒋山佣，昆山亭林镇（今属江苏）人，学者称亭林先生。明末清初思想家、文学家，著作有《日知录》、《天下郡国利病书》、《肇域志》、《音学五书》、《亭林诗文集》等。

　　朱伯庐（公元 1617—1688），名用纯，字致一，昆山（今属江苏）人。清代理学家，著作《治家格言》，把儒家思想作为家庭生活准则，世称《朱子家训》。

　　申涵光（公元 1619—1677），字和孟、孚孟、凫盟，永年（今河北省南部）人，以考证学问著名。清代学者、诗人。

　　王夫之（公元 1619—1692），字而农，号薑（jiāng 姜）斋，衡阳（今属湖南）人，早年组织过抗清斗争，后卜居（择地居住）衡阳船山，潜心著述，也称船山先生。其对天文、历法、数学、地理都有研究，尤在经学、史学、文学、哲学上贡献最大。清代学者，著作后人编为《船山遗书》。

　　陆陇其（公元 1630—1693），字稼书，平湖（今属浙江）人。清代学者。

　　屈大均（公元 1630—1695），初名绍隆，字介子、翁山，番禺（广东省广州市西南）人。清兵入广州前后，曾经参加抗清队伍作战，失败后，削发为僧，名今种；不久还俗，与顾炎武等交游。明末清初著名文学家，著有《易外》、《翁山诗外》、《翁山文外》、《道援堂集》等。

　　唐甄（zhēn 真，1630—1704），初名大陶，字铸万，后更名甄，号圃（pǔ 普）亭，达州（今四川达县）人，顺治年间举人，任陕西长子县知县，因与上司不合，在任 10 个月即被免官，寄居苏州，家徒四壁，炊烟常绝，然著述不辍。著有《潜书》（初名《衡书》，含有权衡天下之意）。

王士禛(公元1634—1711),字贻上,号阮亭,别号渔洋山人,新城(山东桓台)人,清顺治年间进士,官至刑部尚书。清代著名诗论家、诗人,著有《渔洋山人精华录》等。

颜元(公元1635—1704),字易直、浑然,号习斋,直隶博野(今属河北)人,甚孝顺父母,世称孝子。清朝思想家,著有《颜习斋先生言行录》及《颜元集》。

蒲松龄(公元1640—1715),字留仙、剑臣,别号柳泉居士,世称"聊斋先生",山东淄川(今山东淄博市)人。清代著名的文学家,所著《聊斋志异》,代表了我国古代文言文小说最高成就,被译成英、法、德、意、俄、日等多国文字,几乎传遍全世界。

刘献廷(公元1648—1695),字继庄、君贤,别号广阳子,大兴(今北京市南)人。少颖悟绝人,喜读书,竟夜不卧,父母禁与火,则燃香代之,因一目失明,但终学业有成。清朝文学家、理学家。

石成金(约公元1662年前后在世),字天基,扬州(今属江苏)人。清代小说家。

涨潮(公元1650—?),字山来,号心斋,安徽歙(shè 射)县人。清代文学家。

张伯行(公元1651或1652—1725),字孝先,号敬庵、恕斋,仪封(今河南兰考)人,圣祖康熙年间进士,官至礼部尚书。他居官清正,注重操节,康熙帝称他为"天下第一清官"。

戴明世(公元1653—1713),字田有、南山,号褐夫,别号忧庵(ān 安),桐城(今属安徽)人,圣祖康熙八年进士,官至编修。清朝文学家。

刘岩(公元1656—1716),原名枝桂,字大山,号天垢,江浦(今属江苏)人。清代诗文作家。

李塨(gōng 恭,公元1659—1733),字恕谷,号刚主(一作字刚主,号

恕谷),蠡县(今河北省中部)人,康熙二十九年 60 岁中举,选通州学道,80
余日后,以病告归。清代文学家。

方苞(公元 1668—1749),字灵皋,号望溪,桐城(今属安徽)人。他少
年家贫,常常不得温饱,但不以为苦,学习极为勤奋,康熙年间进士,官至
翰林院侍讲学士、礼部右侍郎。清代散文家,著有《方望溪先生全集》,其
中散文《狱中杂记》,深刻揭露了清代法律制度的黑暗和残酷,以及官僚狱
吏狼狈为奸,贪赃枉法,残害百姓的真实情况,流露出作者对黑暗现实的
憎恨和对人民不幸遭遇的同情与愤懑。

蔡世远(公元 1682—1733),字闻之,号梁村,漳浦(今福建省漳州市
南)人,世居漳浦梁山,圣祖康熙年间进士。清代文学家。

吴楚才(约公元 1695 年前后在世),据《古文观止》原序作者吴兴祚在
序中称:"岁戊午(康熙十七年,公元 1678 年)",他在福建巡抚任上请师教
子,并由他的侄子吴楚才、堂孙吴凋侯伴读。从原序中得知,吴楚才原名
吴乘权,字楚才。《古文观止》于康熙三十四年(公元 1695 年)初版,是他
中年时与吴凋侯编选的著作。

郑燮(xiè 泻,公元 1693—1765),字克柔,号板桥,兴化(今江苏省中
部)人。他早年家贫,高宗乾隆年间进士,曾任山东范县(今属河南)、潍县
知县,比较关心民间疾苦,因办赈济而得罪豪绅被罢官。后居扬州,以卖
字画为生,为扬州八怪之一。清代书画家、诗人。

曹廷栋(公元 1699—1791),字楷人,号六圃、慈山居士(因于居处累
土为山,环植花木,以奉其母,名曰慈山而自号),海盐(今浙江省嘉兴市西
南)人,著名养生家。他于七十四五岁时,著作的《老老恒言》五卷,友人称
为"健康至宝"。

彭端淑(公元 1699—1799),字仪一,丹棱(今四川省乐山市北)人,世
宗雍正年间进士,授吏部主事等职,后辞官回故里,主讲于锦江书院,81
岁病逝。清代著名学者。

袁枚(公元 1716—1798),字子才,号简斋、随园,钱塘(今浙江杭州)

人。清代诗人、散文家,著作有《小仓山房诗文集》、《随园诗话》、《子不语》等。

翟灏(hào 号,? —公元 1788),字大川、清江,仁和(今浙江省杭州市)人,高宗乾隆年间进士。清朝学者,著有《四书考异》、《通俗编》等。

蔡元放(约公元 1730 前后在世),本名蔡昴(áo 傲),字元放,号里人、野云主人、七都梦夫,江宁(今属江苏)人。清代小说评点家。

孙洙(约公元 1736 年前后在世),无锡(今江苏无锡市)人,清代文学家,为近百年广泛流传的《唐诗三百首》选编者。

章学诚(公元 1738—1801),字实斋,号少岩,浙江会稽(今浙江绍兴)人。清代史学家、文学家,著有《文史通义》、《校雠(chóu 仇)通义》、《古文十弊》等。

法式善(公元 1752—1813),原名运昌,字开文,号时帆,蒙古正黄旗人,高宗乾隆年间进士,官至侍讲学士。后因修书不慎,被贬为庶人,不久乞病归。清朝诗人,史学家。

孙星衍(公元 1753—1818),字渊如、伯渊,阳湖(今江苏常州武进)人。清代经学家,著述颇丰,主要有《周易集解》、《夏小正传校正》、《魏三体石经残字考》、《孔子集语》等。

钱泳(公元 1759—1844),字立群、梅溪,金匮(今江苏省南部)人。清朝文学家、书法家。

李惺(公元 1787—1864),字伯子,号西沤,垫江(今重庆市垫江县)人,仁宗嘉庆年间进士。清朝文学家。

王筠(公元 1784—1854),字贯山,号篆友,山东安丘人,宣宗道光年间举人。清代文字学家,著作《说文释例》、《说文句读》、《说文系传校录》等,均有一定的学术价值,纠正了许多文字学大师的一些错误。

　　龚自珍(公元 1792—1841)，又名巩祚，字璱(sè 色)人，号定盦(同"庵")，仁和(今浙江省杭州市)人，宣宗道光年间进士，官至礼部主事。清代杰出的思想家、文学家，所著诗文对近代文学有一定的影响。

　　魏源(公元 1794—1857)，字默深，湖南邵阳人，宣宗道光年间进士，清朝散文家，著作有《圣武记》、《皇朝经世文编》、《海国图志》、《古微堂内集》、《古微堂外集》、《默觚·学篇》等。

　　陈澧(fēng 风，公元 1810—1882)，字兰甫，番禺(今广东省广州市西南)人，宣宗道光年间举人。清代学者、文学家，著有《东塾读书记》、《声律通考》、《切韵考》、《东塾集》等。

　　曾国藩(公元 1811—1872)，原名子城，字伯涵，号涤生，湘乡(今湖南省湘潭市西)人。他 7 岁时在父亲执教的家塾中读书，22 岁考中秀才，后入长沙岳麓书院学习，23 岁中举人，27 岁中进士，后官至武英殿大学士。他曾任团练大臣，领兵进攻太平军，镇压过捻军，举办过洋务。他对子女教育极其严格，绝不允许染上丝毫少爷习气；他的治家八字："书(即读书)、蔬(即种菜)、鱼(即养鱼)、猪(即喂猪)、早(即早起)、扫(即勤扫房屋庭院)、考(即祭祀祖先)、宝(接待亲族邻里)。"对其家庭成员的影响教育很深。著有《曾文正公全集》。

　　冯桂芬(约公元 1841 年前后在世)，字林一，号景庭，吴县(今江苏省苏州市郊)人，宣宗道光年间进士，授翰林院编修。清代考据学家。

　　彭玉麟(公元 1816—1890)，字雪琴，衡阳(今属湖南)人。清代湘军将领，著有《彭刚直公书牍》。

　　阎敬铭(公元 1817—1892)，字丹初，陕西朝邑(今陕西大荔县，位华阴县西北)人，宣宗道光年间进士，官至军机大臣、东阁大学士。后因反对修"圆明园"被革职留任，连遭排斥、陷害，深尝气中味，写下了传世的《不气歌》。

　　申居郧(yún 匀，生卒年难考)，清代学者。

严有禧(生卒年月难考),清代学者,著有《漱华随笔》。

九、近代作者

容闳(hóng 宏,公元 1828—1912),族名达明,又号莼甫、纯义、纯圃、淳甫、春浦、纯斋等,广东香山(今中山县)菠萝岛南屏乡(今属珠海市)人,出身于贫苦农民家庭。1850 年考入世界著名学府耶鲁大学,依靠奖学金和勤工俭学的收入修完学业,获文学学士学位。教育家。

平步青(公元 1832—1895),一名庸,字景孙,号栋山、侣霞、霞外,别署三壶佚史、栋山樵等,浙江山阴(今绍兴)人,同治年间进士,官至按察史,后以疾归隐,从事著述。近代学者、戏曲作家。

张之洞(公元 1837—1909),字孝达,号香涛,晚年又自号抱冰老人,直隶南皮(今属河北省)人。清末洋务派首领之一,主张"中学为体,西学为用"。

郑观应(公元 1842—1922),本名宜应,字正翔,号陶斋,别号杞忧生、慕雍山人、待鹤山人,广东香山(今中山县)人。早年从父攻读孔孟经书,接受家教,应童子试未中,奉父命到上海学商,经发愤努力有所成就。行商受挫后,便从事著述,作品有《盛世危言》。中国近代早期改良主义者,商业界闻名人物。

张謇(jiǎn 简,公元 1853—1926),字季直,号蔷庵,江苏南通(今江苏南通)人,光绪年间状元,早年入淮军吴长庆幕。1895 年创建南通大生纱厂,后继办实业和教育工作。著有《张季直九录》、《张謇函稿》、《啬翁自订年谱》等。

严复(公元 1853—1921),原名宗光,字又陵,号几道,晚号瘉(yù 欲)壄(yě 野)老人,侯官(今福建福州)人。近代著名翻译家、思想家、教育家,著作主要有《瘉壄堂诗集》、《严几道诗文钞》等。他在教育上最大的贡献是在中国教育史上首次论证了三育——体育、智育、德育。他说，一个国家的强弱存亡决定于三个基本条件："一曰血气体力之强，二曰聪明智慧之强，三曰德行仁义之强。"但辛亥革命后，趋于保守，拥护袁世凯复辟帝制，列名筹委会，反对五四运动。

康有为（公元 1858—1927），原名祖诒，字广厦，号长素，广东南海人，人称南海先生，德宗光绪年间进士，曾任工部主事。他是近代改良派领袖，曾七次上书光绪皇帝，要求变法维新。1895 年第二次上书光绪皇帝，发动在京会试举人 1300 余人签名，世称"公车上书"。1898 年领导"戊戌变法"失败，流亡国外。他主要的著作有《康南海文集》、《康有为诗文集》等。早期的诗作，雄奇瑰丽，感情激荡，洋溢着积极的浪漫主义精神；散文横恣透快，援古论今，情深理明，饱含着动人的政治激情。但随着他政治上日趋保守，诗与文皆失去昔日的光彩。

詹天佑（公元 1861 年—1919），安徽婺（wù 物）源（今属江西）人。早年留学美国，回国后从事铁路建设。我国杰出的铁路工程师。

谭嗣同（公元 1863—1898），字复生，号壮飞，浏阳（今湖南省长沙市东）人。近代改良派政治家、思想家、散文家，主要著作有《谭嗣同全集》。

孙中山（公元 1866—1925），中国近代民主主义思想家、革命先行者。初名帝象，稍长名文，字德明，号日新，后改号逸仙，又号中山，广东香山（今中山市）人。出身农民家庭，幼年入私塾，接受传统教育。1879 年到美国檀香山读书，接受西方文化的熏陶。1887 年到香港学医，毕业后，行医澳门、广州等地，并与会党联系。1894 年在檀香山组织兴中会，1905 年在日本组织中国同盟会，1912 年将同盟会改组为国民党。以后，在十月革命的影响下，实行"联俄、联共、扶助农工"三大政策，国共两党统一战线正式建立，实现第一次国共合作。1925 年 3 月 12 日在北京逝世。

蔡元培（公元 1868—1940），字鹤卿、子民，号子农，浙江绍兴人。中国近代资产阶级民主革命家、教育家、科学家。

梁启超（公元 1873—1929），字卓如，号任公，别署饮冰室主人，新会（今广东省江门市东郊）人。近代资产阶级改良主义者、学者、散文家。

黄兴(1876—1915),原名轸,字廑(qín 勤)午、克强,湖南善化县(今长沙市)人。辛亥革命时期资产阶级革命派的重要领袖。

王国维(公元 1877—1927),字静安、伯隅,号观堂,海宁(今浙江省东北)人。近代著名学者,生平著作有 62 种,收入《海宁王静安先生遗书》的有 42 种。

蔡锷(公元 1882—1916),原名艮寅,字松坡,湖南邵阳人。1895 年中秀才,1898 年入长沙时务学堂,深受梁启超赏识。1899 年赴日本求学,1900 年回国,准备发动自立军起义,事败又去日本,改名锷,决定投笔从戎。1903 年从日本陆军士官学校第二期毕业,回国后,先后在江西、湖南、广西、云南等地任军职。近代军事家,著有《蔡松坡先生遗集》。

十、现代作者

齐白石(公元 1863—1957),名齐璜,小名阿芝,字萍生,号白石、白石翁、老白,又号寄萍、老萍、借山翁、杏子坞老民、齐大、木居士、三百石印富翁,湖南湘潭人。幼年家贫,但喜爱书、画。12 岁学木工,善雕花,人称芝木匠。27 岁学画画,习诗文,刻图章,兼作画工。40 岁以后,五次游历祖国南北各地,随地写景。60 岁寄居北京,以篆刻卖画为生,并兼任北京艺专教授。敌伪时代,闭门下键,誓不为敌人作画。新中国成立后,被选为中国美术家协会主席、全国人大代表,1955 年民主德国授以民主德国艺术科学院通信院士,1956 年世界和平理事会授予和平奖金。他一生勤奋俭朴,年逾九十每天作画不辍,为我国伟大画家、篆刻家、书法家,作品受到世界人民的喜爱。

杨昌济(公元 1871—1920)现代教育家,革命烈士杨开慧之父,湖南长沙县人。1889 年参加长沙县学试,考了一个"邑庠生"(秀才)。1890 年应湖南省乡试,考举人不第,在家开设蒙馆授徒,开始教育生涯。1903 年赴日本留学,1907 年以优异成绩毕业于弘文学院。1908 年进入东京高师文科。1909 年离日赴英,进入苏格兰厄北淀大学攻读哲学、心理学、教育学。1912 年毕业后赴德国考察教育。1913 年回国,先后在湖南长沙第一师范、湖南高等师范专科学校任教。此时编订、翻译了《论语类钞》、《心理学讲义》、《教育学讲义》、《各种伦理主义之略述及概评》、《哲学上各种理论之略述》、《西洋伦理学史》等著作。1918 年应蔡元培之聘,出任北京大学教授。期间,经他介绍他的学生毛泽东进入北京大学图书馆任管理员。1920 年于北京病逝。

徐特立(公元 1877—1968),原名懋恂,又名立华,湖南长沙人。幼年因家境贫寒,只读过 6 年私塾,后考入同盟会在长沙办的宁乡速成师范学校,毕业后从事教育工作。辛亥革命后,在湖南第一师范学校任教,在五四运动的影响下,投入反帝、反军阀的斗争,同时倡导并亲自参加留法勤工俭学运动。1924 年回国,到湖南创办长沙女子师范学校。大革命失败,1925 年 5 月毅然决然地加入中国共产党,走上了革命道路。1928 年在苏联英斯科中山大学学习,1930 年回国,历任中央教育人民委员部副部长、陕甘宁边区政府教育厅长等职。无产阶级革命家、教育家。

吴玉章(公元 1878—1966),名永珊,字树人,号玉章,四川荣县人。1903 年留学日本,1905 年加入同盟会,1907 年在东京创办《四川》杂志,1910 年回国到北京,营救因谋杀清摄政王而被捕的黄复生、汪精卫未成。1911 年参与组织荣县人民反清起义,建立起荣县革命政权。1922 年任成都高等师范学校校长。1927 年参加南昌起义,任革命委员会委员兼秘书长。1939 年 11 月到延安,先后任鲁迅艺术学院院长、延安大学校长等职。中华人民共和国建立后,历任中央人民政府委员、中国人民大学校长、中国教育工会主任、中国文字改革委员会主任等职。

弘一大师(公元 1880—1942),俗名李叔同,浙江平息人,生于天津。他集诗、词、书画、篆刻、音乐、戏剧、文学于一身,在多个领域开中华灿烂文化艺术之先河。既是才气横溢的艺术家,也是一代高僧。

鲁迅(公元 1881—1936),原名周树人,字豫才,浙江绍兴人。1898 年 17 岁赴南京求学,1902 年赴日本留学,先学医,后弃医从文,并参加光复会。1909 年回国,先后在杭州、绍兴以及北京大学、北京女子师范大学教书。1918 年 1 月参加新改组的《新青年》编辑工作,5 月发表他的第一篇白话小说《狂人日记》,猛烈抨击封建礼教,奠定了新文学的基础。以后又发表《祝福》、《阿Q正传》等著名小说和杂文,显示了新文学的实绩。鲁迅为我国伟大的文学家、思想家、革命家。

冯玉祥(公元 1882—1948),原名基善,字焕章,安徽巢县人。11 岁随父在军营中生活,1896 年正式入伍,辛亥革命时为国民党将领。1948 年初,参加中国国民党革命委员会,任常务委员会和政治委员会主席。1948 年 7 月,响应中国共产党的号召,从美国回国参加中国人民政治协商会议,乘苏联"胜利"号轮船,行至黑海轮船起火,遇难身亡。

马寅初(公元 1882—1982),浙江嵊(shèng 圣)县人。早年留学美国,获经济学博士学位,回国后,曾任浙江大学、北京大学校长。中国现代经济学家、教育家。

苏局仙(公元 1882—1991),字裕国,苏东坡的后裔,上海文史馆馆员,书法家。1985 年被评为全国健康老人,无疾而终,享年 109 岁。

谢觉哉(公元 1884—1971),字焕南,别号觉斋,湖南宁乡人。1907 年 23 岁考中秀才,开始教私塾,后在小学、中学、大学教学。1920 年任《湖南通俗报》主编,抨击封建军阀的反动统治,对地方新文化教育和政治革新起到积极推动作用。1925 年加入中国共产党,任党的刊物《湖南半月刊》主编。1934 年 10 月随红军长征。中华人民共和国成立后,先后任内务部部长、最高人民法院院长、全国政协副主席等职。

董必武(公元 1886—1975),字洁畲(shē 奢),湖北黄安人。中国无产阶级革命家、中国共产党的创始人和领导人之一。1903 年 17 岁考中秀才,但对清政权深恶痛绝,1911 年参加辛亥革命。袁世凯篡夺胜利果实以后,他便去日本的一所私立大学攻读法律,学成归国,接受了马克思主义,创立了武汉共产主义小组。1921 年 7 月作为该小组代表出席了中共一大。后参加长征。1945 年作为中共代表参加了中国代表团出席联合国成立大会。中华人民共和国成立后,任国务院副总理、最高人民法院院长、国家副主席等职。

朱德(公元 1886—1976),四川仪陇人。伟大的马克思主义者,中国无产阶级革命家、军事家,中国共产党和中华人民共和国的卓越领导人。

盖叫天（公元 1888—1970），原名张英杰，号燕南，直隶高阳（今属河北）人。幼年入天津隆庆利科班，习武生。他勤学苦练，断臂折腿而坚持不懈，时人称赞其为"英名盖世三岔口，杰作惊天十字坡"。现代著名京剧表演艺术家。

李大钊（公元 1889—1927），河北乐亭人。中国最早的马克思主义者，无产阶级革命家、教育家，中国共产党的创始人之一。

喻育之（公元 1889—1993），湖北黄陂人。青年时期积极追随革命先驱，参加武昌起义，为辛亥革命立下功劳，享年 104 岁。

陶行知（公元 1891—1946），原名文濬，后改知行，又改名行知，安徽歙（shè 射）县人，曾赴美国留学，获政治硕士学位。回国后，任东南大学教授，从此开始了他的教育生涯。教育家、民主革命家、中国民主同盟的主要领导人之一。

胡适（公元 1891—1962），字适之，安徽绩溪人。现代文学家，资产阶级学者，"五四"新文化运动右翼代表。1948 年去美国，后去台湾。主要著作有《中国哲学史》、《白话文学史》、《胡适文存》等。诗集《尝试集》是中国现代文学史上最早出版的新诗集，对"五四"新诗的兴起产生过一定的促进作用。

郭沫若（公元 1892—1978），原名郭开贞，又名鼎堂，四川乐山人。1914 年赴日留学，初学医，后从事文艺活动。1918 年开始写新诗，1921 年出版诗集《女神》为我国新诗开辟了一个新时代。同年与郁达夫、成仿吾等发起组织"创造社"，从事新文学运动。抗日战争爆发后回国，从事抗日救亡运动，领导文化界人士进行抗日宣传工作。他知识渊博，创作甚丰，不仅是中国杰出的作家、诗人、历史学家、剧作家，还是考古学家、古文字学家和社会活动家。

杨虎城（公元 1893—1949），原名彪（zhōng 忠），陕西蒲城人。国民党军队著名爱国将领。1936 年 12 月 12 日，他同东北军将领张学良一起发动西安事变。西安事变和平解决后，被蒋介石逼令离军"出国考察"。抗日战争爆发后回国，即被长期监禁。1949 年 9 月 17 日重庆解放前夕，在

"中美合作所"被秘密杀害,时年56岁。"西安事变70周年"前,杨虎城之孙杨瀚(hàn 汉)两次致信国民党中央,要求为祖父平反。国民党党史馆馆长邵明煌代表国民党主席办公室表示:对杨虎城最后被杀的遭遇表示歉意;国民党今后在编纂党史、出版书籍等方面,将对杨虎城作更多、更全面的介绍,以期让一般民众增加对他的了解。对杨虎城被监禁12年并终遭杀害,邵明煌说,对杨虎城1937年出国后又回国的这段历史还不是很清楚,"在局势紧张的时候,某个单位、某个机构,私自采取这样一个不合法律程序的处理,应该表示一种歉意,这是没有问题的"。邵明煌说:"系统地用'平反'这个词,牵涉到对西安事变的评价问题。……我个人认为,西安事变是历史事实,没有'平反'的问题。"

毛泽东(公元 1893—1976),湖南湘潭韶山冲人。伟大的马克思主义者,战略家、理论家、诗人,中国共产党的创始人之一,中国共产党和中华人民共和国的卓越领导人。

萧楚女(公元 1893—1927),原名萧树烈,原籍湖北黄陂,生于湖北汉阳。幼年丧父,家贫无以为生,12岁在木材行学徒,不久流浪外乡,做过轮船杂工、街头报童、酱园徒工、排字工人等。1912年19岁考入武昌新民实业学校读书。后经刻苦自学,于1920年4月在《民国日报》副刊《觉悟》发表小说《卖水饺的恩爱》,署名萧楚女,从此,这一笔名常常见于诸多报刊。1922年参加中国共产党。1923年在上海参加团中央工作,编辑《中国青年》,发表了大量传诵一时的文章,1927年"四一二"反革命政变萧楚女在医院住院被捕,4月18日英勇就义。

宋庆龄(公元 1893—1981),原籍广东文昌,生于上海。早年在上海中西女中读书,1908年到美国佐治亚州梅肯市的威斯理安女子大学读书。1913年任孙中山的秘书,1915年10月与孙中山在东京结婚。从此成为孙中山的亲密战友和得力助手,做了大量积极的卓有成效的工作。1925年8月孙中山逝世后,她仍坚持国共合作,积极地投身于两党共同领导的大革命。蒋介石、汪精卫相继叛变后,她和许多国民党左派人士以及中国共产党人士一起,多次发通电、声明、宣言,揭露和反对蒋、汪的叛变行为,并积极参加国际反帝国主义保卫世界和平运动。1951年9月荣获"加强国际和平"斯大林国际奖金,她将10万卢布奖金全部献给发展中国儿童和妇女的福利事业。1981年5月加入中国共产党,5月29日在北京病逝。她是由爱国主义者成为共产主义者的典范,是爱国主义、民主主义、国际主义、共产主义的伟大战士。

梅兰芳(公元 1898—1961),名澜,字畹华,原籍江苏泰州,生于北京,出身京剧世家。著名京剧表演艺术家。

叶圣陶(公元 1894—1988),原名叶绍钧,江苏苏州人。新中国成立前在小学、中学及大学教过书,编过《小说月报》《妇女杂志》《中学生》等杂志。1921 年和茅盾、郑振辉等人发起成立文学研究会。新中国成立后,曾任出版总署副署长、人民教育出版社社长、教育部副部长等职。现代著名作家、语文教育家。

吉鸿昌(公元 1895—1934),字世五,河南扶沟人。我国察绥抗日同盟军领导人之一。幼年家贫失学,14 岁进店铺当学徒。1913 年 18 岁入冯玉祥部当兵。由于憨厚耿直,英勇善战,很快升为团长、旅长,直至军长。1934 年 1 月加入中国共产党,11 月 9 日在天津法租界被国民党特务刺伤被捕,11 月 24 日英勇就义。著名爱国将领。

邹韬奋(公元 1895—1944),原名邹恩润,原籍江西余江,生于福建永安。我国杰出的新闻记者、报告文学作家,著有《韬奋文集》。

徐悲鸿(1895—1953),江苏宜兴人。自幼喜爱绘画,22 岁去日本,翌年赴法国,定居巴黎。后又赴德国、苏联、意大利举办画展。抗日战争胜利后任北京艺专校长;新中国成立后,任中央美术学院院长,培养众多美术人才。我国杰出的画家、美术教育家。

茅以升(公元 1896—1989),字唐臣,江苏镇江人。1916 年毕业于唐山专门学校,同年考取清华官费赴美国留学,1917 年毕业于美国康奈尔大学研究院桥梁专业,获硕士学位;1919 年获美国加利基理工学院博士学位。1920 年回国,先后任南京东南大学教授、中国交通大学校长、武汉长江大桥技术顾问委员会主任、中国土木工程学会理事长、中国科学院技术协会名誉主席等。1982 年被选为美国国家工程科学院外籍院士,1984 年增补为第六届全国政协副主席。1986 年 1 月加入中国共产党。1989 年 11 月因病在北京逝世。

刘少奇(公元 1898—1969),湖南宁乡人。伟大的马克思主义者,中国无产阶级革命家,中国共产党和中华人民共和国的卓越领导人。

周恩来(公元 1898—1976),字翔宇,曾用名飞飞、伍豪,原籍浙江绍兴,生于江苏淮安。伟大的马克思主义者,中国共产党和中华人民共和国的卓越领导人。

瞿秋白(公元 1899—1935),江苏常州人。中国共产党早期著名领导人,杰出的文艺理论家、文学翻译家。

老舍(公元 1899—1966),原名舒庆春,字舍予,北京人,满族。1924年在英国伦敦大学任教时开始文学创作,发表《老张的哲学》等小说。1949 年新中国成立后,他的创作进入了一个新阶段。他写了 23 个剧本和许多通俗文艺作品,赢得了人民群众的喜爱,从而获得了"人民艺术家"的光荣称号,在国内外享有很高的声誉。

荀慧生(公元 1899—1968),名词,字秉彝,号留香,早年艺名白牡丹,直隶东光(今属河北)人。幼年在义顺和梆子班,从师庞启华学艺,后随师附学于三乐社,改习皮黄(指京剧),演闺门旦(主要演天真活泼年轻貌美小家碧玉类人物)、花旦(主要演天真活泼或放浪泼辣的青年妇女)形象。他学习刻苦,功底深厚。著名京剧表演艺术家,为"四大名旦"之一。

聂荣臻(公元 1899—1992),四川江津人。中国无产阶级革命家、军事家。1919 年赴法国勤工俭学,1922 年就读于比利时沙洛瓦大学化学工程系,同年 8 月加入旅欧中国少年共产党,1923 年春转为中国共产党党员。1924 年到苏联莫斯科东方大学学习,后转入红军学校学习军事。1925 年 8 月回国,先后任黄埔军校政治部秘书兼政治教官。1931 年 12月进入中央革命根据地,1934 年参加长征。1955 年被授予中华人民共和国元帅头衔,获一级八一勋章、一级解放军勋章。1958 年任国务院副总理,1959 年任中共中央军委副主席,参与领导人民解放军革命化、现代化、正规化建设,组织全国大协作,在研制常规武器和民用科研项目方面取得显著成果。

方志敏(公元 1900—1935),江西弋阳人。早年在本县、南昌和九江求学,积极参加进步学生运动。1923年参加中国共产党,1924年在江西建立共产党地方组织,从事党的秘密活动。1927年在江西创办农民运动训练班和建立省农协农民自卫军中队。1934年任红十军团军政委员会主席。1935年在怀玉山地区遭到国民党军队绝对优势兵力的围攻,不幸被捕。他在狱中面对敌人的酷刑和诱降进行坚决顽强的斗争,并写下了《可爱的中国》、《清贫》、《狱中纪实》等著名篇章。同年8月慷慨就义。他是中国无产阶级革命家,赣东北革命根据地和中国工农红军第十军的创建人之一。

张闻天(公元1900—1976),别号洛甫,上海南汇人。早年参加中国少年学会,并投身"五四"新文化运动。1921年赴美国留学,毕业后回国,任上海中华书局编译所编辑。1925年加入中国共产党。为我党历史上理论宣传和干部教育工作中成绩卓著的主要领导人之一。

张学良(1900—2001),字汉卿,奉天(今辽宁)海城人。奉系军阀张作霖之子,国民党军队著名爱国将领。

夏衍(公元1900—1995),原名沈乃熙,字瑞先,浙江杭州人。现代著名剧作家,作品有《赛金花》、《秋瑾传》、《上海屋檐下》等,改编的电影剧本有《祝福》、《林家铺子》、《革命家庭》等。

陈毅(公元1901—1972),四川乐至人。早年读过私塾,后进成都工业讲习所、甲种工业学校读书。1918年考入留法预备学校,翌年赴法国勤工俭学。1921年因参加中国留法学生爱国运动被驱逐回国。1923年入北京中法大学读书,同年加入中国共产党。1925年中法大学毕业后,在北京、重庆、武汉等地从事党的工作。1927年在武汉中央军事政治学校做政治工作,"八一"南昌起义后,带领武汉中央军事政治学校的干部、学员赴南昌,因途中受阻,在临川加入起义军,任二十五师七十三团党代表。1929年1月与毛泽东、朱德率领的红四军军部和二十八、三十一团离开井冈山,进军赣南。1945年任新四军军长兼山东军区司令员。中华人民共和国成立后,任国务院副总理、国防委员会副主席、外交部长等职。1955年被授予中华人民共和国元帅军衔。1972年在北京病逝。他是中国无产阶级革命家、军事家,中国人民解放军杰出的领导者与组织者之一。

蒋光慈(公元 1901—1931),原名蒋侠僧,笔名光赤、光慈,安徽六安人。"五四"时,积极参加芜湖地区的爱国学生运动。1921 年 20 岁赴苏联留学,次年加入中国共产党。1924 年回国后从事文学活动。1927 年与钱杏邨、孟超等人组织太阳社,编辑出版《太阳月刊》《拓荒者》等杂志,积极倡导革命文学,并进行文学创作。作品有小说《少年漂泊者》《野祭》等,诗集《新梦》《哀中国》。现代作家、诗人。

徐玮(公元 1903—1928),原名宝兴,江苏海门人。1923 年加入中国社会主义青年团,1924 年转为中国共产党党员,参加过五卅运动和上海工人的三次武装起义,1927 年 8 月任共青团浙江省委书记,11 月被捕。1928 年 5 月在杭州被国民党杀害。

冯雪峰(公元 1903—1976),原名冯福春,浙江义乌人。1921 年在杭州读书时参加朱自清组织的"晨光社",并与汪静之、应修人等组织"湖畔诗社",合出诗集《湖畔》《春的诗集》。1933 年底到中央苏区任中央党校教务主任、副校长,1934 年随红军主力长征。中华人民共和国成立后,先后任《文艺报》主编、人民文学出版社社长、中国作家协会党组书记等职。现代作家、文艺理论家。

邓小平(公元 1904—1997)。原名邓先圣,化名邓斌,四川广安人。我国无产阶级革命家、军事家,中国共产党和中华人民共和国的卓越领导人。"文化大革命"中曾遭到不公正的批判和打击,党的十一届三中全会以后,对许多关键问题的决策和实施,作出了重大贡献,是中国改革开放并取得伟大成就的总设计师,是指导中国走向繁荣富强道路的邓小平理论的创造者。

任弼时(公元 1904—1950),湖南湘阴人。中学时在长沙积极参加进步学生运动,1920 年加入中国社会主义青年团,翌年去苏联莫斯东方大学学习,1922 年转为中国共产党党员。1924 年秋回国,担任青年团上海地区的领导工作,同时在上海大学教俄文。1931 年 1 月在中共六届四中全会上当选为中央政治局委员,8 月被派往中央革命根据地,任中共苏区中央局委员兼组织部长。1935 年 1 月奉命率红二、六军团突围,1949 年4 月代表中共中央向全国新民主主义青年团第一次全国代表大会作政治报告,并被推举为青年团名誉主席。1950 年 10 月因劳累过度,突患脑溢血逝世。

丁玲（公元 1904—1986），原名蒋伟，字冰之，湖南临澧（lǐ 理）县人。1922 年在上海平民女校、上海大学中文系学习。1927 年创作了第一篇小说《梦珂》，次年发表早期代表作《莎菲女士的日记》。1931 年加入中国左翼作家联盟，主编《北斗》月刊，发表了很多小说。1933 年被国民党政府逮捕，1936 年出狱后到了陕北。曾任中国文艺协会主任、《解放日报》文艺副刊主编等职。新中国成立后，先后任中国作协党组书记、《文艺报》主编、文学讲习所所长。现代女作家、代表作《太阳照在桑干河上》。

邓颖超（公元 1904—1992），原名文淑，又名咏通、湘君、逸豪等，原籍河南光山，出生于广西南宁。伟大的无产阶级革命家、政治家、著名的社会活动家，中国妇女运动的先驱者。

巴金（公元 1904—2005），原名李尧棠，字芾（fú 福）甘，四川成都人。现代著名作家，1982 年荣获意大利"但丁国际奖"。

陈云（公元 1905—1995），原名廖陈云，竞速生黄埔（今属上海市）人。1920 年在上海商务印书馆当学徒时，就开始从事革命活动。1935 年遵义会议后，赴苏联向共产国际汇报遵义会议情况，并任中共驻共产国际代表团成员。中国无产阶级革命家。

臧克家（公元 1905—2004）山东诸城人，现代诗人。他祖、父辈皆喜欢诗。他 1930 年入青岛大学中文系学习，1932 年开始发表诗作。抗日战争爆发后，在前线度过 5 年的艰苦生活，写了许多抗日战争的诗篇。抗战胜利后的第二年到上海，主编《文讯月刊》。1949 年到北京，先后任人民出版社编审、全国文联委员、作家协会书记处书记、《诗刊》主编等职。他在创作上和理论上对新诗的发展有所贡献。

高士其（公元 1905—1988），原名高士锱，福建福州人。1925 年去美国留学，致力于化学、细菌学研究。1928 年在一次实验中感染上脑炎病毒，造成终生残疾。从此开始科普写作，成绩卓著，是著名的科普作家。

赵朴初（公元 1907—2000），安徽太湖人。当代诗人、佛学家，主要著作有《滴水集》、《永怀之什》、《片石集》等。

陶铸（公元 1908—1969），又名陶际华，号剑寒，化名陶磊，湖南祁阳人。早年当过店员，1926 年入黄埔军官学校第五期学习，同年加入中国共产党。中国无产阶级革命家、散文作家。

傅雷（公元 1908—1966），字恕安，号恕庵，笔名傅汝霖、移、风、雷等，上海市南汇人。我国现代作家、翻译家。

程今吾（公元 1908—1970），又名宁越，嘉山（今安徽嘉山县）人。1938 年加入中国共产党，毕生致力于党的教育工作，对老解放区的教育建设和新中国的教育事业的发展都作出了贡献。教育家，著有《新教育体系》、《青年修养》等。

周扬（公元 1908—1989），原名周起立，湖南益阳人。我国现代文艺理论家、翻译家，翻译作品有列夫·托尔斯泰的长篇小说《安娜·卡列尼娜》等。

吴晗（公元 1909—1969），浙江义乌人，著名历史学家、文学家。1931 年 8 月考入清华大学史学系，专攻明史，毕业后留校任教。1948 年秋奔赴解放区。1949 年春受中共中央委托接管北京大学、清华大学，任清华大学校务委员会副主任、文学院院长、历史系主任。1957 年 3 月加入中国共产党。1965 年 11 月所著《海瑞罢官》遭受批判，后遭到残酷迫害，1969 年含冤去世。1979 年 7 月经中央批准冤案彻底平反，恢复政治名誉。

华罗庚（1910—1985），江苏金坛人。现代著名数学家，美国全国科学院、联邦德国巴伐利亚科学院外籍院士。

艾青（公元 1910—1996），原名蒋海澄，浙江金华人。1929 年赴法国勤工俭学。现代诗人。

钱学森（公元 1911—2009），浙江杭州市人。1934 年毕业于上海交通大学机械工程系，1935 年赴美国麻省理工学院航空系学习，次年获硕士学位;后转入加利福尼亚州理工学院航空系学习,获加州理工学院航空系与数学博士学位,留校任研究员、讲师、副教授,从事火箭导弹研究工作。1955年回国,1958年加入中国共产党,历任中国科学院力学研究所所长、国防科工委科学技术委员会副主任等重要职务,为组织领导我国运载火箭和航天器的研制工作发挥了巨大作用,为培养国防尖端技术人才作出了重要贡献。他是中国科学院主席团执行主席,中国"导弹之父"。

邓拓(公元 1912—1966),原名邓子建,曾用笔名马南邨、向阳生等,福建闽侯人。新闻工作者、历史学家、诗人、杂文作家。

杨朔(公元 1913—1968),原名杨毓瑨(jìn 进),山东蓬莱人。现代作家。

胡乔木(1913—1992),苏北盐城市人。"他博学深思、勤奋笔耕,经过长期的刻苦磨炼,终于成为才学超群的在党内享有盛名的学者和辞章家。"(新华社:《胡乔木同志生平》)

钱三强(公元 1913—1992),浙江吴兴(今湖州)人。现代科学家,中国原子核科学研究基地和中国原子能事业的主要创建人之一。

王洛宾(公元 1913—1996),毕业于北京师范大学音乐系。1938年在兰州开始接触民歌,后在新疆歌舞团工作。1988年离休。他的《大阪城的姑娘》、《在那遥远的地方》、《掀起你的盖头》等歌曲,广泛传唱于民间,人称西北歌王。

谢添(1914—2003),原名谢洪坤,天津人。著名电影演员、导演。

王西彦(公元 1914—1999),浙江义乌人。曾任教湖南大学、武汉大学、浙江大学。现代作家。

胡耀邦(公元 1915—1989),湖南浏阳人。1929年入浏阳中学读书,1930年加入中国共产主义青年团,同年到湘赣革命根据地工作,1933年初调往中央革命根据地,同年8月转为中国共产党党员。1935年任红军三军团第十三团俱乐部主任,参加了长征。中华人民共和国成立后,先后任新民主主义青年团中央委员会书记处书记、陕西省委第一书记、中国科学院党组负责人、中共中央组织部部长等职。1980 年 2 月至 1987 年任中共中央总书记。

柳青（公元 1916—1978），原名刘蕴华，陕西吴堡人。当代作家，代表作品有长篇小说《种谷记》、《铜墙铁壁》、《创业史》。

万里（公元 1916—   ），山东东平人。青年时期读过中学，思想追求进步，参加抗日救国学生运动。1936 年 5 月加入中国共产党。曾任县委书记、地委宣传部部长、军分区政治委员、建设部部长、中共北京市委书记、中共安徽省委第一书记、中央绿化委员会主任委员、全国人民代表大会常务委员会委员长等职。

吴运铎（公元 1917—1991），湖北武汉人，生于江西安源煤矿。早年在富源煤矿做钳工。1938 年参加新四军，为解放军兵工事业开拓者。曾被评为全国特等劳动模范，1955 年 7 月获"中国雷锋"荣誉称号。

胡绳（公元 1918—2000），江苏苏州人。哲学家、历史学家。

郭小川（公元 1919—1976），河北丰宁人。当代诗人，曾任中国作家协会党组副书记。

江竹筠（公元 1920—1949），原名竹君，四川自流井（今自贡）人。革命烈士。

陈辉（生卒年不详），我国革命烈士。

柏杨（公元 1920—2008），原名郭衣洞，河南辉县人。1937 年抗日战争爆发到武汉考入战事干部训练团，后入兰州大学、东北大学读书。1949 年到台湾，曾任中、小学教员，成功大学副教授，《自立晚报》副总编等。1966 年任平原出版社社长。1968 年因在《中华日报》发表一幅漫画被台湾当局逮捕入狱，坐牢 9 年之久。出狱后继续从事小说、散文、诗歌创作。现代散文家。

孙道临(公元 1921—2007),原名孙以亮,原籍浙江嘉善,生于北京。著名电影演员、导演。

王进喜(公元 1923—1970),全国劳动模范,大庆油田钻井队队长。

常香玉(公元 1923—2004),原名张妙玲,本名张欣山,河南巩县人。自幼随父张福山学戏,10 岁即登台演出,13 岁在开封以演出新改编的《西厢》而闻名。1948 年在西安创办香玉剧校,1951 年为支援抗美援朝率领剧社在西北、中南和华南演出,以全部收入购得一架战斗机,以"香玉剧社号"为名捐赠前线。1994 年 4 月荣获"亚洲最佳艺人终身成就艺术奖"。著名豫剧表演艺术家。

曲波(公元 1923—2002),山东蓬莱人。15 岁高小毕业后参加八路军,1943 年进入胶东抗大学习,毕业后任胶东军区报社记者。现代作家,作品有长篇小说《林海雪原》、《山呼海啸》、《桥隆飙》等。

江泽民(公元 1926—   ),江苏扬州人。1943 年参加中共地下组织领导的学生运动,1946 年 4 月加入中国共产党,1947 年毕业于上海交通大学机电系。1955 年赴苏联莫斯科斯大林汽车厂实习。1956 年回国后,历任长春第一汽车制造厂动力分厂厂长、武汉热工机械研究所所长、第一机械工业部外事局局长、电子工业部部长、上海市市长、中共上海市委书记。1989 年 6 月在中共十三届四中全会上当选为中央政治局常务委员、中央委员会总书记,11 月,在中共十三届五中全会上被任命为中央军委主席。
江泽民同志担任党和国家领导之后,以他为核心的第三代中央领导集体,分别就建立社会主义市场经济体制、加强社会主义精神文明建设等一系列关系全局的重大问题作出规划和部署,并取得了卓越的成就。

朱镕基(1928—   ),湖南长沙人。1951 年毕业于清华大学电机系制造专业,历任东北工业部生产计划室副主任等职。1987 年后任中共上海市委副书记、市长、市委书记,1991 年 4 月被七届全国人大四次会议任命为国务院副总理。1998 年 3 月,在九届全国人大一次会议上被任命为国务院总理,2003 年离休。

李嘉诚(公元 1928—   ),广东潮安(今潮州)人。1940 年随家人到香港,1943年其父去世后辍学,到一家钟表店当店员。后由于努力奋斗,成为著名的工商业家并荣获香港大学、加拿大卡尔加里大学、北京大学、香港科技大学、香港中文大学名誉博士学位。

张志新(公元1930—1976),女,天津人。曾就读于河北师范学院教育系,1955年在中国人民大学学习时加入中国共产党,1957年到中共辽宁省委宣传部任干事。1969年9月因公开揭露、反对林彪、江青一伙残害干部的暴行和篡党夺权的阴谋被捕。1975年4月3日被判死刑,次年被杀害。1979年3月31日中共辽宁省委召开大会为她平反昭雪,追认革命烈士。

傅全有(公元1930年11月—),山西崞(guo 过)县(今原平县)人。1946年10月参加中国人民解放军,1947年8月加入中国共产党,先后任班长、排长、副团长、师副参谋长、师长、军长、军区司令员。1993年9月被授予上将军衔。

山河(1930—),原名山恒福,字超洋,曾用笔名山枫,山东黄县(今龙口市)人。他年轻在中学任教时,为了能切实指导学生写出言之有物的文章,业余时间练笔写作,先后在市、省、国家级报刊及大学学报发表散文、小说、民间故事、杂谈、论文多篇。后在高校专事古今应用文章教学与研究。著作有《应用写作指南》、《科学管理写作概论》、《中国现代应用文选讲》、《中国历代应用文章名篇赏析》、《秘书写作的技巧》、《中国秘书工作发展史讲话》等多部。

郑守仪(公元1931—),女,出生于菲律宾马尼拉,大学毕业后回国。现为中国科学院海洋研究所研究员、中国工程院院士、海洋原生动物学家。

陈景润(公元1933—1996),福建福州人。我国现代数学家。

李瑞环(公元1934—),天津市宝坻(dǐ 底)县人。业余大学毕业,1951年7月参加工作,为北京市第三建筑公司工人,1959年9月加入中国共产党。1965年后,历任北京建筑材料供应公司党委副书记兼木材厂党总支书记、北京市建委副主任兼市基建处指挥部指挥、北京市总工会副主任、全国总工会常务委员、共青团中央书记处书记、全国青年联合会副主席、天津市市长、中共天津市委书记等职。1989 年 6 月在中共十三届四中全会上当选为中央政治局常务委员、中央书记处书记。1993 年 3 月在中国人民政治协商会议八届一次会议上当选为政协全国委员会主席。1998 年 3 月在中国人民政治协商会议九届一次会议上再次当选为政协全国委员会主席。

胡敦欣（公元 1936—　），山东省即墨人。现为中国科学院海洋研究所研究员、博士生导师、中国工程院院士。

苏叔阳（1938—　），笔名舒扬、余平夫，河北省保定市人，1960 年毕业于中国人民大学中共党史系。先后在中国人民大学、河北北京师范学院任教。1970 年到保定变压气厂当工人，次年转到保定供电局工作。1972 年调北京中医研究院任教员。1978 年调北京电影制片厂任编剧。作品有《丹心谱》、《中国读本》、《左邻右舍》、《故土》等。

袁伟民（公元 1938—　），江苏苏州人，原为排球运动员，中国男排队长，后为中国女排主教练，中共十二大代表，曾多次立功受奖，并被评为建国 35 周年 10 个杰出教练之一，1984 年被国务院任命为国家体委副主任，后任体育总局局长。

洪昭光（公元 1939—　），福建省人。1961 年上海第一医学院毕业，1981 年～1983 年被选派至美国芝加哥西北大学医学院预防医学系及临床医院任访问学者两年。现任卫生部血管病专家咨询委员会副主任，中国高血压联盟常委理事，北京安贞医院干部保健、老年心内科主任、教授。

雷锋（1940—1962），湖南长沙人。1960 年参军，1962 年 8 月 15 日因公殉职。我国伟大的共产主义战士。

温家宝（1942—　）天津市人。北京地质学院地质构造专业研究生毕业，1965 年加入中国共产党。历任甘肃地质局地质力学队技术员、副队长，甘肃地质局副局长，地质矿产部副部长，中共中央办公厅主任，中共中央书记处书记，国务院副总理。2003 年 3 月任国务院总理。

胡锦涛(1942—)安徽绩溪人。清华大学水利工程系毕业,1964年4月加入中国共产党。历任清华大学水利工程系政治辅导员,水电部第四工程局八一三分局技术员、党总支副书记,甘肃省建设设计管理处副处长,共青团中央书记处书记,全国青联主席,贵州省委书记、省军区党委第一书记,西藏自治区党委书记、军区党委第一书记,中华人民共和国副主席、中央党校校长。2003年3月任中华人民共和国主席,次年任中华人民共和国中央军事委员会主席。

曾培炎,中国共产党中央政治局委员、国务院副总理。

李济生,中国工程学院院士。

陶西平,全国中学德育研究会理事长,现代教育家。

王家素、王素玉,西南交通大学教授,世界第一辆载人高温超导磁悬浮试验车发明者。

黄婉秋(公元1944—)广西人。在广西桂林戏剧学校读书时被电影导演苏里选中,主演电影《刘三姐》。著名电影演员。

赵霖(公元1946—),上海市人。1969年毕业于中国科学技术大学。他自幼受到良好的中国传统医学教育,通晓中医营养学理论,根据"寓医于食"的学术思想,在对许多老年慢性病的临床治疗中结合饮食调理等食疗方法,收到良好效果。全国著名健康教育家、解放军总医院教授、博士生导师。

邱仁宗,亚洲生命伦理协会副会长,国际人类基因组伦理学会委员。

张瑞敏(公元1949—),山东莱州市人。中国科技大学工商管理硕士,高级经济师。现任海尔集团董事局主席、首席执行官、党委书记,中共十四大、十五大代表。

牛玉儒(公元1952—2004),内蒙古自治区通辽市人。1970年18岁在通辽县农村插队锻炼,1975年11月加入中国共产党。后任内蒙古自治区党委常委、呼和浩特市委书记、第九届全国人民代表大会代表。他在30 多年的革命生涯中,忠诚党的事业,忠于党和人民,为党的优秀民族干部。

许冠生,第二军医大学长海医院内科教授、心血管病科主任医师、研究生导师,英国伦敦大学心胸研究所、英国国立心胸医院访问学者。中华医学会上海分会常务理事、第二军医大学附属长海医院副院长、第二军医大学教务长。

黄全愈,生于广西柳州,壮族。土插队、洋插队、打短工、磨洋工、老三届、七七级、工农商学兵他全沾边,并且抓锄头 3 年,扛榔头 7 年,走读 4 年。1982 年获文学学士学位,1983 年赴美讲学,1989 年获美国 villanora 大学"人的组织与管理科学"理学硕士学位,1993 年获美国 miama 大学"教育管理学"博士学位。所著《素质教育在美国》一书,在国内引起强烈反响,被评为 2000 年度非文艺类最畅销书。

贾平凹(公元 1953—　),陕西省丹凤县人。1967 年初中毕业后回乡务农,1972 年进入西北大学中文系学习,并开始文学创作。毕业后曾任陕西人民出版社、西安文联《长安》文学月刊编辑。1983 年开始从事专业创作。作品有短篇小说集《兵娃》、《山地笔记》等;散文集《月迹》、《商州散记》等。短片小说《满月儿》获 1979 年全国短篇小说奖。

蔡振华(公元 1961—　),江苏无锡人。1972 年被选到无锡市业余体校进行乒乓球训练,1973 年被选入江苏乒乓球队,1978 年被选入国家乒乓球集训队。从 1980 年起始多次获单打、双打冠、亚军,并获运动健将称号。

鲁群生,企业管理学家。

兰丽敏,现代残疾人女作家。

附录二

外国作者简介

一、亚洲地区作者

（一）印度作者

泰戈尔（公元 1861—1941），印度诗人、作家、社会活动家。他 17 岁发表诗作，在 60 多年的创作岁月中，写了 50 多部诗集，12 部中、长篇小说，100 多篇短篇小说，20 多个剧本。还擅长音乐、绘画，印度现在的国歌就是他创作的。

普列姆·昌德（公元 1880—1936），原名屯帕特·莱易，乡村邮局职员的儿子。当过小学教师、师范学校校长，熟悉农民生活，参加过甘地领导的反对英国殖民者的非暴力抵抗运动。印度小说家，代表作为《戈丹》、《仁爱道院》、《舞台》。

（二）日本作者

有岛武郎（公元 1878—1923），日本小说家。他自幼接受儒家及欧美式教育，1901 年从贵族子弟学校毕业后，便进入札幌农业学校。这段时间，他了解到下层人民的痛苦与悲哀。他还与他人一起创办了对日本现代文学影响极大的刊物《白桦》。著有《该隐的后裔》、《阿末之死》、《一个宣言》、《一个女人》等。

木村久一（公元 1883—1977），日本心理学家、教育学家，著有《早期教育和天才》等。

乙羽信子（公元 1927—   ），出身贫寒，酷爱表演艺术。1939 年初登宝冢(zhǒng 肿)舞台，1949 年演出《美人鱼》，1952 年饰《原子弹之子》中的女教师,1959年主演《爱妻传奇》。她演出的多部影片,都获得很大成功,尤其扮演《阿信》,闻名中国与日本影坛。日本影坛巨星。

池田大作,日本学者。

(三)伊朗作者

萨迪(约公元1184—1291),波斯诗人。代表作有训世故事诗集《果园》和《蔷薇园》。

巴禾乌拉,伊朗教育家。

(四)黎巴嫩作者

纪伯伦(公元1883—1931),黎巴嫩诗人、作家,代表作为《先知》。

(五)科威特作者

穆尼尔·纳素夫,科威特作家,著有《愿你生活更美好》等。

二、欧洲地区作者

(一)俄罗斯(含前苏联)作者

克雷洛夫(公元1769—1844),俄国寓言作家。他的作品吸收了大量民间语汇,语言简朴幽默,人物栩栩如生,对俄国文学和语言的发展有较大影响。

普希金(公元1799—1837),俄国伟大诗人。他的作品对俄国文学和世界文学都有巨大影响。

别林斯基(公元1811—1848),俄国革命民主主义文学评论家、哲学家。主要著作有《文学的幻想》(是他博得广泛声誉的第一篇名作)、《诗歌的分类和分科》、《艺术的概念》、《关于批评的讲话》等。

赫尔岑(cén,公元 1812—1870),俄国伟大的革命民主主义者,唯物主义哲学家、作家。主要哲学著作有《科学上的一知半解》、《自然研究通讯》等;文学作品代表作为《谁的罪过》;晚年著有回忆录《往事与沉思》。

屠格涅夫(公元 1818—1883),俄国著名的小说家,在文学史上占据着重要地位。他的代表作《父与子》,反映了 19 世纪中叶俄国的社会生活和思想斗争。

陀思妥耶夫斯基(公元 1821—1881),俄国批判现实主义作家。其主要作品有《罪与罚》、《白痴》、《恶魔》、《少年》等。

乌申斯基(公元 1824—1870),1944 年毕业于莫斯科大学法律系,曾在政法学校等院校任教,后因倾向进步被解聘。1862～1867 年被派遣国外考察教育。在国外编写了《祖国语言》等教科书,还著有《人是教育对象》。乌申斯基的教育体系,在俄国影响极深,被认为是俄罗斯国民学校和教育科学的奠基人。

车尔尼雪夫斯基(公元 1828—1889),俄国伟大革命民主主义者,唯物主义哲学家,批评家、作家。

列夫·托尔斯泰(公元 1828—1910),俄国伟大作家。重要作品有《战争与和平》、《安娜·卡列尼娜》、《复活》等。

门捷列夫(公元 1834—1907),俄国化学家,自然科学基本定律之一———化学元素周期的发现者。

巴甫洛夫(公元 1849—1936),俄国生理学家,军事医学院哲学博士,苏联科学院生理研究所所长。

柯罗连科(公元 1853—1921),俄国作家,社会活动家。一生所著多为中、短篇小说,主要作品有《玛加尔的梦》、《盲音乐家》、《巴甫洛夫村札记》等和自传体小说《我的同时代人的故事》。

高尔基(公元 1868—1936),苏联伟大的革命作家,苏联文学创始人。重要作品有自传体三部曲《童年》、《在人间》、《我的大学》,长篇小说《母亲》等。

列宁(公元 1870—1924),生于俄国辛比尔斯克(今乌里扬诺夫斯克),父亲是省国民教育视察员。在大学学习时就参加学生运动,从事宣传马克思主义活动,组织马克思主义小组。1908 年写成《唯物主义和经验批判主义》一书。1917 年俄国二月革命推翻沙皇专制制度后,写成《国家与革命》一书。十月社会主义革命胜利后,当选为人民委员会主席。他是马克思、恩格斯事业和学说的继承者,是无产阶级的伟大导师和领袖。

安德烈耶夫(公元 1871—1919),俄国小说家、剧作家。主要作品有《省长》、《七个绞刑犯的故事》等。

加里宁(公元 1875—1946),苏联共产党、国家领导人之一。参加了十月社会主义革命。他在长期的革命生涯中,曾对青年一代的共产主义教育问题发表过许多演说和论述,后汇编成为《论共产主义教育》一书。

斯大林(公元 1879—1953),生于格鲁吉亚的哥里城,父亲是农民出身的鞋匠。他在中学读书时就参加革命活动,1899 年成为职业革命家。1901 年至 1917 年先后被捕 7 次,流放 6 次,从流放地逃出 5 次。1917 年二月革命后,遵照列宁指示,创办了《真理报》并当选为党中央政治局委员。1922 年当选为联共(布)中央委员会总书记。1941 年至 1953 年,先后担任苏联人民委员会主席和部长会议主席;在苏联卫国战争时期任国防委员会主席、武装力量最高统帅。斯大林在晚年时犯过一些错误,但与巨大功绩相比,是次要的。

阿·托尔斯泰(公元 1883—1945),苏联作家。代表作品有长篇小说《苦难的历程》三部曲(《两姊妹》、《一九一八年》、《阴暗的早晨》)及长篇历史小说《彼得大帝》。

马卡连柯(公元 1888—1939),苏联教育家。1917 年从波尔塔瓦师范专科学校毕业,任小学校长,1920 年创办高尔基工学团,全力从事流浪儿童和违法少年的教育改造工作。著有《马卡连柯全集》。

凯洛夫（公元 1893—1978），苏联教育家，他一生主要研究教育理论，主编的《教育学》一书出版后，流传很广，对新中国成立初期的教育影响较大。

马雅科夫斯基（公元 1893—1930），苏联诗人。作品有《我们的进行曲》、《革命颂》、《列宁》、《放开嗓子唱歌》等。

尼·奥斯特洛夫斯基（公元 1904—1936），生于工人家庭，16 岁参加保卫苏维埃政权的斗争，战斗中受重伤，因病全身瘫痪，双目失明，他以无比顽强意志，克服重重困难，在病床上写成长篇小说《钢铁是怎样炼成的》，受到世界进步读者的热烈欢迎，荣获列宁勋章。另一部长篇小说《暴风雨所诞生的》只完成了第一卷，便与世长辞。

柯切托夫（公元 1912—1973），农民家庭出身，种过地、捕过鱼、当过造船工人。1931 年农业技术学校毕业后，在国营农场任农艺师。卫国战争时期任战地记者，后在《文学报》任主编。苏联作家，作品有《茹尔宾一家》、《叶尔绍兄弟》等。

罗佐夫（1913—2004）苏联剧作家。作品有《祝你成功》、《永生的人》、《追求欢乐》、《力量悬殊的战斗》等。

苏霍姆林斯基（公元 1918—1970），苏联教育家。他写的专著和小册子有 40 余本。其中《给教师的一百条建议》、《把整个心灵献给孩子》、《帕甫雷什中学》、《和青年校长的谈话》、《公民的诞生》等，均有中译本。

冈察尔（公元 1918—1995），原名亚历山大，农民家庭出身，曾在区和州的共青团报社工作。苏联作家。

阿·巴巴耶娃，苏联作家。

柳比歇夫，苏联作家、诗人。

（二）德国作者

瓦尔特（公元 1170—1230），德国中世纪的抒情诗人。代表作品为《我坐在石上》等。

康德（公元 1724—1804），德国哲学家，德国古典唯心主义创始人。

莱辛（公元 1729—1781），德国启蒙运动时期伟大的思想家、美学家和剧作家。

歌德（公元 1749—1832），德国著名诗人、戏剧家和散文家。重要著作有剧本《葛慈》，书信体小说《少年维特之烦恼》，诗剧《浮士德》等。

贝多芬（公元 1770—1827），德国最伟大的作曲家，维也纳古典乐派代表人物之一。代表作有第三（《英雄》）、第五（《命运》）、第六（《田园》）、第九（《合唱》）等交响曲，《热情》、《悲怆》、《暴风雨》等钢琴奏鸣曲，以及舞剧《普罗米修斯》等。

黑格尔（公元 1770—1831），哲学家，德国古典哲学的集大成者。主要著作有《精神现象学》、《逻辑学》、《法哲学原理》、《历史哲学讲演录》、《美学讲演录》、《哲学史讲演录》、《哲学全书》等等。

赫尔巴特（公元 1776—1841），德国哲学家、心理学家和教育家。他曾在耶拿大学读书，后任格廷根大学、哥尼斯堡大学教授。著有《普通教育学》、《教育学讲授纲要》、《作为科学的心理学》、《普通形而上学》等。

第斯多惠（公元 1790—1866），生于法官家庭，曾就读于赫尔明大学和杜平根大学，获得过哲学博士学位，为 19 世纪德国著名民主主义教育家。

海涅（公元 1797—1856），德国诗人和政论家。他的作品被译成多种文字，在德国文学和世界文学中占有重要地位。

舒曼（公元 1810—1856），德国浪漫派作曲家、音乐评论家。他的钢琴曲自然、抒情、简洁。还写了许多含义深刻的歌曲，诸如 4 首交响曲、3

首弦乐四重奏曲、钢琴曲和室内乐等。

马克思（公元 1818—1883），生于普鲁士莱茵省特利尔城的律师家庭。1841 年大学毕业，获哲学博士学位。1842 年任《莱茵报》主编，1844 年创办了《德法年鉴》杂志，为马克思主义创始人。

恩格斯（公元 1820—1895），生于普鲁士莱茵省巴门市，父亲是纺织厂主，他青年时期开始经商，经常到工厂和工人住宅区调查工人阶级的状况，同工人运动活动家来往。1844 年 8 月底，会见了马克思，从此，两位伟大导师并肩战斗终生。

狄慈根（公元 1828—1888），德国制革工人，社会主义著作家、哲学家。马克思对狄慈根有很高的评价，他说：狄慈根表述了"许多卓越的思想，而且作为一个工人的独立思维的产物来说是令人惊叹的思想"（《马克思恩格斯书信选集》）。

罗莎·卢森堡（公元 1871—1919），德国社会民主党和第二国际左派领袖之一，德国共产党创始人之一。他生于波兰，中学毕业后从事革命工作。1892 年参与创建波兰社会民主党。1897 年移居德国，1918 年参加和领导德国十一月革命，同年 12 月参与建立德国共产党，1919 年 1 月 15 日被反动政府杀害。主要著作有《社会改良还是社会革命？》、《社会民主党的危机》、《论俄国革命》等。

卡斯特纳（公元 1935— ），德国社会学家。他主要研究教育社会学，著有《成人教育的方法》、《权威冲突下的学生》、《工业社会中的家庭与青年》等。

(三)英国作者

斯宾塞（约公元 1552—1599），英国文艺复兴时期诗人。作品有《牧人时令歌》、《十四行诗》、《爱情小诗》等。

培根（公元 1561—1626），英国哲学家、政治家，马克思认为他是"英国唯物主义和整个现代实验科学的真正始祖"。

莎士比亚(公元 1564—1616),英国文艺复兴时期伟大的戏剧家、诗人。重要的剧作有喜剧《威尼斯商人》、《第十二夜》等,悲剧《哈姆雷特》、《奥塞罗》、《李尔王》、《罗密欧与朱丽叶》等,悲喜剧《量罪记》和历史剧《理查三世》等。

洛克(公元 1632—1704),英国哲学家、政治理想家,唯物主义经验论著名代表之一。

理查德·斯蒂尔(公元 1672—1729),英国作家。他曾编过期刊,著作喜剧数部,第一部戏剧《葬礼》上演后,便受到观众热烈欢迎。

菲尔丁(公元 1707—1754),生于破落的贵族军官家庭,曾为剧院编写剧本,当过律师和法官,为英国著名小说家。代表作为《汤姆·琼斯》。他的作品对欧洲小说发展影响很大。

约翰生(公元 1709—1784),英国作家。出身贫困家庭,父亲为书商。他曾办过《漫游者》、《懒散者》等杂志。他的作品有散文、哲理诗、讽刺文、悲剧、小说、评论等。《拉赛勒斯》是他的小说代表作。他的创作在 18 世纪英国文学史上占重要地位。

休谟(公元 1711—1776),英国哲学家、历史学家、经济学家。他的主要著作有《人性论》、《人类理智研究》、《道德原理研究》、《英国史》等;他的哲学对近代和现代西方哲学有重大影响。

吉本(公元 1737—1794),英国历史学家。著作有《罗马帝国衰亡史》。

布莱克(公元 1757—1827),英国诗人,版画家,前期浪漫主义文学的代表。

拜伦(公元 1788—1824),英国杰出的积极浪漫主义诗人。作品有《麦布女王》、《唐璜》、《伊斯兰的叛变》、《解放了的普罗米修斯》等。

雪莱(公元 1792—1822),英国浪漫主义诗人。马克思、恩格斯称誉他是"真正的革命家"、"天才的预言家"。

达尔文(公元 1809—1882),英国伟大的生物学家,进化论的奠基人。1859 年他发表了《物种起源》一书,提出自然选择说和进化论,用有力的证据推翻神创论和物种不变论,达尔文的进化论是 19 世纪世界自然科学三大发现之一。

狄更斯(公元 1812—1870),生于小职员家庭,当过鞋油作坊童工、律师事务所缮写员、报社采访记者。由于他勤奋好学,1837 年 25 岁时出版了第一部长篇小说《匹克威克外传》。代表作有《大卫·科波菲尔》、《荒凉山庄》、《艰难时世》、《小杜丽》、《双城记》、《远大前程》等。为英国批判现实主义小说家,在世界文学史上占有重要地位。

罗斯金(公元 1819—1900),英国政治家,文艺批评家。主要作品有《近代画家》、《建筑的七盏明灯》、《威尼斯城的石头》、《芝麻与百合》、《野橄榄花冠》等。

伯顿(公元 1821—1890),英国探险家。

赫胥黎(公元 1825—1895),英国生物学家,科学人类学的创立者之一。

萧伯纳(公元 1856—1950),英国大戏剧家,评论家。著名剧本有《鳏夫的房产》、《华伦夫人的职业》、《康蒂妲》、《魔鬼的门徒》、《英国佬的另一个岛》、《真相毕露》等。文艺论著有《易卜生主义的精华》、《道地的瓦格纳派》等。1925 年获诺贝尔文学奖。

高尔斯华绥(公元 1867—1933),生于律师家庭,在牛津大学学过法律,英国批判现实主义作家。

罗素(公元 1872—1970),英国哲学家、数学家、逻辑学家、文学家。他的祖父曾任英国首相。他 2 岁丧母,4 岁丧父,从小由祖母抚养照料。1890 年 18 岁时考入剑桥三一学院,专修数学。他一生写下 400 余本著作,内容广泛,涉及哲学、数学、科学、伦理学、社会学、文学、教育、历史、宗教、政治等方面。1950 年获诺贝尔文学奖。

　　贝弗里奇(公元 1879—1963)，英国经济学家。他曾任伦敦经济学院院长等职，毕业致力研究失业和对策。著有《失业：一个工业问题》、《自由社会的充分就业》、《社会保险与联合服务(即著名的"贝弗里奇报告")》、《志愿行动：关于社会进步方法的报告》等。

　　弗莱明(公元 1881—1955)，英国细菌学家，青霉素的发现者。1928年 9 月他发现了一种霉菌分泌的物质，即青霉素，但没有引起重视。10年后，弗洛里和钱恩继续研究，改进了提纯技术，正式投入使用。1945 年弗莱明和弗洛里、钱恩同获诺贝尔奖。青霉素至今仍然是重要的药物之一，拯救了几千万人的生命。

　　卓别林(公元 1889—1977)，英国电影艺术家，喜剧演员大师。他 10岁时即成为滑稽剧团演员，以扮演小人物、流浪汉闻名于世。他表演幽默、风趣、生动、深刻，深受各国观众欢迎。最后的一部作品是《香港女伯爵》。1971 年 82 岁获奥斯卡荣誉奖。

（四）法国作者

　　彼德·阿波拉德(公元 1079—1142)，法国哲学家。

　　蒙田(公元 1533—1592)，文艺复兴时期法国思想家、散文作家。他出身新贵族，主张个性自由，强调"人性善"，反对基督教宣传"人性恶"的赎罪说。主要著作《随想录》，是一部长短不齐、笔调轻松的散文集，内容广博，无所不谈，对法国的一些进步思想家、文学家乃至英国的培根、莎士比亚等都甚有影响。

　　拉罗斯福哥(公元 1613—1680)，法国哲学家、作家。他曾经参加反对红衣主教黎塞留的政治斗争和投石党运动，在战斗中受伤后脱离政治生活。著作有《道德箴言录》、《随笔集》等。

　　梅叶(公元 1664—1729)，法国唯物主义哲学家、启蒙运动思想家、空想共产主义者。他生在一个纺织工人的家庭，曾任教员、牧师等职，由于经常和农民生活在一起，看到劳动人民所遭受的压迫和剥削，从而对私有制度基础上的剥削与压迫制度极度愤恨。他幻想建立一种以财产共有基础的村社联盟,实行一种自然经济条件下的平均主义:人们互爱共处,同吃同处,共同劳动。当然,这只是一种小生产者的幻想,是不可能实现的。

孟德斯鸠(公元 1689—1755),18 世纪法国启蒙运动主要代表人物,思想家、文学家、法学家。

伏尔泰(公元 1694—1778),法国作家,哲学家、启蒙运动创始人之一。他是个多产作家,重要的作品有诗歌《亨利亚特》、《奥尔良少女》,悲剧《查伊尔》、《穆罕默德》等。最有价值的是哲学小说《查第格》、《老实人》、《天真汉》等。他的著作对 18 世纪法国资产阶级革命有积极影响,但也表现出某些软弱、妥协的弱点。

拉美特利(公元 1709—1751),法国启蒙思想家、唯物主义哲学家。他的职业是医生,唯物主义观点是以自然科学为根据的。他在为 18 世纪末法国资产阶级革命进行思想准备工作方面起了重大作用。

卢梭(公元 1712—1778),法国启蒙运动代表人物之一,激进民主主义者和法国资产阶级革命的思想先驱,哲学家、教育学家、文学家。

狄德罗(公元 1713—1784),法国启蒙思想家、唯物主义哲学家、文学家。他出身于手工业者家庭。青年时期因匿名发表第一部著作《哲学思想录》(尖锐抨击封建制度和宗教神学)而被捕,出狱后,继续组织编纂《百科全书》,坚持 20 年之久,终于完成这部巨著,出版后影响颇大,形成了法国启蒙思想运动的高潮。文学方面,主张作家创作要用通俗易懂的语言,作家应到农民茅舍里寻找题材。

圣西门(公元 1760—1825),法国空想社会主义者。贵族出身。参加过美国独立战争,同情法国革命,反对卢梭的人类的"黄金时代"是原始氏族社会的说法,主张通过宣传、教育,以及科学、道德和宗教的进步,实现人人都有劳动权利和义务,不受压迫和剥削的理想社会。

安格尔(公元 1780—1867),法国古典主义画家。他以细腻的裸体画闻名,也擅长肖像画和历史画。代表作品有《浴女》、《安纳多门之维纳斯》等。

　　司汤达（公元 1783—1842），法国杰出的批判现实主义作家。他的名著《红与黑》是 46 岁写作、47 岁发表的。作品广泛、深刻地反映了当时法国社会中保王党与革命势力的激烈斗争，表现了时代的本质特征。

　　巴尔扎克（公元 1799—1850），法国批判现实主义作家。他的作品，环境描写生动逼真，塑造典刑各具特色，结构不拘一格，行文气势雄浑，富有艺术独创性，对后世的批判现实主义文学影响很大。代表作品有《欧也妮·葛朗台》、《高老头》、《幻灭》、《邦斯舅舅》、《贝姨》等。

　　大仲马（公元 1802—1870），法国著名的浪漫主义作家。代表作为《基度山伯爵》（亦译《基度山恩仇记》），在世界各国拥有非常广泛的读者。

　　雨果（公元 1802—1885），法国伟大作家，19 世纪浪漫主义文学旗手。他的著作《巴黎圣母院》、《悲惨世界》是两部不朽的名著。

　　巴斯德（公元 1822—1895），法国生物学家、化学家，微生物学的奠基人。他在微生物发酵和病原微生物方面的研究，奠定了工业微生物学和医学微生物学的基础，开创了微生物生理学。

　　小仲马（公元 1824—1895），大仲马的私生子，法国作家。代表作为《茶花女》。

　　左拉（公元 1840—1902），法国批判现实主义作家。其作品有长篇小说《台拉斯·拉甘》、由 20 部长篇小说组成的《卢贡——马卡尔家族》（其中最主要的是《小酒店》、《娜娜》、《萌芽》、《金钱》等），最后一套丛书"四福音书"，只完成了三部（《多产》、《劳动》、《真理》）。他的作品对欧洲文学的发展有巨大影响。

　　罗丹（公元 1840—1917），法国 19 世纪伟大雕塑家。他以现实为师，高度概括地塑造了一系列富有典型性格的形象，如《思想者》、《加莱义民》、《巴尔扎克》等。

　　比埃尔·居里（公元 1859—1906），法国物理学家，居里夫人的丈夫。

罗曼·罗兰(公元 1866—1944),法国现实主义作家、音乐学家、社会活动家。作品甚丰。1915 年荣获诺贝尔文学奖。代表作为《约翰·克利斯朵夫》。

居里夫人(公元 1867—1934),法籍波兰人,物理学家、化学家。她 31 岁发现天然放射性元素镭和钋,35 岁提炼出镭盐,获诺贝尔物理学奖。

保罗·郎之万(公元 1872—1946),法国物理学家。

约里奥·居里(公元 1900—1958 年),法国物理学家,居里夫人的女婿。1931 年与妻子合作发现中子,1934 年发现人工放射性,并合成 400 多种人工放射元素,1935 年夫妇共同获诺贝尔化学奖,1951 年获首次列宁和平奖。

蓬皮杜(公元 1911—1974),法国政治家。1962~1968 年任法国总理。1969~1874 年任法国总统。执政期间,继续奉行戴高乐维护法兰西民族独立的政策。

莫罗阿,法国作家。

桑弗,法国学者。

(五)挪威作者

易卜生(公元 1828—1906),挪威批判现实主义剧作家。生于破产商人家庭,15 岁开始出外谋生,当过药店学徒。后参加挪威民族解放运动。1848 年写出第一个剧本《凯替来恩》,表现要求民主、反对暴政的进步思想。一生共写剧本 26 部。

(六)捷克作者

夸美纽斯(公元 1592—1670),又译考门斯基,捷克教育家。1635 年完成主要著作《大教学论》(副题"把一切事物教给一切人的普遍的艺术")。这部书为近代最早有系统的教育学专著,对教育成为一门独立的学科起了巨大的作用。

伏契克(公元 1903—1943)，捷克斯洛伐克政论家、作家。曾任中央机关报《红色权利报》和评论刊物《创造》的编辑。1942 年因反对法西斯侵占捷克，在盖世太保监狱里被关押 410 天，在狱中写成著名的长篇特写《绞刑架下的报告》。1943 年 9 月 8 日在狱中遇难。

(七)匈牙利作者

裴多菲(公元 1823—1849)，匈牙利民主主义革命诗人。生于屠户家庭，生活贫困，当过兵，参加过流浪剧团，与劳苦人民有广泛接触。1842 年开始写作。他的作品对匈牙利文学的发展影响很大。

(八)西班牙作者

塞万提斯(公元 1547—1616)，欧洲文艺复兴时期西班牙的伟大作家。他一生穷困潦倒，50 多岁才开始动笔写《堂·吉诃德》，小说一出版，立即轰动了西班牙，并很快传遍欧洲和世界。

希门尼斯(公元 1881—1958)，西班牙诗人。攻读大学法律，中途退学，以写诗为生。后因支持共和政府被迫流亡国外。"二战"时是拉丁美洲很有影响的反战诗人。先后著有《紫罗兰色的灵魂》、《春天歌谣集》、《一个新婚诗人的日记》等。1956 年获诺贝尔文学奖。

松苏内吉，西班牙作家。

(九)瑞士作者

裴斯泰洛齐(公元 1746—1827)，教育家。他曾进行过一系列教育改革，教育思想对近代初等教育的发展影响较大。

(十)古罗马作者

西塞罗(公元前 106—前 43)，古罗马政治家、哲学家、国务活动家。他一生著述广博，今存有《论善与恶之定义》、《论神之本性》、《论国家》、《论法律》等多篇论文及大批书简。由于文笔流畅，被誉为拉丁文的典范。

赛涅卡(约公元前 4—公元 65)，古罗马哲学家、戏剧家。出身于骑士等级的辞令教员家庭，曾做过涅罗王位继承者的教师，为罗马最富的人，后因搞阴谋而被勒令自尽。主要著作有《幸福的生活》、《论短促的人生》等。

奥维狄乌斯，古罗马学者。

（十一）意大利作者

但丁（公元 1265—1321），意大利伟大诗人。代表作品《神曲》三部曲（《地狱》、《炼狱》、《天堂》），借用神话题材，以广阔的画面和巨大的艺术力量，描绘新旧交替时期意大利的复杂社会矛盾，深刻揭露封建专制和教皇统治的罪恶，严厉谴责城市上层阶级的自私自利。

薄伽丘（公元 1313—1374），生于佛罗伦萨商人家庭。意大利文艺复兴时期的杰出作家。

达·芬奇（公元 1452—1519），文艺复兴时期意大利的伟大美术家。他的代表作《最后的晚餐》以戏剧性的冲突、个性鲜明的形象和严谨的构图令人惊叹；肖像画《蒙娜丽莎》，则以含蓄魅力的微笑和半明半暗的色彩运用，成为世界美术史上最卓越的作品之一。

亚米契斯（公元 1846—1908），中文译名亦写亚米齐斯，意大利作家，代表作有《爱的教育》等。

法拉奇（公元 1930— ），意大利女记者、作家。1947 年 16 岁便开始从事新闻工作，1950 年担任意大利《晚邮报》驻外记者，并为美国等许多国家报纸撰稿。

（十二）古希腊作者

毕达哥拉斯（约公元前 580—约前 500），萨摩斯人，古希腊数学家、哲学家。

欧里庇得斯（约公元前 480—前 406），古希腊三大悲剧作家之一。贵族出身。相传共写悲剧 90 余部，现存《美狄亚》、《特洛伊妇女》等 18 部。他的悲剧对后代的剧作很有影响。

德谟克利特(约公元前 460—前 370),古希腊唯物主义最著名的代表之一,工商业奴隶主阶级的思想家,奴隶主民主派的卓越活动家。他的著作有 50 多种,大都散失。

柏拉图(公元前 427—前 347),古希腊唯心主义哲学家、教育家。他是苏格拉底的学生,亚里士多德的老师。苏格拉底逝世后,他便离开雅典,到处游历。40 岁时,在雅典附近的体育馆办了一个"学园",授徒讲学。他在西方教育史上第一个建立了完整的教育体系。主要著作有《理想国》、《申辩篇》、《沙米底斯篇》、《美诺篇》、《法律篇》等。

伊壁鸠鲁(公元前 341—前 270),古希腊唯物主义哲学家。他生于萨莫斯岛一个乡村教师家庭,曾在雅典设立名为"伊壁鸠鲁花园"的学校。马克思和恩格斯指出"国家起源于人们相互间的契约——这一观点就是伊壁鸠鲁首先提出来的"。(《马克思恩格斯全集》第三卷)

伊索(约公元前 6 世纪在世),古希腊寓言家。传说他原为奴隶,后被释放。他善以动物故事编成寓言,口头传说,讽刺权贵,终遭杀害。《伊索寓言》有各种文字译本,对欧洲文学中的寓言创作影响颇大。

(十三)保加利亚作者

季米特洛夫(公元 1882—1949),保加利亚共产党领导人,国际共产主义运动活动家。

瓦西列夫,保加利亚学者。

三、美洲地区作者

(一)美国作者

富兰克林(公元 1706—1790),美国政治家、科学家。他从小失学,当过印刷工人,依靠自学积累了丰富的知识。他在研究电学方面作出了贡献。他第一个证明了雷电是一种大气放电现象,发明了避雷针,最先提出了电流的概念。他还是美国独立宣言的起草人,美、法签订和平条约的美方代表,驻法大使,美国独立时代的重要人物。

华盛顿(公元 1732—1799),美利坚合众国的奠基人,1789～1797 年任美国第一位总统。

欧文·斯通(1788—1859),美国作家。

朗费罗(公元 1807—1882),美国诗人。生于律师家庭,长期在哈佛大学教书,通晓数种欧洲语言。主要著作有诗集《夜吟》、《奴隶之歌》、《候鸟集》等。

卡内基(公元 1835—1919),出生于英国苏格兰的登弗姆林,家境贫寒,1848 年一家人借钱移居美国。他一生几乎没有受过正规的学校教育,12 岁起,就开始为生计奔波,但是他非常好学,由于他具有自豪、荣誉、自立、自尊的意识,加上他善于在实践中学习,最终成为工贸奇才,蜚声国际的钢铁大王,世界十大企业家之一。

詹姆斯·亨利(公元 1843—1916),美国小说家,主要作品有《贵妇人的画像》、《鸽翼》等。

爱迪生(公元 1847—1931),美国发明家。他幼年家贫,卖过报,流浪过,但能坚持读书和实验。21 岁时发明二重发报机,开始了发明生涯,发明旺季时,每两三天就有一件发明。一生中,以他个人名义正式登记的发明达 1328 种,拥有 1093 个发明专利权,被誉为"发明家之王"。

卡内基夫人(公元 1859—?),原名露易丝·怀特菲尔德,1887 年 4 月22 日和卡内基结婚。她娴雅大度,聪慧睿智,对丈夫甚为关爱。1919 年卡内基撒手人寰后,她将卡内基利用每年夏天到苏格兰修养数周写的往事回忆,请人整理成《卡内基自传》出版。

亚当斯(公元 1860—1935),美国女社会活动家、教育家。第一次世界大战爆发后,投身于争取国际和平及促进国家间相互了解的事业。

1931 年获诺贝尔和平奖,被誉为"世界热爱和平妇女的代言人"。

亨利·福特(公元 1863—1947),出生于美国密歇根州底特律。他早年在一家机械厂当学徒,后在爱迪生电灯公司当机械工。他衣着朴素,生活简单,成了美国首富、美国汽车大王之后,还是上那家从小就理惯了的老理发馆理发。

德莱赛(公元 1871—1945),美国批判现实主义作家。生于破产小业主家庭,从小受苦难,靠刻苦自学成为新闻记者。1900 年发表第一部长篇小说《嘉菲妹妹》,后又发表《珍妮姑娘》、《天才》、《美国的悲剧》等。

邓肯(公元 1878—1927),美国女舞蹈家,现代舞蹈派创始人,为最早用舞蹈解释交响乐的舞蹈家之一。

爱因斯坦(公元 1878—1955),美籍德国人,物理学家。他 26 岁就提出光量子说,完满解释了光电效应,同年建立狭义相对论,获诺贝尔物理学奖。

卡耐基(公元 1888—1955),美国教育家、演说家。

奥尔波特(公元 1890—1978),美国心理学家、教育家。他曾任锡拉丘兹大学教授。1965 年获美国心理学基础科学贡献奖,1969 年获美国心理学基金会金质奖。著作有《人格:心理学的解释》、《社会心理学》、《知觉理论和结构概念》、《惯常行为》等。

布鲁纳(公元 1915—　　),美国心理学家,主要著作有《教育过程》、《知识发展过程》等。

杨振宁(公元 1922—　　),美籍中国人,出生于安徽省合肥市。曾就读于中国昆明西南联合大学,1942 年在该校获理学学士学位。1946 年入芝加哥大学,1948 年获博士学位。1948～1949 年为芝加哥大学物理学讲师。1949～1955 年,应聘到新泽西州普林顿高等研究所任研究员,从事高能物理研究。1955 年被提升为教授。此后除了 1977 年应聘到法国巴黎大学担任客座教授外,都在普林顿工作。1966 年,到美国斯托尼布鲁克的纽约州立大学担任爱因斯坦讲座物理学教授,并兼任理论物理研究所所长。他还是美国全国科学院院士和美国物理学全美国哲学学会会员。1956 年 34 岁时获诺贝尔物理学奖。

李·艾柯卡(公元 1924—?),曾任美国福特汽车公司的总经理。他不仅是美国最强有力、最成功的企业家之一,也是美国人民心目中的民族英雄,很多人甚至要求他竞选总统。

李政道(公元 1926—),当代美籍华裔物理学家,1956 年 30 岁时与杨振宁一起获诺贝尔物理学奖。

丁肇中(公元 1936—),当代美籍华裔物理学家。他出生于美国密歇根州安阿伯。1959 年 23 岁毕业于密执安大学,获理学学士学位,1962年获博士学位。1978 年任美国国家科学院与中国交流委员会委员,为培养中国青年科学家作出贡献。1976 年获诺贝尔物理学奖。

罗杰·史密斯,美国通用汽车公司董事长兼总裁。

刘墉(公元 1949—),美籍中国台北市人,现代作家、画家。他曾就读美国纽约哥伦比亚大学博士研究生,美国水墨画协会国际展主审。主要作品有《萤窗小语》、《点一盏心灯》、《刘墉画集》等 50 余种。

(二)墨西哥作者

曼·帕伊诺,墨西哥文学家。

(三)古巴作者

何塞·马蒂(公元 1858—1895),古巴伟大的民族英雄、诗人、作家。他中学时期就参加革命活动,几次被流放到西班牙。1892 年组建古巴革命党,1895 年领导古巴独立革命,4 月回国参加作战,在战斗中光荣牺牲。他一生写有诗篇、政论、文学评论,对拉丁美洲文学的而发展影响很大。

附录三

中国典籍简介

《诗经》，先秦乐官辑，编成于春秋时代，为我国第一部诗歌总集。《诗经》最初称《诗》，汉代儒者奉为经典，故称为《诗经》。

《尚书》，意为"上古之书"，是中国上古历史文件和部分追述古代事迹作品的汇编。春秋战国时称《书》，到了汉代改称为《尚书》，后因被儒家尊为经典，故又称《书经》。据《史记·孔子世家》记载，为孔子编定。

《周易》，亦称《易》、《易经》，儒家经典之一，旧传孔子作。据近人研究，大抵系战国末期和秦汉之际的儒家作品，并非出之一人之手。其内容包括《经》与《传》；《经》有 64 卦和 384 爻（yáo 摇），卦、爻各有说明（即卦辞、爻辞），为占卜之用；《传》包括解释卦辞、爻辞之 7 种文辞，共 10 篇，统称《十翼》。

《左传》，原名《左氏春秋》，我国第一部叙事详明的编年史，也是一部具有美学价值的历史散文著作。汉朝人说是春秋末年的左丘明为解释孔子的《春秋》而作，名为《春秋左氏传》，简称《左传》；近人认为系战国初年的学者据各国史料编成，不全是对《春秋》的解释。

《国语》，我国最早的国别史，司马迁认为是春秋时期左丘明撰，他在《史记·太史公自序》中云："左丘失明，厥有《国语》。"但从唐代开始，大多学者认为并非左丘明所撰，实为各国史官撰。《国语》中保存了许多珍贵的史料和优秀公文。

《黄帝内经》，黄帝，为传说中各部族的共同祖先，姓姬，号轩辕氏，又号有熊氏，相传兵器、舟车、服侍、文字、音律、医药等，皆创始于黄帝时期。《黄帝内经》，即托名黄帝与岐（qí 奇）伯（传说中的上古医药学家，黄帝大臣）等讨论医学的著作。其中有《素问》、《本草》、《灵枢》等篇章。

《管子》，旧说为春秋时管仲所著，实为春秋末年后人托名于他的作品。全书共 24 卷 86 篇，今存 76 篇，内容丰富，既含有道、名（指战国时诸子百家中的名家）、法等家的思想，也含有天文、历数、舆地（地理）、经济、农业等知识。

《老子》，春秋战国时期道家学派的代表作之一。关于这部书的作者和时代，传统说法是老聃（dān 丹）作的，老聃与孔子同时或稍前，照这个说法，《老子》是春秋末年的作品，但"五四"以后反对这个说法的人越来越多，认为这部书不是一个人的作品，而是一部总集，是战国时期的作品。《老子》全书，分"道经"（上篇）、"德经"（下篇）两部分，共 81 章，约 5000 字，故又称为《道德经》、《老子五千言》，其思想颇为完整，对研究老聃的思想或先秦历史，都有一定的史料价值。

《庄子》，又称《南华经》，道家经典之一，为庄周及其后学者所著。全书现存 33 篇，内篇七，外篇十五，杂篇十一，一般认为内篇为庄周本人的作品，其余篇章为庄周的后学者的作品。其文学价值颇高，想象丰富，极具浪漫主义色彩，对后世散文写作很有影响。

《晏子春秋》，记述春秋时期齐相晏婴言行专集。旧题为春秋齐国晏婴撰，实为战国时人搜集晏子言行编写而成的。全书分"内篇"、"外篇"，共 8 卷 215 章，有些篇章情节生动，语言幽默，是中国古代散文的优秀作品。

《墨子》，记述墨翟和墨家学派言行专集。旧题为战国墨翟撰，实为墨翟后人所记，就书的体裁、内容、形式的不同分析，并非一人所撰，而且也有时间早晚的区别。《墨子》一书，语言质朴，逻辑严密，善于运用具体事例说理，在中国散文史上有不可忽视的地位。

《大戴礼记》，又称《大戴记》，孔门七十子后学记，汉戴德传记。有北周卢辩注、清孔广森《大戴礼记补注》。这部书对研究中国古代社会情况、文物、制度及儒家学说甚有参考价值。

《礼记》，又名《小戴礼记》，为十三经之一。西汉今文经学家戴圣（戴圣，字次君，梁国人，礼学博士，曾任九江太守，约为武帝、宣帝时人）编纂，亦有人云为孔子七十子后学所记，汉戴圣转述。《礼记》一书，对研究中国古代规章、教育、为学、伦理等甚有史料价值。

《关尹子》，旧说为战国尹喜撰，共有一宇、二柱、三极、四符、五鉴、六匕、七釜、八筹、九药等 9 篇。

《列子》，为战国列御寇撰，柳宗元、高似孙等皆疑为伪。《四库提要》称，非刘向时所能伪造，可见是秦以前书，为其学者所追记。原书早已散佚，现存《列子》8 篇，多为民间故事、寓言和神话传说，如"愚公移山"，表现不怕困难、坚持到底的精神；"纪昌学射"，说明学习要有毅力等，寓意深刻而有兴味。

《吕氏春秋》，战国末期秦相吕不韦组织门客共同编写的一部综合性著作。也称《吕览》，内容以儒道思想为主，兼及名（指战国时诸子百家中的名家）、法、墨及阴阳家之言。《吕氏春秋》的语言简练朴素，富有形象，逻辑性和说服力也很强。

《文子》，先秦古籍，成书约在战国前、中期，作者不详。全书 12 篇 80 章，每章之首皆冠以"老子曰"三字，内容均为阐扬《老子》之旨。明初学者宋濂在《诸子辩》一书中，称《文子》是《老子》的义疏。

《论语》，儒家经典之一，孔子及其部分弟子的言行录，为孔子门人和再传弟子所集成。流传的本子共 20 篇，每篇若干章。语言简洁含蓄，有的具有格言性质，包含着一定的人生哲理，在世界上产生深远的影响。

《孔子家语》，其作者，历来说法不一，今本《孔子家语》有一段以孔安国语气写的序，其中云：《孔子家语》与《论语》同源，系孔门弟子各记所闻，后选一部分辑为《论语》，其余部分则集为《孔子家语》。后因战乱《孔子家语》散失在民间，被有些人任意增损。至汉武帝时，孔安国将它整理为 44 篇。这段序的后面，又有一段以孔安国之孙孔衍口气写的序，其中云：《孔子家语》与《尚书》、《论语》、《孝经》等都出于孔子旧宅壁中所藏竹简，由孔安国编为 44 篇。这两种说法，有些矛盾，后世学者多不相信。认为今本《孔子家语》为三国经学家王肃所伪撰，所以多将署名为"三国王肃编"。近年来，已有学者根据出土文献中的有关资料，推定它是从孔安国到孔猛等数代孔氏学者陆续编定而成的。后来可能又经王肃做过一些加工。《孔子家语》流传已久，保留了大量古代思想文化史料，对这一时期的文化研究有宝贵的文献价值。

《孔子集语》，清中叶孙星衍辑孔子遗言之书。公元1811年9月，孙星衍辞官还乡，发愿辑孔子遗言，在其族弟星海、侄婿龚庆协助下，自历代经史、诸子、类书中，勤加采摘，历时一年撰为初稿，后经严可均增益订讹，终于完成。公元1817年（嘉庆二十年）在南京刊行。全书14篇，依次为《劝学第一》、《孝本第二》、《五性第三》、《六艺第四》、《主德第五》、《臣术第六》、《交道第七》、《论人第八》、《论政第九》、《博物第十》、《事谱第十一》、《杂事第十二》、《遗谶第十三》、《寓言第十四》。其中《六艺》、《事谱》、《语言》3篇，各分上下，故全书14篇17卷。《孔子集语》收罗颇丰，对研究孔子学说及传衍颇具参考价值。

《商君书》，相传战国商鞅撰，《四库提要》据《史记·商君列传》所述考定，为后人托名而作。《汉书·艺文志》著录该书为29篇，至宋又亡佚3篇。1956年古籍出版社出版朱师辙的《商君书解诂定本》，1974年中华书局出版高亨的《商君书注释》。

《战国策》，又名《国策》、《国事》、《短长》、《长短书》、《事语》、《长书》、《修书》等，大概是由秦汉间人杂采各国史料编纂而成，经汉代刘向加工整理，定名为《战国策》，为战国时期的一部国别史、历史散文集。它的价值，从历史学角度说，是研究战国史的主要典籍；从文学角度说，是先秦散文的巅峰，是中国文学史中最杰出的散文作品之一。

《逸周书》，为周时诰、誓、命记言之书，作者不详。原名《周史记》、《周书》、《逸周书》，司马迁、班固、许慎、马融、郑玄、郭璞等都曾引证。公元282年（西晋太康二年），汲郡人不准（人名）盗发魏襄王墓（一说安厉王家），获得数十车竹书。这些竹书经人整理补入《逸周书》，遂有《汲冢周书》。后经宋朝李焘、王应麟及明朝杨慎等辨证，复称《逸周书》。

《孔丛子》，学术类著作，亦称"孔丛"，旧传为秦汉之际孔鲋所撰。全书共7卷，内容多述儒家政治、伦理思想，兼及仪礼、婚姻等制度。

　　《马王堆汉墓竹简·十问》，马王堆汉墓位于长沙市东 4 千米田野的土丘上。土丘中部有两座各高 16 米的坟，中间相连，形像马鞍，因为传说里面埋葬着五代时一个楚王及其家属，所以称马王堆，又名"马鞍堆"。第一号墓是 1972 年初挖掘的，1973 年挖掘第二号墓，同时发现第三号墓。《十问》是从第三号墓出土的。《十问》共分十篇，都是采用问答形式，故整理小组定名为《十问》。这部书内容丰富，具有很高的文献价值与科学价值。

　　《韩诗外传》，简介请见其作者西汉韩婴的介绍。

　　《淮南子》，亦称《淮南鸿烈》，汉南王刘安主撰，文献记载其"招集宾客方术之士数千人"，集体编写。该书是继《吕氏春秋》之后，集先秦诸子学说之大成而为一家之言的又一部大书。其是研究中国古代哲学、军事、思想的重要书籍，也是探寻古代天文、历法、地理、物候、养生乃至文学、神话、民俗的宝藏，同时还是考察汉初语言极珍贵的史料。

　　《古诗十九首》，东汉末年文人写的 19 首五言古诗。原非一人所作，因梁朝萧统将它们合为一组收入《文选》，后世人才视其为一个整体。内容多写夫妇朋友间的离愁别绪和士人的彷徨失意，带有浓厚的感伤情调；有的也表现出追求富贵与及时行乐的思想。是当时社会生活的一个侧面反映。这一组诗艺术性很高，代表了汉代文人五言诗的最高成就，标志着汉代文人五言诗发展到了成熟阶段。

　　《银雀山汉墓竹简》，为 1972 年在山东省临沂市银雀山出土的汉简，1975 年由银雀山汉墓竹简整理小组整理出版。内容主要为《孙子兵法》、《孙膑兵法》、《六韬》、《尉缭子》、《晏子》等。

　　《唐大诏令集》，北宋宋绶编，宋敏求整理，为唐各朝皇帝之诏令汇编。诏令所载典章制度之兴废变革，是考察唐代典章制度、研究唐史及公文史与写作规律的重要史料。

　　《二程全书》，为北宋程颢、程颐兄弟二人的门人所记，朱熹编成于南宋乾道年间。全书计：遗书 25 卷，附录 1 卷，外书 1 卷，文集 12 卷，遗文 1 卷，周易传 4 卷，经说 8 卷，粹言 2 卷（北宋杨时编）。1981 年中华书局出版有王孝鱼校点的《二程集》。

《乐府诗集》，北宋郭茂倩编，内容收入上起汉魏，下迄唐五代朝野诗歌乐府，兼有秦以前歌谣 10 余首。分有 12 类："郊庙歌辞"、"燕射歌辞"、"鼓吹曲辞"、"横吹曲辞"、"相和歌辞"、"清商曲辞"、"舞曲歌辞"、"琴曲歌辞"、"杂曲歌辞"、"近代曲辞"、"杂歌谣辞"、"新乐府辞"等，是录集乐府歌辞最完备的一部总集。其中"相和歌辞"、"杂曲歌辞"、"鼓吹曲辞"、"横吹曲辞"、"清商曲辞"最值得珍视，如《十五从军征》、《陌上桑》、《孔雀东南飞》、《木兰辞》等，继承了周代民歌的优良传统，深刻反映了当时社会生活和人民思想感情，丰富发展了古典诗歌形式和表现方法，影响深远。

《近思录》，南宋朱熹和吕祖谦合编的一部理学入门书。该书为朱、吕两人从《太极图说》、《易通》、《西铭》、《正蒙》、《经学理窟》、《二程遗书》、《周易程氏传》等书中，精选摘录有关的论述 622 条，分类编排为道体、为学、致和、存养、克治、家道、出处、治本、治法、政事、教学、警戒、辨异端、观圣贤 14 个专题。书名取子夏"切问近思"之意。朱熹取此书名的用意在于把《近思录》当学习四子著作的阶梯，从而使学者致力于日用之实，避免好高骛远。《近思录》在理学史上具有重要地位，为确立儒家道统、传播理学思想起过重要作用。

《五灯会元》，简介请见其作者北宋普济的介绍。

《菜根谭》，简介请见其作者明朝洪应明的介绍。

《东周列国志》，清代章回小说，明余邵鱼撰辑《列国志传》，明末冯梦龙重加辑演，成为 108 回《新列国志》。清代蔡元放对冯著复加修改，并作了大量评语，改名《东周列国志》，共 23 卷 108 回。1955 年人民文学出版社以蔡著为底本，并参校冯作整理出版，书名仍为《宫州列国志》，题为冯梦龙、蔡元放编。

后　记

　　伴随着落日的余晖,我迈进了臻园的书房。带着彻夜无眠的收获,我迎来了初升的太阳。六十载春秋初度,如烟往事却清晰地浮现在我的脑海,仿佛就像刚刚过去的昨天一样。

　　1973 年,我刚参加工作,任故乡招远县罗山公社党委组织干事。一个深秋时节的夜晚,在值班室昏暗的灯光下,我偶然读到了一本残缺不全的先秦时期思想家、教育家荀卿所著的《荀子》。《荀子·劝学》开篇所说的"不登高山,不知天之高也;不临深溪,不知地之厚也;不闻先王之遗言,不知学问之大也"这几句话,不仅至今仍清晰地烙印在我的脑海中,而且使我懂得了"读万卷书、行万里路"的学而思、思而学并力知行的重要性,更仿佛暗夜中一盏智慧的灯火,指引着我在知识的原野里多方涉猎,奋力跋涉前行。

　　1977 年,我在山东海洋学院(今中国海洋大学)海洋物理系水声物理专业毕业留校工作。在各级领导、老师和同人的鼓励和帮助下,我在做好学生工作以及后来从事党务工作的同时,努力完成了考研和读博的专业学习。与此同时,为了解决工作和学习上的各种困难,除了虚心向有经验的老领导、各方面的专家学者虚心请教外,我更是持之以恒地向书本索取,随时将读书、看报、听广播、看电视等各种日常学习所得的各种言简意赅,极富哲理性和警世性的名言睿语,按照"标题"、"作者"、"出处"、"摘要"和"感想"这 5 个方面记录下来。这样坚持不辍的学习与实践,不仅切身地享受到了荀子所说的"积土成山,风雨兴焉;积水成渊,蛟龙生焉;积善成德,而神明自得,圣心备焉"的学习和修养的乐趣,而且培养了自己对"无冥冥之志者,无昭昭之明;无惛惛之事者,无赫赫之功"的深刻理解,特别是对丰富的人生格言警句得心应手的恰当运用,使我无论是和同学谈心,还是开会讲话,也不管是课堂授课,还是撰写理论文章,不但增强了讲话的生动性、感染力和文章的形象性、说服力,而且使我深刻地认识到,这些经过时间洗礼、备受实践检验、饱含人生智慧与成败经验教训的人生铭语,既是荀子所说的"致千里"、"绝江河"的君子"善假"之物,也是"君子居必择乡,游必就士,所以防邪辟而近中正也"的精神指南,既是"诵数以贯之,思索以通之,为其人以处之,除其害者以持养之"的"全""粹"之美,也是"权利不能倾也,群众不能移也,天下不能荡也"的"生乎由是"、"死乎由是"的人生大法,既是"其义则不可须臾舍也"的信仰伴侣,也是"为之,人也;舍之,禽兽也"的"成人"圭臬,而这也是奠定本书的物质基础和思想基石。

因此,本书在撰写上力求内容上贴近实际、鞭辟入里,在形式上简洁明了、一语破的,在功能上博采众家、简明实用。为此,在细节上努力从以下5个方面争取尽善尽美:①难字,全部注音并用同音字标明。②难词,用简明易懂的语言注释。③古籍文献中的名言睿语,采用现代汉语翻译。④论述简括的名言睿语,或作恰切地阐述分析,或用理论、事实论据补充,目的是方便读者对其含义加深理解,掌握名言的警世性、策励性和社会意义。⑤书中引用的典籍文献、古今中外作者,均作简要的介绍。言为心声,行为心表,文为心胆,书为心画。在实现中华民族伟大复兴的中国梦的今天,若本书的杀青付梓能对提高读者文明素质,促进社会和谐,加强道德文明建设与树立社会主义核心价值观有所裨益,则既是本人对此书的莫大期冀,也是我对党、对祖国、对人民、对学校对我的培养教育的衷心感激之情的真挚表达。

在酝酿、构思、撰写此书的漫长过程中,我得到了著名文章学家、在教育岗位上默默奉献了一生的恩师山河先生、李淑先先生的挚爱鼓励和悉心指导,他们不仅提供了几十年积累的宝贵资料,而且一丝不苟地审改了全部书稿,特别是山河先生欣然为本书撰序以壮行色,更令我感到莫大的荣幸与自豪。

《人生铭语考疏》选材广博,意义深邃,对古今中外典籍的阅读、铭语的遴选与言简意赅的解析,于我是一项前所未有的学术校验与思想萃取,而成败的关键则在于扬弃与选择。在我构建本书困惑与迷茫之际,指导我完成博士论文《论大学生道德选择教育》的华中科技大学党委副书记、博士生导师刘献君教授针对构建本书的关键问题给我寄来了长达6页的亲笔信,不仅详尽解答了我的疑问,而且以《高等教育研究》杂志主编兼中国高等教育学研究会副理事长和湖北省高校德育课程研究会会长的学术专家身份对本书提出了富有创建性的指导意见,它仿佛暗夜里的明灯,给我指出了前行的光明之路,恩师崇高的道德风范和巨大的人格魅力,更成为激励我不断前进的精神动力,愿借本书出版之际向刘献君教授表达学生最诚挚的谢意。

回首人生历程,往事历历在目。在此,借本书出版之际向学校领导和同事们表示谢意。向我曾工作过的单位——海洋物理系、学校团委、分部党委、法学院、海洋发展研究院、文科委员会、学报社科版、崂山校区管委会和我曾分管过的单位——学校团委、党委学生工作部、党委研究生工作部、社科部、分部党委、武装部、校工会、妇委会、文科委员会、党委宣传部、新闻中心、党委保卫部、610办公室、崂山校区管委会及我协助分管过的党委组织部、党委统战部、离退休干部工作处等单位的同事们的支持表示感谢。我尤其应当感谢我父母的养育之恩,感谢我的兄弟姐妹及其后代们对我的关心和帮助,感谢我的妻子和孩子们对我生活的关照,感谢我的同学、学生们对我的宽容和理解,特别感谢皇祥兄的智慧启迪、知识引导、工作帮助、精神勉励和物质支持。同时,本书的出版也得到了校出版社杨立敏社长和李建筑总编的支持和帮助,在此向他们表示真诚的感谢。

中外文献典籍浩如烟海,人生铭语内涵博大精深,受学识所限,错误与疏漏之处自知难免,敬祈专家、学者与广大读者教正。

日月星辰,育天下桃李。

东西南北,看明珠闪耀。

春夏秋冬,聚五福并臻。

岁月如歌,祝一帆风顺

李耀臻

2014 年 10 月 8 日